Llyfr y Llyfrau

Olaf Davies

Lluniau gan David Den

LLYFR Y LLYFRAU

I'm hwyres gyntaf

ELAIN RHYS

Bydded i'r Gair fod yn "llusern i'w thraed a llewyrch i'w llwybr"

Testun gwreiddiol © 2003 Trevor Dennis
Darluniuau © 2003 David Dean
Argraffiad gwreiddiol © 2003 Lion Hudson plc.

Testun Cymraeg: Olaf Davies
Golygydd Cyffredinol: Aled Davies
Clawr a Cysodi: Ynyr Roberts

Hawlfraint yr argraffiad Cymraeg
© 2005 Cyhoeddiadau'r Gair

Dymuna'r cyhoeddwyr gydnabod cymorth
Adrannau Cyngor Llyfrau Cymru

Ni chaniateir copïo unrhyw ran o'r deunydd hwn
mewn unrhyw ffordd oni cheir caniatâd y cyhoeddwyr.

Hawlfraint yr argraffiad Cymraeg
© 2005 Cyhoeddiadau'r Gair
**Cyngor Ysgolion Sul Cymru,
Ysgol Addysg, PCB, Safle'r Normal,
Bangor, Gwynedd, LL57 2PX.**

ISBN 1 85994 538 4

Cedwir pob hawl.
Argraffwyd yng Nghymru

CYNNWYS

CYFLWYNIAD

PENNOD 1 : YN Y DECHREUAD 11
Duw yn Creu'r Byd 12
Duw yn Plannu Gardd 15
Pethau'n Troi'n Gas 19
Y Llifogydd Mawr 22
Baldordd Babel 26

PENNOD 2 : TEULU NEWYDD DUW 30
Abram a'r Addewid Fawr 31
Cynllun Cyfrwys Sara 33
Hagar a'r Duw sy'n Gweld 34
Sara yn Digwydd Clywed yr Addewid 36
Hagar a'r Duw sy'n Achub 38
Abram ac Isaac 40
Gefell Cyfrwys a Bowlenaid o Gawl 42
Jacob yn Dwyn y Fendith 44
Porth i'r Nefoedd 47
Wyneb yn Wyneb â Duw 49
Wyneb yn Wyneb ag Esau 51
Jacob a'i Feibion 52
Joseff y Caethwas 55
Joseff y Carcharor 55
Joseff yn y Palas 57
Joseff a'r Newyn 59
Darganfyddiad Rhyfedd 61
Benjamin 62
Yr Aduniad 65

PENNOD 3 : MOSES A MYNYDD DUW 66
Y Bydwragedd Dewr a'r Pharo 67
Mam a Chwaer Ddewr Moses 69
Moses yn Cyfarfod Duw yn yr Anialwch 72
Duw a'r Pharo 75
Duw yn agor y Môr 77

Mynydd Duw 79
Y Llo Aur 82
Dechrau Newydd 84
Marwolaeth Moses 86

PENNOD 4 : BYW YNG NGWLAD YR ARGLWYDD 87
Cwymp Jericho 88
Genedigaeth Samson 89
Hanna, Gwraig Heb Blant 93
'Samuel! Samuel!' 96
Y Brenin Saul 98
Dafydd y Bugail 101
Dafydd a Goliath 104
Dafydd ar Ffo 107
Dafydd a Bathseba 110
Dafydd a Nathan 114
Elias ar Fynydd Carmel 115
Elias yn Dianc 120
Elias, Ahab a'r Winllan 124

PENNOD 5 : POBL DDUW DAN FYGYTHIAD 127
Llifed Cyfiawnder Fel Afon Gref 129
Hosea a Cariad Duw 134
Ni Orchfygir Jerwsalem 136
Jeremeia'n Llefaru'r Gwir 138
Cwymp Jerwsalem 142
Caneuon Galar 145
Breuddwydio am Gartref 149
Dyffryn yn Llawn Esgyrn a Gardd Eden Newydd 153
Ail Godi Jerwsalem 157
Daniel: Duw yn y Fflamau 162
Daniel yn Ffau'r Llewod 166

PENNOD 6 : HANESION HYFRYD, CERDDI HYFRYD 170
Ruth, Naomi a Boas: Cariad yn Ennill y Dydd 170
Jona, Pysgodyn Mawr, Dinas Fawr a Maddeuant Mawr Duw 182
Llyfr Job: Codi Dwrn ar y Nefoedd 188
Caneuon Goleuni 200

ARWEINIAD I'R TESTAMENT NEWYDD 204

PENNOD 7 : DECHREUAD NEWYDD: GENI IESU 206
Gras Nid Gwarth 207
Anrhegion i Frenin 208
Mair yn Cwrdd ag Angel 213
Cân Mair 215
Geni Iesu 217
Iesu'n Teimlo'n Gartrefol 218

PENNOD 8 : PWY OEDD IESU 221
Ioan yn Bedyddio Iesu 222
Darlleniad yn y Synagog 223
Pedr, Iago ac Ioan 225
Y Wraig wrth y Ffynnon 228
Pwy yw Hwn? 231
Dyn Gwyllt Ymhlith y Beddau 233
Bwydo'r Newynog 235
Dyn yn Gweld am y Tro Cyntaf 237
Atgyfodi Gwraig a Merch 241
Pedr yn Gywir; Pedr yn Anghywir 244
Goleuni Duw 246

PENNOD 9 : IESU'R STORÏWR A'R BARDD 248
Dafad, Darn Arian a Mab ar Goll 248
Y Samariad Trugarog 254
Y Gweithwyr yn y Winllan 257
Y Gwynfydau 260
Dywediadau Eraill a Gweddi 261

PENNOD 10 : IESU'N CAEL EI LADD: IESU'N ATGYFODI 265
Marchogaeth i Jerwsalem 266
Anrhefn yn y Deml 269
Eneinio Iesu'n Feseia 271
Brad 273
Y Swper Olaf 274
Dal Iesu 276
Y Prawf Annheg 279

Pedr yn Gwadu 280
Pilat 281
Coroni Iesu'n Frenin 284
Croeshoeliad 284
'Mair' 288
Thomas yn Gywir . . . yn y Diwedd 289
Pedr yn Mynd i Bysgota 291

PENNOD 11 : O JERWSALEM I RUFAIN : YR EGLWYS YN DECHRAU 293
Y Gwirionedd Llawn 294
Gwynt a Thân 295
Lladd Steffan 297
Paul yn Cyfarfod y Crist Byw 299
Paul ac Ananias 300
Dianc mewn Basged 302
Pedr a Milwr o'r enw Cornelius 303
Camgymryd Paul a Barnabas am Dduwiau 307
Terfysg yn Effesus 309
Terfysg yn Jerwsalem 312
Bygwth Lladd 314
Paul yn Gofyn am gael Gweld yr Ymerawdwr 315
Llongddrylliad 317
Paul yn Cyrraedd Rhufain 319

PENNOD 12 : LLYTHYRAU AT EGLWYSI A GWELEDIGAETH DERFYNOL 321
Cristnogion Cecrus 321
Caledi Paul 324
'Chi yw Corff Crist' 325
Cariad yw'r Mwyaf Un 326
Bywyd Ar Ôl Marwolaeth 329
Emyn Prydferth 330
Y Detholiad Olaf 331
Gweledigaethau o Nefoedd 332

CYFLWYNIAD

Pwy ydyn ni? O ble daethon ni? Beth sy'n ein gwneud yn wahanol? Pam ydyn ni mor arbennig? Ydyn ni'n arbennig? Mae pawb yn gofyn y cwestiynau yma. Dwy fil a hanner o flynyddoedd yn ôl gofynnodd pobl Israel y cwestiynau hynny, yn ogystal â chwestiynau eraill, megis: Pam ydyn ni'n cael amser mor galed? Beth aeth o'i le? Beth yw bwriad Duw? Roedden nhw'n byw mewn gwlad fechan ym mhen dwyreiniol Môr y Canoldir. Fe gafon nhw eu goresgyn gan fyddin bwerus y Babiloniaid. Collodd nifer fawr ohonyn nhw eu bywydau ac fe gollon nhw nifer o'u dinasoedd. Dygwyd miloedd ohonyn nhw gannoedd o filltiroedd i'r dwyrain i Babilon, difethwyd eu cnydau a lladdwyd eu hanifeiliaid. Cafodd y rhai a adawyd ar ôl amser enbyd.

Dywedodd y Babiloniaid mai nhw oedd y gorau. Dywedodd y Babiloniaid hefyd mai eu duwiau nhw oedd y gorau. Dywedodd y Babiloniaid y dylai'r Israeliaid feddwl fel y Babiloniaid, byw fel y Babiloniaid, teimlo fel y Babiloniaid ac addoli fel y Babiloniaid.

Dywedodd rhai o'r Israeliaid, 'Mae'n rhaid i ni wneud rhywbeth neu fe fydd hi ar ben arnom!' 'Dewch i ni gael ysgrifennu stori,' meddai eraill, 'ein stori ni, stori'n pobl ni, ein tir a'n Duw. Dewch i ni gasglu'r holl storïau a ddywedon ni wrth ein plant, a'r storïau a ddysgon ni pan oedden ni'n blant. Dewch i ni gael eu gweu nhw at ei gilydd, ac ysgrifennu ambell un newydd, ac adrodd yr hanesion y bydd ein plant yn eu hadrodd i'w plant nhw, a'u plant nhw i'w plant hwythau.'

Ac felly y gwnaethon nhw, ac y mae'r stori yma o hyd. Y mae'r stori yn y Beibl ac yn ymestyn o lyfr Genesis i ail lyfr y Brenhinoedd.

Dydyn ni ddim yn gwybod enwau'r bobl a adroddodd y stori i gychwyn. Mae rhannau ohoni yn hen iawn, efallai ei bod yn mynd yn ôl rhyw dair mil o flynyddoedd os nad mwy na hynny hyd yn oed. Merched yw rhai o'r awduron ond y mae'r mwyafrif yn ddynion. Yn anffodus, does dim gwaith plant yma. Byddai'r rhan fwyaf o'r storïwyr yn byw yn y dinasoedd. Roedd rhai ohonyn nhw yn offeiriaid; rhai yn fasnachwyr ac eraill yn dirfeddianwyr. Efallai fod rhai o'r storïau wedi tarddu o'r pentrefi. Fyddai'r stori ddim wedi gorffen tan ar ôl i'r Babiloniaid oresgyn a chaethiwo cymaint o bobl. Gallwn fod yn eithaf sicr o hynny, oherwydd mai yno mae'r cyfan yn gorffen.

Ond dydy'r Beibl ddim yn gorffen yno, a fydd y llyfr yma ddim yn gorffen yno chwaith. Adroddodd pobl Israel, neu'r Iddewon fel y cawson nhw eu galw, lawer o storïau eraill a nifer fawr o gerddi hyfryd. Ymhlith y beirdd yr oedd proffwydi – dynion a merched a oedd yn honni eu bod yn gallu gweld pethau fel roedd Duw yn eu gweld nhw, ac yn medru siarad ar ran Duw. Roedd y bobl yn trysori eu cerddi gorau ac yn benderfynol o'u hestyn i lawr o un genhedlaeth i'r llall. Roedd rhai proffwydi, fel y cawn ni weld, yn gweld cyflafan yn dod a gwnaethon nhw bopeth i geisio helpu'r bobl i wynebu ffeithiau. Yn ystod eu caethiwed ym Mabilon cafodd proffwydi eraill weledigaethau o'r ffordd y byddai Duw yn eu hachub ac yn eu harwain adref. Ar ôl i'r caethiwed orffen, fe ail adeiladodd y bobl y deml yn Jerwsalem. Nehemeia oedd enw'r Iddew a drefnodd y gwaith o godi'r muriau ac y mae wedi gadael ei stori i ni gael ei darllen. Bron i dri chan mlynedd yn ddiweddarach, yr oedd brenin estron arall yn bygwth difa'r grefydd Iddewig. Yn llyfr Daniel fe gawn storïau am Dduw yn dod i achub ei ffrindiau unwaith eto.

Mae yna storïau caru yn y Beibl hefyd. Storïau fel yr un am y cyfeillgarwch arbennig rhwng dwy ferch o'r enw Ruth a Naomi, ac fel y daeth Ruth i briodi dyn o'r enw Boas. Mae storïau doniol hefyd, fel y stori am broffwyd anobeithiol o'r enw Jona oedd yn gwrthod derbyn y gwir am faddeuant Duw. Mae ynddo farddoniaeth – barddoniaeth debyg i waith bardd dienw (hwyrach y bardd gorau yn y Beibl i gyd) a ysgrifennodd am ddyn o'r enw Job a gollodd bron bopeth ond ar ôl cael gweledigaeth o Dduw, mae ei fywyd yn newid yn llwyr. Ac yn y deml yn Jerwsalem fe ganon nhw ganeuon cysegredig, caneuon sy'n cael eu galw'n salmau erbyn hyn. Mae rhai ohonynt yn hen iawn ac eraill wedi eu cyfansoddi o'r newydd wedi'r gaethglud.

Fe gewch hyd i'r storïau hyn yn ogystal â rhai o'r cerddi a'r caneuon yn y llyfr hwn.

cyflwyniad

Pan fyddwn wedi gorffen gyda'r rheiny, fyddwn ni ddim wedi cyrraedd y diwedd eto. Byddwn yn gadael yr hyn mae Cristnogion yn ei alw'n Hen Destament, neu'r Iddewon yn Tanakh ar ôl (oherwydd mae'r cyfan hyd yn hyn yn perthyn i Feibl yr Iddewon yn ogystal â'r Cristnogion). Yna fe ddown at bedwar storïwr Iddewig arall, Mathew, Marc, Luc a Ioan a ysgrifennodd am Iddew arall o'r enw Iesu o Nasareth. Roedden nhw'n honni fod dyfodiad Iesu yn nodi dechreuad newydd, nid yn unig i'w cyd-Iddewon ond i'r byd yn gyfan. 'Os am ddarlun cliriach o'r hyn yw Duw,' meddent, 'yna edrychwch ar Iesu, edrychwch ar y ffordd y mae'n byw ac yn arbennig ar y ffordd y mae'n marw, a gwrandewch ar y storïau a adroddodd.' Mae'r llyfrau hyn yn cael eu galw'n Efengylau, ac i'r rhan fwyaf o Gristnogion dyma lyfrau pwysicaf y Beibl.

Ychwanegodd Luc ail gyfrol i'w stori ef, ac yn Llyfr yr Actau mae'n adrodd sut y tyfodd nifer dilynwyr Iesu wedi'i farwolaeth. Mae'r rhan honno o'i stori yn canolbwyntio fwy neu lai ar ddau gymeriad: Pedr, a fuodd yn un o ddilynwyr Iesu yn ystod ei fywyd, a Paul. Paul oedd sylfaenydd pwysicaf y cymunedau Cristnogol newydd, ac mae'r Beibl yn cynnwys rhai o'r llythyrau a ysgrifennodd at Gristnogion mewn lleoedd fel Rhufain yn yr Eidal, neu Corinth yng ngwlad Groeg. Roedd y llythyrau hyn wedi eu hanfon cyn i'r Efengylau gael eu hysgrifennu. Mae'r Beibl hefyd yn cynnwys llythyrau eraill gan Gristnogion.

Yn llyfr olaf un y Beibl, Llyfr y Datguddiad, fe gawn weledigaethau disglair iawn o'r nefoedd, a ysgrifennwyd gan ddilynwr arall i Iesu o'r enw Ioan (mwy na thebyg nid yr un Ioan a ysgrifennodd y bedwaredd Efengyl).

Mae hyn i gyd yn cael ei gynnwys yn yr hyn mae Cristnogion yn ei alw'n Destament Newydd, a bydd chwe phennod olaf ein llyfr yn rhoi sylw i hynny. Bydd pedair pennod yn cael eu neilltuo i'r Efengylau a'r bumed i lyfr yr Actau, tra bydd y chweched yn cynnwys detholiad o lythyrau Paul a llyfr y Datguddiad.

Bydd yr ailadrodd yn y llyfr hwn yn wahanol i'r hyn a gewch mewn cyfieithiad cyffredin o'r Beibl. Y bwriad yw rhoi syniad o arddull pob stori yn yr iaith wreiddiol – weithiau'n farddonol, weithiau'n ddoniol, weithiau'n ffurfiol ac yn ddifrifol. Maen nhw hefyd yn ceisio rhoi syniad o gefndir pob stori a cherdd, a thanlinellu rhyw bethau y byddai'r gwrandawyr cyntaf wedi eu nodi, rhyw bethau a fyddai'n anodd *i ni eu gwerthfawrogi. Mae ystyr arbennig i rai o'r enwau yn y gwreiddiol, ac y mae'r fersiwn hwn yn ceisio dangos hynny. Cawn ein synnu weithiau gan ambell i fanylyn annisgwyl, er enghraifft pan ddeallwn yn Stori Dafydd a Goliath, i Goliath gael ei daro ar ei goes ac nid ar ei dalcen. Manylder yr Hebraeg gwreiddiol a'r hyn y mae ysgolheigion yn dweud amdanynt sy'n gyfrifol am hyn. Weithiau bydd y storïau yn hirach – fel y byddai'r storïwyr cyntaf wedi eu hadrodd yn gyhoeddus ar y pryd; dro arall y mae storïau hir wedi eu cwtogi, gan adael rhestrau hir o frenhinoedd ag ati allan.*

Ond y ffordd orau i ddarganfod beth sydd yma yw trwy ei ddarllen, ac mae'n rhaid i ni ddechrau yn y dechrau . . .

1

YN Y DECHREUAD

Y mae Llyfr y Llyfrau yn dechrau gyda cherdd, cerdd hyfryd am greu'r byd. Mae'n dweud sut y daeth yr haul, y lleuad a'r sêr i fod, y ddaear gyda'i moroedd a'i hafonydd yn llawn pysgod, a'i thir sych yn fyw o blanhigion ac anifeiliaid. Mae'n sôn amdanom ni fodau dynol. Er ei bod yn swnio fel cerdd am y gorffennol pell nid dyna yw hi mewn gwirionedd. Ei bwriad yw rhoi darlun o'r bydysawd i ni, a'r ddaear yn arbennig, fel y bwriadwyd iddi fod, ac fel mae Duw yn dymuno iddi fod, lle mae popeth yn hardd ac yn dda.

Ar ôl y gerdd daw stori am ardd a blannodd Duw. Mae cerdd y creu yn dechrau gyda Duw a llawer iawn o ddŵr. Mae'r stori am yr ardd yn dechrau gyda Duw ac anialwch heb ddiferyn o ddŵr, ac mae'n sôn am fachgen a merch yn tyfu – y bachgen cyntaf a'r ferch gyntaf erioed. Maen nhw'n tyfu yn rhy gyflym, ac yn sydyn mae pethau'n troi'n ddrwg.

Yn y stori nesaf, am ddau frawd, y mae pethau'n wirioneddol yn troi'n chwerw, ac wedi hynny daw stori'r Llifeiriant Mawr, lle gwelwn fod pobl wedi difetha daear Duw yn llwyr gyda'u drygioni, fel bod yn rhaid i Dduw ei golchi'n lân.

Ydy pethau'n hardd unwaith eto wedi'r Llifeiriant Mawr? Ydy popeth yn dda, fel yr oedd ar y dechrau? Na. Mae pobl yr un fath o hyd. Maen nhw'n mynnu eu ffordd eu hunain yn hytrach na ffordd Duw. Unwaith eto maen nhw'n bygwth dinistrio'r ddaear a difetha bwriad Duw.

Mae hyn i gyd yn ffurfio cyflwyniad, neu brolog, i'r stori fawr am bobl Israel yn Llyfr Genesis. Felly, beth yw'r rheswm fod y storïwyr yn dechrau fel hyn? Oherwydd eu bod yn credu fod gan eu pobl dasg arbennig i'w chyflawni, un a roddwyd iddynt gan Dduw, y dasg o weithio gyda Duw i wneud y byd yn iawn unwaith eto. Gyda help pobl Israel yr oedden nhw'n credu y gallai Duw wneud y byd yn hardd a da unwaith eto. Byddai Duw yn eu dysgu sut i'w helpu. Dyna roedden nhw'n ceisio ei ddweud.

Duw yn Creu'r Byd

YN Y DECHREUAD,
cyn bod y byd,
doedd dim;
dim ond Duw
yn y tywyllwch
a llawer iawn o ddŵr,
ac Ysbryd Duw
fel awel iach yn chwythu,
fel aderyn gwyllt yn hedfan.

Yna i'r tywyllwch
llefarodd Duw.
'Bydded goleuni!' meddai.
Ac fe gafwyd goleuni!
Ac edrychodd Duw ar y goleuni a dweud,
'Dyna brydferth wyt ti!
Dy enw yw Dydd.'
Edrychodd ar y tywyllwch a dweud,
'Dy enw dithau yw Nos.'

Felly cafwyd bore a hwyr,
dydd cyntaf y byd.

Ac felly ymlaen.
Llefarodd Duw,
gwnaeth Duw,
rhannodd Duw y naill oddi wrth y llall.
Rhoddodd Duw eu henwau iddynt
a'u rhoi yn eu lle priodol,

Yn y Dechreuad

i fod yr hyn y bwriadwyd iddynt fod,
i wneud yr hyn y bwriadwyd iddynt wneud.

Creodd yr awyr
a gosod dyfroedd uwchben fel glaw.
Creodd yr haul,
y lleuad a'r sêr.
Gosododd hwy yn yr awyr
i nodi'r dyddiau a'r nosau,
a thrwy eu hesgyn a'u disgyn
i fod yn arwydd o dymhorau'r flwyddyn.

Creodd dir sych
a'i orchuddio â
mieri a mwyar,
gweiriau a gwsberis,
danadl a dant y llew,
bananas a briallu,
planhigion o bob math.

Gwnaeth y moroedd, y cefnforoedd a'r afonydd
a llanwodd hwy â'r
lledod a llyswennod,
gwichiaid a gwyniaid,
morloi a morfeirch,
morfilod a mecryll,
a phob dim sy'n crwydro'r dyfroedd.

Creodd awelon yr awyr
a'u llenwi â
brain a boda,
yr ehedydd a'r eryr,
tylluan a'r titw,
gwennol a gwylan,
adar o bob math.

Llyfr y Llyfrau

Creodd y gwastadeddau, y bryniau a'r dyffrynnoedd
a'u gorchuddio â'r
arth a'r asyn,
da a defaid,
draenog a dwrgi,
afanc ac asb,
anifeiliaid o bob math.

Ym mhen hir a hwyr,
edrychodd Duw ar y creaduriaid a greodd.
Fe'u bendithiodd a dweud,
'Wel dyna hardd!
Ffrwythwch a chynyddwch
a llenwch y ddaear.'

Ar y chweched dydd,
y dydd y creodd yr anifeiliaid,
dywedodd Duw,
'Gadewch i mi greu creadur arall
i ofalu am y ddaear gyda mi.
Creaf ddyn,
dynion a gwragedd, bechgyn a merched.
Byddant yn debyg i mi,
ar fy llun, ac ar fy nelw,
brenhinoedd a breninesau ar fy naear hardd!
Cânt ofalu am fy mhysgod, fy anifeiliaid a'm hadar,
pob creadur sy'n nofio'r dyfnderoedd,
yn rhedeg dros y tir
ac yn marchogaeth yr uchelderau.'

Felly y creodd Duw hwy,
fe'u creodd yn debyg iddo ef,
ar ei lun ac ar ei ddelw,
bechgyn a merched, gwragedd a dynion.

Estynnodd ei ddwylo trostynt,
bendithiodd hwy a dweud,

'Ffrwythwch a chynyddwch,
llenwch y ddaear
a theyrnaswch drosti.
Gwelwch i mi ddarparu digon ar eich cyfer.
Darperais fwyd ar gyfer fy holl greaduriaid.'

Yna edrychodd Duw ar bopeth a greodd,
Wele! Yr oedd popeth yn hardd ac yn dda iawn.

Ar y seithfed dydd
gorffwysodd Duw o'i holl waith.
Creodd y diwrnod hwnnw'n ŵyl,
yn ddydd i orffwys
ar ei gyfer ef a phopeth a greodd.

Roedd popeth yn hardd!
Yn dda!
Yn dda iawn!
Yn rhagorol!

Duw yn Plannu Gardd

YN Y DECHREUAD, cyn bod y byd, doedd dim . . . dim ond Duw ac anialwch. Roedd yr anialwch yn ddiddiwedd; lle bynnag y byddech yn edrych roedd hi'n anialwch. Dim planhigion. Dim anifeiliaid. Dim pobl. Dim ond anialwch. A Duw.

Felly, aeth Duw ati i weithio. Cymysgodd ychydig o lwch yr anialwch gydag ychydig o ddŵr. Fe'i lluniodd a'i ffurfio i fod yn debyg i berson, fel plentyn. Gorweddodd y plentyn ar y llawr heb symud. Aeth Duw i lawr ar ei ben-gliniau, plygu dros y plentyn, a chwythu bywyd i'w ffroenau. Safodd y plentyn ar ei draed, yn berson byw a chwareus!

Ond doedd Duw ddim yn fodlon gadael y plentyn yn yr anialwch ar ei ben ei hun. Fe fyddai'n siŵr o farw o newyn a sychad. Felly plannodd Duw ardd yn Eden, ymhell i ffwrdd yn y Dwyrain a gosododd y plentyn yno. Yr oedd yn le rhyfeddol, yn olygfa hyfryd, yn llawn coed, ac roedd blas perffaith ar y ffrwythau. Yr oedd ffynnon yn tarddu yno, ac aeth y ffynnon yn ffrwd a'r ffrwd yn llifeiriant, ac fe drodd y llifeiriant yn bedair afon fawr ac yn ddigon i ddyfrhau y ddaear i gyd. Pan oedd y plentyn eisiau bwyd gallai fynd i nôl banana, neu oren neu unrhyw beth yr oedd yn ei ddymuno. Pan fyddai syched arno, gallai fynd lawr i'r ffynnon a chodi faint fynnai o ddŵr.

Yng nghanol yr ardd yr oedd dwy goeden arbennig – yr enwau a roddodd Duw arnynt oedd Pren y Bywyd a Phren Gwybodaeth Da a Drwg. Dywedodd Duw wrth y plentyn, 'Gofala am yr ardd i mi a cadw hi yn hyfryd ac yn wyllt. Fe gei di fwyta unrhyw ffrwyth, ar wahân i ffrwyth Pren Gwybodaeth Da a Drwg. Rhaid i ti beidio bwyta honno, neu fe wnei di farw.'

Roedd yr ardd yn le hyfryd! Doedd dim angen llawer o waith i'w chadw'n hyfryd ac yn wyllt, ac roedd gan y plentyn ddigon o amser i chwarae. Adeiladodd ynysoedd yn yr afon ac fe ddringodd i ben y coed. Roedd yr ardd yn llawn chwerthin.

Yna un diwrnod ni allai Duw glywed dim. Chwiliodd am y plentyn a sylwodd arno'n ceisio chware mig; ond dydi chware mig ar eich pen eich hunan ddim yn gweithio'n dda iawn. Edrychodd Duw unwaith eto, a'r tro hwn yr oedd y plentyn yn tynnu ar gangen fawr a oedd wedi syrthio i'r afon. Tynnodd a thynnodd, ond i ddim diben – yr oedd y pren yn rhy drwm iddo. Wnaiff hyn mo'r tro, meddai Duw wrtho'i hun. Y mae angen rhywun i helpu'r plentyn a rhywun i chware gydag ef.

Felly cymerodd Duw fwy o lwch a dŵr a chreodd anifeiliaid ac adar, a daeth â hwynt at y plentyn i weld a fyddent yn gwneud y tro. Rhoddodd y plentyn enwau arnynt i gyd. 'Cangarw,' meddai, ond cyn iddo gael cyfle i ofyn, 'A elli di fy helpu gyda'r pren?' herciodd i ffwrdd. 'Teigr,' meddai, ond cyn iddo gael cyfle i ofyn, 'A fyddet ti'n hoffi chware mig?' sleifiodd y teigr i'r coed a diflannu. Daeth Duw ag aderyn mawr iddo, ond ni chafodd gyfle i ddweud 'Eryr' cyn i'r aderyn hedfan i ffwrdd.

Yn y diwedd safodd y plentyn yno ei hunan. Yr oedd wedi rhoi enwau ar yr holl adar ac anifeiliaid, ond yr oedden nhw wedi mynd. Yr oedd yn dal yn unig.

Wnaiff hyn mo'r tro, meddai Duw wrtho'i hun.

Yna cafodd syniad gwych, syniad gwych iawn a dweud y gwir. Yn gyntaf rhoddodd y plentyn i gysgu'n drwm iawn. Yna plygodd drosto

Yn y Dechreuad

a chymryd un o'i asennau. Doedd hyn ddim yn peri dolur iddo o gwbl. Gwnïodd y cyfan at ei gilydd mor dda fel na allech weld y pwythau. Yna lluniodd greadur newydd o'r asen a gymerodd. Edrychodd Duw arni. 'Dyna fe,' meddai, fe wnei di'r tro! Yna ysgydwodd y bachgen a'i ddihuno.

'Arswyd y byd!' gwaeddodd y bachgen. 'MERCH! Edrychwch, rydym yn gweddu i'n gilydd i'r dim. Gwych! Sut wnest ti hyn, Duw?'

Gwenodd Duw a dweud dim.

Ac yr oedd popeth yn dda, yn dda iawn . . . hyd nes yr ymddangosodd y sarff.

Un diwrnod braf, yr oedd y ddau yn chwarae yn ymyl y ddwy goeden yng nghanol yr ardd, Pren y Bywyd a Phren Gwybodaeth Da a Drwg, a cherddodd y sarff i mewn. Yr oedd y sarff yn gyfrwys *iawn*. Gwyddai'r sarff bopeth. Neu credodd ei bod yn gwybod popeth. Llusgodd ei hun at y ferch. Gofynnodd iddi, 'Ydi Duw wedi dweud na chei di fwyta'r ffrwyth o'r coed, ffrwyth fel yr afalau blasus yma?'

'Wel,' meddai'r ferch, 'dywedodd Duw y gallem fwyta unrhyw ffrwyth ar wahân i'r ffrwyth o'r goeden yng nghanol yr ardd. "Os cymerwch chi ffrwyth y goeden honno, neu ei gyffwrdd, fe fyddwch chi farw," dyna ddywedodd Duw. Mae'n goeden sanctaidd, dyna pam.

Y mae'n goeden arbennig.'

'Marw!' chwarddodd y sarff. 'Wnewch chi ddim marw! Cymerwch y ffrwyth o Goeden Gwybodaeth Da a Drwg, ac fe fyddwch chi yn union fel Duw. Byddwch yn gwybod popeth. Y ddau ohonoch. Edrychwch ar y goeden! Y mae'n hardd, a'i ffrwyth yn felyssssss i'w bwyta. Melyssssssss, melyssssss.'

Edrychodd y ferch ar y goeden unwaith eto. Efallai nad oedd mor wahanol i'r gweddill wedi'r cyfan. A dweud y gwir doedd hi ddim yn edrych yn wahanol chwaith. Doedd hi ddim yn *edrych* yn sanctaidd. Efallai, wedi'r cyfan nad oedd dim arbennig ynglŷn â hi.

Estynnodd ei llaw, a chymerodd peth o'r ffrwyth a'i fwyta. Yr oedd y sarff yn iawn. Yr *oedd* yn felys. Cymerodd fwy a'i roi i'r bachgen, ac fe brofodd yntau'r ffrwyth. Yna cymerodd fwy, a chymerodd hithau un arall, ac un arall, ac un arall.

Dechreuodd y ddau deimlo'n rhyfedd. Edrychodd y ddau ar ei gilydd. Doedden nhw ddim yn gwisgo dillad! Yr oedden nhw'n tyfu, ac yr oedd hynny'n naturiol, ond yr oedden nhw'n tyfu yn rhy gyflym. Yn sydyn cyn iddyn nhw sylweddoli'n iawn, yr oedden nhw'n gwybod gormod o lawer, ac yr oedd hynny'n codi ofn arnyn nhw. Heb ddweud dim wrth ei gilydd fe ddaethon nhw o hyd i ddail ffigysbren a gwnïo ffedogau – wel rhyw fath o ffedogau. Roedden nhw'n edrych yn wirion. Ond doedd neb yn chwerthin; yr oedd gormod o ofn arnyn nhw.

Yna fe glywon nhw Dduw yn dod. Nawr yr oedden nhw yn ei ofni ef hefyd. Aethon nhw i guddio y tu ôl i lwyni gan glywed sŵn traed Duw yn dod yn nes ac yn nes.

'Ble rych chi?' galwodd Duw.

'Tu ôl i'r llwyni,' atebodd y bachgen. 'Clywais ti'n dod ac yr oedd ofn arna i oherwydd doedd dim dillad iawn gennyf, ac felly mi es i guddio.'

'Pwy ddywedodd wrthyt am y dillad?' gofynnodd Duw. 'Wyt ti wedi bwyta'r ffrwyth?'

'Nid arna i mae'r bai!' atebodd y bachgen. 'Ar y ferch yna mae'r bai, hi gymerodd y ffrwyth a'i roi i mi. Arnat *ti* mae'r bai am hyn i gyd,' meddai wrth Dduw eto o dan ei wynt.

Trodd Duw at y ferch. Ai ti wnaeth hyn?' gofynnodd.

'Nid arna i mae'r bai!' meddai hithau. 'Y sarff dwyllodd fi.'

Ddywedodd y sarff ddim byd, ond sleifiodd i'r ddaear a chuddio y tu ôl i dwmpath o ddail.

'Dyna ti'r hen sarff,' meddai Duw. Dyna sut fydd bywyd i ti o hyn ymlaen. Byddi di'n llusgo ar y llawr, yn cuddio, yn pigo ac yn cael dy daro gan bobl.'

Yna trodd Duw at y bachgen a'r ferch. Roedd sŵn tristwch mawr yn ei lais. 'Pan fyddwch wedi tyfu mewn gwirionedd,' meddai, 'dyma sut fydd bywyd i chi. Bydd dim rhagor o chwarae yn yr ardd brydferth hon. Byddwch yn gweithio pob awr o'r dydd. Bydd gennyt ti,' meddai wrth y ferch, 'blant yn chwarae wrth dy draed ar hyd y dydd, a babanod yn dy ddihuno bob nos, ac fe fyddi di wedi blino'n lân. Ac fe fyddi di,' gan gyfeirio at y bachgen, 'yn chwysu yn y caeau o dan heulwen crasboeth, nes bod dy gefn ar dorri. Beth gei di am hyn i gyd? Drain ac ysgall! A rhyw ddiwrnod fe fyddi wedi ymlâdd, ac fe wnei di farw.'

Gwyrodd y bachgen a'r ferch eu pennau. Byddai'n rhaid iddyn nhw adael yr ardd nawr. A dyna a wnaethon nhw. Doedd dim troi'n ôl. Yr oedden nhw'n drist iawn. Yr oedd Duw hefyd yn drist iawn.

Sgwn i beth fyddai wedi digwydd pe byddem ni wedi bwyta ffrwyth Pren y Bywyd? meddai'r ferch wrthi ei hun. Wedi'r cyfan ddywedodd Duw ddim wrthym am beidio gwneud *hynny*.

Ond roedd hi'n rhy hwyr. Roedden nhw y tu allan i'r ardd bellach. Doedd dim troi'n ôl.

Pethau'n Troi'n Gas

Gadawodd y bachgen a'r ferch Ardd Eden a dod yn ddyn a gwraig. Eu henwau oedd Adda ac Efa. Treuliodd y ddau eu bywyd pob dydd yn gweithio'n galed.

Un diwrnod sylwodd Efa fod ei bol yn mynd yn fwy. Tyfodd yn fwy ac yn fwy, ac ymhen ychydig fisoedd yn ddiweddarach fe ddaeth babi. Bachgen oedd y babi. Edrychodd ei fam arno ac wylo mewn llawenydd a rhyfeddod.

Yr enw a roddodd ar y babi oedd Cain, sy'n golygu Ein Llawenydd.

Yr oedd yn brofiad pleserus cael Cain, ond yna cyrhaeddodd babi arall a hwnnw hefyd yn fachgen. Cofiodd Efa am yr hyn ddywedodd

Duw wrthi ynglŷn â phlant o gwmpas ei thraed bob amser, a'r babanod yn ei chadw yn effro bob nos. Doedd Adda na hithau ddim eisiau babi eto, mor fuan â hyn o leiaf.

Yr enw a roddodd arno oedd Abel, sy'n golygu Neb.

Ein Llawenydd oedd y ffefryn o hyd. Doedden nhw ddim yn cymryd fawr o sylw o Neb.

Tyfodd Ein Llawenydd a Neb. Ffarmwr oedd Ein Llawenydd, yn aredig y tir a thyfu cnydau. Bugail oedd Neb.

Ar ddiwedd y tymor daeth y ddau â rhoddion i'w cyflwyno nhw i Dduw. Daeth Ein Llawenydd â'i gynnyrch gorau a Neb gig ei anifeiliaid gorau.

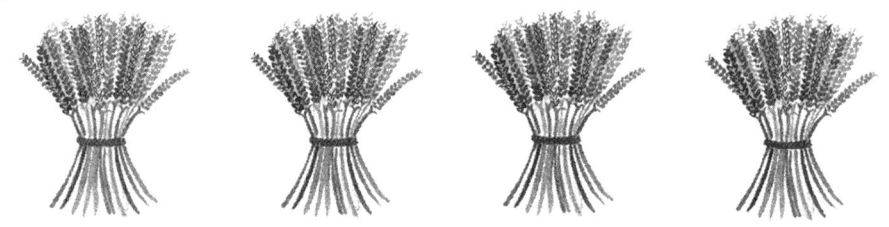

Roedd Duw wedi gwirioni ar Neb a'i rodd, ond chymerodd ef fawr o sylw o rodd Ein Llawenydd nag o Ein Llawenydd ei hun.

Roedd Neb erbyn hyn yn teimlo'n dalach na jiráff. Doedd neb wedi talu cymaint o sylw iddo erioed o'r blaen, ond nawr roedd Duw ei hunan wedi sylwi arno a'i hoffi ef a'i rodd. Roedd yn ddyn llawen iawn.

Roedd Ein Llawenydd ar y llaw arall yn gynddeiriog. 'Beth sydd o'i le ar fy rhodd i?' sibrydodd wrtho'i hun. 'Beth sydd o'i le arna *i*? Beth sydd mor arbennig ynglŷn â rhodd fy mrawd bach? Beth sydd mor dda ynglŷn ag *ef*? Dydi e'n *neb*. Rwy'n hŷn nag ef. Rwy'n well nag ef ym mhob peth. *Dydi hi ddim yn deg!*'

Cadwodd y cwbwl iddo'i hun gan ddweud dim wrth Duw na neb arall. Roedd wedi teimlo i'r byw ac fe dyfodd y dicter a'r casineb y tu mewn iddo.

Edrychodd Duw arno a gweld y golwg yn ei wyneb. 'Pam wyt ti mor flin?' gofynnodd.

Dyna gwestiwn dwl! meddyliodd Ein Llawenydd. Rwyt ti'n gwybod yn iawn pam fy mod i mor flin. Arnat ti mae'r bai! Ond daliodd i gadw'r cyfan iddo'i hun. Cnôdd ei dafod ac edrych i lawr.

'Bydd yn ofalus!' rhybuddiodd Duw ef. 'Bydd yn ofalus neu fe fydd dy ddicter yn mynd yn drech na ti. Yna fe fyddi'n gwneud yr hyn y

Yn y Dechreuad

mae dy ddicter yn dymuno i ti wneud, ac fe fydd hynny yn rhywbeth erchyll. Paid â gadael i dy ddicter gael y trechaf arnat ti. Gofala mai ti fydd yn rheoli dy dymer ac nid dy dymer yn dy reoli di.'

Trodd Ein Llawenydd ar ei sawdl a cherdded i ffwrdd. Doedd ef ddim wedi gwrando a doedd ef ddim yn dweud yr un gair. Yr unig beth a wnaeth oedd cynllunio gweithred erchyll.

Un diwrnod galwodd ar ei frawd. 'Neb!' meddai.

'Beth wyt ti eisiau?' gofynnodd Neb.

Yn lle ateb ei frawd cerddodd Ein Llawenydd allan i'r caeau.

Doedd Neb ddim yn deall. O wel, meddai wrtho'i hun, cystal i mi ei ddilyn ac fe ga i weld.

Daliodd y ddau i gerdded nes bod eu cartref bron o'r golwg yn llwyr. Roedd Ein Llawenydd yn benderfynol eu bod yn rhy bell o gartref i Adda ac Efa weld na chlywed dim. Roedd e'n cerdded ychydig gamau ar y blaen pan drodd yn sydyn a neidio ar Neb fel llew yn ymosod ar oen. Doedd ei frawd ddim yn disgwyl hyn. Cododd ei ddwylo i amddiffyn ei hun, ond yr oedd hi'n rhy hwyr. Roedd Ein llawenydd wedi llwyddo i'w ladd. Roedd Neb yn farw, a llifodd ei waed o'i gorff yn araf i'r llawr llychlyd.

Trodd Ein Llawenydd ei gefn arno a dechreuodd gerdded i ffwrdd. Rhwystrodd Duw ef yn y fan a'r lle. 'Ble mae dy frawd, yr un rwyt ti'n ei alw'n Neb?' gofynnodd.

Edrychodd Ein Llawenydd o gornel ei lygad ar Dduw. 'Dydw i ddim yn gwybod,' atebodd. 'Nid fy ngwaith *i* yw edrych ar ei ôl ef. Na', ychwanegodd dan ei wynt, 'dy waith di yw hynny Dduw, a dwyt ti ddim wedi gwneud hynny'n dda iawn, wyt ti?' Chwarddodd yn dawel ynddo'i hun

'Beth wyt ti wedi'i wneud?' gofynnodd Duw. 'Beth ar wyneb daear wyt ti wedi'i wneud? Mae gwaed dy frawd yn gweiddi arna i o'r ddaear. Roeddwn i am fendithio y ddau ohonoch, ond nawr mae dy frawd yn farw, ac yr wyt tithau wedi dy felltithio. O hyn ymlaen, pan fyddi'n trin y tir chei di ddim yn ôl. Ffoadur a chrwydryn fyddi di.'

Llifodd y dagrau ar ruddiau Ein Llawenydd. Am y tro cyntaf erioed edrychodd yn syth at Dduw. 'Mae hynny'n ormod i mi ei ddioddef!' gwaeddodd. 'Rwyt ti wedi fy ngyrru i ffwrdd o'r tir. Fydda i ddim yn medru dy gyfarfod byth mwy. Fe fyddaf yn ffoadur ac yn grwydryn, heb gartref na lle i'w alw'n gartref. Pan fydd mwy o bobl ar y ddaear fe fyddan nhw i gyd yn dymuno fy lladd.'

Doedd Duw ddim eisiau rhagor o ladd. 'Fe roddaf nod arnat ti,' meddai, 'fel bod neb yn gosod blaen ei fys arnat.'

Felly aeth yr un a alwodd Adda ac Efa yn Ein Llawenydd ar ei daith. Gadawodd Duw ar ôl. Roedd pawb a ddaeth ar ei draws yn gwybod beth oedd ystyr y nod: llofrudd. Llofrudd dy frawd. Roedd pawb yn ei anwybyddu.

Aeth i fyw yng ngwlad y rhai coll, ymhell iawn o Eden. Does neb yn gwybod ble mae'r lle hwnnw.

Y Llifogydd Mawr

Llofruddiaeth Abel oedd y llofruddiaeth gyntaf yn y byd. Doedd Duw ddim eisiau rhagor o ladd. Ond gydag amser, a phoblogaeth y byd yn cynyddu, cafodd mwy o bobl eu lladd nes bod y byd yn ysgwyd gan y trais.

Edrychodd Duw ar y ddaear fendigedig a greodd. Yr oedd y cwbl wedi ei ddifetha! Edrychodd ar y bobl. Roedd wedi creu rhain i ofalu am y ddaear ar ei ran, i gadw trefn a gwarchod ei harddwch. Roedden nhw wedi difetha'r cyfan. Edrychodd ac edrychodd, a gweld dim ond meddyliau a gweithredoedd tywyll a drwg.

Roedd wedi ei lethu gan alar a dicter. Rwy'n difaru i mi greu pobl o gwbl, meddai wrtho'i hun yn chwerw. Bydd yn rhaid i mi ei sgubo oddi ar wyneb y ddaear, a'r holl greaduriaid gyda nhw a dechrau o'r dechrau eto.

Edrychodd ar y ddaear unwaith eto. Y tro hwn sylwodd ar ddyn da, dim ond un, o'r enw Noa.

Roedd Noa wedi priodi ac yr oedd ganddo ef a'i wraig dri mab, Sem, Cham a Jaffeth.

Un diwrnod siaradodd Duw gyda Noa. 'Mae'r byd wedi'i ddifetha ac yn llawn trais,' meddai wrtho. 'Rwyf wedi gweld y cyfan. Rwyf wedi penderfynu dinistrio'r cyfan. Ond fe gadwaf di yn ddiogel, ti

Yn y Dechreuad

a dy deulu ac ychydig o greaduriaid.

'Rhaid i ti adeiladu arch, cwch anferth, gyda digon o le ynddo ar gyfer dy deulu a'r creaduriaid fydd yn dod gyda thi, yn ogystal â digon o le ar gyfer eich bwyd. Rwy'n mynd i anfon llifogydd mawr ar y ddaear, a bydd yn golchi popeth ar wahân i ti, dy deulu a'th greaduriaid i ffwrdd.'

Roedd Noa wedi'i syfrdanu. Doedd ef ddim yn gwybod beth i'w ddweud. Yr oedd cymaint o ofn arno fel na allodd siarad. Yr oedd Duw, wrth gwrs, yn iawn. Yr oedd y ddaear erbyn hyn yn sicr yn le drwg iawn, ond roedd y syniad o foddi'r cyfan yn ofnadwy! Roedd yn teimlo fel dadlau gyda Duw ond ni allai ddod o hyd i'r geiriau. Clywodd y cyfarwyddiadau a gafodd gan Dduw sut i adeiladu'r arch, y coed i'w defnyddio, hyd, lled ac uchder y cyfan, sawl llawr ac yn y blaen. Roedd y geiriau yn dal i fethu dod allan. 'Daw'r anifeiliaid atat ti bob yn ddau,' meddai Duw, 'gwryw a benyw o bob peth. Pan fydd y llifogydd drosodd, byddan nhw'n medru cael rhai bach a dechrau o'r dechrau eto.'

Roedd calon Noa yn curo fel drwm, a'i ben-gliniau yn curo mor uchel fel yr oedd ef yn ei chael hi'n anodd clywed Duw yn siarad. Yr oedd yn dal i fethu â dod o hyd i eiriau. Yn y diwedd, gorffennodd Duw siarad. Rhoddodd Noa ebychiad o ryddhad a mynd ati i adeiladu'r arch.

Adeiladodd y cyfan yn union fel yr oedd Duw wedi dweud wrtho. Ar ôl gorffen y gwaith aeth ef a'i deulu i mewn gyda'r holl anifeiliaid, yn union fel y dywedodd Duw wrthynt am wneud. Caeodd Duw y drws fel na allai'r dŵr fynd i mewn.

Yn y dechrau'n deg, pan greodd Duw y byd, fe ddechreuodd gyda llond lle o ddŵr. Pan greodd Duw yr awyr am y tro cyntaf, rhoddodd beth o'r dŵr uwch ei ben ar gyfer y glaw. Hyd yn hyn yr oedd wedi gofalu fod y glaw yn disgyn yn ysgafn. Ond y tro hwn agorodd y llifddorau i gyd. Disgynnodd y glaw yn un llifeiriant mawr. A daliodd i lawio . . . dydd ar ôl dydd ar ôl dydd.

Pan greodd Duw y byd yn y lle gyntaf, cuddiodd beth o'r dŵr lawr yn isel mewn afonydd a llynnoedd tanddaearol. Hyd yn hyn roedd y dŵr wedi codi yn raddol i'r wyneb. Ond nawr tasgodd y dŵr i fyny'n ffynhonnau anferth. Ac fe ddaliodd y cyfan i ffrydio . . . dydd ar ôl dydd ar ôl dydd.

Cododd y dŵr am gant pum deg o ddyddiau. Yn y diwedd yr oedd hyd yn oed y mynyddoedd uchaf o dan ddŵr. Roedd y cyfan wedi ei foddi gan y Llifogydd mawr, ar wahân i Noa a'i deulu a'r creaduriaid oedd gyda nhw yn yr arch.

    I ble roedden nhw'n mynd? Doedden nhw ddim yn gwybod. Doedd dim llyw i'r arch, a beth bynnag, i ble allen nhw fynd? Doedd dim byd ond dŵr ym mhobman.

    Beth oedd diwedd hyn i fod? Doedden nhw ddim yn gwybod. Dywedodd Duw y bydden nhw rhyw ddiwrnod yn cael ailddechrau. Ond pryd fyddai hynny?

    Yr unig beth yr oedden nhw'n medru clywed oedd sŵn y glaw yn disgyn ar do'r arch, a'r dŵr yn chwipio yn erbyn ei hochrau. Doedd dim pall ar y sŵn, ac aeth ymlaen ddydd ar ôl dydd ar ôl dydd.

    Ar wahân i hynny roedd hi'n ddigon tawel. Ni fyddai Noa a'i deulu yn dweud fawr ddim wrth ei gilydd. Roedd yr anifeiliaid, yr adar a'r seirff yn ddigon tawel hefyd. Doedd y gwartheg ddim yn brefu, na'r eosiaid yn canu. Closiodd pawb at ei gilydd a disgwyl, tra fod yr arch yn nofio ar wyneb y dŵr. Roedd hi'n union fel yr oedd hi yn y dechrau, cyn i'r byd gael ei greu. Doedden nhw byth yn gweld yr haul, na'r lleuad na'r sêr. Edrychon nhw allan drwy'r ffenest a gweld dim ond dŵr; dŵr yn tywallt i lawr o'r awyr, dŵr yn tarddu o'r dyfnderoedd, dŵr o'u cwmpas ym mhob man.

    Yr oedd hi'n ofnadwy!

    Yna edrychodd Duw ar yr arch ac ar Noa a'i deulu a'r holl greaduriaid. Yr oedden nhw'n ymddangos mor fach ar y dyfroedd mawr. Caeodd y llifddorau yn yr awyr; fe beidiodd y glaw. Caeodd y ffynhonnau a pheidiodd y ffrydiau.

    Pan greodd Duw y byd i gychwyn, chwythodd ei Ysbryd fel gwynt a hedfan fel aderyn dros y dyfroedd. Nawr anfonodd Duw wynt arall, i chwythu dros wyneb y dyfroedd a'u chwythu i ffwrdd. Gostyngodd y dyfroedd yn raddol bob dydd.

    Un dydd roedd Noa yn synhwyro fod gwaelod yr arch wedi taro yn erbyn rhywbeth a stopiodd yn sydyn. Mae'n rhaid eu bod nhw wedi dod i dir! Ond faint o dir oedd yna? Oedd hi'n ddiogel i adael yr arch? Doedd Noa ddim yn gwybod; doedd ef ddim yn medru gweld. Felly anfonodd un o'r cigfrain allan. Daeth y gigfran ddim yn ôl. Doedd yno ddim tir iddi fedru glanio arno, felly roedd yn rhaid iddi ddal i hedfan hyd nes i'r llifogydd mawr ddiflannu. Y tro nesaf anfonodd golomen i weld a allai ddod o hyd i dir sych, ond methodd ac fe hedfanodd yn ôl i'r arch. Gwelodd Noa y golomen yn dod ac fe estynnodd ei fraich allan

pennod

drwy'r ffenest. Glaniodd ar ei law, a chymerodd Noa y golomen yn ôl i mewn. Arhosodd am saith niwrnod arall cyn anfon y golomen allan yr ail waith. Daeth yn ôl eto, ond y tro hwn yn cario deilen olewydden yn ei phig. Dawnsiodd Noa i fyny ac i lawr mewn llawenydd ac aeth i ddangos y ddeilen i'w wraig a'r lleill. Saith niwrnod yn ddiweddarach gadawodd y golomen yn rhydd y trydydd tro. Y tro hwn ddaeth hi ddim yn ôl; yr oedd wedi dod o hyd i le i fyw.

'Mae'n rhaid fod y dyfroedd bron â diflannu,' meddai Noa.

Agorodd y gorchudd a osododd dros yr arch ac edrychodd o amgylch. Roedd y dyfroedd wedi mynd, a roedd y ddaear yn sychu'n araf.

'Dewch!' gwaeddodd Noa. 'Dewch i ni gael dathlu!' Ac fe wnaethon nhw. Dyma'r gwartheg yn brefu! Ac fe ganodd yr eosiaid! Dawnsiodd Noa a'i deulu a'r holl greaduriaid am weddill y diwrnod hwnnw a thrwy'r nos ganlynol.

Yna dywedodd Duw wrth Noa, 'fe gewch chi gyd adael yr arch nawr. Y mae'r llifogydd drosodd. Y mae'r ddaear yn sych. Gallwch ddechrau o'r dechrau eto.'

Roedd hi'n deimlad rhyfedd cael bod yn ôl ar dir sych, ond hefyd yn deimlad hyfryd. Dywedodd Noa wrth ei wraig, 'Dere i ni gael trefnu parti i Dduw hefyd.' Felly, adeiladodd allor, cynnau tân a chynnig aberthau i Dduw. Aroglodd Duw arogleuon lleddfol y tân.

Ond yr oedd Duw yn gwybod yn iawn sut allai pobl fod. Dydyn nhw ddim wedi newid, meddai wrtho'i hun. Dydi'r dŵr ddim wedi eu golchi'n lân ar y tu mewn. Maen nhw'n dal yn ddrwg, dal yn beryglus, dal yn dreisgar. Ond wnai fyth ddinistrio'r ddaear eto. Beth bynnag a wnaiff pobl eto wna i fyth gymryd y gallu a roddais iddyn nhw yn y lle cyntaf oddi arnyn nhw. Fe wna i fyw gyda nhw fel y maen nhw, beth bynnag fydd y gost.

Bendithiodd Duw Noa a'i deulu. 'Byddwch yn ffrwythlon a lluosogwch,' meddai, 'a llanwch y ddaear! Fe fydd yr holl greaduriaid yn eich ofni,' meddai eto'n dawelach. 'Oherwydd rwy'n gallu gweld y byddwch yn eu hela, eu lladd a'u bwyta.'

Roedd Duw yn drist wrth ddweud y geiriau hyn. Roedd pethau'n wahanol yn y dechrau. Roedd Duw wedi rhoi planhigion iddyn nhw i'w bwyta y pryd hynny yn union fel yr anifeiliaid. Doedd dim lladd am fwyd. Doedd dim lladd wedi ei fwriadu. Roedd pobl wedi newid hyn i gyd. Byddai'n rhaid i Dduw fyw gyda nhw fel yr oedden nhw a pheidio â'u cosbi fel yr oedden nhw yn ei haeddu.

Siaradodd Duw gyda Noa a'i deulu a'r holl greaduriaid a ddaeth allan o'r arch. 'Rwy'n addo peidio achosi Llifogydd Mawr eto,' meddai. 'Rhoddaf arwydd o'r addewid honno yn yr awyr er mwyn fy atgoffa i: yr enfys. Dydi enfys heb yr haul ddim yn bosibl. Bydd yr enfys yn fy atgoffa i beidio gadael i'r glaw ddisgyn yn ddiddiwedd a chuddio'r haul dan gwmwl yn barhaol. Fydda i fyth yn talu dinistr am ddinistr byth mwy. Rydych chi'n ddiogel nawr. Rwy'n rhoi fy ngair i chi.'

Baldordd Babel

Mae'r Beibl yn cychwyn gyda cherdd ac ychydig o storïau am ddechrau amser. Storïau am bethau dirgel yw'r rhain: gardd lle mae Duw yn creu pobl o lwch ac yn chwythu bywyd iddynt; darn o dir wedi ei staenio gan waed dyn a lofruddiwyd; Llifeiriant Mawr sy'n gorchuddio nid yn unig un dyffryn, nid yn unig un wlad ond y ddaear i gyd. Mae pethau rhyfedd yn digwydd yn y stori nesaf yma hefyd, eto fe gawn ynddi rywbeth yn syth o dudalennau hanes, ac nid o angenrheidrwydd hanes cynnar chwaith.

Dwy fil a hanner o flynyddoedd yn ôl meddiannodd y Babiloniaid, a ddaeth o wlad yr ydym ni'n adnabod heddiw fel Irac, y tiroedd ym mhen dwyreiniol

Yn y Dechreuad

Môr y Canoldir, lle'r oedd pobl Israel yn byw. Cafodd Jerwsalem ei goresgyn a'i dinistrio. Chwalwyd popeth a'i losgi a gwastadu teml Duw i lwch a lludw. Roedden nhw'n brolio fod eu Duw nhw Marduc wedi trechu Duw Israel. Dywedodd yr Israeliaid mai eu Duw nhw oedd wedi creu'r byd ac wedi gofalu amdanynt ar hyd y blynyddoedd. Ond chwarddodd milwyr Babilon a dweud, 'Wel dyw ef ddim wedi gwneud ei waith yn dda iawn!' Gorfodwyd llawer iawn o bobl i gerdded cannoedd o filltiroedd i Fabilon, ar lan yr afon Ewffrates.

Efallai mai un o'r bobl hynny gyfansoddodd y stori nesaf. Yr oedd yn sicr yn Israeliad a welodd Babilon â'i lygaid ei hun. Yng nghanol y ddinas fawr honno yr oedd teml enfawr, fel mynydd bychan. Yn rhan uchaf y deml yr oedd tŷ i Marduc. Yr oedd y Babiloniaid yn falch iawn o'r adeilad. Bydden nhw yn dweud storïau amdani ac yn canu caneuon amdani. Yr oedden nhw'n honni fod ei gwreiddiau yn ddyfnach na'r ddaear ei hun a'r tŵr yn uwch na'r nefoedd ei hun.

Doedd ein storïwr anhysbys o Israel ddim yn falch o'r lle o gwbl. Iddo ef yr oedd yn symbol o orthrwm a chreulondeb rhyfel. Penderfynodd adrodd ei stori ei hun. Roedd rhannau o'i stori yn ddigon doniol, ond yr oedd yn eglureb berffaith o'r hyn oedd o'i le ym mherthynas pobl a'i gilydd. Mae'n briodol fod y stori yn digwydd wedi stori'r Llifogydd Mawr.

Dyna sut y daeth Babilon, neu Babel, fel y galwodd yr Israeliaid y lle, yn rhan o'r gyfres o storïau ynglŷn â dechreuadau'r byd.

Dyma'r stori a adroddodd y storïwr gwych hwnnw.

OESOEDD MAITH YN ÔL, yn nechreuad amser, roedd pawb ar y ddaear yn siarad un iaith. Dywedodd Duw wrthynt am fynd i fyw i bob rhan o'r ddaear. Gwrthododd rhai wrando. Fe benderfynodd rhain ymgartrefu mewn un lle, ar lan yr afon Ewffrates. Yno y dysgon nhw sut i wneud brics. Rhoddodd y brics syniadau iddyn nhw. Fe freuddwydion nhw am adeiladu dinas fawr gyda muriau trwchus, a theml anferth oddi fewn i'r muriau a'i thŵr yn uwch na'r nefoedd. Felly fe ddechreuon nhw ar y gwaith.

Wrth i'r muriau godi ac i'r deml dyfu roedden nhw'n teimlo'n falch iawn ohonyn nhw eu hunain. Gallwn ni wneud unrhyw beth . Rym ni mor fawr â Duw ei hunan os nad yn fwy, medden nhw. Mae ei fwriad i ni wasgaru ar draws y ddaear yn wirion. Fe arhoswn ni yma a dod yn enwog iawn.

Edrychodd Duw ar eu dinas fawr ac ar y deml uchel. Iddo ef yr oedd y cyfan yn ymddangos yn fach iawn, ond yr oedd yn gwybod beth oedd ar feddyliau yr adeiladwyr. Cyn bo hir fe fyddai'r ddaear i gyd ar chwâl unwaith eto. Gwelodd fod yn rhaid iddo eu rhwystro.

Gwenodd Duw wrtho'i hun a dechreuodd roi ei gynllun ar waith.

'Rho fricsen arall i mi,' meddai un o'r adeiladwyr un diwrnod, ac atebodd ei gydweithiwr, 'Ydi mae'n ddiwrnod braf iawn!'

'Mae'r olygfa yn fendigedig o'r fan yma!' meddai un arall, a dyma ei gyfaill yn ei ddwrdio a dweud, 'Paid â dweud pethau cas am fy nhrwyn!'

'Mae'n rhaid ein bod yn reit agos i'r nefoedd erbyn hyn,' meddai un arall o'u plith, ac atebodd y wraig oedd yn sefyll yn ei ymyl, 'Beth wyt ti'n feddwl wrth ddweud fod fy ngŵr yn edrych yn debyg i lyffant?'

Roedd Duw yn gwneud iddyn nhw siarad ieithoedd gwahanol. Doedden nhw ddim yn medru deall ei gilydd!

Dechreuodd pobl ymladd ymhlith ei gilydd ac aeth y sefyllfa mor ddrwg fel y bu'n rhaid atal y gwaith. Yn y diwedd doedd hi ddim yn bosibl iddyn nhw fyw gyda'i gilydd yn yr un ddinas. Aeth pawb i'w ffordd ei hun a gwasgaru ar draws y byd yn ôl yr ieithoedd yr oedden nhw'n siarad.

Yn y Dechreuad

Roedd y ddinas a'r deml fawr wedi eu gadael ar ôl. Disgynnodd yr adeiladau hardd ac aeth y cyfan yn adfeilion. Galwodd pobl y lle hwnnw yn Babel, oherwydd mai yno y cymysgodd Duw yr ieithoedd.

Roedd cynllun Duw wedi gweithio. Roedd pobl wedi eu gwasgaru ar draws y byd yn ôl ei ddymuniad.

Ond sut allai'r byd fod yn union fel yr oedd Duw yn dymuno iddo fod? Sut allai'r byd a phopeth oedd ynddo ddod yn hardd ac yn dda iawn unwaith eto, fel yr oedd yn y dechrau? Roedd angen cynllun arall ar Dduw.

2

TEULU NEWYDD DUW

'Yna edrychodd Duw ar bopeth a greodd, Wele! Yr oedd popeth yn hardd ac yn dda iawn!' Fel yna y mae'r cyfan yn dechrau. Yna aeth y cyfan o'i le. Mae'r bachgen cyntaf a'r ferch gyntaf yn gorfod gadael gardd brydferth Duw. Maen nhw'n tyfu ac yn cael dau fab, ond wedi i'r rheini dyfu, y mae un yn penderfynu lladd ei frawd. Ym mhen hir a hwyr mae'r ddaear yn mynd yn le mor dreisgar fel bod Duw yn penderfynu golchi'r cwbl i ffwrdd yn y Llifeiriant Mawr a dechrau o'r dechrau eto. Ond dydi hynny ddim yn gweithio chwaith. Mae pobl yn dal yr un fath, ac yn dal i fynd eu ffyrdd eu hunain. Mae Duw yn dymuno iddyn nhw gerdded gydag ef a bod yn gwmni iddo, ond dydyn nhw ddim eisiau gwneud hynny. Maen nhw'n hapusach yn adeiladu eu temlau hardd a llenwi eu hunain â balchder. Maen nhw'n dechrau credu eu bod nhw cystal â Duw, os nad yn fwy.

     Beth all Duw ei wneud nawr? Y mae wedi addo peidio boddi'r byd eto. Bydd angen llond lle o bobl arno i'w helpu. Roedd Noa a'i deulu wedi ei helpu i achub yr anifeiliaid, yr adar a phob creadur arall. Ond y mae angen mwy na hynny arno os yw'r byd i dyfu'n hardd ac yn dda iawn unwaith eto. Rhaid cael pobl Dduw arbennig iawn, pobl fydd yn deall meddwl Duw ac yn rhannu ei freuddwydion, fydd yn cadw'n agos ato ac yn cydweithio gydag ef dros y canrifoedd. Bydd yn rhaid i'r bobl hyn gael eu tir eu hunain a'u rhyddid eu hunain.

Mae'r bennod hon yn adrodd stori cyndadau'r bobl hyn. Mae'n sôn am un teulu ac yn dechrau gyda dau berson: Abram a'i wraig Sara.
     Mae rhai pobl yn troi eu cyndadau'n arwyr mawr. Ond pan yw

pobl Dduw, pobl Israel yn adrodd eu storïau am deulu Abram a Sara, dydyn nhw ddim yn gwneud hynny. Dydi aelodau'r teulu hwn ddim yn cyflawni campau mawr. Doedden nhw ddim yn bobl mor dda â hynny. Maen nhw'n cael eu disgrifio fel pobl digon cyfoethog, ond ar y llaw arall yn ddigon cyffredin, gyda llawer iawn o broblemau, gan gynnwys rhai sydd yn gyffredin mewn teuluoedd heddiw. Dyma un o'r pethau sy'n gwneud eu storïau mor hudol a byw.

Abram a'r Addewid Fawr

PAN BENDERFYNODD DUW achosi'r Llifogydd Mawr ar y ddaear, edrychodd yn ofalus am rywun i'w helpu i achub un teulu a digon o anifeiliaid, adar a chreaduriaid i ddechrau o'r dechrau eto wedi i'r dyfroedd ostegu. Daeth o hyd i Noa.

Pan benderfynodd Duw gael pobl iddo ef ei hunan, daeth o hyd i Abram. Nawr doedd Abram ddim yn ddyn arbennig o dda, fel roedd Noa. Ond roedd yn ddyn y gallai Duw siarad ag ef, ac weithiau fe fyddai Abram yn gwrando.

Roedd Abram yn byw gyda'i wraig Sara, ei dad, Tera, a'i nai Lot, mewn lle o'r enw Haran. Roedden nhw wedi symud o Ur, dinas ar lan yr afon Ewffrates. Roedd hi'n daith hir iawn, ond roedden nhw'n hoffi Haran a theimlo'n gartrefol yno.

Credodd Abram ei fod yn mynd i aros yn Haran am weddill ei fywyd. Ond un diwrnod meddai Duw wrtho, 'Rwyf am i ti adael Haran. Rwyf am i ti adael dy dad ar ôl. Rwyf am i *ti* fod yn ben teulu nawr. Rwyf am i ti ddechrau teulu newydd, nid dy deulu di yn unig ond fy nheulu i. Fe gei di wlad i fyw ynddi, Gwlad Arbennig, ac fe wna i i'r wlad honno fod yn wlad fawr a dy wneud dithau yn enwog iawn. Fe gei di dy fendithio ac fe fydd yn rhaid i ti fod yn fendith i bawb y byddi di yn eu cyfarfod. Dyna'r ffordd y galla i wneud yn siwr fod y byd yn dod yn hardd ac yn dda iawn unwaith eto.

Daeth hyn i gyd fel tipyn o syndod, yn dipyn go lew o syndod a dweud y gwir. Er hynny, mae Abram yn ufuddhau. Gadawodd Haran. Gadawodd y cyfan ar ôl. Doedd ganddo ddim syniad i ble roedd yn mynd na beth oedd yn mynd i ddigwydd. Daeth Sara, ei wraig, gydag ef wrth gwrs, Lot hefyd, yn ogystal â'i weision a'r holl anifeiliaid. Fe deithion nhw i'r gorllewin ac yna troi am y de. Aethon nhw ar daith hir, hir iawn. Yn y diwedd fe ddaethon nhw i wlad o'r enw Canaan.

'Dyma hi,' meddai Duw. 'Dyma'r Wlad Arbennig rwyf wedi ei haddo i ti. Dyma lle bydd yn rhaid i ti ymgartrefu. Dyma'r lle y bydd yn rhaid i chi fod yn deulu i mi, a phan fydd digon ohonoch chi fe fydda i yn eich bendithio yma. A chofia Abram, bydd dithau yn fendith i bawb y byddi di yn eu cyfarfod!'

Roedd yna ddwy broblem gyda addewidion Duw. Yn gyntaf, roedd yno lond lle o bobl yn byw eisoes yn y Wlad Arbennig. Beth amdanyn nhw? Wel, doedd dim rhaid i Abram boeni am honno eto. Ond roedd y broblem arall yn gwasgu mwy arno, ac fe fyddai wedi gwasgu ar Sara hefyd pe bai hi'n gwybod beth oedd Duw yn ei gynllunio ar eu cyfer nhw. Sut oedden nhw yn mynd i dyfu i fod yn genedl fawr ac yntau a Sara heb yr un plentyn? A dweud y gwir doedden nhw ddim yn medru cael plant. Roedden nhw wedi bod yn briod am amser hir. Roedden nhw wedi ceisio cael plant ond wedi methu. Roedd pawb yn dweud fod plant yn fendith gan Dduw. Sut oedd Duw yn mynd i'w fendithio ef os nad oedd Sara yn medru cael plant? A beth am Wlad Arbennig Canaan? Doedd dim gobaith i honno fod yn wlad arbennig os na fyddai neb ar ôl wedi iddo ef a Sara farw. Dyna fyddai ei diwedd hi. Dyna fyddai diwedd popeth – dim enwogrwydd, dim cenedl fawr, dim pobl Dduw. Dim.

Teulu Newydd Duw

Cynllun Cyfrwys Sara

Doedd Sara, gwraig Abram yn gwybod dim am yr hyn a ddywedodd Duw wrtho. Doedd Abram ddim wedi sôn am Wlad Arbennig ac am genedl fawr ac am fod yn enwog ag ati. Roedd hi yn dyheu am fabi. Roedd hi wedi dyheu am flynyddoedd am fabi. Roedd gan bob gwraig briod arall a wyddai amdanynt blant. Beiodd Sara ei hunan am hyn ac roedd hi'n teimlo'n fethiant mawr. Wrth i'r blynyddoedd fynd yn eu blaen roedd hi'n teimlo yn fwy anobeithiol. Efallai y byddai'n rhaid i Abram gael ail wraig. Roedd arfer y cyfnod yn caniatáu hynny. Wedi bod yng Nghanaan am ddeng mlynedd ac yn dal heb blant, cafodd Sara syniad am ail wraig i Abram. Credodd Abram fod y syniad yn wych. Wedi'r cyfan yr oedd Duw wedi dweud wrtho y byddai'n cael mab, ond doedd Duw ddim wedi sôn dim mai Sara fyddai'r fam.

Roedd gan Sara forwyn o Eifftes o'r enw Hagar. Hwyrach, meddyliai Sara, os rhof fi Hagar yn ail wraig i Abram, fe gaiff hi blentyn i mi, a bydd blynyddoedd y methiant drosodd. Wedi'r cyfan dim ond caethferch yw Hagar a dydi caethweision ddim yn cyfrif. Dydi Hagar yn neb. Os caiff hi fabi, bydd hwnnw yn cael ei gyfrif fel plentyn i mi. Mae Abram eisiau mab, rwy'n gwybod, ac fe fentraf y bydd y ferch hon yn cael mab. Bydd pawb yn dweud, 'Dyna fabi hyfryd sydd gennyt ti Sara!' ac fe fyddaf yn medru dal fy mhen yn uchel o'r diwedd. Bydd neb yn medru edrych i lawr arnaf mwyach, na siarad o dan eu gwynt amdanaf. Fe fyddaf yn fam!

Dyna gynllun cyfrwys Sara.

Felly rhoddodd Hagar yn wraig ychwanegol i Abram, a daeth Hagar yn feichiog yn syth. Ond wrth ei gweld yn tyfu yn fwy ac yn fwy sylweddolodd Sara yn sydyn mai Hagar fyddai mam y plentyn wedi'r cyfan. 'Edrychwch arni mewn difrif calon,' meddyliodd Sara. 'Mae hi mor falch ohoni ei hun!'

Roedd Sara'n genfigennus iawn o Hagar ac yn methu dioddef edrych arni na'i chyffwrdd. Caethferch oedd Hagar. Doedd Hagar yn neb! Ond nawr roedd Sara yn teimlo ei bod yn neb. Doedd hi ddim yn medru dioddef rhagor.

'Edrych beth wyt ti wedi ei wneud nawr!' gwaeddodd ar Abram. 'Rwyt ti wedi gwneud y ferch yn feichiog! Mae'n edrych lawr ei thrwyn arnaf. Dydi hi'n ddim byd ond caethferch ac yn estron hefyd, ac mae hi'n edrych lawr arna i, ei meistres. Dydi hyn ddim yn iawn!'

'Gwna fel y mynnot ti â hi,' meddai Abram yn oeraidd. 'Dy forwyn di yw hi o hyd.' Cerddodd i ffwrdd, gan adael Sara yn teimlo'n fwy unig a thrist nag o'r blaen.

Sara druan! Roedd hi eisiau Abram i'w chofleidio a'i chysuro a dweud wrthi ei fod yn ei charu. Ond yr unig beth a ddywedodd oedd, 'Gwna fel y mynnot ti â hi.' Iawn, os felly! Penderfynodd wneud bywyd Hagar yn ddiflas iawn.

Gwaeddodd arni am y camgymeriad lleiaf. Yna dechreuodd ei tharo. Roedd Hagar erbyn hyn yn ofni dros y babi a throsti hi ei hun. Efallai y byddai Sara yn ei tharo mor galed fe fyddai'n colli ei babi. Penderfynodd redeg i ffwrdd. Aeth yn ôl i'r Aifft, i'w gwlad ei hun. Fe fyddai pobl yn garedig iddi yno a'i phlentyn yn ddiogel. Byddai'r babi yn cael ei eni yng nghanol ei phobl ei hun, a hithau'n rhydd ac nid yn gaethferch mwyach.

Hagar a'r Duw sy'n Gweld

ROEDD HAGAR AR FFO oddi wrth ei meistres greulon, Sara. Roedd ganddi ffordd bell i'w deithio a'r rhan fwyaf o'r ffordd yn croesi'r anialwch, ac roedd hi'n mynd i flino'n gyflym yn ei chyflwr hi.

Ond doedd dim ofn arni hi. Gwyddai am y ffordd yn iawn; cofiodd lle'r oedd y ffynhonnau lle gallai godi dŵr. Byddai trigolion yr anialwch yn sicr o roi bwyd a chysgod iddi oherwydd roedd hi'n arferiad ganddyn nhw ofalu am ddieithriaid. Bydden nhw'n sicr o fod yn garedig wrthi – nid fel Sara a'i gŵr Abram.

Un bore, wedi iddi fod yn cerdded am rai dyddiau, daeth Hagar at ffynnon o ddŵr. Plygodd i lawr a chodi dŵr at ei cheg a golchi ei hwyneb. Roedd y dŵr yn hyfryd o oer.

'Lle wyt ti Hagar?' meddai'r llais. 'Caethferch Sara wyt ti.'

Syfrdanwyd Hagar. Beth oedd hyn a ymddangosodd mor sydyn ynghanol yr anialwch? Roedd y llais yn swnio fel pe tai'n dod o'r pellteroedd ac eto mor agos â'r dŵr a oedd yn torri ei syched. A sut gwyddai'r dieithryn hwn ei henw, a'i bod yn gaethferch i Sara?

'Rwy'n dianc rhag fy meistres Sara,' meddai'n dawel, heb

feiddio codi ei golygon.

'Rhaid i ti fynd yn ôl ati a'i chreulondeb,' meddai'r llais.

Crynodd Sara. O blaid pwy roedd y dieithryn hwn tybed? Nid hi mae'n ymddangos. Alla'i ddim mynd yn ôl, meddyliodd, alla i ddim. Ond roedd Hagar wedi hen arfer ufuddhau. Roedd wedi ufuddhau ar hyd ei hoes i orchmynion pobl eraill. Cadwodd yn dawel gan feddwl a oedd gan y dieithryn rywbeth arall i'w ddweud. Daliodd i syllu i'r dŵr.

Disgynnodd rhyw dawelwch dwfn ar yr anialwch. Yna fe glywyd llais y dieithryn unwaith eto.

'Gwelais dy drallod, Hagar,
a chreulondeb Sara.
Yr wyf wedi cyfrif dy holl ddagrau,
do, pob un.
Yr wyf wedi eu cadw i gyd.
Byddi di'n esgor ar fab!
Bydd hwn yn crwydro'r anialwch
yn rhydd fel asyn gwyllt.
Ni fydd yn gaethwas i neb,
ac ni fyddi dithau chwaith.
Bydd gennyt lu o ddisgynyddion,
mwy na ellir eu cyfrif!
Hynny rwy'n addo i ti.'

Tynnodd Hagar ei dwylo oddi wrth ei llygaid. Roedd wedi adnabod y llais erbyn hyn. Cododd ei phen a chael ei hunan yn edrych i fyw llygaid Duw ei hun!

'Rwyf wedi gweld Duw!' sibrydodd. 'Ac y mae Duw wedi fy ngweld i. Rhoddaf enw newydd i ti, Dduw. Galwaf di yn Dduw-Sy'n-Gweld!'

Hyd y dydd heddiw gelwir y ffynnon yn y lle hwnnw yn 'Ffynnon yr Un Byw sy'n Gweld.' Arferai pobl fynd yno i ddarganfod Duw, i glywed ei lais a gweld ei wyneb. Hwyrach eu bod yn dal i wneud hynny.

Sara yn Digwydd Clywed yr Addewid

ROEDD SARA WEDI COLLI pob gobaith. Roedd hi'n dal yn ddi-blant. Roedd ei byd yn ymddangos yn wag, heb ystyr o gwbl. Doedd hi ddim yn ymddangos fod Abram yn ymwybodol o'i diflastod nac yn poeni rhyw lawer amdani 'chwaith. Credai Sara fod Duw yn dawedog hefyd. Gweddïodd ond diflannodd ei geiriau gyda'r gwynt heb fod neb wedi clywed na gwrando cyn belled ag y gwyddai hi. Dywedodd Duw wrth Abram eto y byddai'n cael mab, a'r tro hwn dywedodd mai Sara fyddai'r fam. Ond doedd Sara'n gwybod dim am hynny. Doedd Abram ddim wedi dweud yr un gair wrthi.

Un diwrnod roedd Abram yn pendwmpian o flaen ei babell. Yr oedd gwres canol dydd yn taro. Taenodd cysgod ar draws ei wyneb a'i ddihuno. Agorodd ei lygaid a gwelodd dri dieithryn yn sefyll o'i flaen. Neidiodd ar ei draed ar unwaith.

'Mae'n ddrwg gennyf,' meddai. 'Ro'n i'n pendwmpian. Os gwelwch yn dda dewch i eistedd a chysgodi o dan y coed. Dof â dŵr a golchi eich traed. Mae'n rhaid eu bod yn flinedig ac yn ddolurus. Mi gaf rywbeth i chi ei fwyta ac yfed. Arhoswch am ychydig yn y cysgod ac fe ddof yn ôl atoch gyda hyn.'

Ni wyddai Abram mai Duw a dau gydymaith o'r nefoedd oedd y dieithriaid.

Prysurodd i'r babell a dweud wrth Sara am ddechrau coginio. Paratôdd nifer fawr o deisennau tra bod Abram a'i was yn rhostio llo ac estyn digonedd o laeth a gosod y cyfan o'u blaen. Gwenodd Duw wrth weld y pentwr bwyd. Ni fwytaodd Abram ddim ei hun gan fod y cyfan wedi ei baratoi ar gyfer yr ymwelwyr. Bu'n rhaid i Sara aros yn y babell o'r golwg. Dyna oedd ei hanes bob tro y byddai dieithriaid yn galw heibio. Gwyliodd Abram ei westeion yn ofalus wrth iddynt fwyta. Doedd ganddo ddim syniad pwy oeddent eto.

'Ble mae Sara, dy wraig?' gofynnodd Duw.

Yn rhyfedd iawn, wnaeth Abram ddim adnabod llais oedd fel arfer yn gyfarwydd iawn iddo.

'Yn y babell,' atebodd.

'Dof yn ôl yn fuan ac fe gaiff Sara fab,' meddai Duw.

Nawr, pe bai Abram yn ddigon effro byddai wedi gofyn iddo'i hun, 'Sut mae'r dieithryn hwn yn gwybod enw fy ngwraig? A beth yw hyn am fabi? Dim ond Duw a minnau sy'n gwybod am hynny! Ai Duw yw'r dyn diarth? Mae'n rhaid mai ef ydyw. Bobl fach, rwy'n croesawu Duw heb yn wybod i mi!'

Ond nid felly yr oedd Abram yn meddwl. Daliodd ef i'w gwylio'n bwyta.

Digwyddodd Sara glywed y cyfan. Roedd hi'n gwrando'n dawel fach wrth fynedfa'r babell. Doedd hi ddim yn medru credu ei chlustiau. Dymunai gael plentyn o hyd ond ni allai, a dyna ddiwedd y stori. Roedd y syniad yn gwbl afresymol! Rhaid mai jôc oedd y cyfan, jôc greulon ar y naw. Chwarddodd yn chwerw.

Gofynnodd Duw i Abram beth oedd ystyr chwarddiad Sara. A yw rhoi mab iddi yn orchwyl rhy fawr i Dduw?

Ofnodd Sara. Gwyddai'r dieithryn hwn bopeth amdani!

Ymgripiodd Sara o'r babell. 'Wnes i ddim chwerthin,' sibrydodd hithau.

'O! do fe wnest ti,' meddai Duw.

Wedi hynny aeth Duw a'i ddau gydymaith i'w ffordd eu hunain. Wnaeth Abram ddim sylweddoli pwy oedden nhw, ond fe adawyd Sara i ystyried y cwbl a ddigwyddodd, ac am y tro cyntaf ers blynyddoedd teimlodd yn obeithiol.

Yn ôl ei addewid daeth Duw yn ôl. Fe gafodd Sara y plentyn y buodd yn dyheu amdano mor hir. Galwyd ef yn Chwerthin. Wel, Isaac a dweud y gwir, ond dyna ystyr yr enw Isaac, chwerthin – Chwerthin Sara, Chwerthin Abram, Chwerthin Duw.

Hagar a'r Duw sy'n Achub

ROEDD SARA'N LLAWEN IAWN o gael plentyn. Gwireddwyd dyhead blynyddoedd ar enedigaeth Isaac er ei bod ar un adeg wedi credu ei bod yn llawer rhy hen i esgor.

Er hynny, pharodd ei llawenydd ddim yn hir. Daeth ei chaethferch, Hagar yn ôl wedi iddi ffoi i'r anialwch. Roedd gan Hagar fab hefyd o'r enw Ismael. Roedd hwnnw'n fab i Abram yn ogystal ag ychydig yn hŷn nag Isaac.

Bu farw llawer iawn o fabanod yn y dyddiau hynny. Pe bai digwydd iddyn nhw fyw dros eu dwyflwydd oed a'u mamau wedi eu diddyfnu yr arfer oedd cynnal parti i ddathlu. Felly, wedi diddyfnu Isaac, trefnodd Abram wledd a gwahodd pawb.

Aeth pob dim yn iawn nes bod Sara yn gweld Ismael. Er mai diwrnod i Isaac oedd hi, roedd Ismael yn benderfynol o ddangos ei orchest fel pe tai'r cwbl wedi ei drefnu ar ei gyfer ef. Dim ond oherwydd mai ef yw'r hynaf, meddyliodd Sara, mae'n credu ei fod yn bwysicach. Dydw i ddim yn mynd i ddioddef hyn. Meddyliodd am ychydig eto. Gan mai ef yw'r hynaf, Ismael fydd yn etifeddu'r cyfan ar ôl i Abram farw. Felly y mae hi gan amlaf, y mab hynaf sy'n derbyn y cyfan a'r ieuengaf yn cael dim. Ismael, y pen bach, da i ddim, fydd yn etifeddu camelod a defaid gorau Abram. Ef fydd yn ben ar y teulu. Bydd ganddo'r hawl i awdurdodi fy Isaac i. Dydw i ddim wedi disgwyl yr holl flynyddoedd hyn am blentyn, dim ond i weld mab i gaethferch yn ei sathru dan draed!

Rhuthrodd at Abram. 'Tafla'r gaethferch yna allan,' gwaeddodd, 'a gwna'n siŵr fod ei mab yn mynd gyda hi. Dydw i ddim yn mynd i adael mab i gaethferch i etifeddu'r pethau gorau ar draul fy Isaac i. Tafla nhw allan nawr!'

Roedd Abram yn ddig ac yn drist. Dywedodd wrth Hagar fod yn rhaid iddi hi ag Ismael fynd. Cododd yn fore trannoeth a rhoi bara a dŵr iddyn nhw, rhoddodd Ismael ar ysgwyddau ei fam a'u gyrru i'r anialwch.

Doedd Hagar ddim yn medru gweld yn iawn oherwydd y dagrau yn ei llygaid. Roedd hi'n ofnus ac yn drist. Y tro diwethaf iddi ffoi, dilynodd y llwybr i gyfeiriad yr Aifft gyda'i phen yn uchel. Y tro hwn baglai i bobman a'i hysgwyddau wedi crymu o dan bwysau ei mab.

Rhoddodd y bara i Ismael, ac yn fuan iawn doedd dim ar ôl. Cafodd Ismael y rhan fwyaf o'r dŵr hefyd, a gorffennodd hwnnw yn yr un modd. Edrychodd o'i chwmpas a gweld dim ond diffeithwch ym mhob man. Roedden nhw wedi colli'r ffordd a doedd dim ar ôl i'w fwyta nac yfed. Crwydro fu eu hanes am rai dyddiau eto. Mae fy mab yn siŵr o farw, meddyliodd wrthi ei hun. Mae'r plentyn bach yn wan iawn eisoes. Wedi'r holl addewidion gan Dduw dyma nhw yn y cyflwr truenus hwn. Lle'r oedd yr addewidion nawr? Roedd hi'n ymddangos fod y ddau wedi eu gadael ar drugaredd yr elfennau.

Ni allai oddef gwylio Ismael yn marw. Ni allai oddef gwrando arno'n crio chwaith, felly gosododd ef dan gysgod un o'r llwyni. Cerddodd i ffwrdd yn ddigon pell fel na allai ei glywed rhagor. Yna eisteddodd i lawr a chladdu ei hwyneb yn ei dwylo. Doedd hi ddim yn poeni amdani ei hun bellach.

Yn sydyn, clywodd y llais hwnnw eto, yr un llais a glywodd yn yr anialwch y tro o'r blaen. Llais Duw oedd y llais hwn! Y tro hwn mae'n adnabod y llais ar unwaith.

'Paid ag ofni, Hagar,' meddai Duw. 'Gallaf glywed dy fab yn crio. Dydw i ddim wedi anghofio fy addewid. Rwy'n cadw fy addewidion yn ddi-ffael. Daw Ismael yn genedl fawr yma yn yr anialwch. Dos ato, cod ef a dal arno'n dynn. Edrych!'

Edrychodd Hagar ac fe gafodd ei syfrdanu. Gwelodd ffynnon. Roedd y ffynnon wedi bod yno ar hyd yr amser, ond doedd hi ddim wedi medru gweld oherwydd ei dagrau. Rhuthrodd at y dŵr a'i godi a rhedodd at Ismael i roi diod iddo. Roedden nhw wedi cael eu hachub!

Gwelodd Hagar bellach fod dyfodol disglair yn agor o'i blaen hi ag Ismael. Bydden nhw'n rhydd i fwynhau eu bywyd yn yr anialwch heb fod yn weision i neb. Byddai Ismael yn tyfu i fod yn saethwr bwa nodedig. Byddai'n cael llawer iawn o blant, a byddai'r plant hwythau yn cael llawer iawn o blant, hyd nes iddynt dyfu'n genedl fawr. Gwyddai Hagar y byddai'n rhaid iddi ddod o hyd i wraig i Ismael pan fyddai'n barod. Ei bwriad oedd mynd yn ôl adref i chwilio, i'r wlad lle cafodd hi ei geni, y wlad lle bu'n byw cyn i Sara ei dwyn. Roedd ei bryd ar fynd i'r Aifft.

Roedd Duw wedi eu hachub. Bydden nhw'n ddiogel bellach.

Abram ac Isaac

ROEDD ABRAM YN CARU ISAAC, y mab a gafodd gan Sara yn eu henaint. Yr oedd ei fab arall, Ismael, mab y gaethferch wedi mynd gyda'i fam. Byddai ef byth yn eu gweld eto. Dim ond ef ac Isaac oedd hi bellach.

Tyfodd Isaac yn gryf ac yn iach. Ac yna, ar un noson ddychrynllyd, clywodd Abram lais Duw. Y tro hwn fe adnabyddodd y llais ar unwaith.

'Abram!' galwodd Duw.

'Dyma fi,' atebodd Abram.

'Cymer dy fab, dy unig fab, yr un yr wyt ti yn ei garu. Dos i wlad Moreia, i fynydd sanctaidd, ac abertha Isaac yno.'

Dyna'r cyfan. Dychwelodd y distawrwydd llethol a gorweddodd Abram ar ei wely wedi ei syfrdanu, a'i lygaid led y pen yn agored. Roedd e'n teimlo fel sgrechian dros y lle ond pan agorodd ei geg doedd dim i'w glywed. Aberthu ei fab? Lladd Isaac? Sut allai wneud hynny?

Gwawriodd diwrnod arall. A'i galon yn drwm cododd Abram o'i wely. Aeth ati i baratoi popeth. Torrodd y coed ar gyfer yr aberth a'i lwytho ar ei asyn. Yna cychwynnodd ar ei daith gydag Isaac ynghyd â dau was yn gymorth. Ddywedodd Abram ddim lle'r oedd yn mynd, na beth oedd ei fwriad. Ddywedodd ef ddim o gwbl.

Teithiodd am ddau ddiwrnod, ac yr oedd Abram yn dal heb ddweud dim, fel pe tai yn ei fyd bach ei hun. Ar y trydydd diwrnod edrychodd i fyny a gwelodd y mynydd. Gwyddai mai hwn oedd yr un. Trodd at ei weision a dywedodd wrthynt, 'Y mae lle sanctaidd ar y mynydd hwn. Fe aiff y bachgen a fi yno i addoli ac fe ddown yn ôl yn y man.' Fedrodd Abram ddim edrych arnyn nhw wrth siarad, yr oedd ei lais mor dawel, braidd na allen nhw ei ddeall. Roedd Abram yn gwybod yn iawn na fyddai Isaac yn dod yn ôl.

Aeth ati i ddadlwytho'r asyn a gosod y pentwr coed ar gefn Isaac. Yna cymerodd y gyllell arbennig a defnyddiai fel arfer i aberthu a fflam fechan mewn llestr er mwyn cynnau'r tân. Dechreuon nhw ddringo'r mynydd. Roedd Isaac yn cario'r coed ar gyfer ei aberth ei hun a hynny heb yn wybod iddo ef ei hun. Ond roedd gan Abram faich trymach na'i fab. Ar wahân i'r tân a'r gyllell, roedd gorchymyn Duw yn pwyso ar ei ysgwyddau. Roedd ei galon bron â thorri.

'Fy Nhad,' meddai Isaac.
'Ie, fy mab?' atebodd Abram.
'Mae'r tân a'r coed gennym, ond ble mae'r oen i'w aberthu?'
'Bydd Duw yn darparu oen yr aberth, fy mab.'

Bu bron i Abram dagu ar ei eiriau. Roedd yn gwybod yn iawn pwy oedd yr 'oen' i fod.

Wedi dringo am beth amser fe ddaethon nhw i'r lle sanctaidd. Doedd dim allor ar gyfer yr aberth, ac felly bu'n rhaid i Abram ei hadeiladu. Wrth iddo gario'r cerrig a'u gosod yn eu lle, roedd pob un ohonyn nhw yn teimlo fel corff ei fab.

Wedi codi'r allor yr oedd yr amser wedi dod. Dyma oedd holl bwrpas y daith. Dyma oedd dymuniad Duw. Doedd dim oen. Gosododd yr oen ar yr allor, ac yna fe glymodd ei fab a'i roi ar ben y coed. Cymerodd y gyllell arbennig, a chodi ei law i ladd ei fab.

'Abram! Abram!' meddai Duw yn frysiog.

Oedodd Abram. 'Dyma fi,' sibrydodd yntau.

'Paid â gwneud dim niwed i'r bachgen!' meddai'r llais. Rwyf wedi bod yn dy brofi di – i weld os oeddet ti'n sylweddoli mai nid mab i ti yn unig yw Isaac ond mab i minnau hefyd; er mwyn gweld a fyddet ti yn ei gadw i ti dy hun, neu ddangos dy fod yn barod i'w roi yn ôl i mi. Rwyf wedi gweld digon! Mae'r hen addewidion a wnes i ti yn para o hyd. Bydd dy ddisgynyddion di mor niferus â'r sêr, a byddaf yn rhoi iddyn nhw eu gwlad eu hunain, Gwlad Arbennig. Byddaf yn dy fendithio di, a thrwy dy ddisgynyddion bydd holl genhedloedd y byd yn cael bendith.'

Cododd Abram ei lygaid a gwelodd hwrdd wedi ei ddal gerfydd ei gyrn yn y drysni. Gosododd hwnnw ar yr allor yn aberth yn lle ei fab. Rhoddodd Abram yr enw "Yr Arglwydd sy'n darparu" ar y lle sanctaidd hwn.

Roedd Duw wedi achub ei fab. Fe fydden nhw'n ddiogel mwyach.

Gefell Cyfrwys a Bowlenaid o Gawl

ROEDD DUW WEDI BENDITHIO Abram yn fawr, ac yr oedd yntau yn ei dro wedi trosglwyddo'r fendith i'r genhedlaeth nesaf. Ar ôl marw Abram, gwaith Isaac oedd cludo'r fendith.

Roedd Isaac wedi tyfu bellach ac wedi priodi Rebeca. Er bod y blynyddoedd wedi mynd heibio doedd ganddyn nhw ddim plant o hyd. Roedd hi'n ymddangos fod Rebeca yn methu geni plant. Dyna oedd y rhan fwyaf o bobl yn credu beth bynnag. Aeth ugain mlynedd heibio ac eto doedd dim plant.

Yna gweddïodd Isaac ar Dduw ac o'r diwedd cafodd Rebeca eni nid un plentyn, ond dau. Roedd hi'n disgwyl gefeilliaid!

Roedd cyfnod y disgwyl yn anodd i Rebeca. Roedd y babanod yn aflonydd yn ei chroth. Teimlodd yn aml fod pethau'n mynd yn drech na hi. Roedd hi wedi disgwyl mor hir am hyn, ond doedd hi ddim wedi breuddwydio y byddai popeth mor anodd. Yn ei phoen a'i hanobaith fe benderfynodd droi at Dduw am gymorth. 'Beth wna i?' gwaeddodd.

Atebodd Duw:

'Y mae dwy genedl yn dy groth,
a bydd dau lwyth yn tarddu ohonot;
bydd un llwyth yn gryfach na'r llall; a bydd yr hynaf yn gwasanaethu'r ieuengaf.'

Dydy hynny ddim yn gwneud synnwyr, meddyliodd Rebeca, yn ein traddodiad ni nid pobl ifanc sy'n dod yn gyntaf.

Pan anwyd y plant yr oedd y cyntaf yn ymddangos yn goch a'i gorff fel mantell flewog. Galwyd y plentyn hwnnw yn Esau. Wedyn pan gyrhaeddodd ei frawd yr oedd ei law yn gafael yn sawdl Esau, ac felly galwyd ef yn Jacob.

Tyfodd Esau i fod yn heliwr medrus, yn ddyn a garai'r awyr agored. Yr oedd Jacob, ar y llaw arall, yn ddyn tawel, yn byw'n agos at bebyll y teulu ac yn gwylio'r geifr. Esau oedd ffefryn ei dad a Jacob yn ffefryn ei fam.

Un tro pan oedd Jacob yn berwi cawl daeth Esau adref o'r helfa. Roedd y cawl yn goch, yn union fel y blew coch ar gorff Esau. Mae'n edrych yn debyg i Esau, meddai Jacob wrtho'i hun gan chwerthin. Er i Esau fod yn hela am amser hir doedd ef ddim wedi llwyddo i ddal unrhyw beth. Roedd ar lwgu ac yr oedd arogl y coginio yn gwneud pethau'n waeth. 'Rwyf bron â marw!' meddai wrth ei frawd. 'Rho'r cawl yna i mi i'w fwyta.'

Gwelodd Jacob ei gyfle. Er ei fod yn efell i Esau, cafodd ei eni'n ail. Pan fyddai eu tad yn marw, byddai Esau yn cael llawer mwy nag ef, oni bai ei fod yn gwneud rhywbeth yn fuan. Roedd wedi bod yn aros ei gyfle am gyfnod hir. Nawr roedd y cyfle wedi dod.

'Fe gei di fara ac ychydig o ffacbys gen i,' meddai Jacob, 'os wnei di werthu dy enedigaeth-fraint i mi. Os wnei di roi breintiau'r mab hynaf i mi fe gei di fwyta cymaint ag y gelli di o'r cawl yma.'

'Os na cha i ddim i'w fwyta,' atebodd Esau, 'fe fydda i farw a pha werth fydd yr enedigaeth-fraint i mi wedyn?'

'Dos ar dy lw,' meddai Jacob, gan chwifio bowlen wag dan drwyn Esau. 'Addo mai fi fydd y cyntaf.'

'Ar bob cyfrif,' gwaeddodd Esau. 'Rho fwyd i mi er mwyn popeth.'

'Bydd yn rhaid i ti helpu dy hun o hyn allan,' meddai Jacob.

'Oherwydd paid ag anghofio mai fi yw'r cyntaf bellach. Bydd yn rhaid i ti wneud beth bynnag a ddywedaf i a fi fydd yn cael y dewis cyntaf bob tro.'

Doedd Esau ddim yn poeni. Roedd cymaint o eisiau bwyd arno. Ac wedi bwyta digon aeth yn ôl i'r bryniau.

Jacob yn Dwyn y Fendith.

ROEDD JACOB YN BENDERFYNOL o gael y gorau o bopeth pan fyddai ei dad, Isaac, yn marw. Yr oedd ei frawd, Esau, yn hŷn nag ef. Mae'n wir mai dim ond ychydig funudau oedd rhyngddynt, ond gallai hynny fod yn bwysig iawn.

Yr oedd Isaac yn hen iawn. Roedd wedi colli ei olwg, ac roedd marwolaeth ar y gorwel. Y peth olaf a ddymunai wneud oedd bendithio ei fab hynaf, Esau. Roedd Jacob eisoes wedi twyllo ei frawd i addo'r enedigaeth-fraint, ond doedd Isaac ddim yn gwbod hynny. Beth bynnag, Esau oedd cannwyll llygad ei dad. Pe byddai yn bendithio Esau, yna Esau fyddai'r etifedd ac fe fyddai Jacob wedi colli'r frwydr.

Doedd gan Jacob ddim syniad beth i'w wneud. Ond rhyw ddiwrnod digwyddodd ei fam glywed rhywbeth pwysig iawn.

Roedd Isaac yn flinedig iawn ac yn gorwedd yn ei babell. Roedd yn siarad gydag Esau ac yr oedd Rebeca ar y pryd yn dod â diod i Isaac. A hithau ar fin mynd i mewn i'r babell clywodd lais Isaac. Oedodd i wrando.

'Rwy'n wan iawn, fy mab,' meddai Isaac. 'Mae'n debyg y byddaf farw unrhyw ddiwrnod nawr. Rho ychydig bleser i mi cyn i mi farw. Dos allan i hela. Chwilia am rywbeth blasus i'w fwyta. Tyrd ag ef yn ôl yma a choginia ef i mi. Bydd hynny'n rhoi'r nerth i mi dy fendithio cyn i mi farw.

Gwyliodd Rebeca wrth i Esau estyn ei fwa a'i saethau a throi am y mynyddoedd. Yn syth wedi iddo fynd, rhedodd at Jacob.

'Brysia!' sibrydodd. 'Mae dy dad wedi anfon Esau i hela iddo. Mae wedi dweud wrtho am ei goginio a mynd â'r pryd bwyd i'r babell ato. Yna wedi iddo ei fwyta bydd yn ei fendithio. Fe wyddost ti beth mae hynny'n ei olygu! Ond gwranda, mae gen i syniad. Dos i nôl dau fyn gafr ac yna fe wnaf i bryd blasus ar gyfer dy dad, ac fe gei dithau fynd ag ef ato, ac fe gei dithau dy fendithio yn lle dy frawd. Ond brysia! Dydyn ni ddim yn gwybod pa bryd y daw Esau yn ôl.'

'Ond y mae Esau fel gafr! Y mae'n flew drosto,' dywedodd Jacob, 'mae fy nghroen i mor llyfn â chroen baban. Os bydd fy nhad yn fy nghyffwrdd, fe fydd yn sicr o wybod pwy ydwyf. Caf fy melltithio ganddo yn hytrach na'm bendithio.'

'Paid â phoeni,' atebodd Rebeca. 'Rwyf wedi meddwl am hynny. Beth bynnag, os bydd yn dy felltithio, boed i'r felltith aros arnaf fi. Paid ag oedi, dos ar frys i nôl y geifr'.

Ufuddhaodd Jacob. Coginiodd Rebeca gawl blasus yn union fel yr oedd Isaac yn ei hoffi. Yna fe lapiodd grwyn y geifr am ddwylo a gwegil Jacob. Aeth Jacob â'r cawl at ei dad. Dilynodd hithau gan aros y tu allan i'r babell i weld beth fyddai'n digwydd.

Aeth Jacob i mewn at ei dad.

'Helo, fy nhad!' meddai'n llon.

Roedd Isaac yn disgwyl Esau ond roedd yn swnio fel Jacob.

'Pa un wyt ti, fy mab?' gofynnodd.

'Fi yw Esau dy gyntaf-anedig,' meddai Jacob. 'Rwyf wedi gwneud fel y gofynnaist i mi. Fe fûm yn hela a rwyf wedi gwneud y cawl blasus hwn i ti. Dim ond i ti ei fwyta fe fyddi'n ddigon cryf i'm bendithio'

'Rwyt ti wedi bod yn gyflym iawn, fy mab,' meddai Isaac. 'Doeddwn i ddim yn dy ddisgwyl am o leiaf awr arall.'

Pesychodd Jacob. 'Cefais gymorth gan Dduw,' meddai. 'Dydw i erioed wedi cael pethau mor rhwydd wrth hela. Bwyta'r bwyd cyn iddo oeri.'

Ond roedd Isaac yn dal i wrthod y bwyd. Roedd Rebeca erbyn hyn ar bigau'r drain y tu allan i'r babell yn poeni fod Esau ar ei ffordd yn ôl.

'Tyrd yn nes ataf, fy mab,' meddai Isaac wrth Jacob. 'Rwyf am sicrhau mai ti yw Esau.'

Camodd Jacob ymlaen. Doedd Isaac ddim yn medru ei weld o gwbl; yr oedd yn hollol ddall. Rhedodd ei fysedd drwy'r croen gafr oedd yn gorchuddio dwylo Jacob. Daliodd Jacob ei wynt. Curodd ei galon yn drymach. Roedd Rebeca erbyn hyn bron â mynd o'i chof oherwydd gwelodd fod Esau ar ei ffordd adref!

'Llais Jacob yw dy lais di,' meddai Isaac, 'ond mae dy ddwylo yn flewog fel Esau. Ai ti yn wir yw fy mab Esau?'

'Ie, nhad.'

'O'r gorau, rho'r cawl i mi. Fe wnaf i fwyta peth ohono fel y gallaf dy fendithio di.'

Gosododd Jacob y bwyd wrth ochr ei dad yn ogystal ag ychydig win i'w yfed. Doedd Isaac bellach ddim yn medru gwahaniaethu rhwng gwahanol fathau o gigoedd ond doedd ef ddim wedi ei argyhoeddi mai Esau oedd yn y babell gydag ef. Wedi iddo orffen bwyta gofynnodd am gusan. Cofleidiodd Isaac ei dad ac ogleuodd yntau ei ddwylo a'i wegil. Roedd arogl cryf ar y crwyn geifr. Roedd hynny'n ei atgoffa fel yr oedd Esau yn ogleuo wedi dychwelyd o'r helfa. Mae'n rhaid felly mai Esau oedd hwn, meddai wrtho'i hun. Nawr fe allai ei fendithio.

'Dyma arogl fy mab,
fel arogl maes a fendithiodd yr Arglwydd!
Rhodded Duw i ti o wlith y nefoedd,
o fraster y ddaear, a digon o ŷd a gwin.
Bydded i bobl dy wasanaethu di,
ac i genhedloedd blygu o'th flaen;
Bydd yn Arglwydd ar dy frawd
a boed iddo ymgrymu i ti.'

Rhoddodd Jacob ebychiad o ryddhad wedi'r fendith, ymgrymodd i'w dad a'i adael. Tu allan i'r babell dawnsiodd Rebeca ac yntau o lawenydd. Yna aethon nhw i ffwrdd i guddio. Yna daeth Esau yn ôl gyda'r ddalfa ar ei ysgwyddau.

Coginiodd y cig a'i gario at ei dad. 'Dyma ti, fy nhad,' meddai 'rwyf wedi hela ar dy gyfer di yn unig, yn union fel y gofynnaist i mi. Bwyta'r cyfan er mwyn i ti fod yn ddigon cryf i'm bendithio.'

'Pa un wyt ti? gofynnodd Isaac.

'Dy fab, dy gyntaf-anedig, Esau wrth gwrs.'

Dechreuodd Isaac grynu. 'Pwy ddaeth â'r cawl i mi felly ychydig amser yn ôl?

Rhoddodd Esau waedd uchel a chwerw.

'Mae'n rhaid mai Jacob ydoedd! meddai ei dad. 'Cefais fy nhwyllo ac fe wnaeth ddwyn dy fendith.'

'Dyna ystyr ei enw,' meddai Esau yn flin. 'Y disodlwr. Y mae wedi fy nisodli i ddwywaith nawr. Ond oni elli di fy mendithio innau hefyd? O fy nhad bendithia finnau!'

Ysgydwodd Isaac ei ben. 'Rwyf wedi rhoi'r pethau gorau i dy frawd,' meddai. 'Dydy hi ddim yn bosibl i mi gymryd y fendith yn ôl na'i dad-ddweud. Beth sydd ar ôl i ti fy mab?'

'Does bosib nad oes gennyt fwy nag un fendith i'w rhoi, fy nhad?'
Torrodd i wylo yn y fan a'r lle.

Siaradodd ei dad mewn llais crynedig:
'Wele, bydd dy gartref heb gyfoeth y ddaear,
a heb wlith y nefoedd.
Wrth dy gleddyf y byddi fyw,
ac fe wasanaethi dy frawd.
Ond un diwrnod
fe fyddi'n torri'n rhydd.
Dyna'r gorau y gallai Isaac ei gynnig. Gadawodd Esau babell ei dad yn ei ddagrau. Byddai'n sicr o ddial gyda hyn.

Porth i'r Nefoedd

ROEDD ESAU YN CERDDED drwy'r gwersyll lle'r oedden nhw'n byw. Ni allai anghofio brad ei frawd, Jacob, a'r modd y dygodd fendith ei dad oddi arno. 'Bydd fy nhad farw yn fuan iawn,' meddai yn uchel wrtho'i hun. 'Yna pan ddaw'r dyddiau galaru i ben fe dalaf yn ôl iddo. Fe'i lladdaf ef.'

Digwyddodd i rywun glywed Esau a dywedodd wrth Rebeca. Aeth hithau ar frys i ddweud wrth Jacob. 'Brysia! Mae'n rhaid i ti adael!' meddai. 'Mae Esau yn benderfynol o dy ladd di yn fuan. Dos allan o'r wlad hon at fy mrawd Laban yn Haran. Mae hynny'n gannoedd o filltiroedd i ffwrdd. Fe ddylet ti fod yn ddiogel yno. Aros gydag ef am

Llyfr y Llyfrau

dipyn. Anfonaf negesydd i ddweud wrthyt pan fydd yn ddiogel i ti ddod yn ôl. Os wnei di aros fan hyn ac Esau yn dy ladd, bydd pobl yn sicr o ddial arno yntau. Dydw i ddim am golli'r ddau ohonoch yr un diwrnod.'

Felly, trodd Jacob am Haran, y fan lle bu dechrau'r daith i'w daid, Abram, flynyddoedd maith yn ôl.

Roedd siwrnai hir o'i flaen, a doedd ef ddim yn sicr y gallai gyrraedd pen y daith. A oedd ganddo ddigon o fwyd a dillad? Doedd ef ddim yn sicr. Pe bai'n cyrraedd Haran, sut dderbyniad fyddai'n ei gael gan ei ewyrth Laban? A fyddai Esau yn maddau iddo o gwbl? A fyddai'n medru dychwelyd adref o gwbl? Roedd wedi twyllo ei dad a'i frawd a doedd yr enedigaeth-fraint a sicrhaodd yn werth dim iddo erbyn hyn. Trodd y cyfan yn hunllef iddo.

Doedd ef ddim wedi teithio'n bell, cyn cyrraedd tref o'r enw Lus. Gan mai twyllwr oedd Jacob doedd neb am gynnig llety iddo, felly chwiliodd am fan yn yr awyr agored lle gallai fod ar ei ben ei hun. Gorweddodd i gysgu. Yna cafodd freuddwyd anghyffredin. Disgleiriodd goleuni rhyfedd o'i gwmpas, a gallai weld grisiau a'i phen yn estyn i'r nefoedd. Roedd negeswyr Duw yn mynd i fyny ac i lawr ar hyd iddi y cario negeseuon i Dduw ac oddi wrth Dduw. Ond arhoswch – Roedd Duw ei hunan yn sefyll wrth ochr Jacob! Roedd Duw yn siarad, ac yr oedd ei eiriau yn glir ac yn groyw:

'Fi yw'r Arglwydd,
Duw Abram ac Isaac.
Rhoddaf y tir yr wyt yn gorwedd arno
i ti ac i'th ddisgynyddion.

Bydd dy hil mor niferus â llwch y ddaear,
ac ynot ti bydd holl deuluoedd y ddaear yn cael eu bendithio.
Edrych, yr wyf fi gyda thi
ac edrychaf ar dy ôl pa le bynnag y byddi di'n mynd. . .
Dôf â thi yn ôl i'r wlad hon
ac ni wnaf fyth dy adael.'

Dihunodd Jacob yn sydyn. 'Y mae Duw yn y lle hwn,' meddai 'a doeddwn ni ddim yn sylweddoli hynny. Mae hwn yn Dŷ i Dduw ac yn Borth i'r Nefoedd hefyd! Nid Lus fydd yr enw arno mwyach. Beth-El fydd yr enw o hyn allan, ac ystyr hynny yw Tŷ Dduw.'

Roedd Duw yn dal i sefyll wrth droed y grisiau. Trodd Jacob ato a dweud 'Os wnei di fy ngwarchod a dod â mi adref yn ddiogel, yna mi wnaf i i'r lle hwn fod yn le sanctaidd. Daw pobl yma am ganrifoedd, dim ond i gyfarfod â thi. Dyna i ti fargen dda!'

'Rwyt ti'n dal i chwilio am fargen dda, mae'n amlwg, Jacob' meddai Duw yn dawel wrtho'i hun. 'Addewid yw addewid, a dydw i ddim yn torri fy addewidion.'

Wyneb yn Wyneb â Duw

COFIODD JACOB eiriau olaf ei fam cyn gadel. 'Aros gyda Laban am ychydig,' ddywedodd Rebeca. Erbyn hyn roedd Jacob wedi bod gydag ef am *ugain mlynedd!* Er ei fod yn nai i Laban yr oedd hwnnw wedi ei drin fel gwas cyflog. Roedd wedi priodi dwy o ferched Laban, Lea a Rachel, a'u morynion Bilha a Silpa, ond er hynny aeth Laban allan o'i ffordd i wneud bywyd Jacob yn ddiflas. Roedd yn dyheu am gael mynd adref.

Roedd Rebeca wedi addo anfon gair pan fyddai'n ddiogel iddo ddychwelyd. Doedd dim negesydd wedi cyrraedd. Ond daeth amser pan nad oedd hi'n ddiogel iddo aros chwaith. Roedd Laban a'i feibion wedi cael digon ar Jacob. Dyma nhw'n ei atgoffa am Esau a gwelodd Jacob eu bod nhw am ei waed. Siaradodd Duw ag ef eto, gan ddweud wrtho am fynd yn ôl i Ganaan. 'Fe fyddaf i gyda thi,' meddai wrtho.

Dihangodd Jacob mor sydyn ag y gallai. Aeth ei wraig, ei blant a'i weision gydag ef. Roedd ganddo lawer iawn o ddiadelloedd a llawer iawn o gamelod. Dyma oedd ei gydnabyddiaeth am flynyddoedd o lafur i'w ewyrth. Cyrhaeddodd Haran yn waglaw. Roedd yn dychwelyd i Ganaan yn ddyn cyfoethog. Hwyrach nad oedd pethau wedi bod mor ddrwg wedi'r cyfan. Ond sut fyddai pethau adref erbyn hyn? A oedd Esau wedi maddau iddo? Doedd dim gair wedi dod oddi wrth Rebeca byth.

Roedd Jacob yn mynd yn fwy petrusgar wrth iddo agosáu am adref. Wedi cyrraedd y ffin anfonodd rhai o'i ddynion ymlaen er mwyn dod o hyd i Esau. 'Dwedwch wrtho fy mod i yn dod adref yn ddyn cyfoethog, a mod i'n gobeithio y gwnaiff ef fy nerbyn yn heddychlon,' meddai.

Daeth y negeswyr yn ôl yn gynt na'r disgwyl. 'Y mae Esau ar ei ffordd i dy gyfarfod,' meddent wrtho 'ac mae'n dod â phedwar cant o ddynion gydag ef.'

Pedwar cant o ddynion! Roedd hynny bron â bod yn fyddin. Ymddangosai yn sicr fod Esau am ddial arno. Beth allai ei wneud? Rhannu'n ddwy garfan. Ie dyna fe. Os daw Esau o hyd i un garfan, hwyrach y gallai'r llall ddianc. Roedd Duw wedi addo ei warchod ac felly penderfynodd weddïo ar Dduw. 'Mae angen dy gymorth arnaf!' gweddïodd. Beth am geisio darbwyllo Esau. Fe yrrwn dri llwyth o anifeiliaid gyda'r gweision, a gorchymyn i'r gweision ddweud bob tro 'Mae'r anifeiliaid yn anrheg gan dy was Jacob, fy arglwydd.' Dylai hynny ei ddarbwyllo. Ond tybed?

Daeth Jacob at ryd o'r enw Jabboc. Roedd y glawogydd wedi achosi llifeiriant cryf. Llwyddodd Jacob i groesi'n ddiogel gyda'i wragedd a'i blant a'i forynion. Gyda hyn, aeth ef ei hun yn ôl at y dŵr. Pa ffordd ddylai fynd? A ddylai ddianc ei hun? Unwaith y byddai wedi croesi rhyd Jabboc byddai'n rhy hwyr i droi'n ôl. Mae'n rhaid fod Esau a'i ddynion yn agosáu. Teimlai Jacob yn fach, yn unig ac yn ofnus.

Yn sydyn teimlodd gyffyrddiad llaw. Dechreuodd dieithryn ymgodymu ag ef a chredodd Jacob fod Esau wedi ei ddal. Aeth yr ymgodymu ymlaen am oriau, drwy'r nos. Pan welodd y dieithryn nad oedd yn cael y trechaf arno, trawodd ei glun a'i ddatgysylltu. Eto doedd Jacob ddim wedi teimlo unrhyw boen a daliodd ati fel pe tai dim byd wedi digwydd.

Pan dorrodd y wawr dywedodd y dieithryn wrth Jacob 'Gollwng dy afael!'

'Dim nes i ti fy mendithio,' atebodd Jacob. Roedd ei dad wedi ei fendithio ac yn awr roedd angen bendith Esau hefyd.

Meddai'r llall, 'Beth yw dy enw?'

'Jacob.'

'Fe gei di enw newydd. Nid Jacob mwyach, y Disodlwr, yr un sy'n baglu pobl. Dy enw fydd Israel, am i ti ymgodymu gyda Duw ac eraill a gorchfygu.'

Doedd hyn ddim yn swnio fel Esau o gwbl, meddyliodd Jacob. 'Beth yw dy enw *di?*' gofynnodd.

'Pam wyt ti'n gofyn fy enw i?' atebodd y llall. Ac yna pan nad oedd Jacob yn ei ddisgwyl, fe'i bendithiodd.

Roedd goleuni a gwres yr haul erbyn hyn yn taro ar y dyffryn ac yr oedd Jacob ei hunan unwaith eto. 'Rwyf wedi gweld Duw wyneb yn wyneb!' gwaeddodd. 'Rwyf wedi ymgodymu gyda Duw drwy'r nos, a nawr mae gen i enw newydd a'i fendith. Rwy'n ddiogel o'r diwedd!'

Dringodd o'r dyffryn ac ymuno gyda'i wragedd a'i blant. Wrth iddo nesáu atyn nhw fe sylwon nhw ei fod yn gloff, yn union fel pe tai ei glun wedi ei ddatgysylltu.

Wyneb yn Wyneb ag Esau

TREULIODD JACOB ORIAU'R nos yn ymgodymu gyda Duw. Yng ngoleuni bore newydd edrychodd i gyfeiriad y de. Roedd Esau yn dod gyda phedwar cant o ddynion. Dechreuodd calon Jacob guro'n drwm unwaith eto. Pan adawodd Duw ef roedd yn teimlo'n ddiogel. Ond doedd ef ddim yn teimlo'n ddiogel iawn mwyach. Wrth nesáu at ei frawd ymgrymodd iddo saith gwaith, fel pe tai yn ymgrymu o flaen brenin ac yn pledio am bardwn.

Mewn gwirionedd, doedd gan Jacob ddim i'w ofni. Roedd dicter ac eiddigedd Esau wedi hen ddiflannu. Roedd wedi maddau i'w frawd ers amser maith. Roedd yn hynod o falch bod ei frawd wedi dod adref yn ddiogel. Felly pan welodd ef, rhedodd i'w gyfarfod, ei gofleidio a'i gusanu. Bu'r ddau yn wylo gyda'i gilydd am beth amser.

'Pwy yw'r gwragedd a'r plant hyn?' gofynnodd Esau.

'Y teulu y bendithiodd yr Arglwydd fi â nhw,' meddai Jacob.

'A beth am yr holl anifeiliaid a gweision? Daethon nhw i'm cyfarfod ar y ffordd yma, un llwyth yn gyntaf, yna'r ail ac yna'r trydydd.'

'Anrhegion i ti, fy arglwydd.' Roedd Jacob yn dal i fethu credu fod Esau wedi maddau iddo.

Chwarddodd Esau. 'Mae gen i ddigon fy hun, Frawd.'

Brawd! Galwodd ef yn frawd! Cafodd Jacob ei fendithio gan Dduw wrth afon Jabboc, pan nad oedd yn ei ddisgwyl. Nawr cafodd fendith arall y tu hwnt i'w freuddwydion. Cariad a maddeuant Esau. 'Mae gweld dy wyneb,' meddai wrth Esau, 'fel gweld wyneb Duw.' Oedodd, wrth i'r dagrau redeg lawr ei ruddiau. 'Ond os gweli'n dda,' ychwanegodd, 'derbyn fy rhoddion. Derbyn nhw fel bendith. Mae'n hen bryd i mi dy fendithio di.'

'Fe'i derbyniaf felly,' meddai Esau. 'Diolch i ti. Gallwn deithio gyda'n gilydd nawr.'

Roedd Esau yn dymuno i Jacob fynd yn ôl gydag ef i'w gartref ei hun. Ond roedd Esau wedi cartrefu mewn gwlad o'r enw Edom, i'r de o'r Môr Marw. Gallai Jacob ddim ymgartrefu yn Edom. Roedd yn rhaid iddo ymgartrefu yng Nghanaan, y wlad addawodd Duw i'w da a'i daid a'u disgynyddion. 'Dos di yn dy flaen,' meddai wrth ei frawd. 'Mi ddof i ar dy ôl yn ddiweddarach.'

Gwyliodd Esau yn troi yn ôl i gyfeiriad Edom, ac aros iddo ddiflannu dros y gorwel cyn arwain ei deulu i gyfeiriad Canaan.

Jacob a'i Feibion

Roedd gan Jacob bedair o wragedd a llawer o blant: un ferch a deuddeg o feibion. Ei hoff wraig oedd Rachel. Doedd hi ddim yn medru cael plant am beth amser, ond yn y diwedd cafodd ddau fab, Joseff a Benjamin. Cafodd amser anodd wrth eni Benjamin ond ganwyd ef yn ddiogel. Roedd Rachel er hynny, erbyn hyn, yn wan iawn, ac ni allodd ond sibrwd ei enw cyn iddi farw.

Joseff a Benjamin oedd meibion ieuengaf Jacob ac yn ffefrynnau

Teulu Newydd Duw

mawr ganddo. Roedd yn hen ŵr erbyn iddyn nhw gael eu geni a doedd ef ddim wedi disgwyl bod yn dad yr oedran hwnnw. Dyma unig blant ei hoff Rachel hefyd. Joseff oedd cannwyll llygad ei dad. Yr oedd yn atgoffa Jacob o Rachel. Pa bryd bynnag yr edrychai ar Joseff cofiai amdani hi. Felly, rhoddodd wisg laes arbennig iddo a wnaeth iddo edrych fel tywysog. Teimlodd Joseff yn bwysig iawn yn y wisg, llawer iawn pwysicach na'i frodyr. Doedd ganddyn nhw ddim byd tebyg i'r wisg hon.

Roedd brodyr Joseff yn ei gasáu. Yna dechreuodd ddweud ei fod yn cael breuddwydion amdanynt. Yn y freuddwyd gyntaf yr oedden nhw fel ysgubau. Roedd ei ysgub ef yn sefyll i fyny tra bod eu hysgubau nhw mewn cylch yn ymgrymu iddo, fel petai yn dywysog.

Yn yr ail freuddwyd roedd ei dad a'i fam fel yr haul a'r lleuad, a'i frodyr fel un ar ddeg o sêr. Roedden nhw i gyd yn ymgrymu iddo ef, fel petai yn frenin. Roedd Joseff yn credu fod y breuddwydion yn wych. Roedd ei frodyr, ar y llaw arall, yn credu eu bod yn ofnadwy. Roedd Jacob ei hunan yn teimlo fod yr ail wedi mynd dros ben llestri.

Unwaith aeth brodyr Joseff tua'r gogledd i chwilio am borfa i'r defaid. Roedden nhw wedi bod i ffwrdd yn hwy nag arfer. Dechreuodd Jacob bryderu. 'Dos i chwilio amdanyn nhw a gwna'n siŵr eu bod nhw'n ddiogel,' meddai wrth Joseff.

Cerddodd Joseff am ddyddiau. Doedd dim golwg ohonyn nhw yn unman. Ond yna clywodd gan ddyn ar y ffordd ei fod wedi eu cyfarfod a'u clywed yn dweud eu bod yn mynd i le o'r enw Dothan.

Gwelodd ei frodyr ef yn dod. 'Edrychwch!' medden nhw. 'Dyma'r breuddwydiwr yn dod. Dyma'n cyfle ni. Dewch i ni ei ladd a dweud wrth Dad fod llew wedi ei larpio. Bydd hynny'n rhoi taw ar ei freuddwydion!'

'Na, dewch i ni beidio â'i ladd,' meddai Reuben, yr hynaf. 'Bydd ei daflu i'r pydew yma yn ddigon a'i adael yno.'

Wedi iddi dywyllu, meddyliodd Reuben wrtho'i hun, mi wna i ei dynnu ef allan a mynd ag ef adref.

Pan gyrhaeddodd Joseff y gwersyll, wedi ei wisgo yn y dillad crand, dyma'r brodyr yn ymosod arno, tynnu ei wisg a'i daflu i'r pydew. Roedd y pydew yn rhy ddwfn i Joseff allu dringo ohono, a doedd ganddo ddim bwyd na diod. Tra bod y gweddill yn eistedd o gwmpas y tân i fwyta aeth Reuben i'w babell i ddisgwyl iddi dywyllu.

Yn sydyn gwelodd y brodyr griw o Ismaeliaid yn dod i'w cyfarfod. Cafodd Jwda syniad. Doedd ef ddim yn dymuno gweld ei frawd Joseff yn marw chwaith. 'Mae Joseff yn frawd i ni,' meddai wrth y lleill. 'Faint gwell fyddwn ni o'i ladd? Dewch i ni gael gweld faint gawn ni amdano gan y masnachwyr yma. Dewch i ni gael ei werthu iddyn nhw fel caethwas.'

Credodd y masnachwyr y gallen nhw gael pris da amdano yn yr Aifft. Talwyd amdano a chlymwyd Joseff i un o'r camelod ac aethon nhw ar eu ffordd i gyfeiriad yr Aifft.

Doedd Reuben yn gwybod dim am y masnachwyr, ac wedi iddi dywyllu aeth at y pydew. Doedd Joseff dim yno! Rhuthrodd at ei frodyr a gweiddi, ' Mae'r bachgen wedi mynd! Beth wnawn ni?'

'Rwy'n gwybod,' meddai un ohonyn nhw. Aeth i nôl un o'r geifr a'i ladd ac yna trochi gwisg werthfawr Joseff yn y gwaed. Yna rhwygodd y wisg. Gwenodd. 'Yn y bore fe awn ni yn ôl at Dad a dangos hyn iddo.'

Wedi cyrraedd adref aethon nhw ar unwaith i weld Jacob. 'Rydym wedi dod o hyd i hon! Wyt ti yn ei nabod?'

'Joseff piau hi!' gwaeddodd Jacob. 'Mae'n rhaid fod llew wedi ymosod arno a'i fwyta.'

Ceisiodd ei feibion a'i ferched ei gysuro, ond doedd dim cysuro arno. 'Fe fyddaf fi farw cyn i mi orffen galaru am fy mab,' meddai.

Flynyddoedd ynghynt roedd Jacob wedi twyllo ei dad, Isaac ac yntau'n hen ŵr. Nawr roedd Jacob ei hunan yn hen ac roedd ei feibion yn ei dwyllo yntau. Doedd ef ddim wedi amau unrhyw beth. Credodd fod ei fab hoff, Joseff, wedi marw.

Teulu Newydd Duw

Joseff y Caethwas

Roedd brodyr Joseff wedi ei werthu i'r marsiandïwyr ar eu ffordd i'r Aifft. Wedi cyrraedd aethon nhw ag ef i un o'r marchnadoedd caethweision a'i werthu i ŵr cyfoethog o'r enw Potiffar, swyddog i Pharo. Ar y pryd yr Aifft oedd y wlad gyfoethocaf a'r mwyaf grymus yn y byd.

Doedd Duw ddim wedi gadael Joseff yn amddifad. Arhosodd gydag ef a'i gynorthwyo. Roedd Potiffar yn hapus iawn gyda'r gwaith a wnaeth Joseff. Ymddangosai fod ganddo ddawn arbennig i lwyddo ym mhob peth y byddai yn ei wneud. Ymhen amser gosododd Potiffar ef yn bennaeth ar ei holl faterion.

Aeth pob dim yn dda, nes i wraig Potiffar syrthio mewn cariad gyda Joseff. 'Pam na ddoi di i'r gwely gyda mi?' meddai wrtho.

'Sut allaf i?' atebodd Joseff. 'Rwyt ti'n wraig i'm meistr. Mae e'n ymddiried ynof fi. Sut allwn ni ei fradychu? Sut allwn ni sarhau Duw?'

Daliodd i swnian arno ond gwrthododd bob cynnig. Yna un diwrnod pan oedd neb arall yn y tŷ ymosododd arno a chipio ei glogyn. Dychrynodd Joseff a rhedeg o'r tŷ. Ond gwaeddodd hithau ar y gweision a'r morynion gan gyhuddo Joseff o'i threisio. 'Gwaeddais,' meddai, 'ond rhedodd i ffwrdd gan adael ei glogyn ar ôl. Edrychwch!' Cododd y clogyn er mwyn i bawb ei weld.

Wedi i Potiffar ddychwelyd o'r palas, rhedodd yn syth ato i adrodd yr un stori. Roedd hwnnw'n gynddeiriog. Heb oedi dim aeth ati i ddal Joseff a'i roi yn y carchar. Chafodd Joseff ddim cyfle i amddiffyn ei hun.

Joseff y Carcharor

Cafodd Joseff ei hun yn nhywyllwch a drewdod y carchar. Eto, doedd Duw ddim wedi cefnu arno. O ganlyniad, gwnaeth gymaint o argraff ar geidwad y carchar fe adawodd iddo warchod y carcharorion eraill. Roedd pentrulliad a phen-bobydd Pharo ymhlith y carcharorion eraill. Aethon nhw i drafferthion gyda'r Pharo ac fe daflodd hwnnw'r ddau i'r carchar. A oedd Pharo yn mynd i'w rhyddhau neu eu dienyddio? Doedd ganddyn nhw ddim syniad.

Un noson cafodd y ddau ohonyn nhw freuddwyd. Credodd yr Eifftwyr fod angen arbenigwr i'w dehongli ond doedd dim arbenigwyr yn y carchar. Roedd methu deall eu breuddwydion yn codi arswyd ar y ddau ddyn. Y bore canlynol sylwodd Joseff fod y ddau yn edrych yn ddiflas iawn. Soniodd y ddau wrth Joseff am eu breuddwydion. 'Does dim angen arbenigwyr i ddehongli'r breuddwydion hyn,' meddai Joseff. 'Duw sy'n dehongli breuddwydion. Gall unrhyw berson eu dehongli gyda chymorth Duw. Beth oedd cynnwys eich breuddwydion?'

Adroddodd y ddau eu stori. Yn gyntaf rhannodd y trulliad ei freuddwyd. 'Gwelais winwydden,' meddai, 'a thair cangen iddi. Roedd grawnwin hyfryd arni. Roedd cwpan gwin Pharo yn fy llaw, felly tynnais y gwinwydd, eu gwasgu i'r gwpan a'i estyn i Pharo.'

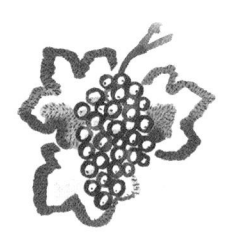

Dywedodd Joseff wrtho y byddai Pharo yn ei ryddhau ymhen tridiau, ac y byddai'n cael ei swydd yn ôl. 'Pan gei di dy ryddhau, sonia amdana i wrth y Pharo. Rwy'n ddieuog a dydw i ddim yn haeddu bod yma.'

Pan glywodd y pobydd y newyddion da a roddodd Joseff i'r trulliad, rhannodd yntau ei freuddwyd. 'Roeddwn yn cario tri chawell o fara ar fy mhen. Roedd y cawell uchaf yn llawn o bob math o fwyd wedi eu pobi ar gyfer Pharo, ond yr oedd yr adar yn ymosod ar y bwyd ac yn ei fwyta.'

Edrychodd ar Joseff yn eiddgar, gan aros am ei ateb. Sylwodd fod Joseff yn edrych braidd yn ddiflas. 'Ymhen tri diwrnod,' meddai wrth y pobydd, 'bydd y Pharo yn dy grogi di, a daw'r adar i'th fwyta.'

A dyna'n union a ddigwyddodd. Tri diwrnod yn ddiweddarach crogwyd y pobydd, a ryddhawyd y trulliad a derbyniodd ei swydd yn ôl.

Ond anghofiodd y trulliad sôn yr un gair wrth Pharo am Joseff.

Teulu Newydd Duw

Joseff yn y Palas

Carcharwyd Joseff ar gam. Roedd trulliad Pharo wedi bod yn gydgarcharor iddo, ac fe addawodd roi gair da i Pharo amdano pan fyddai'n cael ei ryddhau. Ond roedd mor falch o gael ei ryddhau anghofiodd y cyfan amdano.

Aeth dwy flynedd arall heibio. Yna breuddwydiodd Pharo freuddwydion rhyfedd. Roedd y breuddwydion hyn yn ei boeni'n fawr a galwodd ar holl arbenigwyr yr Aifft i'w dehongli. Doedd gan yr un ohonyn nhw syniad am eu hystyr. Aeth y newyddion am freuddwydion Pharo ar led drwy'r llys. Roedd pawb yn siarad amdanyn nhw. Clywodd y trulliad, a chofiodd yn sydyn am ei hen gyfaill. Brysiodd at Pharo a sôn wrtho am Joseff a sut y dehonglodd ei freuddwyd ef a breuddwyd y pobydd.

'Brysiwch!' gwaeddodd Pharo wrth ei weision. 'Ewch i'r carchar a dewch â Joseff yma ata i ar unwaith!'

Allai Joseff ddim mynd at y Pharo ar unwaith. Roedd angen eillio arno ac yntau heb wneud ers amser. Roedd angen ymolchi arno a gwisgo dillad addas ar gyfer yr achlysur.

Bu'r gweision wrthi'n ddygn yn ei baratoi mor gyflym ag y medrent. Doedd Joseff ddim wedi gweld y Pharo o'r blaen. Dyna lle'r oedd, y dyn mwyaf pwerus yn y byd, yn eistedd ar ei orsedd yng nghanol y crandrwydd i gyd, gyda'i gynghorwyr a'i weision o'i gwmpas.

'Cefais ddwy freuddwyd,' meddai Pharo wrtho. 'Rwyf wedi clywed dy fod ti'n arbenigwr ar ddehongli breuddwydion.'

'Nid fi, Eich Mawrhydi. Duw yw'r arbenigwr,' atebodd Joseff. 'Mae Duw a minnau'n gyfeillion da.'

Gwenodd y Pharo arno. 'Ydych chi'n wir,' meddai. 'Wel gadewch i ni weld beth elli di a Duw ei wneud o'r breuddwydion hyn.' A rhannodd y ddwy freuddwyd gyda Joseff.

'Roeddwn ni'n sefyll ar lan yr afon Neil,' meddai, ' pan ddaeth saith o wartheg graenus allan o'r dŵr a dechrau bwyta. Yna daeth saith o wartheg eraill allan o'r dŵr. Dyma'r gwartheg teneuaf a welais erioed. Aeth y saith o wartheg tenau ati i fwyta'r saith o wartheg tew, ond wnaeth hynny ddim gwahaniaeth iddyn nhw. Roedden nhw'n llawn mor denau ac mor ddi-raen ag erioed. Yna dihunais.'

Gwrandawodd Joseff yn astud. Arhosodd i Pharo sôn am yr ail freuddwyd.

'Syrthiais i gysgu unwaith eto, a'r tro hwn gwelais saith o dywysennau da a llawn yn tyfu ar un gwelltyn. Yna tyfodd saith tywysen arall yn eu hymyl, ond yr oedd y rhain wedi eu deifio gan wynt y dwyrain. Llyncodd y tywysennau tenau y saith tywysen dda.'

'Does yr un o'm harbenigwyr yn medru dehongli'r breuddwydion hyn,' meddai'r Pharo. 'Elli di wneud yn well?'

'Yn bendant,' atebodd Joseff. 'Mae mor amlwg â thrwyn dy ymgynghorydd!'

Gwridodd yr ymgynghorydd ac edrychodd i'r llawr.

'Mae Duw yn defnyddio'r breuddwydion i ddangos i'w Fawrhydi beth sy'n mynd i ddigwydd,' meddai Joseff. 'Y mae'r gwartheg a'r tywysennau yn cynrychioli saith mlynedd. Bydd saith mlynedd o gynaeafau da, ac yna saith mlynedd o gynaeafau trychinebus. Bydd blynyddoedd y newyn yn llyncu'r blynyddoedd da. Bydd hi'n drychineb byd eang.'

'Nawr, dyma fydd yn rhaid i Pharo ei wneud. Bydd yn rhaid casglu gweddill cnwd y saith mlynedd dda a'i gadw mewn ysguboriau mawr. Yna pan ddaw'r sychder, bydd gan y bobl rhywbeth i'w fwyta. Bydd yn rhaid dewis rhywun doeth a chyfrifol i arolygu'r gwaith.'

'Beth amdanat ti?' meddai'r Pharo. Trodd at ei arbenigwyr a'i wŷr doeth. 'Mae'n amlwg i mi mai'r bugail hwn o Ganaan yw'r union ddyn ar gyfer y gwaith!'

Cywilyddiodd y doethion a chytuno'n frwd.

'Dyna'r mater wedi ei setlo felly.' Gwenodd eto ar Joseff. 'Gan dy fod ti a Duw yn gystal cyfeillion rwy'n dy benodi di yn Rheolwr ar y wlad! Byddi'n ail i mi yn unig drwy'r holl wlad. Gad i mi roi'r fodrwy ar dy fys. Rho'r wisg hardd hon amdanat a'r gadwyn aur am dy wddf. Fe gei di dy gerbyd dy hun ac wrth i ti yrru drwy'r strydoedd bydd pawb yn ymgrymu i ti. Chaiff neb wneud dim yn yr Aifft heb dy ganiatâd di.'

Mae hynny'n swnio'n well na gorwedd mewn carchar drewllyd! meddyliodd Joseff.

Gwireddwyd proffwydoliaeth Joseff. Dilynwyd y saith cynhaeaf da gan saith o gynaeafau trychinebus. Daeth newyn mawr ar y wlad. Ond roedd Joseff wedi trefnu'r cyfan, ac erbyn i'r newyn gychwyn roedd pentwr o fwyd yn stordai'r Aifft, digon i fwydo, nid yn unig yr Eifftiaid ond trigolion yr holl fyd.

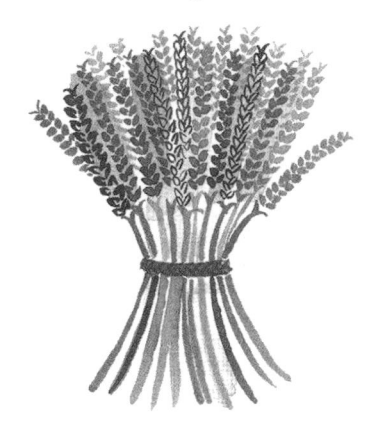

Joseff a'r Newyn

Roedd y byd i gyd yng ngafael y newyn mawr. Roedd y newyn llawn cynddrwg yng Nghanaan ag un lle arall. Doedd gan dad Joseff, Jacob, a'i deulu fawr ddim ar ôl i'w fwyta.

Roedd Jacob yn credu fod Joseff wedi ei ladd gan lew flynyddoedd yn gynt. Gwyddai brodyr Joseff fod hynny ddim yn wir, oherwydd iddyn nhw ei daflu i'r pydew yn yr anialwch ac wedi hynny ei werthu i'r Eifftwyr. Ond doedden nhw ddim wedi gweld na chlywed dim oddi wrth Joseff ers hynny.

Roedd stordy'r teulu bron yn wag. Un diwrnod clywodd Jacob fod digon ar gael yn yr Aifft. 'Pam yr holl oedi?' meddai wrth ei feibion. 'Ewch lawr i'r Aifft a phrynwch ŷd. Os na wnewch chi hynny fe fyddwn farw i gyd. Bydd yn rhaid i Benjamin aros yma, er hynny. Mae'n daith beryglus a rwyf wedi colli Joseff eisoes. Rachel oedd fy hoff wraig, yr un a gerais yn fwy na neb. Dydw i ddim eisiau colli ei hail fab hefyd.'

Felly teithiodd gweddill y meibion lawr i'r Aifft. Yn rhyfedd iawn roedd Joseff yn arolygu gwerthiant ŷd yn un o'r stordai. Gwelodd ei frodyr yn disgwyl a'u hadnabod ar unwaith. Ond doedden nhw ddim wedi ei adnabod ef. Wedi'r cyfan doedden nhw ddim yn disgwyl ei weld. Beth bynnag, fydden nhw ddim wedi disgwyl ei weld yn rheolwr y wlad ac yn un o'r dynion mwyaf pwerus yn y byd.

Wrth iddyn nhw agosáu ato, dyma nhw'n ymgrymu iddo, a chofiodd Joseff rai o'r breuddwydion a gafodd pan yn blentyn. Dyma nhw, meddyliodd wrtho'i hun, yn moesymgrymu i mi! Daeth fy mreuddwydion yn wir wedi'r holl flynyddoedd.

Cymerodd arno nad oedd yn eu hadnabod. 'O ble rydych chi'n dod?' gofynnodd iddynt.

'O Ganaan,' medden nhw, 'a daethom yma i brynu ŷd.'

'Dydych chi ddim yma i brynu bwyd o gwbl!' gwaeddodd Joseff. 'Ysbïwyr ydych chi!'

'Na, fy arglwydd, dydyn ni ddim yn ysbïwyr,' meddent hwythau.

'Does gen i ddim ond eich gair chi am hynny,' meddai Joseff. 'O ble daethoch chi?'

'Rydym yn ddeuddeg o feibion, fy Arglwydd ac y mae'r ieuengaf ohonom adref gyda'n tad. Rydym wedi colli un brawd.'

'Ysbïwyr ydych!' meddai Joseff eto. 'Beth bynnag, cawn weld gyda hyn. Rhaid i un ohonoch fynd i nôl y brawd ieuengaf a dod ag ef yma. Yn y cyfamser bydd y gweddill ohonoch yn garcharorion i mi.'

Rhoddodd Joseff hwy yn y carchar am dri diwrnod. Yna meddyliodd am Jacob a'r lleill yn llwgu yng Nghanaan. 'Dyma beth wna i â chi,' meddai wrth ei frodyr. 'Caiff un ohonoch aros yma yn y carchar tra bo'r gweddill ohonoch yn mynd adref gyda'r gyfran o ŷd ar gyfer eich teulu.'

'Mae'r hyn a wnaethom i Joseff wedi dal i fyny gyda ni,' meddai'r brodyr wrth ei gilydd. 'Pan roesom ef yn y pydew, wnaethom ni ddim gwrando ar ei gri am gymorth. Dyna pam y mae'r gofid hwn wedi dod i'n rhan.'

Doedden nhw ddim yn sylweddoli fod Joseff yn eu deall. Bu'n siarad trwy'r cyfieithydd hyd yma, gan gymryd arno'i hun nad oedd yn deall eu hiaith. Pan glywodd yr hyn a ddywedon nhw, ni allai ddal ei ddagrau yn ôl. Trodd ei gefn arnyn nhw ag wylo. Gwyddai nawr fod ei frodyr yn sylweddoli'r camwri a wnaethant. Hwyrach fod posibilrwydd cymodi wedi'r cyfan. Ond nid am ychydig amser eto. Roedd am gael ychydig o hwyl gyda nhw yn gyntaf. Ac wrth gwrs yr oedd am weld ei frawd Benjamin.

Dewisodd Simeon o'u plith, a'i osod yn y carchar ac anfon y lleill ar eu ffordd adref. Llanwodd eu sachau ag ŷd, a rhoi ychydig arian ar ben y sachau ac fe gawson nhw ddigon o fwyd ar gyfer y daith.

Felly dyma ddechrau ar eu taith bell yn ôl adref.

Teulu Newydd Duw

Dargynfyddiad Rhyfedd

Aeth brodyr Joseff ar eu ffordd o'r Aifft yn ôl i Ganaan at eu tad Jacob. Pwysai'r sachau yn drwm ar gefnau eu hasynnod. Fe gymerai sawl diwrnod iddyn nhw gyrraedd pen y daith.

Wedi cyrraedd eu llety y noson gyntaf, agorodd un ohonyn nhw ei sach er mwyn rhoi ychydig fwyd i'w asyn. 'Dewch i weld hyn!' gwaeddodd ar ei frodyr. 'Mae cyfran o'r arian a dalon ni ym mhen y sach. Beth sy'n digwydd fan hyn? Beth ddaw ohonom? Pan awn yn ôl i'r Aifft fe gawn ein cyhuddo o fod yn lladron!'

Wedi cyrraedd adref fe ddywedon nhw'r cyfan wrth Jacob, wel bron y cyfan. Cafodd wybod fod y dyn a oedd yn arolygu'r stordy wedi eu cyhuddo o fod yn ysbïwyr. Cafodd wybod ei fod yn mynnu gweld Banjamin, a'i fod wedi rhoi Simeon yn y carchar. Ond ni chafodd wybod am yr arian yng ngheg y sach. Ond, yna pan agorodd y gweddill eu sachau yr un olygfa oedd yn eu hwynebu hwythau.

Roedd rhywbeth rhyfedd iawn yn digwydd. Roedd ofn mawr arnyn nhw. Roedd Jacob yn ofni hefyd. 'Maen nhw'n credu mai ysbïwyr a lladron ydych chi!' gwaeddodd. 'Mae Joseff wedi mynd; mae Simeon wedi mynd; a nawr rydych chi am fynd â Benjamin i ffwrdd!'

Eto doedd dim diwedd ar y newyn. Daeth Jacob i sylweddoli oni bai fod ei feibion yn dychwelyd i'r Aifft, y bydden nhw i gyd yn marw. Roedd y cyflenwad bwyd ar ddod i ben a'r ddaear yn crino.

'Bydd yn rhaid i chi fynd yn ôl i brynu rhagor o ŷd,' meddai wrthynt.

'Ond allwn ni ddim mynd yn ôl heb Benjamin,' meddai Jwda, un o'r brodyr hynaf.

'Pam fu'n rhaid i chi ddweud wrth y dyn hwnnw yn yr Aifft fod gennych chi frawd arall?' gofynnodd Jacob yn flin.

'Holodd lawer am ein teulu,' atebodd y brodyr. ' " A yw eich tad yn dal yn fyw? A oes gennych chi frawd arall?" Bu'n rhaid i ni ddweud y gwir wrtho. Doedden ni ddim yn gwybod y byddai yn ein gorfodi i nôl Benjamin.'

'Gad i Benjamin ddod gyda mi,' meddai Jwda. 'Fe gymeraf fi gyfrifoldeb amdano. Fe fydd yn ddiogel gyda mi.'

Ochneidiodd Jacob. 'Ewch,' meddai. 'Ewch â rhodd a ddwywaith gymaint o arian a gymerwyd gennych chi o'r Aifft gyda chi, ac fe gewch fynd â Benjamin hefyd.'

Benjamin

Bu'n rhaid i'r brodyr ddychwelyd i'r Aifft i brynu ŷd ac i nôl Simeon. Gwnaethant fel y dywedodd eu tad wrthynt, gan fynd â'r arian yn ogystal â rhodd i arolygwr ystordai'r ŷd. Y tro hwn aeth Benjamin gyda nhw. Doedden nhw ddim yn siŵr iawn beth i'w ddisgwyl, ond roedden nhw'n amau fod trafferthion ar y gorwel. Tybed a ddeuai un ohonyn nhw yn ôl adref yn fyw?

Pan gyrhaeddon nhw'r Aifft, fe wnaethon nhw gyfarfod a'u brawd Joseff unwaith eto. Doedden nhw ddim yn ei adnabod o hyd. Sylwodd Joseff ar unwaith fod Benjamin gyda nhw a dywedodd wrth y gwas. 'Dos â nhw i'm cartref. Cawn wledd fawr gyda'n gilydd ar hanner dydd.'

Doedd y brodyr ddim yn deall hyn. Y tro diwethaf roedd y dyn wedi eu cyhuddo o fod yn ysbïwyr; nawr yr oedd yn eu gwahodd i fwyta gydag ef. Mae'n rhaid fod rhyw ystryw ar waith. Mae'n siŵr fod gan yr arian rhywbeth i'w wneud â hyn. Roedd ei ddynion yn sicr o'u dal a'u troi'n gaethweision. A ble roedd Simeon?

Mewn ofn a dychryn mawr aethon nhw at swyddog Joseff a dweud wrtho am yr arian a ddaethon nhw o hyd iddo. 'Does gennym ni ddim syniad sut y cyrhaeddodd yno, syr,' meddent. 'Mae'n ddirgelwch llwyr i ni.'

'Peidiwch â phoeni,' meddai'r swyddog. 'Mae'n rhaid mai eich Duw a'i rhoddodd yno. Mae'n ymddangos ei fod yn gofalu'n dda amdanoch. Fe gefais eich arian yn iawn y tro diwethaf. Doedd dim o'i le. Af i nôl Simeon i chi nawr. Mae'n ddigon diogel.'

Er bod hynny'n ryddhad iddyn nhw, roedden nhw wedi drysu'n lân. Wedi i Simeon gael ei arwain atynt dyma fynd i dŷ Joseff, ac wrth ymgrymu o'i flaen cynigiwyd iddo'r rhodd a gludwyd bob cam o

Teulu Newydd Duw

Ganaan.

'A yw eich tad yn iach?' gofynnodd Joseff yn dawel.

'Mae dy was, ein tad yn dda iawn diolch syr,' meddent gan ymgrymu unwaith yn rhagor.

Edrychodd Joseff draw at Benjamin. Roedd hi'n amlwg nad oedd Benjamin wedi ei adnabod chwaith. 'Ai hwn yw eich brawd ieuengaf?' gofynnodd. 'Boed i Dduw dy fendithio!' meddai wrth Benjamin. Daeth lwmp i'w wddf, a rhuthrodd o'r ystafell gan wylo'n chwerw.

Gyda hyn fe beidiodd ag wylo, a golchi ei wyneb a dychwelyd i'r ystafell. 'Dewch i ni gyd-fwyta,' meddai.

Beth ar wyneb daear oedd yn digwydd? Doedd y brodyr ddim yn deall. Chawson nhw erioed y fath wledd, ac fe gafodd Benjamin bum gwaith mwy na'r gweddill.

Roedd Joseff yn methu'n lân â dweud y gwir wrthyn nhw. Nid oedd wedi anghofio'r pydew yn Dothan, lle taflodd ei frodyr ef iddo flynyddoedd yn ôl. Roedd ganddo un prawf arall i'w roi iddyn nhw. Byddai hon yn brawf a fyddai'n penderfynu a oedd hi'n edifar ganddyn nhw am yr hyn a ddigwyddodd.

Cyn i'w frodyr ymadael unwaith eto am Canaan, gorchmynnodd Joseff i'w swyddog osod cwpan werthfawr yn sach Benjamin.

Y tro hwn doedd y brodyr ddim wedi teithio'n bell, pan ddaeth y swyddog ynghyd ag aelodau o warchodlu Joseff ar eu gwarthaf.

'Ai fel hyn yr ydych yn talu i'm meistr?' gwaeddodd y swyddog. 'Cawsoch wledd fawr ganddo, ac y mae un ohonoch wedi dwyn ei gwpan gwerthfawr.'

'Fydden ni ddim wedi breuddwydio gwneud y fath beth!' atebodd y brodyr. 'Chwiliwch ein sachau i chi gael gweld. Os dewch chi o hyd i'r gwpan yn sach un ohonom, cewch ladd y person hwnnw, a bydd y gweddill ohonom yn gaethweision i'ch meistr.'

Dechreuodd y swyddog gyda sach Reuben, gan mai ef oedd yr hynaf. Doedd dim cwpan ynddo. Ac felly o un sach i'r llall. Un sach oedd ar ôl bellach, sach Benjamin. Datglymodd y swyddog y sach a thynnodd gwpan allan ohoni a'i dal er mwyn i bawb ei gweld. Crynodd y brodyr gan ofn.

Yn eu harswyd arweiniwyd y brodyr yn ôl i dŷ Joseff. Fe daflon nhw eu hunain ar y llawr o'i flaen.

'Beth oedd ar eich meddwl yn gwneud y fath beth?' gofynnodd.

'Beth allwn ni ei ddweud?' meddai Jwda. 'Wnei dim ddim ein credu os dywedwn ein bod yn ddieuog. Mae'n wir ein bod yn euog, er mai dim ond Duw sy'n gwybod am y wir drosedd yr ydym wedi ei chyflawni. Cymer ni, Arglwydd, yn gaethweision i ti.'

'Na,' meddai Joseff. 'Ni fyddai hynny yn iawn. Dim ond yr un a ddygodd y gwpan. Gall y gweddill ohonoch fynd yn ôl at eich tad mewn heddwch.'

Camodd Jwda ymlaen. 'Mae ein tad yn hen ŵr erbyn hyn, syr,' meddai. 'Pan oeddem ar gychwyn yma dywedodd wrthym, "Roedd gan fy annwyl wraig Rachel, ddau fab. Rhwygwyd un gan lew, ac nid wyf wedi gweld ei gorff. Nawr yr ydych chi am ddwyn y llall oddi arnaf! Os na ddaw Benjamin adref yn ddiogel byddaf farw yn fy ngalar." Felly, fel y gwelwch, syr, os bydd Benjamin farw, bydd hynny'n sicr o fod yn ddiwedd i'm tad. Arnaf fi mae'r bai, oherwydd i mi addo gofalu amdano ar y daith. Fe gymeraf fi'r bai. Gadewch i Benjamin fynd adref gyda'r gweddill. Arhosaf fi yma a bod yn gaethwas i chi. Ni allaf fynd adref heb Benjamin, syr. Byddai'n ddigon i ladd fy nhad ac ni allwn ddioddef hynny.'

Methodd Joseff â dal ei hun yn ôl mwyach. 'Gadewch lonydd i mi gyda'r bugeiliaid hyn,' meddai wrth ei swyddog a'i ddynion. Wedi iddyn nhw adael yr ystafell torrodd i wylo. 'Fi yw Joseff,' meddai. 'A yw fy nhad yn wir yn fyw o hyd?'

Syllodd y brodyr arno. Doedden nhw ddim yn medru credu yr hyn yr oedden nhw wedi ei glywed.

'Dewch yn nes,' meddai Joseff. 'Fi yw Joseff eich brawd, yr un a werthwyd gennych chi i gaethwasiaeth. Y mae Duw wedi dwyn daioni allan o'r drwg a wnaethoch chi i mi. Y mae Duw wedi fy nghynorthwyo i achub pobl ddirifedi o newyn, gan gynnwys chi a'ch holl deulu. Arweiniodd Duw fi yma i achub y byd rhag newyn. Edrychwch arnaf fi yn awr – fi yw un o'r dynion mwyaf pwerus yn yr Aifft! Welwch chi'r gadwyn aur yma? Y Pharo ei hunan roddodd hon i mi. Ewch adref a dywedwch wrth fy nhad amdanaf, a dewch ag ef yma i'r Aifft, gyda'ch gwragedd a'ch plant a'ch anifeiliaid. Y mae pum mlynedd arall o newyn o'n blaenau. Byddwch yn fwy diogel yma, a gallwn fod yn agos at ein gilydd. Dywedwch y cyfan wrth fy nhad, a dewch ag ef i'r Aifft mor fuan ag sy'n bosibl.'

Cofleidiodd Benjamin a bu'r ddau yn wylo am amser ym mreichiau ei gilydd. Cofleidiodd Joseff bob un o'i frodyr yn eu tro. Roedd ganddyn nhw lawer i'w ddweud wrth ei gilydd.

Yr Aduniad

Prysurodd brodyr Joseff yn ôl i Ganaan. Yn union wedi cyrraedd aethon nhw i babell Jacob. 'Mae Joseff yn fyw!' medden nhw. 'Dydy ef ddim wedi marw wedi'r cyfan! Ac ef yw llywodraethwr yr Aifft i gyd, yn ail i neb ond Pharo.'

Oerodd calon Jacob. Roed hi'n anodd iddo gredu. Felly adroddodd y brodyr y stori i gyd wrtho a mynd ag ef y tu allan i'w babell. 'Edrych ar yr holl wagenni yma! Joseff sydd wedi eu rhoi i ni, ar orchymyn y Pharo, er mwyn i ti a'n gwragedd a'n plant fedru mynd lawr i'r Aifft.'

Edrychodd Jacob ar y wagenni ac ar yr holl anrhegion yr oedd Joseff wedi eu rhoi iddyn nhw.

'Mae fy mab *yn* fyw,' meddai. 'Wedi'r holl flynyddoedd! Rhaid i mi ei weld unwaith eto cyn marw.'

Ymhen ychydig amser yr oedd Jacob a'i holl deulu ar eu ffordd o Ganaan i fyw yn yr Aifft. Wedi dod yn agos at y lle roedd Joseff yn byw, aeth Jwda ymlaen i ddweud wrth Joseff eu bod ar eu ffordd.

Aeth Joseff allan mewn cerbyd hardd i gyfarfod â'i dad. Pan welodd ef, daeth i lawr o'r cerbyd a rhedeg a thaflu ei hunan arno gan wylo.

'Gallaf farw'n hapus,' meddai Jacob, 'nawr fy mod yn gwybod dy fod ti'n fyw, nawr fy mod wedi gweld dy wyneb unwaith eto.'

Felly y mae'r teulu a ddewisodd Duw yn cartrefu yn y rhan orau o'r Aifft a'r Pharo yn eu hamddiffyn.

3

MOSES A MYNYDD DUW

Roedd pennod agoriadol y llyfr hwn yn cynnwys storïau a gymerwyd o lyfr Genesis ynglŷn â dechreuadau'r byd, a sut y gwnaeth Duw bopeth mor brydferth a da, a sut y difethwyd y cyfan gan bobl drwy eu trais a'u balchder. Yn yr ail bennod soniwyd am gynllun Duw i ddewis pobl a fyddai'n gweithio gydag ef i adfer y sefyllfa. Ond nid stori am bobl a gafwyd yn y bennod honno ond stori am deulu arbennig, Abram a Sara, eu mab Isaac a'i wraig Rebeca, meibion Isaac a Rebeca, Jacob ac Esau, ac yna feibion Jacob, yn arbennig Joseff. Y rhain yw cyndadau pobl Israel, a gredodd eu bod yn bobl Dduw.

Yr hanesion am greu'r byd ac am Abram a Sara a'u teulu yw rhannau cyntaf yr hanes sy'n ymestyn dros lyfrau agoriadol y Beibl. Nawr, yn y bennod hon, symudwn ymlaen i'r rhan nesaf. Daw teulu Abram a Sara yn bobl arbennig. Yma y maen nhw'n dod yn bobl Dduw! Y broblem yw eu bod yn y lle anghywir. Y mae Duw wedi dweud wrth Abram y byddai ei bobl yn byw yng ngwlad Canaan. Y mae wedi dweud wrthyn nhw y byddan nhw'n rhydd yno a heb fod dan fawd neb. Er hynny, ar ddechrau'r bennod hon, fe gawn fod y bobl nid yng Nghanaan ond yn yr Aifft, ac yn gaethweision i frenin creulon a oedd yn cael ei adnabod fel y Pharo.

Sut fydd Duw yn cael ei bobl allan o'r Aifft? Sut fydd ef yn eu dysgu i fyw yn ei wlad ef? Sut fydd ef yn rhoi iddyn nhw'r wybodaeth a'r doethineb i weithio gydag ef, a rhannu ei weledigaeth? Mae'r storïau yn y bennod hon, y rhan fwyaf ohonyn nhw wedi eu cymryd o lyfr Ecsodus, yn ateb y cwestiynau hynny.

Moses a Mynydd Duw

Wrth adrodd hanes eu cyndadau wnaeth pobl Israel ddim eu troi yn arwyr mawr yn cyflawni campau anhygoel, na honni chwaith eu bod yn bobl arbennig o rinweddol. Felly, wrth ddarllen eu hanes yn y bennod hon, fyddwch chi ddim yn cael fod pobl Dduw yn arbennig o ddewr a da. Er hynny, yn gyntaf fe glywch hanesion am wragedd dewr iawn, ac yna dod ar draws rhywun sy'n tyfu i fod yn un o arwyr mwyaf y Beibl: Moses. Y mae un o'r hanesion am Moses yn sôn am Dduw yn siarad ag ef wyneb yn wyneb, fel un yn siarad â'i gyfaill. Does neb arall yn llyfrau agoriadol y Beibl sydd mor agos at Dduw â Moses.

Y Bydwragedd Dewr a'r Pharo

YN NYDDIAU JOSEFF, pan oedd hi'n newyn mawr dros y byd, daeth Jacob a'i deulu mawr i fyw i'r Aifft. Ganwyd cymaint o blant yn yr Aifft, nid teulu oedden nhw mwyach, yr oedden nhw'n bobl. Roedd Israel, pobl Dduw, wedi cyrraedd!

Y drafferth oedd fod y bobl yn y lle anghywir. Doedd Duw ddim eisiau'r bobl yn yr Aifft. Dymuniad Duw oedd eu bod yn byw yng Nghanaan. Roedd wedi gwneud hyn yn gwbl glir i Abram ymhell cyn hyn.

Roedd brenin yr Aifft, y Pharo, yn credu eu bod yn y lle anghywir hefyd. Aeth blynyddoedd heibio ers i Joseff achub yr Aifft a gweddill y byd rhag y newyn mawr. Doedd y Pharo hwn erioed wedi clywed am Joseff. Yr oedd yn hollol wahanol i Pharo cyfnod Joseff. Yr oedd y brenin hwnnw yn ddoeth, yn hael ac yn gyfiawn; doedd hwn yn ddim byd tebyg.

Clywodd am bobl Israel ac am y cynnydd yn eu plith. 'Mae mwy o Israeliaid yn y wlad nag o Eifftiaid!' gwaeddodd. 'Os na fyddwn yn ofalus, pan ddaw rhyfel, byddan nhw'n ymuno gyda'r gelyn yn ein herbyn.'

Yr oedd yn anghywir, wrth gwrs. Roedd llawer iawn mwy o Eifftiaid nag o Israeliaid, ac yr oedd yr Eifftiaid yn gryfach ac yn rymusach. Eto roedd Pharo'n ofni, ac fe drodd ei ofn yn gasineb, a'i gasineb yn greulondeb.

Llyfr y Llyfrau

Gwnaeth yr Israeliaid i gyd yn gaethweision, a'u gorfodi i weithio o fore gwyn tan nos yn codi dinasoedd iddo. Ei fwriad oedd torri eu calonnau. Ond mwyaf i gyd ei greulondeb ef, mwyaf i gyd yr ymddangosai fod yr Israeliaid yn cynyddu. Felly, gweithiwyd hwy'n galetach ac yn galetach, nes bod Pharo yn credu na allen nhw gymryd rhagor.

Yr oedd yn anghywir. Doedd ei gynllun ddim wedi gweithio. Roedd yn rhaid iddo chwilio am ffordd arall. Roedd y cynllun nesaf yn ddychrynllyd.

Roedd dwy fydwraig yn gweithio yng ngwersyll y caethweision, yn cynorthwyo i eni babanod pobl Israel. Roedd Pharo yn casáu babanod yr Israeliaid, yn arbennig y bechgyn. Ofnai y bydden nhw'n tyfu rhyw ddiwrnod i fod yn filwyr a fyddai'n brwydro yn ei erbyn. Galwodd ar y bydwragedd i ymddangos ger ei fron. Eu henwau oedd Siffra a Pua.

'Pam fod hwn wedi anfon amdanom ni?' meddai Pua. 'Ydan ni wedi gwneud rhywbeth o'i le?'

'Mae yna rywbeth o'i le os ydyw wedi gofyn amdanom,' ychwanegodd Siffra.

Felly fe safon nhw o flaen Pharo a'u penliniau'n crynu.

Doedd ganddo fawr ddim i'w ddweud. Doedd ef ddim yn mynd i drafferthu eu cyfarch hyd yn oed. 'Pan fyddwch yn cynorthwyo gwragedd yr Israeliaid i eni, os mai bachgen yw'r babi, lladdwch ef. Os mai merch ydyw, gadewch iddi fyw.'

Dyna'r cyfan. Trodd ei gefn arnyn nhw a gadael, tra bod y ddwy gaethferch yn arwain Siffra a Pua o'r palas. Llwyddodd y ddwy i ddal eu dagrau'n ôl hyd nes iddyn nhw gyrraedd y tu allan i'r palas. Yna, wylodd y ddwy wrth feddwl am yr hyn yr oedd Pharo yn disgwyl iddyn nhw ei wneud. Roedden nhw'n wylo hefyd am eu bod mor flin wrtho. Eu gwaith hwy oedd geni babanod nid eu lladd! I hynny y galwodd Duw nhw ac yr oedd ganddyn nhw fwy o deyrngarwch i Dduw na Pharo.

Felly penderfynodd y ddwy anwybyddu'r gorchymyn. Daliodd y ddwy i wneud eu gwaith fel arfer ac fe anwyd llawer iawn o fechgyn yn ogystal â merched.

Ond roedd Pharo wedi gosod ei ysbïwyr yn y gwersylloedd. Anfonodd am Siffra a Pua unwaith eto.

'Pam nad ydych chi wedi ufuddhau i'm gorchmynion?' chwyrnodd arnynt. 'Rwyf wedi dweud wrthych am ladd y bechgyn.

Rydych chi wedi caniatáu iddyn nhw fyw! Maen nhw'n dweud wrthyf fi nad ydych wedi lladd un ohonyn nhw eto. Pam?'

Edrychodd Siffra ar Pua. Doedd ei phengliniau ddim yn crynu y tro hwn. Doedd yr un ohonyn nhw'n ofni Pharo mwyach.

'Wel, Ardderchocaf Frenin,' dechreuodd Siffra. 'Fel hyn y mae hi. Mae gwragedd yr Hebrewyr fel anifeiliaid. Mae'r babanod yn cael eu geni mor sydyn, ni allwn ni gyrraedd mewn pryd.'

'Ydyn wir,' ychwanegodd Pua, 'maen nhw'n sydyn iawn, rydym ni'n hwyr bob tro.'

Ffromodd Pharo. Nid oedd yn gwybod llawer iawn am fabanod nac am wragedd chwaith. Yn sicr roedd Siffra a Pua wedi llwyddo i daflu'r llwch i'w lygaid. Cafodd y ddwy eu rhyddhau.

Wedi cyrraedd y tu allan i furiau'r palas ni allodd y ddwy â dal eu chwerthin yn ôl. Mwyaf i gyd y meddyliai'r ddwy am y sefyllfa, mwyaf i gyd y chwerthin.

Rhoddodd Pharo heibio'r syniad o ddefnyddio bydwragedd i hyrwyddo ei gynlluniau. Roedd babanod yr Israeliaid yn dod i'r byd yn ddiogel o hyd. Roedd Duw yn falch o Siffra a Pua. Sicrhaodd eu bod yn cael teuluoedd eu hunain ac ystyriwyd hwy ymhlith arwyr yr Israeliaid.

Ond yr oedd Pharo yn rhy greulon i adael pethau fel yr oeddent. Os nad oedd y bydwragedd am wneud ei waith budr, yna fe fyddai'n rhaid i'w bobl ei hun, yr Eifftiaid, ei gynorthwyo. Cyhoeddodd orchymyn. 'Cymerwch bob bachgen a enir i'r Hebreaid a thaflwch nhw i'r afon Neil.'

Mam a Chwaer Ddewr Moses

Roedd yr Israeliaid yn byw fel caethweision yn yr Aifft, o dan lywodraeth Pharo creulon oedd yn dymuno boddi eu babanod gwryw yn yr afon Neil.

Un diwrnod ganwyd baban i un o wragedd yr Israeliaid o'r enw Jochebed. Yr oedd hi a'i theulu wedi gwirioni ar y bachgen bach ond eto i gyd yn arswydo o feddwl beth allai digwydd iddo. Cadwodd Jochebed a Miriam, chwaer hynaf y baban, ef yn y tŷ am dri mis. Pryd bynnag y deuai'r Eifftiaid, bydden nhw'n ei guddio yn y gobaith na fyddai'n crio.

Llwyddodd y ddwy i'w twyllo dro ar ôl tro, ond gwyddai Jochebed na allai hyn barhau. Meddyliodd am gynllun. Doedd hi ddim yn siŵr y byddai hyn yn gweithio, ond dyma'r gorau y gallai feddwl amdano o dan yr amgylchiadau. Os oedd yr Eifftiaid yn dymuno'r babanod yn yr afon Neil, yna yr oedd am roi ei baban yno ei hun. Doedd hi ddim am ei daflu i'r afon ond yn hytrach gwnaeth gawell ar ei gyfer o'r brwyn a dyfai ar lan yr afon.

Yn fore un diwrnod, cyn i neb godi, bwydodd y baban, a'i osod yn y cawell a mynd ag ef lawr at yr afon. Cuddiodd y cawell yn ofalus yng nghanol y brwyn. Arhosai Miriam yno i'w wylio, a bob tro y byddai'n crio rhedai at ei mam i ddweud wrthi.

Ar ôl ychydig oriau clywodd Miriam y babi'n crio. Cododd ar ei thraed ac yr oedd ar fin rhedeg adref pan welodd merch Pharo yn dod at yr afon i ymdrochi. Roedd ei morynion gyda hi. O! na! meddai Miriam wrthi ei hun. O Dduw, paid â gadael iddi ddod o hyd iddo! Cuddiodd y tu ôl i'r balmwydden a gwylio. Daeth y dywysoges yn nes ac yn nes. Cyrhaeddodd y fan lle'r oedd y cawell yn cuddio.

'Bobl annwyl!' meddai. 'Beth ar wyneb daear yw hyn?'

Estynnodd un o'i morynion at y cawell a'i godi o'r dŵr. Cododd y dywysoges y clawr ac edrych i mewn.

Curodd calon Miriam yn drwm. Roedd merch y Pharo creulon wedi dod o hyd i'w brawd bach. Credodd y byddai'r dywysoges yn ei daflu dros ei ben i'r afon. Byddai'n sicr o ufuddhau i orchymyn ei thad. Oni bai ei bod yn credu mai Eifftiwr oedd y baban.

'Mawredd!' ebychodd y dywysoges. 'Bachgen bach, ac mae e'n crio am ei fam! Un o blant yr Israeliaid mae'n siŵr.' Clywodd Miriam yr hyn a ddywedodd ac anobeithiodd yn llwyr. Roedd y dywysoges wedi sylweddoli yn syth mae Israeliad oedd y bachgen bach. Ni allai oddef edrych wrth i'r dywysoges gymryd y babi yn ei breichiau. Ond arhoswch! Beth oedd hi yn ei wneud? Roedd hi yn ei fagu! Roedd hi'n sychu'r dagrau o'i wyneb ac yn ei siglo yn ôl ac ymlaen i'w gysuro. Doedd Miriam ddim yn medru credu yr hyn a welai.

Yn sydyn cafodd syniad. Syniad hollol wallgof, mae'n rhaid cyfaddef, ond fe allai weithio. Daeth allan o'i chuddfan a cherdded at y dywysoges. 'Dyna fabi del!' meddai. 'Rhaid fod ei rieni wedi ei adael. Byddwch angen rhywun i'w fwydo a gofalu amdano. Ydych chi am i mi nôl un o'r gwragedd Hebreig i chi?'

Roedd y dywysoges yn cosi bol y babi. 'Dyna syniad da,' meddai.

Rhedodd Miriam mor gyflym ag y medrai. Gwenodd y dywysoges. 'Beth ydw i wedi ei wneud?' meddai wrth ei morynion. 'Drwy gytuno i gael gofalwraig ar gyfer y babi, rwyf cystal â'i fabwysiadu fel mab i mi fy hunan. Bydd fy nhad yn gandryll os daw i glywed.' Newidiodd yr olwg ar ei hwyneb ac arswydodd wrth feddwl. 'Rhaid i chi beidio dweud dim wrth fy nhad. Ydych chi'n deall?' meddai wrth eu morynion. 'Pan ddaw'r ferch yn ôl gyda'r ofalwraig awn yn ôl yn dawel am y palas. Rwy'n ofni y bydd yn rhaid i mi aros tan yfory i ymdrochi bellach!'

Daeth Miriam yn ôl, a'i mam gyda hi. Ymgrymodd i'r dywysoges. 'Y mae'r wraig hon yn barod i ofalu am y babi i chi,' meddai.

Ymgrymodd Jochebed yn isel gerbron y dywysoges, a rhoddodd y dywysoges y babi yn ei breichiau. 'Rhaid i ti ddod yn ôl i'r palas gyda ni a gofalu am y plentyn i mi,' meddai. 'Mi dalaf gyflog da i ti.'

Doedd Jochebed ddim yn medru credu yr hyn oedd wedi digwydd.

Tyfodd y plentyn ym mhalas y Pharo. Roedd ei fam ei hun yn ei fagu, a hithau yn cael ei thalu am y gwaith. Penderfynodd y dywysoges ei enwi'n Moses. Cadwodd y morynion y gyfrinach, ac ni ddaeth y Pharo i wybod dim ynglŷn ag ef.

Moses yn Cyfarfod Duw yn yr Anialwch

Tyfodd Moses fel tywysog yn yr Aifft. Roedd merch y Pharo wedi ei fabwysiadu, ond Jochebed, ei fam iawn a'i fagodd. Dywedodd Jochebed wrtho nad oedd yn Eifftiwr ond yn Israeliad, a dysgodd holl hanesion yr Israeliaid iddo. Roedd Moses yn ddiogel yn y palas, ond eglurodd Jochebed fod gweddill yr Israeliaid yn byw fel caethweision ac yn cael bywyd caled iawn. Roedd Pharo yn ceisio torri eu calonnau ac yn eu gorfodi i weithio ddydd a nos. Roedd llawer o bobl y Pharo yn llawn mor greulon ag ef ei hun.

Pan adawodd Moses y palas ym mhen hir a hwyr, aeth i drafferthion yn fuan iawn.

Un diwrnod gwelodd Eifftiwr yn curo caethwas Hebrëig mor galed ag y medrai gyda'i bastwn. Edrychodd Moses o'i gwmpas. Doedd neb i'w gweld yn unman. Neidiodd ar yr Eifftiwr, a'i ladd a'i gladdu yn y tywod.

Aeth yr hanes amdano ar led a dywedodd rhywun wrth y Pharo. Roedd hi'n amser i Moses ddianc o'r Aifft.

Dihangodd i'r dwyrain, i anialwch Sinai. Ymgartrefodd yno a phriodi gwraig o'r enw Seffora, a ganwyd mab iddyn nhw, Gersom. Reuel oedd enw tad Seffora, ac arferai Moses fugeilio ei ddefaid a'i eifr.

Ond yr oedd Duw yn dal i glywed llefain ei bobl, wrth i'r Eifftwyr eu gweithio hyd at farwolaeth. Roedd Duw bob amser yn clywed cri dioddefaint ei bobl, ac yr oedd yn casáu gorthrwm a chreulondeb. Cofiodd yr hyn a addawodd flynyddoedd yn gynt i Abram, Isaac a Jacob. Addawodd y byddai'n eu bendithio ac yn gwneud eu disgynyddion yn genedl fawr. Edrychodd ar ei bobl yn llafurio yng ngwres yr haul. Rhaid oedd gwneud rhywbeth yn fuan. Roedd angen rhywun arno i'w helpu.

Moses a Mynydd Duw

Roedd Moses allan yn bugeilio defaid a geifr Reuel fel arfer. Roedd porfa yn anodd dod o hyd iddo y diwrnod hwnnw. Arweiniodd yr anifeiliaid yn bellach ac yn bellach o gartref, ac wrth iddo gerdded ar gyrion yr anialwch daeth i fynydd Duw, Horeb. Doedd Moses ddim yn meddwl fod dim byd yn arbennig ynglŷn â'r mynydd hwn. Sut bynnag, yr oedd ffynnon o ddŵr yno a'r borfa'n fras. Tarodd nodyn ar ei bib wrth i'r anifeiliaid bori o'i gwmpas.

Yn sydyn fe stopiodd. Syrthiodd y bib o'i ddwylo. Dyna beth oedd golygfa ryfedd. Yr oedd perth gyfagos yn llosgi. Ond doedd dim mwg na llwch. Doedd y tân ddim yn difa'r berth, ddim hyd yn oed yn ei deifio. Yn wir roedd y berth i'w gweld yn bywiogi ac yn disgleirio yn y fflamau. Dyma'r peth prydferthaf a welodd Moses erioed. Dechreuodd gerdded yn nes ati.

'Moses! Moses!' daeth llais o'r berth.

'Dyma fi,' sibrydodd.

'Paid â dod yn nes!' meddai'r llais. 'Tyn dy sandalau, oherwydd yr wyt yn cerdded ar dir sanctaidd. Fi yw Duw, Duw dy gyndadau, Duw Abram, Isaac a Jacob.'

Roedd Moses wedi'i syfrdanu. Ac yntau'n nesáu at y berth doedd y tân ddim yn brydferth mwyach. Yr oedd fel ffwrnais, ac yno yn ei chanol, gallai Moses weld yr Israeliaid yn yr Aifft. Caeodd ei lygaid. Pan fentrodd edrych eto, roedd y fflamau wedi newid eu siâp, a gwelai boen a gofid cariad Duw. Ni allai oddef edrych mwyach. Cuddiodd ei wyneb yn ei glogyn.

Daeth llais Duw o'r berth unwaith eto. 'Rwyf wedi gweld a chlywed fy mhobl yn yr Aifft. Rwyf wedi gweld eu dioddefaint. Rwyf wedi dod i'w hachub a'u harwain i'r wlad yr wyf wedi ei haddo iddyn nhw. Mae angen dy help di arnaf. Rwy'n dy anfon di i'r Aifft, at Pharo, er mwyn dod â'm pobl allan o'r Aifft.'

Disgynnodd y clogyn oddi ar wyneb Moses. Ni allai wynebu Pharo, ond fe allai wynebu Duw. Roedd yn *rhaid* iddo wynebu Duw er mwyn dweud wrtho nad oedd yn bosibl iddo fynd yn ôl i'r Aifft.

'Alla i ddim,' protestiodd. 'Mae'n syniad gwallgof. Pam fi?'

'Byddaf i wrth dy ochr bob cam o'r ffordd,' meddai Duw.

'Dydy hynny yn ddim cysur i mi,' meddai Moses, 'a . . .' oedodd wrth geisio meddwl am esgus arall.

'Edrych,' meddai o'r diwedd 'os af fi yn ôl i'r Aifft a dweud wrth yr Hebreaid dy fod ti wedi fy anfon, a hwythau'n gofyn "Beth yw ei enw?" Beth ydw i'n mynd i ddweud wrthyn nhw?'

'Dwed wrthyn nhw, "Byddaf yno fel y byddaf yno",' atebodd Duw. 'Dweda wrthyn nhw, "Byddaf yno sydd wedi fy anfon atoch".'

Nid enw yw hynny! meddyliodd Moses.

Ond aeth Duw i fanylion ynglŷn â sut yr oedd yn mynd i achub ei bobl, a sut y byddai'r Pharo yn gwrthod eu rhyddhau, ond yn y diwedd byddai'r Israeliaid yn dianc ac yn dod i fyw yn eu gwlad eu hunain, gwlad o laeth a mêl. Rhyw hanner gwrando oedd Moses. Roedd yn rhy brysur yn meddwl am ragor o esgusion. Roedd yn sicr o gael ei ladd pe bai yn mynd yn ôl i'r Aifft.

'Ond wnaiff yr Israeliaid ddim credu gair pan ddyweda i wrthyn nhw fy mod wedi dy weld di,' meddai.

'Fe gei di help gen i i'w darbwyllo,' atebodd Duw.

'Dydw i ddim yn siaradwr cyhoeddus!'

'Os felly, fe gei di help i wella.'

'Os gweli di'n dda O! Dduw, gofyn i rywun arall!'

Saethodd fflamau'r berth i fyny i'r awyr. Collodd Duw ei amynedd. Gwrthododd wrando ar ragor o esgusion. 'Caiff dy frawd Aaron dy helpu. Mae ar ei ffordd eisoes. Byddwch yn medru mynd yn ôl i'r Aifft gyda'ch gilydd. Mae'n rhaid i ni gael fy mhobl allan o'r Aifft, ac y mae angen dy gymorth arnaf. Dyna'r gwir, a does dim rhagor o ddadlau i fod.'

Felly y bu. Byddai'n rhaid i Moses roi'r gorau i fugeilio a mynd yn ôl i'r Aifft.

Duw a'r Pharo

WEDI I MOSES GYRRAEDD yn ôl i'r Aifft, cafodd wybod fod yna Pharo newydd yn teyrnasu. Doedd hwn ddim tamaid gwell na'i ragflaenydd. Roedd yn dal i orthrymu'r Israeliaid.

Aeth Moses ac Aaron i'w gyfarfod. 'Fel hyn y dywed yr Arglwydd, Duw Israel,' meddent yn ddifrifol, '"Gadewch fy mhobl yn rhydd! er mwyn iddyn nhw gynnal gŵyl i mi yn yr anialwch".'

'Pwy yw'r neb hwn yr ydych yn ei alw'n Arglwydd Dduw?' gwawdiodd Pharo. 'Dydw i erioed wedi clywed amdano. Dangosaf fi i chi pwy sydd ben ar yr Aifft. Ewch allan!'

Yn y gwersylloedd yr oedd yr Israeliaid yn gwneud briciau ar gyfer Pharo. Roedd ganddyn nhw nod i'w chyrraedd bob dydd. Roedd yn ormod o lawer i'w ddisgwyl gan neb ac yr oedd y gwaith yn eu lladd. Ond o leiaf roedd y Meistri gwaith yn rhoi'r gwellt iddyn nhw ar gyfer y dasg. Nawr gorchmynnodd y Pharo fod yn rhaid i'r Israeliaid gasglu eu gwellt eu hunain, tra'n cyrraedd yr un nod. 'Bydd hynny yn sicr o dorri eu calonnau,' meddai.

Gosododd y Meistri gwaith rai Israeliaid yn gyfrifol fod y nod yn cael ei chyrraedd. Ond yn wyneb y gorchwyl ychwanegol o gasglu'r gwellt aeth y dasg yn amhosibl. Swyddogion yr Israeliaid gafodd y bai am fethiant y bobl, ac o ganlyniad cawson nhw eu curo'n ddidrugaredd. Dyma nhw'n troi am y palas i gwyno.

'Rydych yn ddiog, ac mae eich pobl yn ddiog hefyd!' gwaeddodd y Pharo. 'Dwedwch wrth eich pobl am fynd ymlaen â'r gwaith, neu fe fydd hi'n ddrwg arnyn nhw!'

Llyfr y Llyfrau

Daeth y swyddogion ar draws Moses ac Aaron y tu allan i'r Palas. 'Dydych chi ddim wedi gwneud llawer o les i bethau!' meddent. 'Nawr mae'r Pharo wedi gwneud pethau'n waeth i ni, a does dim byd y gallwn ni ei wneud.'

Teimlodd Moses yn gwbl ddiymadferth. Beth allai ei wneud? Yr oedd yn flin, yn chwerw ac yn ofnus. Trodd at Dduw a gweddïo. 'Pam wnest ti achosi'r fath drychineb yn hanes dy bobl? Ers i mi ddod yn ôl i'r Aifft yn dy enw dydy'r Pharo wedi gwneud dim ond achosi mwy o ddioddefaint i'r bobl. Dwyt ti ddim wedi gwneud dim i'w hachub!'

'Dydw i ddim yn torri fy addewidion,' atebodd Duw. 'Byddaf yn sicr o achub fy mhobl oddi wrth y Pharo. Rwy'n addo y gwnaf. Ond fe gymer amser. Rhaid i mi ddangos iddo pwy sydd ben ar yr Aifft yn gyntaf.'

Ac felly y cychwynnodd brwydr hir rhwng Duw a'r Pharo. Daliodd y Pharo ei afael gorau medrai. Dirywiodd y wlad ond doedd ef ddim yn poeni am hynny, hyd nes iddo ddechrau dioddef ei hunan. Yna fe gafodd lond bol o ofn a chytunodd i ollwng y bobl yn rhydd. Ond fel yr oedd pethau'n gwella unwaith eto, dechreuodd ystyfnigo eto a thorri ei addewid. Cafodd gyngor gan ei gynghorwyr crefyddol i ildio ond gwrthododd wrando. Plediodd ei swyddogion gwleidyddol gydag ef i ryddhau'r Israeliaid. 'Elli di ddim gweld?' medden nhw. 'Mae'r Aifft wedi ei difetha!' Ond anwybyddodd y cwbl. Roedd ar ei ben ei hun yn ymdrechu yn erbyn Duw, ac yn gwrthod ildio.

Roedd pawb wedi cefnu arno a'i bobl ei hun yn dioddef yn enbyd. Difethwyd yr anifeiliaid a'r planhigion; llygrwyd y ddaear, yr awyr, a'r dŵr. Trowyd y dŵr yn waed, y dydd yn nos, a disgynnodd cenllysg mor fawr â pheli ar y coed a'r llwyni. Cafwyd pla o lyffantod a phob math o bryfetach. Roedd hi'n ymddangos fod yr Aifft yn datgymalu. Ac eto gwrthododd y Pharo ildio; eto gwrthododd ollwng y bobl yn rhydd. Credodd ei fod yn gryfach na Duw.

Ond un noson newidiodd y cwbl pan fu farw ei blentyn cyntaf. Dywedodd Moses wrth y bobl am baratoi i adael yr Aifft. 'Heno, o'r diwedd, fe fyddwn yn dianc,' meddai wrthyn nhw. 'Ond yn gyntaf rhaid i bob teulu gymryd oen o'u praidd a'i ladd a'i fwyta. Bwytewch ef gyda llysiau chwerw i'ch atgoffa am chwerwder eich bywyd yn yr Aifft. A nodwch ddrysau eich tai gyda gwaed yr un oen.'

Ni fu neb farw yn y tai hynny y noson honno. Ond bu farw y plentyn cyntaf-anedig o blith teuluoedd yr Eifftiaid. Collodd eu hanifeiliaid hyd yn oed eu cyntaf-anedig.

Roedd yr Aifft wedi ei difetha eisoes ond nawr roedd yn boddi yn ei galar.

Galwodd Pharo ar Moses ac Aaron am y tro olaf. 'Ewch â'ch pobl allan oddi yma!' gwaeddodd. 'Ewch i addoli eich Duw. Ewch i gadw eich gŵyl. Rydych wedi gwneud digon.'

Duw yn agor y Môr

O'R DIWEDD yr oedd pobl Israel ar eu taith! Doedden nhw'n cofio dim ond caethwasiaeth, ond nawr yr oedd y Pharo creulon wedi eu gollwng yn rhydd. Fe deithion nhw i gyfeiriad ffiniau'r Aifft, a chyrraedd glannau'r Môr Coch. Ymhen dim fe fydden nhw'n ddiogel yn eu gwlad eu hunain, y wlad yr oedd Duw wedi addo i'w cyndadau.

Yna clywyd sŵn rhyfedd yn dod o'r tu cefn iddyn nhw. Wrth droi i edrych yn ôl doedd hi ddim yn bosibl ar y cychwyn i weld dim ond llwch yn codi, ond yna gallent weld y Pharo yn ei gerbyd crand, a'i filwyr yn ei amgylchynu. Roedden nhw'n dod ar eu holau.

Roedd Pharo wedi newid ei feddwl unwaith eto. Er ei fod wedi colli ei blentyn ei hun roedd hi'n fwy o brofedigaeth iddo golli ei rym. Yn ei alar roedd wedi gorchymyn i Moses ac Aaron arwain pobl Israel allan o'r Aifft, ond nawr gan eu bod yn y broses o ymadael, ni allai oddef y syniad eu bod ar fin bod yn rhydd. Ni allai oddef ei drechu. Roedd am ddangos iddyn nhw unwaith ac am byth pwy oedd yn ben. Roedd Moses a'i bobl yn sefyll rhwng y fyddin a'r Môr Coch. Doedd ganddyn nhw unman i fynd.

'Beth wyt ti wedi ei wneud?' meddai'r bobl wrth Moses. 'Rwyt ti wedi dod â ni yma i farw! Byddai'n well i ni fod wedi aros yn yr Aifft. Byddwn ni ddim yn rhydd o gwbl, yn wir fe fyddwn ni farw.'

'Peidiwch ag ofni,' meddai Moses. 'Safwch eich tir. Hon fydd y frwydr olaf rhwng Pharo a Duw. Arhoswch i gael gweld yr hyn a wnaiff Duw. Fe fyddwch chi'n ddiogel.'

Roedd hen chwedlau am y modd yr oedd Duw wedi ymladd yn erbyn Galluoedd Tywyll Anhrefn; fel yr oedd wedi trechu'r ddraig; ac fel yr oedd wedi gwahanu'r dyfroedd i greu'r tir sych; fel y trechodd ef Anhrefn a dwyn trefn a harddwch i'r byd.

'Peidiwch ag ofni,' meddai Moses eto. 'Duw a greodd y byd, nid y Pharo. Bydd hyn fel creu'r byd unwaith eto. Byd newydd, rhyddid newydd a threfn newydd. Gwyliwch!'

Estynnodd ei law dros y môr. Rhannodd yn ddwy ac ymddangosodd tir sych yn y canol. Roedd sŵn milwyr Pharo yn dod yn nes. 'Dewch!' gwaeddodd. 'Bydd yn rhaid i ni groesi i'r ochr draw cyn i'r hen anghenfil hwnnw o Pharo ein dal. Brysiwch!'

Petrusodd y bobl. Roedd y tir sych yn ymddangos mor gul, a'r muriau o ddŵr ar bob ochr i'w gweld mor uchel. Tybed a fedrent groesi i'r ochr draw? Yna cyrhaeddodd sŵn y milwyr, ac fe gofion nhw am y curo a'r lladd. Fe ruthron nhw ymlaen.

Roedd y muriau o ddŵr yn ymddangos yn barod i ddisgyn arnyn nhw. Y tu ôl iddyn nhw roedd y Pharo a'i filwyr. Ond wedi iddo ef a'i filwyr yrru ychydig bellter o'r lan aeth eu cerbydau yn sownd yn y mwd. Baglodd eu ceffylau a syrthio. 'Rydym yn ymladd yn erbyn Duw.' gwaeddodd y milwyr. 'Trowch yn ôl!' gwaeddodd y Pharo. Ac wrth droi syrthiodd pawb ar bennau ei gilydd.

Yn y cyfamser aeth yr Israeliaid yn eu blaenau. Cariodd y mamau eu babanod yn eu breichiau. Cododd y tadau y plant bychain ar eu hysgwyddau. Cludwyd yr hen a'r methedig ar gefnau pobl. Ni chollwyd neb. Ni adawyd un anifail ar ôl hyd yn oed. Roedden nhw'n medru clywed sŵn yr Eifftwyr yn dod o ganol y môr. Nid sŵn dicter mohono bellach ond sŵn arswyd.

Estynnodd Moses ei law ar draws y môr. Ar unwaith disgynnodd y dyfroedd. Roedd y llain o dir sych wedi diflannu. A daeth tawelwch mawr dros yr ardal i gyd.

Mynydd Duw

Arweiniodd Moses ei bobl drwy anialwch Sinai i gyfeiriad mynydd Duw, y mynydd sanctaidd lle daeth wyneb yn wyneb â Duw yn fflamau'r berth yn llosgi.

Doedd y bobl erioed wedi bod yn rhydd. Cawson nhw eu geni'n gaethweision. Caethweision oedd eu rhieni a'u neiniau a'u teidiau. Roedden nhw wedi arfer derbyn gorchmynion. Doedden nhw ddim wedi arfer meddwl drostyn nhw eu hunain na chymryd penderfyniadau. Doedden nhw ddim yn gwybod sut oedd goroesi mewn anialwch chwaith.

Dim ond cwyno a gafwyd bob cam o'r ffordd. Fe gwynon nhw y bydden nhw'n marw o syched, felly agorodd Duw ffynnon iddyn nhw fedru yfed ohoni, ac mewn man arall gwnaeth i ddŵr darddu allan o'r graig. Doedd ganddyn nhw ddim bwyd i'w fwyta, medden nhw, ac fe fydden nhw'n sicr o farw o newyn, ac felly darparodd Duw fwyd oedd i bob golwg wedi disgyn yn syth o'r nefoedd. Manna oedd yr enw ar y bwyd hwnnw.

Roedd angen eu dysgu fel plant. Dysgu bod yn annibynnol a threfnu eu bywydau eu hunain. A phwy yn well na Duw i fod yn athro arnyn nhw? Dyna pam yr aeth Moses â nhw i Sinai, mynydd sanctaidd Duw.

Codwyd gwersyll wrth droed y mynydd.

Wrth i'r wawr dorri ar y trydydd dydd cafwyd sŵn mellt a tharanau ynghyd â thân a mwg. Disgynnodd niwl ar gopa'r mynydd, a chlywodd y bobl sŵn fel sŵn utgorn. Aeth y sŵn yn uwch ac yn uwch a dechreuodd y mynydd grynu.

Dechreuodd Moses ddringo'r mynydd a diflannodd i'r niwl. Arhosodd y bobl wrth droed y mynydd. Ym mhen amser gwelwyd ef yn cerdded yn ôl i'w cyfeiriad.

'Rwy'n dod â Gorchmynion oddi wrth yr Arglwydd i chi,' meddai. 'Dyma ei ddysgeidiaeth i chi, fel y byddwch yn gwybod sut mae bod yn bobl iddo ef.'

Dyma'r geiriau a'u hystyr:

'Fi yw'r Arglwydd, eich Duw.
Fi sydd wedi dod â chi allan o'r Aifft,
ac allan o fywyd o gaethiwed.

'Rhaid i chi fod yn ffyddlon i mi.
Byddaf fi yn Dduw i chi,
a byddwch chithau yn bobl i mi.
Rhaid i chi beidio creu delwau ohonof fi.
Yr wyf fi y tu hwnt i unrhyw ddelw.

'Rhaid i chi beidio addoli coed a cherrig,
oherwydd nid yw coed a cherrig yn meddwl nac yn teimlo,
clywed na siarad, fel y byddaf fi.
Bydd gan genhedloedd eraill
balasau a themlau mwy,
a dywedant wrthych mai eu ffyrdd nhw yw'r ffyrdd gorau.
Peidiwch â dilyn eu ffyrdd,
oherwydd os byddwch yn debyg iddyn nhw
sut allwch chi gofio amdanaf
neu gofio pam y dewisais chi?

'Peidiwch â llusgo fy enw drwy'r baw,
neu peri i bobl gredu fy mod yn ddim byd
ond gorthrymwr fel Pharo.

'Cofiwch gadw'r Sabath yn sanctaidd.
Ar y dydd hwnnw rhaid i'ch teulu beidio gweithio,
eich plant,
na'ch gweision,

Moses a Mynydd Duw

nac unrhyw ddieithryn sy'n byw yn eich plith.
Fe gofiwch i chi fod yn gaethweision yn yr Aifft,
lle cawsoch eich gweithio i farwolaeth
bob dydd o'r wythnos.
Nid felly mae hi i fod gyda chi.
Rydych chi yn bobl rydd
a rhaid i chi fyw mewn rhyddid
a rhoi rhyddid i bawb.
Yr wyf fi, hyd yn oed yn gorffwys ar y Sabath.
Rwyf am i chi rannu fy ngorffwys.

'Parchwch eich tadau a'ch mamau.
Maen nhw'n haeddu gwell na chawson nhw yn yr Aifft.
Rhowch eu hurddas yn ôl iddyn nhw.

'Rhaid i chi beidio lladd neb.

'Rhaid i wŷr a gwragedd fod yn ffyddlon i'w gilydd.
Rhaid i chi beidio godinebu.
Rhaid i chi anrhydeddu eich gilydd,
oherwydd nid caethweision ydych chi mwyach.

'Rhaid i chi beidio dwyn.
Rhaid i chi beidio gyrru neb i dlodi
na dwyn eu rhyddid a'u hurddas.

'Rhaid i chi beidio clebran am bobl,
na dweud celwydd i gael eraill i drafferthion.

'Rhaid i chi beidio dyheu am fwy a mwy o bethau.
Rhaid i chi beidio chwennych eiddo eich cymydog.
Peidiwch â gwneud eraill yn dlawd
er mwyn i chi fod yn gyfoethog.'

'Dyma,' meddai Moses, 'Ddeg Gorchymyn Duw. Os byddwch yn ufuddhau iddyn nhw, yna fe fyddwch yn bobl i Dduw, a bydd ef yn Dduw i chi.'

Rhagor o Wersi o Fynydd Duw

ROEDD GAN DDUW LAWER IAWN mwy i ddweud wrth ei bobl. Roedd yn dymuno iddyn nhw roi trefn ar y byd unwaith eto. Daeth Moses â holl ddysgeidiaeth Duw lawr o'r mynydd gydag ef. Dysgodd rhieni eu plant, ac fe ddysgon nhw eu hadrodd drosodd a throsodd.

'Os bydd ychen neu asyn dy elyn yn crwydro a thithau yn dod o hyd iddo, dos ag ef yn ôl iddo.'

'Os gweli di asyn wedi syrthio o dan ei faich, a bod ei berchennog yn un yr wyt yn ei gasáu, rhaid i ti beidio â throi dy gefn arno. Rhaid i ti ei helpu i ddadlwytho ei asyn a chodi'r anifail ar ei draed.'

'Pan fyddi yn cynaeafu dy gae, rhaid i ti beidio torri i'r ymylon. Gad y darn o gwmpas yr ymylon ar gyfer y bobl sydd heb dir eu hunain. Os gollyngi wenith wrth fynd, gad ef ar ôl ar gyfer y tlodion. Gwna yr un fath gyda dy winllan. Gad rawnwin ar ôl ar gyfer y tlawd.'

'Pan fyddi'n adeiladu tŷ to fflat, rho ganllaw o gwmpas y to rhag i neb syrthio.'

'Rhaid i chi beidio â bod yn greulon nac yn annheg gyda'r mewnfudwyr yn eich plith. Fe wyddoch chi beth yw bod yn fewnfudwyr. Roeddech chi'n fewnfudwyr unwaith yn yr Aifft.'

'Câr dy gymydog fel ti dy hun.'

'Câr yr Arglwydd dy Dduw gyda dy galon, dy enaid a dy nerth i gyd.'

Y Llo Aur

Doedd neb ond Moses i gael cwrdd â Duw ar Fynydd Sinai. Ar wahân i ambell eithriad, aeth i'r mynydd ei hunan.

Eto doedd Duw ddim yn dymuno bod uwchlaw ei bobl, allan o'r golwg yn y niwl a thu hwnt i'w cyrraedd. Roedd yn dymuno bod yn eu canol. Roedden nhw'n byw mewn pebyll, ac os oedd hynny'n ddigon da iddyn nhw yr oedd yn ddigon da iddo ef. Dywedodd wrth y bobl am wneud pabell iddo a galwodd y babell honno yn Babell y Cyfarfod. Roedd Duw yn arfer cyfarfod â Moses yma i siarad ag ef wyneb yn wyneb fel y mae rhywun yn siarad gyda chyfaill iddo.

Ond roedd gan Dduw syniad am babell well o lawer na phabell o grwyn. Pabell fyddai'n gofadail i fuddugoliaeth y Môr Coch a'i gyfarfyddiad â'r bobl ar Fynydd Sinai. Byddai'r bobl yn mynd â'r babell gyda nhw pan fydden nhw ar daith. Byddai'n arwydd fod Duw yn mynd gyda nhw i bob man. Roedd y bobl wedi dod â thrysorau o'r Aifft. Yr oedd am ofyn i Moses i bwyso arnyn nhw i gyfrannu rhyw gymaint o'r trysor i harddu'r babell newydd. Y tu mewn i'r babell yr oedden nhw i osod arch y cyfamod, cist bren wedi ei gorchuddio ag aur ac yn y gist y byddai'r llechi oedd yn cynnwys y Deg Gorchymyn. Yn y babell fe fyddai Duw yn cyfarfod â'i bobl a hwythau yn ei gyfarfod ef.

Dyna oedd y syniad a gafodd Duw ac fe alwodd ar Moses i ddod i'r mynydd er mwyn iddo gael y cyfarwyddiadau yn llawn.

Bu Moses i ffwrdd am amser hir. Mor hir yn wir yr oedd y bobl wedi blino disgwyl. Daeth tyrfa ohonyn nhw at babell Aaron a mynnu cael ei weld. 'Gwna dduw i ni,' medden nhw, 'duw y gallwn ni ei gyffwrdd â'i weld, duw fydd yn ein harwain i'n gwlad ein hunain! Does gennym ni ddim syniad beth sydd wedi digwydd i Moses.'

'Rhowch y tlysau aur a daethoch gyda chi o'r Aifft i mi,' atebodd Aaron. 'Fe'u toddaf a gweld beth alla i wneud. Roedd cymaint o dlysau fel y gallodd Aaron wneud delw o lo. Roedd y bobl wedi eu plesio yn fawr. 'Mae'n rhaid mai hwn yw'r duw a ddaeth â ni allan o wlad yr Aifft.'

'Fory,' meddai Aaron, 'fe gawn ŵyl fawr ac fel alwn ni'r llo yn Arglwydd Dduw.'

Trannoeth cododd y bobl yn fore ar gyfer yr ŵyl. Roedd yno fwyta, yfed a llawer iawn o hwyl.

Ar ben y mynydd gallai Moses glywed y miri ond ni allai weld beth oedd yn digwydd. Ond yr oedd Duw yn medru gweld. 'Dos i lawr yn gyflym!' meddai wrth Moses. 'Mae'r bobl wedi difetha popeth! Maen nhw wedi gwneud llo aur, ac maen nhw yn ei addoli ac yn dweud, "Hwn yw'r duw a ddaeth â ni allan o wlad yr Aifft".'

Cafodd Duw ei siomi'n fawr. Wedi'r holl bethau a wnaeth drostyn nhw! Roedden nhw wedi addo bod yn ffyddlon, ond dyma nhw bellach yn addoli llo. Ac er mwyn ei greu yr oedden nhw wedi defnyddio peth o'r aur yr oedd Duw yn dymuno ar gyfer ei babell.

Trodd siomedigaeth Duw yn ddicter. 'Rwyf wedi cael digon o'r bobl hyn,' meddai wrth Moses. 'Fe ddechreuaf o'r dechrau eto. Gwnaf bobl newydd o dy ddisgynyddion *di.*'

Ceisiodd Moses newid meddwl Duw a'i dawelu. 'Fedri di ddim gwneud hynny,' meddai. 'yn arbennig ar ôl eu hachub o'r môr a'u harwain hyd y fan yma. Beth fyddai'r Eifftwyr yn ei ddweud? A beth am dy addewidion i Abram, Isaac a Jacob? Yr wyt wedi addo gwneud eu disgynyddion yn genedl fawr. Rhaid i ti gadw at dy air, O Dduw . . . neu gelli di ddim bod yn Dduw.'

Ildiodd Duw. Ni fyddai'n dechrau eto gyda Moses.

Er hynny, pan gyrhaeddodd Moses yn ôl o'r mynydd a gweld y bobl yn dawnsio o gwmpas y llo aur, cynddeiriogodd. Roedd yn cario'r llechi oedd yn cynnwys gair Duw. Cododd y llechi uwch ei ben a'u chwalu i'r llawr. Yna toddodd y llo a'u guro'n llwch. Cymysgodd y llwch gyda dŵr a gorfodi'r bobl i'w yfed.

'Beth oedd ar eich meddwl wrth wneud hyn?' gofynnodd i'w frawd, Aaron.

'Paid â bod yn flin,' meddai Aaron. 'Rwyt ti'n gwybod sut bobl ydyn nhw. Doedden nhw dim yn gwybod lle'r oeddet ti, ac fe ofynnwyd i mi am dduw i'w harwain.'

'Rydych chi wedi gwneud peth drwg iawn,' meddai Moses wrth y bobl. 'Rhywbeth drwg ofnadwy. Rhaid i mi fynd yn ôl at Dduw er mwyn cael dechrau eto.'

Dechrau Newydd.

Yr oedd y mynydd yn serth iawn. I Moses yr oedd y gwaith dringo yn galed iawn. Yr oedd y niwl a oedd yn gorchuddio Duw fel llen ar draws y copa. Cyn hyn teimlai Moses y niwl yn gynnes ond wedi i'r bobl greu a dawnsio o gwmpas y llo aur yr oedd yr awyrgylch wedi newid. Teimlodd Moses y copa'n oeraidd iawn.

Trodd at Dduw. 'A elli di oddef y bobl hyn o hyd?' meddai yn dawel. 'Os na, anghofia amdanaf, anghofia fy mod wedi byw erioed.'

'Fydda i ddim yn cosbi'r dieuog,' atebodd Duw, 'ac yr wyt ti'n ddieuog. Af o flaen y bobl a pharatoi'r tir iddyn nhw. Ond fydda i ddim yn gwmni iddyn nhw mwyach.'

'Bydd hynny yn golygu na fyddwn yn bobl i ti!' meddai Moses. 'Mae dy angen di arnom ni, yn ein plith, er mwyn i ni fod yn bobl i ti. Rwy'n gwybod eu bod wedi gwneud rhywbeth ofnadwy, ond gall trugaredd esgor ar wyrthiau, ac fe all maddeuant gyflawni'r amhosibl. Y mae pob peth yn bosibl i ti, O! Dduw.'

Bu distawrwydd. Cynhesodd yr awyrgylch. 'O'r gorau,' meddai Duw. 'Af i fyw gyda nhw. Mi af gyda'm pobl.'

Roedd Moses yn chwilio am sicrwydd. Byddai'n rhaid dechrau newydd arall. Roedd y llechi yn cynnwys Gair Duw yn gorwedd yn deilchion ar y llawr. Gallai neb ddarllen y geiriau bellach. A beth am y babell newydd, y darn bach hwnnw o nefoedd ar y ddaear? Y tro diwethaf pan roddodd Duw ei Ddeg Gorchymyn i'w bobl, fe ddaeth yna sŵn mellt a tharanau, daeargryn a sain utgorn. Os oedd dechreuad newydd i fod, byddai'n rhaid i Dduw ddod eto yn ei ogoniant.

'Dangos i mi dy ogoniant,' meddai Moses wrth Dduw.

'Gelli di ddim gweld hwnnw,' meddai Duw. 'Yr wyt ti a mi yn gyfeillion, Moses, ond y mae'n rhaid i mi aros yn ddirgelwch hyd yn oed i ti. Fi yw Duw wedi'r cyfan. Ond fe ddangosaf i ti fy naioni, ac fe glywi di fy enw sanctaidd. Fe guddiaf i di mewn hollt yn y graig, ac wrth i mi fynd heibio, fe orchuddiaf di â'm llaw. Fe weli di fy naioni, yr holl bethau a roddaf fi i'm pobl yn y Wlad, gwenith, gwin, preiddiau, dawnsio yn y strydoedd, bywyd o ddigonedd. Dyna fydd fy ngogoniant. Fe ddof heibio, ac fe weli di fi wrth i mi ddiflannu.'

Diflannodd yr oerni ac yr oedd cysur yn y niwl unwaith eto. Aeth yr Arglwydd heibio, gan gysgodi Moses gyda'i law yn yr hollt yn y graig. Rhoddodd Duw hefyd y Deg Gorchymyn i Moses unwaith eto, ac fe gariodd yntau hwy i lawr y mynydd at y bobl. Byddai Pabell y Cyfarfod yn cael ei chodi wedi'r cyfan.

Wrth iddo ddod i lawr o bresenoldeb Duw, roedd wyneb Moses yn disgleirio. Doedd ef ddim yn sylweddoli hynny ei hunan, ond yr oedd ei groen yn disgleirio fel na allai'r bobl ddioddef edrych arno.

Marwolaeth Moses

Aeth Duw ymlaen o Sinai gyda'i bobl. Buont yn yr anialwch am flynyddoedd lawer. Yn y diwedd yr oedd pawb a groesodd y Môr Coch wedi marw yn yr anialwch – ar wahân i dri dyn: Josua, Caleb a Moses ei hunan. Wrth iddyn nhw ddod i olwg y wlad yr oedd Duw wedi ei dewis iddyn nhw, rhannodd Moses i'r rhai oedd wedi eu geni yn yr anialwch yr holl bethau a ddysgodd ac a dderbyniodd eu rhieni ar Sinai. Yna fe'u bendithiodd. Roedden nhw'n barod nawr i groesi i'r Wlad.

Roedden nhw wrth droed Mynydd Nebo. 'Tyrd i ben y mynydd,' meddai Duw wrth Moses. 'Rwyf am ddangos rhywbeth i ti.'

Felly dringodd Moses i'r mynydd. Yr oedd yn hen ŵr erbyn hyn, ond roedd ganddo ddigon o nerth o hyd i ddringo. O gopa'r mynydd gallai weld yn glir. Edrychodd ar draws dyffryn yr Iorddonen a gwelodd y Wlad, yr hyn a addawodd Duw i Abram mor bell yn ôl, yr un y bu'r bobl bron â'i cholli oherwydd y llo aur. Oddi tanodd yr oedd Jericho a'i phorfa fras. Ond gallai Moses weld y tu hwnt i Jericho. Yr oedd fel pe tai Duw wedi benthyca ei olwg iddo. Gallai weld y Wlad i gyd o'r de i'r gogledd ac o'r dwyrain i'w gorllewin.

Ac ar gopa'r mynydd hwnnw, y bu'r dyn mawr a chyfaill Duw, Moses, farw. Byddai'n rhaid i'r bobl groesi'r afon hebddo.

4

BYW YNG NGWLAD YR ARGLWYDD

Y mae rhannau cyntaf y Beibl yn canolbwyntio ar hanes hir pobl Dduw, pobl Israel. Mae'n dechrau gyda cherdd a storïau am greu'r byd a'r bobl cyntaf, ac yna ceir casgliad hyfryd o storïau am eu cyndadau, Abram, Sara a'u plant, eu hwyrion a'u hwyresau. Y mae'r ddwy bennod agoriadol yn y llyfr hwn yn delio gyda rhan o'r stori.

Yna, y mae'r stori'n adrodd fel y mae pobl Dduw yn cael eu hunain yn gaethweision yn yr Aifft, a sut y bu i Dduw a'i gyfaill Moses eu hachub. Ceir sôn am fôr yn agor; taith drwy'r anialwch i Fynydd Duw; y Deg Gorchymyn, a llawer o ddywediadau a gorchmynion eraill a ddaeth Moses gydag ef o'r mynydd. Y mae yno sôn am y bobl yn cefnu ar Dduw ac yn creu duw newydd o aur. Y mae hynny'n clwyfo Duw, ond er hynny, y mae'n dal i deithio gyda nhw. Y mae wedi addo Gwlad iddyn nhw eu hunain, ac ni all dorri ei addewidion.

Maen nhw'n cymryd cymaint o amser i gyrraedd y Wlad fel bod y rhan fwyaf o'r bobl a ddihangodd o'r Aifft wedi marw. Mae pobl Dduw nawr yn cynnwys cenhedlaeth newydd a gafodd ei geni yn yr anialwch. Mae Moses yn trosglwyddo'r ddysgeidiaeth a dderbyniodd iddyn nhw. Y mae trydedd bennod y llyfr hwn yn sôn am hynny.

Nawr y mae'r bobl yn barod i groesi'r Iorddonen a dechrau bywyd yn y Wlad. Bydd Moses ddim gyda nhw. Y mae Moses wedi marw ar ben y mynydd. Ond y mae Josua, a oedd yn un o'r rhai a ddihangodd o'r Aifft, yn cymryd yr awenau.

Llyfr y Llyfrau

Yn y fan honno y dechreuwn ni'r bennod nesaf, gyda hanesion o lyfrau Josua, Barnwyr, Samuel a Llyfr y Brenhinoedd.

Cwymp Jericho

Roedd gan bobl Dduw broblem wrth ddod i fyw i'r Wlad a addawodd Duw iddyn nhw. Roedd llawer o bobl yn byw yno'n barod ac yn wir wedi byw yno am amser hir.

Pan groesodd pobl Dduw yr Iorddonen, y peth cyntaf a welon nhw oedd y coed palmwydd a meysydd breision Jericho, gyda muriau uchel y ddinas yn codi uwch eu pennau.

Doedd yr Israeliaid ddim yn debyg i'w rhieni a ddaeth allan o'r Aifft fel caethweision ofnus. Roedd y rhai a groesodd yr Iorddonen wedi eu geni yn yr anialwch. Roedd yr anialwch yn lle diffaith, ac yr oedd wedi gwneud y bobl hyn yn galed, mor galed â chraig. Roedden nhw'n barod am unrhyw beth.

Roedd ganddyn nhw arweinydd newydd, Josua. Roedd wedi ei hyfforddi gan Moses. Anfonodd Josua ddau ysbïwr i mewn i Jericho, a daethon nhw'n ôl i ddweud fod y trigolion yn eu hofni'n fawr.

Yr oedd Duw gyda nhw o hyd, yn byw yn eu canol ym Mhabell y Cyfarfod. Yn yr anialwch roedden nhw wedi gwneud cist o aur. 'Arch y Cyfamod' oedd yr enw a roddwyd arni. Roedd yr Arch yn gorffwys ym Mhabell y Cyfarfod ac yr oedd yn cynnwys y Deg Gorchymyn. Gyda'r Arch yn eu canol a Duw o'u plaid, yr oedden nhw'n barod ar gyfer unrhyw beth.

Roedd trigolion Jericho yn ofni'n fawr, fel yr oedd ysbiwyr Josua wedi adrodd. Roedden nhw wedi gweld yr Israeliaid yn crynhoi ar yr ochr arall i'r Iorddonen, ond doedden nhw ddim wedi breuddwydio y gallen nhw groesi. Roedd yr afon yn ei llif, y dŵr yn ddwfn a'r cerrynt yn gryf. Ond fe gerddon nhw drwy'r afon fel cerdded ar dir sych! Roedd yr hanes am yr Israeliaid yn croesi'r Môr Coch wedi cyrraedd Jericho ers blynyddoedd. Roedd yr hen Pharo wedi eu herlid i'r môr gyda'i fyddin, ond wrth i'r Israeliad olaf gyrraedd yr ochr draw disgynnodd y dyfroedd yn ôl ac fe foddwyd pob un o'r Eifftwyr.

Byw yn Ngwlad yr Arglwydd

A dyna lle'r oedd y bobl ryfedd hyn, a fedrai gerdded drwy ddŵr, yn gwersylla rhwng eu dinas hwy a'r afon.

Gadawon nhw'r caeau ar frys. Aethon nhw â'r anifeiliaid i gyd i mewn drwy byrth y ddinas. Caewyd y pyrth yn glep a disgwyl i'r ymosodiad ddechrau.

Dyma'r gwarchae rhyfeddaf erioed. Gadawodd yr Israeliaid eu gwersyll a gorymdeithio o amgylch y ddinas. Roedd yno filwyr arfog yn rhan o'r orymdaith, ond wnaethon nhw ddim ond gorymdeithio'n araf o amgylch y muriau. Yng nghanol yr orymdaith yr oedd saith offeiriad, wedi eu gwisgo mewn dillad hardd. Y tu ôl i'r offeiriaid gorymdeithiodd dynion eraill yn cario cist aur ar bolion hir. Roedd y gist yn disgleirio'n fwy na'r haul. O'i blaen chwythodd y saith offeiriad utgyrn wedi eu gwneud o gyrn hyrddod.

Dyna i gyd. Gorymdeithiodd yr Israeliaid o gwmpas y ddinas gyda'r offeiriaid yn chwythu'r cyrn, ac yna aethon nhw yn ôl i'w gwersyll, gan gludo'r gist aur gyda nhw! Doedd trigolion Jericho ddim yn deall beth oedd yn digwydd, ond doedden nhw ddim yn teimlo'n ddigon diogel i adael y ddinas. A dweud y gwir roedd yr orymdaith wedi gwneud iddyn nhw i deimlo'n fwy anghyffyrddus. Beth fyddai'r Israeliaid yn ei wneud nesaf?

Daeth yr ateb drannoeth. Gwnaethon nhw yn union yr un fath. A'r diwrnod wedyn a thri diwrnod wedi hynny. Am chwe diwrnod bu'r Israeliaid yn gorymdeithio o gwmpas y ddinas gyda'r gist aur a'r polion hir. Ac eto ni ddigwyddodd dim. Dim ymosodiad, dim byd. Dim ond yr orymdaith araf a Milwyr Israel yn dweud dim, ond edrych yn eu blaenau. Un tro o amgylch y muriau ac yna yn ôl i'w gwersyll. Dyna oedd y drefn bob tro. Beth oedd yn digwydd? Gallen nhw oddef hyn am wythnosau os nad misoedd. Roedd ffynnon yn cario dŵr i'r ddinas, ac yr oedd ganddyn nhw ddigon o fwyd wrth gefn.

Yna gwawriodd y seithfed dydd. Cuddiwyd yr haul gan y cymylau. Y tro hwn dechreuodd yr orymdaith yn gynt ar doriad y wawr a dechrau ei ffordd o amgylch y ddinas saith gwaith. Yna fe safon nhw'n stond. Roedd trigolion Jericho yn gwylio'r cyfan o'r muriau. Roedden nhw'n paratoi ar gyfer yr ymosodiad. Yna ymddangosodd rhywun tebyg i arweinydd yr Israeliaid a dweud rhywbeth wrth y rhes o filwyr a'r offeiriaid. Josua oedd y dyn. Doedden nhw ddim yn medru clywed beth a ddywedwyd, ond yn syth wedi iddo orffen, chwythodd yr offeiriaid y cyrn. Doedd y swn y tro hwn ddim yn debyg i'r sŵn a gafwyd y troeon o'r blaen. Roedd yn debyg i'r sŵn a glywodd yr Israeliaid unwaith wrth y mynydd sanctaidd Sinai cyn i Dduw roi'r Gorchmynion iddyn nhw. Roedd hi'n ymddangos fod y sŵn y tro hwn yn dod nid o gyfeiriad yr offeiriaid a'u cyrn ond o'r nefoedd. Ar yr union eiliad ymddangosodd yr haul o'r tu ôl i'r cymylau a rhoddodd yr Israeliaid floedd uchel. Nid rhyfelgri mohoni, ond bloedd buddugoliaeth. Hyd yn hyn roedden nhw wedi bod yn dawel ond nawr daeth y sŵn fel ffrwydriad.

Bu'r holl sŵn yn ddigon i chwalu muriau'r ddinas. Roedd y muriau wedi gwrthsefyll pob storm a daeargryn dros y blynyddoedd. Ond ni allodd wrthsefyll bloedd y bobl a sain yr utgyrn. Disgynnodd y muriau fel gwellt i'r llawr.

Rhuthrodd milwyr Israel dros y rwbel, ac i mewn i'r ddinas gan ladd pob person ac anifail y tu fewn. Pawb ar wahân i wraig o'r enw Rahab a'i pherthnasau, oherwydd pan aeth ysbïwyr Josua i mewn i'r ddinas roedd Rahab wedi darparu gwybodaeth a chysgod iddyn nhw a'u cynorthwyo i ddianc.

Disgynnodd distawrwydd llethol dros y ddinas.

Flynyddoedd yn gynt cyn eu bod nhw'n bobl, yr oedd Duw wedi dweud wrth Abram am fod yn fendith i bawb y byddai'n eu cyfarfod. Roedd yr Israeliaid yn Jericho wedi anghofio'r cyfan am hynny.

Genedigaeth Samson

DOEDD HI DDIM YN HAWDD byw yng Ngwlad Duw. Nid gan yr Israeliaid oedd y caeau gorau na'r trefi cryfaf. Gan y bobl oedd yn byw yno cynt oedd y rheiny. Ac yr oedd bygythiadau difrifol yn dod o

gyfeiriad y Philistiaid oedd yn byw ar lannau'r Môr Marw.
 Flynydoedd wedi dyddiau Josua, daeth y Philistiaid i reoli'r wlad ac fe ddalion nhw eu gafael am genhedlaeth gyfan. Yr oedd yn amser hir ac yr oedd yr Israeliaid yn credu y byddai'n para am byth. Roedd dyddiau Moses a Josua wedi hen fynd. Roedd angen arweinydd ac arwr newydd arnyn nhw.
 Roedd gŵr o'r enw Manoa a'i wraig yn byw yn agos i dir y Philistiaid. Doedd ganddyn nhw ddim plant. Aeth y blynyddoedd heibio ond eto ni chyrhaeddodd yr un plentyn. Roedd gan y gwragedd eraill yn y pentref blant eu hunain ac yr oedd hyn yn ofid i wraig Manoa.
 Roedd gan Manoa gywilydd o'i wraig hefyd. Credodd mai arni hi oedd y bai. Ei gwaith hi oedd geni plant a'u magu, a doedd hi ddim yn gwneud hynny. Roedd yn gyfrifoldeb arni i eni mab yn arbennig, oherwydd heb fab pwy oedd yn mynd i ofalu amdanyn nhw pan fydden nhw'n hen.
 Roedd Manoa yn ddirmygus o'i wraig. Ac fe gredodd hithau fod y gwragedd eraill yn ddirmygus ohoni hefyd. Yn sicr yr oedd yn ddirmygus ohoni ei hun. Bob dydd, pan fyddai'r pentrefwyr eraill yn gweddïo ar Dduw i anfon rhywun i'w gwaredu rhag y Philistiaid, gweddïodd hithau am gael plentyn.
 'Os gweli di'n dda gad i mi gael plentyn,' gweddïodd. 'Ti yw Duw bywyd. Heb fab rwyf cystal â bod yn farw.' Gweddïodd y weddi honno bob dydd. Teimlodd nad oedd neb yn gwrando arni ac yr oedd yn anobeithio'n llwyr.
 Yr un diwrnod goleuodd ei hystafell i gyd. Daeth goleuni Duw i mewn! Siaradodd Duw wyneb yn wyneb gyda hi. Yna clywodd y geiriau yr oedd wedi dyheu am eu clywed mor hir.
 'Fe gei di blentyn,' meddai Duw wrthi. 'Mab. Yn wir yr wyt eisoes yn feichiog. Mae gennyf fi bwrpas mawr ar ei gyfer, felly rhaid i ti ofalu amdanat ti dy hun. Pan fydd dy fab wedi tyfu yn ddyn, bydd yn dechrau achub Israel rhag y Philistiaid.'
 Plentyn. Mab. Arwr! Aeth yn syth i ddweud wrth Manoa. Credodd y byddai Manoa yn meddwl ei bod yn drysu pe bai'n dweud ei bod wedi bod yn siarad gyda Duw. Felly, dywedodd mai dyn Duw ydoedd. Ond fe geisiodd ei ddisgrifio. 'Yr oedd yn edrych fel Duw,' meddai. 'Dywedodd wrtha i fy mod i'n feichiog, ac fe roddodd gyfarwyddiadau pendant i mi ynglŷn â'r plentyn.'

Roedd Manoa eisiau gweld y dyn Duw yma ei hunan. Nid oedd hyd yn oed wedi sylwi pa mor hapus oedd ei wraig o glywed y newyddion, a doedd ef ddim yn rhannu ei llawenydd chwaith. Roedd am wybod beth oedd yn mynd ymlaen. 'Esgusoda fi, Dduw,' gweddïodd. 'Y dyn hwnnw a anfonaist. Wnei di ei anfon eto? Rwyf am ei gyfarfod a chlywed ganddo fy hunan.'

Clywodd Duw weddi Manoa, ond yn hytrach nag ymddangos iddo, daeth i gyfarfod gwraig Manoa unwaith eto. Rhedodd hithau i ffwrdd ar ei hunion at Manoa.

'Mae'r "dyn" yna a ddaeth ataf rai dyddiau'n ôl wedi ymddangos i mi eto!'

Roedd Manoa erbyn hyn yn gandryll. Doedd hi ddim yn iawn i unrhyw ddyn gyfarfod â'i wraig, yn sicr heb ei ganiatâd. Pwy oedd y dyn hwn? Beth oedd ei fwriad? 'Arwain fi at y dyn yma ar unwaith!' gwaeddodd.

Brasgamodd Manoa ar ôl ei wraig i'r fan lle'r oedd Duw yn disgwyl.

Oherwydd iddo gael ei ddallu gan genfigen ac amheuaeth, methodd Manoa weld pwy oedd y dyn hwn. Roedd Duw o flaen ei lygaid, ond methodd â'i adnabod. Ni allodd fod yn gwrtais chwaith.

'Ai ti yw'r dyn a siaradodd gyda'r wraig hon?' gofynnodd yn swta. 'Bwria fod yr hyn a ddywedaist ti'n wir, a'i bod yn cael plentyn. Beth yw dy gyfarwyddiadau iddi ar ei gyfer?'

'Rwyf wedi dweud wrthi "y wraig hon" fel wyt ti yn ei galw, eisoes,' atebodd Duw. 'Mae'n gwybod beth i wneud.'

Mae hyn yn warthus! meddyliodd Manoa. Mae gan y dyn diarth yma'r hyfdra i siarad fel pe bai fy ngwraig yn bwysicach na mi. Rhaid i mi setlo'r mater yma unwaith ac am byth. Mae gen i syniad. Os gwahoddaf ef i swper, bydd cyfle i mi i'w wylio a gofyn ambell i gwestiwn anodd. Pesychodd a gofyn yn gwrtais y tro hwn. 'Aros gyda ni am ychydig am bryd o fwyd, fe wnaiff fy ngwraig baratoi cawl blasus i ni.'

Goleuodd llygaid Duw. 'Rwy'n credu y byddai aberth i Dduw yn fwy priodol, er mwyn dangos dy werthfawrogiad am addewid o fab,' meddai.

Dechreuodd Manoa feddwl. Pwy *oedd* y dyn diarth yma? 'Beth yw dy enw?' gofynnodd.

'Mae fy enw yn rhy ryfeddol i ddweud wrthyt,' atebodd Duw. Dylai hynny fod wedi rhoi taw arno. Dylai hynny fod wedi peri i Manoa sylweddoli pwy oedd yn siarad ag ef, ond ni wnaeth. Fe aeth i ffwrdd o leiaf i baratoi'r aberth fel yr awgrymodd y "dyn".

Wrth i'r fflamau lliwgar godi gallai Manoa a'i wraig weld y dyn fel petai'n codi o'r fflamau. Disgleiriodd gan ogoniant Duw. Yna cododd y fflamau tua'r nefoedd, a diflannodd y dieithryn.

O'r diwedd sylweddolodd Manoa pwy oedd y dyn diarth. Roedd ei wraig yn gwybod o'r cychwyn. 'Rydym yn siŵr o farw!' meddai Manoa. 'Oherwydd yr ydym wedi gweld Duw!'

'Marw?' meddai ei wraig wrtho 'Wrth gwrs wnawn ni ddim marw! Rydym yn mynd i gael mab. Rydym yn mynd i gael mab!'

Ac felly y bu, ac enwyd ef yn Samson.

Hanna, Gwraig Heb Blant

PAN DYFODD SAMSON, fe lwyddodd i dorri gafael y Philistiaid ar Wlad Duw am ychydig amser o leiaf. Ond nid Samson oedd yr un i wireddu cynllun mwyaf Duw. Dymuniad Duw oedd bod holl deuluoedd y ddaear yn derbyn bendith drwy ddisgynyddion Abram. Nid Samson oedd yr un ar gyfer y gwaith. Roedd angen arweinydd gwahanol ar Dduw, rhywun fyddai'n deall ei ffyrdd a gweld pethau fel yr oedd ef yn eu gweld.

Roedd hi'n ymddangos weithiau fod Duw yn dewis y ffordd anoddaf. Roedd angen arweinydd mawr newydd arno a dewisodd Hanna i fod yn fam iddo. Ond doedd Hanna ddim yn medru cael plant, neu felly y tybiodd hi. Roedd yn briod â dyn o'r enw Elcana. Roedd gan hwnnw wraig arall hefyd, Pheninna. Roedd gan Peninna blant, ond yr oedd Hanna heb yr un.

Pob blwyddyn arferai Hanna, Elcana a Peninna a'r plant fynd ar bererindod i gysegr le o'r enw Seilo, rhyw bymtheg milltir o'u pentref nhw. Yno y bydden nhw yn addoli Duw ac yn aberthu iddo. Bydden nhw'n cael amser braf fel arfer. Ond yr oedd Hanna yn casáu meddwl am fynd. Yno y bydden nhw yn diolch i Dduw am ei holl fendithion, a doedd

Duw ddim wedi ei bendithio hi ag un plentyn. Roedd yr holl beth yn gwneud i Hanna deimlo'n dda i ddim. Byddai Peninna bob amser yn gwneud pethau'n waeth. Safai yno gyda'i phlant yn rhedeg o'i chwmpas, a'r babi diweddaraf yn ei breichiau ac yn dweud wrth Hanna fod Duw yn sicr o fod yn ei chosbi hi am ryw ddrygioni a wnaeth. 'Dyna pam does gennyt ti ddim plant fel fi,' meddai wrthi. Roedd hynny'n syniad dychrynllyd, y byddai Duw yn cosbi yn y ffordd yma. Ond roedd Hanna yn methu cael y syniad allan o'i phen. Ceisiodd Elcana ei chysuro ond doedd ef ddim yn deall ei gwewyr. Cofiwch, doedd bywyd ddim yn hawdd i Peninna chwaith. Er iddi gael plant Elcana, doedd ef ddim yn ei charu. Hanna oedd ei unig gariad ef. Ond doedd Hanna ddim yn medru cael plant.

Roedd y gwleddoedd a gawson nhw yn Seilo yn achlysuron anodd bob amser, ond un flwyddyn yr oedd ymddygiad Peninna yn waeth na'r arfer, ac ni allodd Hanna dderbyn rhagor. Methodd fwyta dim. Teimlodd yn hollol unig a thorrodd i wylo.

'Beth sy'n bod, Hanna?' gofynnodd Elcana. 'Rwy'n gwybod ei bod hi'n galed arnat ti yn methu cael plant, ond rhaid i ti beidio â gadael i hynny ddifetha popeth i ti. Beth bynnag, rwyf fi'n werth mwy na deg o blant i ti!'

Difetha popeth! meddyliodd Hanna wrthi ei hun. Elli di ddim gweld y bydd popeth yn cael ei ddifetha hyd nes y caf fi blentyn? Gelli di ddim cymryd lle plant i mi. Dyle ti wybod hynny. Wrth gwrs, mae gennyt *ti* blant – plant Peninna. Dydi'r ffaith fod gen i ddim plant ddim yn dy boeni di.

Ond mentrodd hi ddim dweud hyn allan yn uchel. Yn hytrach, cododd, gadael y wledd deuluol a mynd i agor ei chalon i Dduw.

Roedd Eli, yr offeiriad, yn eistedd wrth fynedfa'r deml. Roedd Seilo yn le pwysig iawn yn y dyddiau hynny, ac yr oedd Eli'n ddyn pwysig hefyd. Roedd pawb yn cytuno ar hynny, gan gynnwys Eli ei hunan.

Llifodd y dagrau ar ruddiau Hanna wrth iddi weddïo ac ni allai beidio crynu. Gweddïodd yn dawel. Symudodd ei gwefusau, ond ni chlywyd yr un gair. Gwyliodd Eli yn dawel.

'Fy Nuw, fy nghyfaill,' gweddïodd
'Edrych arnaf!
Gwêl fy nhrallod!

Cofia fi;
paid â'm hanghofio.
Gad i mi gael plentyn,
mab,
ac fe'i rhoddaf yn ôl iti.
Cysegraf ef i ti,
dyna fy addewid i ti.'

Roedd yn weddi anghyffredin. Roedd y wraig hon a oedd yn methu cael plant yn barod i'w roi yn ôl i Dduw pe bai hi yn cael plentyn. Ond doedd Eli ddim yn sylweddoli ei bod hi'n gweddïo. Galwodd arni. 'Rwyt ti'n feddw, wraig!' gwaeddodd. 'Dos allan i sobri, a phaid â bod yn boendod!'

Byddai hynny wedi bod yn ddigon i dawelu llawer o wragedd, a dynion hefyd mae'n siŵr. Ond atebodd Hanna ar ei ben. 'Dydw i ddim yn feddw,' protestiodd, 'gofid mawr sydd arna i. Rwyf wedi bod yn agor fy nghalon i Dduw, dyna i gyd.'

Teimlai Eli rhyw gymaint o gywilydd. 'Yna dos mewn heddwch,' meddai. 'A bydded i Dduw roi i ti yr hyn yr wyt wedi gweddïo amdano.'

Ac fe wnaeth Duw. Gwelodd ei gofid. Doedd ef ddim wedi ei hanghofio. Ym mhen amser fe gafodd fab, a galwodd ef yn Samuel.

Pan oedd Samuel yn dair ac wedi ei ddiddyfnu, aeth Hanna ag ef i Seilo. Aeth â tharw ifanc gyda nhw hefyd yn ogystal â blawd a gwin yn rhoddion i Dduw. Gafaelodd yn llaw Samuel a'i arwain at Eli. 'Wyt ti yn fy nghofio i?' meddai. 'Fi oedd y wraig y gwelaist yn gweddïo. Roeddwn yn gweddïo am fab. Dyma fe! Addewais pe byddwn yn cael mab y byddwn yn ei gyflwyno i Dduw. Felly cadw ef. Gall fyw yma yn y lle sanctaidd hwn a bod yn gwmni i Dduw.' Yno gollyngodd ei gafael ar law Samuel.

Felly, aeth Hanna adref heb ei mab. Bob blwyddyn pan fyddai hi a gweddill ei theulu yn mynd i Seilo ar eu pererindod flynyddol, byddai'n mynd â mantell newydd i Eli ei gwisgo. Byddai Eli yn ei bendithio hi ac Elcana a dweud, 'Bydded i Dduw roi llawer mwy o blant i chi mewn diolchgarwch am i chi roi Samuel iddo.'

Gwnaeth Duw hynny. Cafodd Hanna dri mab a dwy ferch arall.

'Samuel! Samuel!'

ROEDD SEILO YN SANCTAIDD. Roedd Pabell y Cyfarfod yno ac arch y cyfamod hefyd. Ond rhaid i leoedd sanctaidd wrth ddynion a merched sanctaidd os ydyn nhw i ddisgleirio o sancteiddrwydd Duw. Doedd offeiriaid Seilo, Eli a'i feibion ddim yn ddynion sanctaidd. Roedd ei feibion yn chwilio am elw personol bob amser. Doedd ganddyn nhw ddim parch at Dduw, na neb fyddai'n addoli wrth yr allor. Roedd Eli yn hen ac yn colli ei olwg, a phan geryddodd ei feibion fe wrthodon nhw wrando. Teimlodd Eli ei hunan ei fod allan o gysylltiad gyda Duw. Doedd y bobl a ddaeth at yr allor ddim yn darganfod Duw yno mwyach. Ni fyddai'n siarad â nhw wyneb yn wyneb fel un yn siarad â chyfaill, fel y gwnaeth gyda Moses. Roedd yn ymddangos yn Dduw pell.

Roedd pethau wedi dechrau newid, fodd bynnag, pan ddaeth Hanna i Seilo a chael ei bendithio'n fawr gan Dduw. Doedd hi ddim wedi gweld Duw na chlywed ei lais, oherwydd fod Eli wedi torri ar ei thraws pan gredodd ei bod wedi meddwi. Ond yr oedd wedi agor ei chalon i Dduw, a llanwodd yntau ei chalon â llawenydd drwy roi mab iddi. Yna bu hithau yn hael i Dduw drwy roi ei mab yn ôl iddo. Roedd Samuel yn Seilo yn brawf o haelioni Duw a'r wraig ryfeddol hon.

Bachgen ifanc oedd Samuel o hyd. Un noson roedd yn cysgu yn y deml, yn agos i'r arch.

'Samuel! Samuel!' Clywodd lais yn ei ben.

Dihunodd. 'Dyma fi,' meddai. Rhaid mai Eli sy'n galw arna i, meddyliodd. Felly, rhedodd i weld beth oedd Eli ei eisiau. 'Dyma fi,' meddai. 'Rwyt ti wedi galw.'

'Wnes i ddim dy alw,' meddai Eli. 'Dos yn ôl i gysgu.'

Felly aeth Samuel yn ôl i'w wely.

'Samuel!' daeth y llais yr ail waith.

Eto cododd Samuel o'i wely a rhedeg at Eli. 'Dyma fi. Rwyt ti wedi galw.'

'Wnes i ddim dy alw, fy mab,' meddai Eli. 'Dos yn ôl i gysgu.'

'Samuel!' daeth y llais yn daerach y tro hwn.

Ac am y trydydd tro cododd Samuel a mynd at Eli. 'Dyma fi,' meddai. 'Rwyt ti wedi galw y tro hwn yn sicr.'

Yn sydyn sylweddolodd Eli beth oedd yn digwydd. Mae'n rhaid mai llais Duw oedd y llais a glywodd Samuel. Meddai wrtho, 'Dos yn ôl i orwedd ac os clywi di'r llais eto, dywed, "Llefara Arglwydd, oherwydd mae dy was yn gwrando".'

Aeth Samuel yn ôl i'w wely. Daeth Duw eto a sefyll yn ei ymyl. 'Samuel! Samuel!' meddai.

'Llefara, oherwydd mae dy was yn gwrando,' atebodd Samuel. Yr oedd ar fin dweud yr un peth am yr ail waith pan glywodd Duw yn siarad eto.

'Rwyf ar fin gwneud peth anghyffredin yn Israel,' meddai Duw. 'Bydd y newydd amdano yn syfrdanol. Eli a'i feibion yw'r dynion mwyaf pwerus yn Israel, ond rwyf fi am gymryd y grym oddi arnyn nhw. Mae'r meibion yn ddynion drwg, ac y mae Eli yn rhy wan i'w rhwystro. Dylai pobl wrth ddod i Seilo ddarganfod fy haelioni. Ond yn lle hynny maen nhw'n dod wyneb yn wyneb â thrachwant meibion Eli. Mae angen rhywun arnaf i gymryd eu lle, rhywun sy'n gwybod am fy haelioni ac yn rhan o fy haelioni. Mae dy angen di arna i. Rhaid i ti fy nangos i'r bobl.'

Aeth y cyfan yn dawel. Dim ond sŵn llwynog yn cyfarth yn y pellter oedd i'w glywed. Gorweddodd y bachgen ifanc ar ei wely yn methu dweud dim ac yn methu cysgu.

Yn y bore cododd fel arfer ac agor drysau tŷ Dduw. Beth allai ddweud wrth Eli? Gobeithiodd na fyddai'n rhaid iddo ddweud dim. Yna clywodd lais yn galw arno. 'Samuel, fy mab!' Roedd yn adnabod llais Eli ar unwaith. Aeth ato a dywedodd 'Dyma fi.'

'Beth oedd Duw eisiau neithiwr?' gofynnodd Eli. 'Dwed y cwbl wrthyf.'

Adroddodd Samuel wrtho yr hyn a ddywedodd Duw. Yr oedd yn crynu wrth siarad oherwydd ei fod yn poeni y byddai Eli yn ddig iawn.

Gorffennodd, ac aeth popeth yn dawel. Doedd Eli ddim yn ddig. Ond yn hytrach fe gododd a mynd at ei sedd wrth fynedfa'r deml. Gwyliodd yr haul yn codi dros fryniau'r dwyrain. 'Yr Arglwydd ydyw,' meddai yn dawel. 'Duw ydyw. Gadewch iddo wneud yr hyn sydd orau ganddo.'

Y Brenin Saul

YMDDANGOSODD DUW YN GYNTAF i Samuel pan oedd yn fachgen ifanc. Wedi hynny bu Duw yn siarad gydag ef droeon. Pan dyfodd Samuel clywodd pobl am y pethau yr oedd yn eu gwneud yn Seilo, a mynd yno i ymgynghori ag ef. Os na allen, nhw glywed Duw yn siarad drostyn nhw eu hunain, bydden nhw'n dod at Samuel, ac fe fyddai ef yn dweud wrthyn nhw beth oedd Duw yn ei ddweud. Gallai Samuel weld pethau drwy lygaid Duw. Yr oedd yn gwybod meddwl Duw.

Yn y cyfamser, y Philistiaid oedd eu gelynion o hyd, ac yr oedd y llwythau Hebrëig yn dal i'w hofni. Gyda Samuel fel arweinydd, roedd hi'n bosibl iddyn nhw weithiau gadw'r Philistiaid draw. Dro arall, beth bynnag, byddai'r Philistiaid yn ymosod ar eu trefi a'u pentrefi, ac achosi dioddefaint mawr iddyn nhw. Roedd Samuel erbyn hyn yn heneiddio. Gwyddai pawb na fyddai o gwmpas am byth, a beth wedyn? Roedd ei feibion yn ddihirod gwaeth os rhywbeth na meibion Eli. A fyddai Duw yn llwyddo i ddod o hyd i arweinydd arall tebyg i Samuel. Doedd y bobl ddim yn gwybod ac felly fe benderfynon nhw gynllunio eu hunain.

'Rho frenin i ni,' medden nhw wrth Samuel. 'Mae gan bob cenedl arall frenin. Sut allwn ni fod yn genedl iawn os nad oes gennyn ni frenin?'

'Ond Duw yw eich brenin,' meddai Samuel. 'Dyna sydd yn eich gwneud chi'n wahanol i genhedloedd eraill.'

'Na, ein dymuniad ni yw bod yr un fath â'r lleill,' atebodd y bobl. 'Rho di frenin i ni!'

'Fe fydd brenin yn cymryd y tir gorau iddo'i hun, a'r gweision gorau a'r anifeiliaid gorau,' protestiodd Samuel. 'Bydd yn rhaid i chi roi'r degfed rhan o'ch ŷd a'ch gwin. Bydd yn rhaid i chi ymladd ei frwydrau, aredig ei dir, a choginio ei fwyd. Fe fydd yn hawlio mwy a mwy. Fe fydd yn eich gwneud yn dlawd er mwyn iddo ef fod yn gyfoethog. Byddwch yn gaethweision iddo.'

'Ein dymuniad ni yw cael brenin!' gwaeddodd y bobl. 'Un a fydd yn frenin mawr drosom, fel sydd gan y cenhedloedd eraill. Brenin i ymladd ein brwydrau.'

Felly fe gawson nhw frenin, a dyma sut y digwyddodd hi.

Roedd gan ŵr cyfoethog o'r enw Cis fab, Saul. Yr oedd yn dal i fod yn fachgen ifanc. Doedd ei farf ddim wedi dechrau tyfu, ond yr oedd yn fachgen tal iawn. Yr oedd eisoes yn dalach nag unrhyw un arall yn y wlad, ac yr oedd yn ddeniadol iawn hefyd.

Un diwrnod yr oedd rhai o asynnod Cis ar goll. Dywedodd wrth Saul, 'Cymer un o'r gweision ac ewch i chwilio amdanyn nhw.'

Felly dewisodd Saul ei hoff was, ac aeth y ddau fachgen i chwilio am yr asynnod. Aeth y chwilio ymlaen am bron i dri diwrnod, ond fe fethon nhw â dod o hyd i'r asynnod. Roedd Paul yn bryderus iawn erbyn hyn. 'Gwell i ni fynd adref,' meddai wrth ei gyfaill, 'neu fe fydd fy nhad yn poeni amdanom.'

Cyfeiriodd y gwas at dref ar ochr y bryn. 'Y mae yna ddyn Duw yn byw yno,' meddai. 'Tyrd i ni geisio dod o hyd iddo. Bydd ef yn medru dweud wrthym ni ble mae'r asynnod.'

'Ond does gennym ni ddim i'w roi iddo,' atebodd Saul. 'Bydd yn rhaid i ni roi anrheg iddo, a does gennym ni ddim. Mae'r bwyd wedi gorffen a does gennym ni ddim arian.'

'O! oes mae gennym ni rywbeth,' meddai'r gwas yn bendant.

'Edrych!' Estynodd i waelod ei sach a thynnu dyrnaid o arian.

'Gwych!' meddai Saul. 'Tyrd i ni gael mynd ar unwaith!'

Wrth iddyn nhw ddringo'r llwybr tuag at byrth y dref, fe wnaethon nhw gyfarfod rhai merched yn cerdded i'w cyfeiriad, ac yn cario ystenau ar eu pennau. Roedden nhw wedi dod allan o'r dref i nôl dŵr.

'A yw dyn Duw yn y dref?' gofynnodd y bachgen.

'Ydi,' atebodd y merched. 'Rydych chi wedi dod mewn pryd. Mae yna wledd fawr yn mynd i fod ac y mae gŵr Duw yn mynd i fendithio'r bwyd cyn i bawb ddechrau bwyta. Os prysurwch chi fe wnewch chi ei ddal.'

Rhedodd y bechgyn i fyny'r llwybr. Wrth iddyn nhw fynd drwy borth y dref, dyma nhw'n taro ar y gŵr. Ie, neb llai na Samuel ei hun. Doedd y bechgyn ddim wedi ei gyfarfod erioed, a doedden nhw ddim yn gwybod pwy ydoedd.

Nawr y diwrnod cynt, roedd Duw wedi cael gair yng nghlust Samuel. 'Fory,' dywedodd Duw wrtho, 'Fe anfonaf atat fachgen ifanc y mae'n rhaid i ti ei eneinio yn frenin ar fy mhobl Israel. Ni allaf oddef gweld fy mhobl yn dioddef dan law y Philistiaid. Rwyf wedi clywed eu llefain a synhwyro eu harswyd. Fe fydd y bachgen ifanc hwn yn sicr o'u hachub a rhoi eu rhyddid yn ôl iddyn nhw.'

Y foment y gwelodd Samuel Saul wrth y porth, sibrydodd Duw wrtho, 'Dyma'r bachgen ifanc y soniais amdano. Fe fydd yn frenin ar fy mhobl.'

Doedd Saul, wrth gwrs, ddim wedi clywed dim o hyn. Yr unig beth a boenai Saul oedd asynnod ei dad. 'Esgusodwch fi,' meddai wrth Samuel, 'ydych chi'n gwybod lle mae gŵr Duw yn byw?'

'Fi yw gŵr Duw,' atebodd Samuel. 'Dewch gyda mi ac ymunwch yn y wledd. Gallwch aros yma dros nos a mynd adref fory. Peidiwch â phoeni am yr asynnod. Mae eich tad wedi dod o hyd iddyn nhw yn barod. Mae pethau pwysicach nag asynnod i'w hystyried. Ti yw'r dyn y mae pobl Israel wedi bod yn ei ddisgwyl.'

Roedd Saul yn falch o glywed am yr asynnod, ond doedd ef ddim wedi deall y rhan olaf o gwbl. 'Beth ydych chi'n ei feddwl?' gofynnodd. 'Fy llwyth i yw'r lleiaf o holl lwythau Israel, a'm teulu yw'r symlaf o'r holl deuluoedd. Dydyn ni'n neb!'

Ni ddywedodd Samuel yr un gair, ond arwain y ddau fachgen i'r neuadd lle'r oedd y wledd yn cael ei chynnal. Roedd pobl fawr y dref i gyd yno, ond rhoddodd Samuel y seddau anrhydedd i Saul a'i was. Yna gorchmynnodd i'r cogydd i roi'r darn gorau o gig i Saul. Rhyfeddodd Saul oherwydd gosodwyd pryd oedd yn ddigon da i frenin o'i flaen!

Beth oedd yn digwydd? Doedd Saul ddim yn deall. Doedd neb wedi ei drin fel hyn o'r blaen. A phan ddaeth hi'n amser cysgu gosodwyd gwelyau arbennig iddo ef a'i gyfaill ar y to. Yr oedd yn noson boeth iawn, a'r to oedd y lle gorau i fod. Dyma'r lle a fyddai'n cael ei gadw ar gyfer gwesteion arbennig.

'Beth sy'n mynd ymlaen fan hyn?' meddai Saul wrth ei gyfaill cyn iddyn nhw fynd i gysgu.

'Dim syniad,' atebodd ei gyfaill, 'Ond dydw i ddim yn cwyno!'

Drannoeth, wrth i'r haul godi dros y bryniau, galwodd Samuel ar Saul a'i gyfaill. 'Codwch!' gwaeddodd. 'Mae'n amser mynd.'

Byw yn Ngwlad yr Arglwydd

Roedd Samuel yn eu disgwyl ar waelod y grisiau. Wrth gerdded lawr y ffordd i gyfeiriad porth y dref, meddai Samuel wrth Saul, 'Dwed wrth dy was am fynd ymlaen ac aros i ti. Mae gen i rywbeth pwysig iawn i'w ddweud wrthyt.'

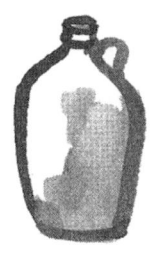

Aeth y gwas yn ei flaen. Yna tynnodd Samuel ffiol o olew o'i boced. Yr oedd yn olew arbennig iawn. Tywalltodd yr olew dros ben Saul. A chyhoeddodd, 'Y mae Duw wedi dy eneinio di yn frenin ar ei bobl. Byddi'n teyrnasu dros bobl Dduw ac yn eu hachub rhag eu gelynion.'

Ac felly y cafodd Israel ei brenin.

Dafydd y Bugail

DOEDD PETHAU DDIM wedi mynd yn ôl y disgwyl. Gwnaeth Saul ei orau, ond doedd ei orau fyth yn ddigon da i Samuel. Tyfodd yn rhyfelwr dewr, ond rhywsut neu gilydd roedd yn amlach na dim yn methu â chael y maen i'r wal. Roedd y Philistiaid hefyd, yn dal i boeni'r bobl. Yn y diwedd yr oedd Duw eisiau dechrau eto. Penderfynodd chwilio am frenin arall, un a fyddai wrth fodd ei galon.

'Rwyf am i ti fynd i dref fechan o'r enw Bethlehem,' meddai Duw wrth Samuel. 'Dos ag ychydig o'r olew sanctaidd gyda thi, a chwilia am ddyn o'r enw Jesse a gofyn am gael gweld ei feibion. Rwyf wedi dewis un o'i feibion i fod yn Frenin Israel. Dangosaf ef i ti ac fe gei dithau ei eneinio.'

'Ond fedra i ddim gwneud hynny!' meddai Samuel. 'Os eneiniaf un o feibion y dyn hwn, bydd hynny'n golygu fod dau frenin ar Israel ar yr un pryd. Bydd hynny yn un yn ormod. Bydd Saul yn sicr o'm lladd!'

'Paid â dadlau, dos a gwna yr hyn yr wyf wedi ei ddweud wrthyt ti,' atebodd Duw. 'Dos i'r dref a dweud wrthynt dy fod wedi dod i offrymu aberth neu rhywbeth tebyg.'

'Ond . . . ' meddai Samuel.

'Does dim ond i fod,' meddai Duw.

Felly aeth Samuel i Fethlehem. Wrth iddo nesáu at y dref, gwelwyd ef gan y bobl oedd yn gweithio yn y caeau. Y peth cyntaf a dynnodd eu sylw oedd ei ddillad hardd. Edrychodd pawb ar ei gilydd mewn syndod. 'Does neb fel hyn yn dod i'n tref ni fel arfer,' medden nhw. Yna dyma un o'r gwragedd yn ei adnabod. 'Samuel ydyw!' gwaeddodd. 'Beth sy'n dod ag ef yma tybed? Beth wnaethon ni o'i le? Pam na chawn ni lonydd i fynd ymlaen â'n gwaith?'

Aeth henuriaid y dref i gyfarfod Samuel, gan grynu o ofn. 'A wyt ti'n dod mewn heddwch, syr?' gofynnodd un ohonynt.

'Mewn heddwch,' atebodd Samuel. 'Rwyf wedi dod i offrymu aberth i Dduw. Rwyf am i chi i gyd ddod gyda mi. O! gyda llaw, a oes yna rywun o'r enw Jesse yn y dref?'

Pesychodd un o'r dynion yn betrusgar. 'Fi yw hwnnw, fy arglwydd,' meddai.

'Tyrd i'r aberthu a gofala fod dy feibion i gyd yn dod hefyd,' meddai Samuel.

Roedd y dynion yn dal i deimlo braidd yn anesmwyth, ond fe wnaethon nhw yr hyn a ofynnwyd iddyn nhw. Daeth y dref i gyd at ei gilydd ar gyfer yr aberthu.

Roedd Jesse a'i feibion yno. Gofynnodd Samuel i Jesse gyflwyno'i feibion iddo. Eliab yr hynaf oedd y cyntaf. Roedd hwn yn fachgen tal deniadol. Mae'n rhaid mai hwn yw'r dyn, meddyliodd Samuel.

'Na, nid hwn,' sibrydodd Duw. 'Fydda i byth yn barnu neb yn ôl ei olwg.'

Cyflwynodd Jesse yr ail fab.

'Na,' sibrydodd Duw wrth Samuel. 'Nid hwn chwaith.'

Felly cyflwynodd Jesse y trydydd mab, yna'r pedwerydd, yna'r pumed ac yna'r chweched a'r seithfed. Saith mab! Roedd pawb yn y dyddiau hynny yn credu mai saith oedd y nifer perffaith i'w cael.

'Na, dim un o'r rhain,' meddai Duw.

Roedd Samuel wedi drysu. Cyfarchodd Jesse mewn llais difrifol. 'Dydy Duw ddim wedi dewis yr un o'r rhain. Oes gen ti ragor o feibion?'

Beth sy'n mynd ymlaen fan hyn? meddyliodd Jesse. Beth mae e'n feddwl wrth ddweud nad yw Duw wedi dewis yr un o'r rhain? Eu dewis nhw i beth? Roeddwn ni'n meddwl mai dod i'r aberthu a wnaethon ni. Ond ni feiddiodd â dweud hynny wrth Samuel.

'A oes gen i fwy o feibion?' atebodd. 'Wel, oes, un, syr. Ond bydd dim diddordeb gan neb yn hwnnw. Ef yw'r ieuengaf o'r cwbl. Dim ond bachgen. Y mae yn y caeau yn bugeilio'r defaid ar hyn o bryd.'

'Dos i'w nôl ef yma,' gorchmynodd Samuel.

Felly anfonodd Jesse Eliab i nôl y bachgen. Disgwyliodd yntau a'r mebion eraill ar bigau'r drain. Beth ar wyneb daear oedd yn digwydd tybed? A lle'r oedd Eliab? Roedd wedi mynd ers oesoedd. Safodd Samuel yno yn ei ddillad hardd gan ddweud dim, ond edrych i'r pellter.

Ymhen hir a hwyr, gwelwyd Eliab yn dod gyda'i frawd ieuengaf wrth ei ochr. Cyflwynodd Jesse y bachgen i Samuel. 'Dyma fy mab ieuengaf, syr. Dim ond llencyn, fel y gwelwch chi. Mae'n flin gen i syr, ond fe wnes i eich rhybuddio.'

'Hwn yw'r un!' meddai Duw wrth Samuel. 'Tywallt yr olew ar ei ben, ac eneinia ef yn Frenin Israel.'

A dyna'n union a wnaeth Samuel. Doedd Jesse a'r brodyr hynaf ddim yn medru credu yr hyn yr oedden nhw yn ei weld. Ac ni allai gweddill trigolion y dref gredu chwaith.

Yna trodd Samuel am adref.

Ni feiddiodd neb ddweud dim wrth Saul am yr hyn oedd wedi digwydd. Felly dim ond Samuel a phobl Bethlehem oedd yn gwybod fod gan Israel *ddau* frenin bellach!

Llyfr y Llyfrau
Dafydd a Goliath

SAFODD DAFYDD Y BUGAIL a meddwl. Roedd Samuel wedi ei eneinio yn frenin ar Israel, ond yr oedd yn dal i edrych ar ôl y defaid. Roedd ei deulu a thrigolion Bethlehem wedi cadw'n dawel am yr hyn oedd wedi digwydd. Doedd y Brenin Saul a'r Israeliaid oedd yn byw y tu allan i Fethlehem ddim wedi clywed unrhyw awgrym am yr hyn a ddigwyddodd. Gallai rhywun daeru fod dim wedi digwydd, ar wahân i'r ffaith fod brodyr Dafydd, bellach, yn eiddigeddus ohono. Doedden nhw ddim yn medru deall pam nad oedd Samuel wedi dewis un ohonyn nhw.

Roedd y bobl wedi dewis Saul yn frenin er mwyn eu gwaredu rhag eu gelynion, y Philistiaid. Ond doedd Saul ddim yn llwyddo; doedd heddwch ddim wedi ei sicrhau. Un diwrnod daeth y Philistiaid a gwersyllu yn nyffryn Ela er mwyn ymladd yr Israeliaid.

Wynebodd y byddinoedd ei gilydd ar draws y dyffryn. Arhosodd Saul er mwyn i'r Philistiaid gymryd y cam cyntaf. Doedd dim rhaid iddo aros yn hir. Camodd dyn o'r enw Goliath ymlaen o blith rhengoedd y Philistiaid. Tawelodd y byddinoedd. Roedd Goliath yn anferth, dros ddau fedr o daldra ac ysgwyddau llydan. Roedd ei benwisg yn disgleirio ar ei ben a'i lurig yn emau i gyd. Yr oedd coesarnau pres am ei goesau. Yr oedd ganddo gleddyf a gwaywffon. Doedd yr Israeliaid erioed wedi gweld dim byd tebyg iddo. Cerddodd i'w cyfeiriad yn fygythiol. Chwifiodd ei gleddyf a'i waywffon atynt a gweiddi. 'Pam ddaethoch chi yma? Edrychwch arna i – Philistiad ydw i! Nawr edrychwch er eich brenin, Saul!' Chwarddodd yn greulon fel dyn oedd wedi arfer cael ei ffordd ei hun, ac fel dyn oedd yn mwynhau codi ofn, clwyfo a lladd eraill. 'O'r gorau,' mynnodd. 'Os mai sgarmes yw eich dymuniad pwy ydw i i warafun hynny i chi. Dewiswch ddyn i ddod yma i ymladd yn fy erbyn. Os y gwnaiff ef lwyddo i'm lladd, yna chi sy'n ennill. Os lladda i ef, yna ni sy'n ennill, ac fe fydd eich pobl yn gaethweision i ni.'

Disgynnodd distawrwydd llethol dros y dyffryn. Roedd Saul a milwyr Israel yn arswydo. Doedd ganddyn nhw neb i ymladd dyn fel yna. Yna'n sydyn dyma nhw'n troi a rhedeg yn ôl i'w gwersyll. Aeth Goliath yntau yn ei ôl at rengoedd y Philistiaid gan chwerthin. Ymunodd byddin Philistia i gyd yn yr hwyl. Crynodd y dyffryn gan y gwawd.

Roedd tri brawd hynaf Dafydd ym Myddin Israel. Roedden nhw'n credu fod Dafydd yn rhy ifanc i ymladd. Roedd Dafydd adref o

Byw yn Ngwlad yr Arglwydd

hyd, rhyw ddeuddeg milltir i'r dwyrain, yn edrych ar ôl y defaid.

Bob bore deuai Goliath allan i herio byddin Israel ar draws y dyffryn. Aeth hyn ymlaen am ddyddiau. Doedd neb o blith byddin Israel am fentro ei wynebu. Aeth yr Israeliaid i deimlo'n llai ac yn llai, ac i ofni Goliath yn fwy ac yn fwy. Roedd Goliath yn sylweddoli hyn, ac wrth ei fodd.

Yn ôl ym Methlehem yr oedd Jesse yn disgwyl i'w feibion ddychwelyd o'r frwydr. Aeth wythnosau heibio ac eto doedd dim sôn amdanyn nhw. Dywedodd rhywun wrtho fod y ddwy fyddin yn dal i wynebu ei gilydd ar draws y dyffryn. Ond doedd neb wedi dweud dim wrtho am Goliath.

Gwawriodd arno y gallai ei feibion fod yn brin o fwyd erbyn hyn. 'Dos â'r bara hyn at dy frodyr,' meddai wrth Dafydd. 'A dos â'r cawsiau hefyd ar gyfer y swyddog. Hola amdanyn nhw a thyrd yn ôl i ddweud wrthyf eu bod yn ddiogel. Paid â bod yn hir.'

Pan gyrhaeddodd Dafydd y gwersyll, roedd y ddwy ochr yn paratoi i wynebu ei gilydd fel arfer. Gadawodd y bwyd gyda'r dyn oedd yn gyfrifol am y cyflenwadau ac aeth i chwilio am ei frodyr. Roedd newydd orffen eu cyfarch pan ymddangosodd Goliath gyda'i her arferol. Trodd Dafydd. Clywodd yr hyn a ddywedodd, a chlywed chwerthin a gwawd y Philistiaid hefyd.

'Wyt ti wedi gweld y dyn yna?' meddai rhai o'r milwyr wrth Dafydd. 'Mae Saul am roi cyfoeth mawr a llaw ei ferch mewn priodas i bwy bynnag sy'n llwyddo i ladd y cawr. Bydd yn arwr mawr drwy'r wlad.'

'Pwy mae'r Philistiad yna yn credu yw ef?' meddai Dafydd. 'Ni yw pobl Dduw! Nid chwerthin am ein pennau ni yn unig mae hwn ond yn gwawdio Duw hefyd. Gwrandewch ar y Philistiaid yna! Maen nhw'n credu nad yw ein Duw ni yn dda i ddim!'

Clywodd ei frawd Elihab yr hyn yr oedd yn ei ddweud. 'Pwy wyt *ti*'n feddwl wyt *ti*?' meddai'n wawdlyd. 'Dim ond bachgen bach wyt ti! Gwaith i ddynion sydd fan hyn. Dos adref i edrych ar ôl y defaid, a gad yr ymladd i ni.'

Ond daeth Saul i glywed am yr hyn yr oedd Dafydd yn ei ddweud a galwodd amdano.

'Af fi i ymladd y Philistiad drosoch,' meddai Dafydd.

'Fedri di ddim,' atebodd Saul. O'r diwedd roedd ganddo wirfoddolwr, ond yr oedd yn rhy ifanc o lawer. 'Dim ond bachgen wyt ti,' meddai wrtho. 'Mae'r Philistiad yn ymladdwr profiadol.'

'Ond rwyf innau'n ymladdwr hefyd,' meddai Dafydd. 'Adref rwyf wedi achub llawer o ŵyn rhag y llewod a'r eirth. Os gall Duw fy helpu i ladd llew ac arth, yna gall fy helpu i ddelio gyda'r Philistiad. Mae'r bwli gwirion yn credu fod ein Duw ni yn dda i ddim. Wel, rwyf fi'n gwybod yn wahanol!'

Petrusodd Saul. Edrychodd yn ofalus ar Dafydd eto. Yna dywedodd, 'O'r gorau. Dos lawr i ymladd y cawr, a bydded i Dduw fod gyda thi! Dyma fy arfwisg i dy amddiffyn di.'

Ceisiodd Dafydd roi'r arfwisg amdano ond yr oedd yn pwyso mor drwm fel na allai symud! Felly, tynnodd yr arfwisg ac aeth i gyfarfod Goliath yn nillad bugail, gyda bag bugail a ffon fugail . . . a ffon dafl.

Gwyliodd yr Israeliaid ef wrth iddo fynd, roedd eu calonnau'n curo'n gyflymach nag arfer. Wrth iddo gyrraedd i waelod y dyffryn cododd bum carreg lefn a'u rhoi yn ei fag. Daeth Goliath allan i'w gyfarfod. Nid oedd yn medru credu yr hyn a welai. Ai hyn oedd y gorau y gallai yr Israeliaid ei wneud! Dim ond bachgen oedd hwn! Heb arfwisg nag arfau hyd yn oed. (Doedd Goliath ddim wedi gweld y ffon dafl) Roedd hyn yn sarhad! Roedd ef y Goliath mawr yn haeddu gwell brwydr na hyn.

'Felly rwyt ti'n credu mai ci wyf fi, ac y gelli di fy nghuro gyda'r ffon,' chwyrnodd ar Dafydd.

'Rwyt ti'n credu na all neb dy gyffwrdd gyda'r holl arfau yna,' gwaeddodd Dafydd. 'Ond mae'r Duw byw gyda mi, y Duw yr wyt ti'n credu sy'n dda i ddim. Dwyt ti ddim yn sylweddoli beth wyt ti wedi ei wneud. Ti fydd yn fwyd i'r fwlturiaid, Goliath, nid fi!'

Roedd Goliath yn gynddeiriog. Pwy oedd hwn i siarad ag ef fel hyn! Gwaeddodd yn uchel a dechrau rhedeg yn ei flaen. Rhuthrodd Dafydd i'w gyfeiriad gan gymryd un o'r cerrig o'i fag, a'i rhoi yn y ffon dafl, a thaflu'r garreg i gyfeiriad y cawr. Doedd Goliath ddim wedi gweld y garreg yn dod, ond fe deimlodd boen sydyn yn ei ben-glin. Baglodd a syrthiodd ar ei hyd ar lawr. Roedd ei arfwisg mor drwm, ni allai symud. Gorweddodd yno a'i wyneb yn y llwch, a phoen yn ei ben-glin. Rhedodd Dafydd draw ato. Roedd penwisg Goliath wedi disgyn i ffwrdd wrth iddo gwympo, ond roedd ei gleddyf yn dal am ei ganol. Safodd Dafydd uwch ei ben, gan gymryd y cleddyf o'r waun a'i anelu am wddf Goliath.

Roedd y frwydr wedi ei hennill.

Dafydd ar Ffo

WEDI I DAFYDD DRECHU GOLIATH, aeth pethau'n dda iawn iddo. Tyfodd i fod yn arwr cenedlaethol, yn bennaeth ar filwyr Saul, ac yn aelod o lys Saul yn ogystal â dod yn ffrind pennaf i Jonathan, mab Saul. Ym mhen amser priododd Michal, merch Saul hefyd. Ond yn fwy na dim arall yr oedd yn ddyn wrth fodd calon Duw. Tra bod Saul yn dueddol o wneud llanast o bopeth ni allai Dafydd wneud dim o'i le.

Ond dyna'n union oedd gwreiddyn y broblem – roedd Saul yn genfigennus. Yr oedd yn dal heb glywed am yr eneinio ym Methlehem, ond fe wyddai yn iawn pa mor boblogaidd oedd Dafydd. Penderfynodd gael gwared ohono.

Un diwrnod trodd cenfigen Saul yn gynddaredd. Tra bod Dafydd yn chwarae'r delyn neidiodd Saul i fyny a thaflu ei waywffon ato. Llwyddodd Dafydd i'w hosgoi, a thrawodd y waywffon yn erbyn y mur. Rhedodd allan o'r ystafell a'r palas.

Bu'n rhaid i Dafydd guddio mewn ogofau yn yr anialwch gyda rhai o'i gyfeillion o blith y milwyr, ac aeth Saul gyda'i fyddin i'w erlid.

Un diwrnod yr oedd Dafydd a'i filwyr mewn ogof gerllaw y Môr Marw. Roedden nhw yng nghefn yr ogof lle'r oedd hi'n dywyll iawn. Roedd Saul ar ei ffordd! Roedden nhw'n gallu clywed sŵn traed y milwyr yn dod yn nes. Fe ddywedir fod tua thair mil ohonyn nhw.

Wrth i'r milwyr ddod at yr ogof, gwasgarwyd y geifr i bob cyfeiriad. Roedd cymaint o sŵn i beri arswyd ar Dafydd a'i gyfeillion. Yna fe glywon nhw rywun yn sgrialu i fyny at yr ogof.

A hwythau'n cuddio yng nghefn yr ogof ymddangosodd rhywun yng ngolau ceg yr ogof. Roedd yn anarferol o dal. Ie, neb llai na Saul ei hun! Beth oedd yn ei wneud tybed? Yr oedd ar ei ben ei hun. Ni thrafferthodd i edrych o'i gwmpas gan ei fod bron â mynd o'i gof eisiau esmwytho ei gorff! Doedd milwyr Dafydd ddim yn medru credu hyn. 'Dyma dy gyfle,' medden nhw wrth Dafydd. 'Dyma fe ar blât i ti!'

Cerddodd Dafydd yn dawel i'w gyfeiriad a'i gleddyf yn ei law. A heb wneud sŵn o gwbl torrodd ddarn o glogyn Saul. Yna symudodd yn dawel yn ôl at ei ddynion.

Cododd Saul, a gadael yr ogof.

'Ddylwn i ddim fod wedi gwneud hynna,' meddai Dafydd wrth ei filwyr. 'Saul yw'r brenin sydd wedi ei eneinio, ac ef sydd wedi ei ddewis gan Dduw i arwain ei bobl Israel. Dylwn fod wedi gadael llonydd iddo.'

Wrth i Saul gychwyn ar ei ffordd gyda'i filwyr, aeth Dafydd i sefyll wrth geg yr ogof. 'Fy arglwydd y brenin!' gwaeddodd. Trodd Saul a'i filwyr ac edrych i fyny. Ymgrymodd Dafydd o'i flaen. Yna cododd a galw ar y brenin, 'Pam yr wyt ti yn fy erlid i, yn union fel gelyn? Edrych beth sydd gen i yn fy llaw!' Dangosodd y darn o ddefnydd a dorrodd o glogyn Saul. 'Gallwn yn hawdd fod wedi dy ladd yn yr ogof. Roedd fy milwyr yn awyddus i mi wneud hynny, ond wnes i ddim. Ti yw'r un a eneiniwyd yn frenin ar Israel, ac wedi dy ddewis gan Dduw i arwain ei bobl. Dydw i ddim yn elyn i ti. Edrych cyn lleied ohonom sydd yma! Dydw i ddim yn fwy o fygythiad i ti na chi marw. Bydded i Dduw farnu rhyngom a phenderfynu pa un ohonom sydd yn iawn.'

Roedd Saul yn cael trafferth i weld oherwydd y dagrau oedd yn ei lygaid. 'Dafydd, ai ti sydd yna, Dafydd fy ffrind?' meddai. Doedd dim angen aros am yr ateb oherwydd ei fod yn gwybod yn iawn pwy oedd yno. 'Rwyt ti'n well na mi,' ychwanegodd. 'Rwyf fi wedi gwneud drwg i ti, ac yr wyt tithau wedi talu'n ôl drwy fod yn dda i mi. Bydded i Dduw dy wobrwyo di. Ti fydd brenin Israel,' meddai, 'rwy'n gwybod hynny'n awr. Rwyt ti'n haeddu bod yn frenin yn fwy na mi.'

'Dewch,' meddai Saul wrth ei filwyr. 'Fe drown am adref.'

Ond wedi cyrraedd adref, dychwelodd cenfigen Saul. Ni allai ddioddef meddwl am Dafydd yn frenin. Felly aeth allan eto gyda thair mil o ddynion.

Roedd Dafydd yn dal i guddio yn yr anialwch. Doedd ganddo fawr o ffydd yn Saul ar waethaf yr hyn a ddywedodd.

Clywodd fod Saul yn dod ar ei ôl, ac anfonodd ysbïwyr i chwilio am ei wersyll. Dychwelodd yr ysbïwyr a dweud wrth Dafydd. 'Tyrd gyda ni, mae gennym rywbeth i'w ddangos i ti!'

Yr oedd hi'n dywyll, ond yr oedden nhw'n nabod yr ardal yn dda. Arweiniwyd Dafydd i ben clogwyn ac yno oddi tanodd yr oedd Saul a'i filwyr yn cysgu'n braf. Yr oedd Saul ei hun yn gorwedd yng nghanol ei warchodwyr, gyda phennaeth ei filwyr, Abner, nesaf ato. Roedd y ddau yn cysgu'n drwm.

Trodd Dafydd at ei filwyr. 'Rwy'n mynd lawr i'r gwersyll,' meddai 'a oes rhywun am ddod gyda mi?'

'Fe ddof fi,' atebodd dyn o'r enw Abisai.

Sglefriodd Dafydd ac Abisai lawr y llethr i'r gwersyll. Peidiodd y chwyrnu. Camodd Dafydd ac Abisai yn ofalus dros y milwyr ac ni ddihunodd yr un ohonyn nhw. Ym mhen dim amser cyrhaeddodd y ddau i ganol y gwersyll ac edrych i lawr ar Saul ac Abner. Roedd gwaywffon Saul wedi ei phlannu yn y ddaear wrth ei ymyl a phiser o ddŵr wrth ei ochr.

'Gad i mi gymryd ei waywffon a hoelio Saul i'r ddaear,' sibrydodd Abner wrth Dafydd.

'Na,' sibrydodd Dafydd yn ôl wrtho. 'Ef yw brenin eneiniog Duw. Bydd Duw yn fy ngwneud i'n frenin yn lle Saul rhyw ddiwrnod, ond yn y cyfamser wna i ddim dwyn yr orsedd oddi arno.' Oedodd gan wenu ar Abisai. 'Ond fe alla i ddwyn ei waywffon a'i biser.'

Aeth Dafydd ac Abisai ar eu ffordd yn ôl i ben y clogwyn. 'Hei, Abner!' gwaeddodd Dafydd. 'Dihuna Abner!'

Cynhyrfodd Abner. 'Pwy yw hwnna?' meddai'n gysglyd.

'Wel am warchodwr gwael! Ble mae gwaywffon a phiser dy frenin?'

Roedd pawb wedi dihuno erbyn hyn. Galwodd Saul, 'Ai ti Dafydd, fy nghyfaill sydd yna?' meddai.

'Ie, fi sydd yma, creda di fi,' atebodd Dafydd. 'A rwy'n dal heb gael gwybod pam yr wyt ti am fy alltudio. Pa ddrwg ydw i wedi ei wneud i ti? Paid â gadael i mi farw yma yn yr anialwch.'

'Rwyf wedi gwneud cam â thi,' dywedodd Saul. 'Rwyf wedi bod yn ffôl. Tyrd yn ôl, Dafydd, wna i ddim niwed i ti mwyach.'

Ond doedd gan Dafydd fawr o ffydd ynddo eto. 'Anfon un o dy ddynion i gasglu dy waywffon,' gwaeddodd. 'Rwyf wedi arbed dy fywyd heno am fy mod i'n gwybod pa mor werthfawr ydyw. Mae fy mywyd innau yn werthfawr hefyd. Bydded i Dduw fy achub a'm harbed innau.'

'Bendith arnat ti, Dafydd,' atebodd Saul. 'Fe fyddi di'n cyflawni pethau mawr. Fe fyddi di'n sicr o lwyddo.'

Dafydd a Bathseba

AETH DAFYDD FYTH YN ÔL i lys Saul, ac ni lwyddodd Saul i ddal Dafydd chwaith. Yn y diwedd lladdwyd Saul mewn brwydr gyda'r Philistiaid. Wedi hynny cafwyd rhyfel rhwng cefnogwyr teulu Saul a chefnogwyr Dafydd. Cyfeillion Dafydd enillodd y frwydr honno, a chyhoeddodd y bobl ef yn frenin dros Israel i gyd. Penderfynodd Dafydd wneud dinas o'r enw Jerwsalem yn brif ddinas iddo, a gyda seremoni fawr daeth ag arch y cyfamod i orffwys yno. Ymhen hir a hwyr llwyddodd i drechu'r Philistiaid. Ond yn bwysicach na dim byd arall, rhoddodd Duw addewidion pendant iddo, fel y rhai a roddodd unwaith i Abram.

Byw yn Ngwlad yr Arglwydd

'Rwyf wedi dy gymryd di, Dafydd, o'r meysydd
o ofalu am y defaid,
i fod yn arweinydd ac yn frenin ar fy mhobl Israel.
Rwyf wedi bod gyda thi,
yn dy ymyl bob amser.
Nawr, rwyf am dy wneud yn enwog
fel y bobl enwocaf yn y byd.
Y mae fy mhobl wedi bod o dan fygythiad erioed.
Ond o hyn ymlaen rwyf am roi dyfodol sicr iddynt.
Caiff dynion drwg ddim eu gormesu mwyach.
Bydd dim rhaid iddynt ofni mwyach.
Byddaf yn rhoi gorffwys i chi rhag eich gelynion.'

Dyna addewidion Duw. Ond mae'n rhaid i Dduw gael pobl i gydweithio ag ef, neu does fawr o bwrpas i'w addewidion. Nawr roedd angen Dafydd arno i gadw ei bobl yn ddiogel, i blannu daioni, gwirionedd a chyfiawnder yn y Tir, fel y byddai'r tir yn medru bod yn eiddo i Dduw mewn gwirionedd.

Roedd Dafydd yn un da am ennill brwydrau. Ond nid oedd yn dda ym mhopeth.

Yr oedd hi'n hwyr y prynhawn yn y gwanwyn. Roedd byddin y Brenin Dafydd i ffwrdd yn ymladd rhyw ddeugain milltir i'r dwyrain o Jerwsalem. Un o gadfridogion Saul, gŵr o'r enw Joab oedd wrth y llyw. Roedden nhw'n cynnal gwarchae ar dref o'r enw Rabba. Roedd Dafydd ei hun wedi aros ar ôl yn Jerwsalem. Gan ei fod yn frenin roedd ganddo bopeth. Roedd wedi cychwyn fel bugail mewn pentref bychan, yr ieuengaf o deulu mawr, ac yn un y byddai pawb yn ei anwybyddu. Nawr yr oedd yn frenin yn ei balas ei hun, gyda'i wragedd a'i weision a byddin fawr yn ymladd ei frwydrau.

Yr oedd hi'n brynhawn poeth. Aeth Dafydd fel arfer i orffwys. Cysgodd am ychydig oriau, ac yna cododd a mynd am dro ar do'r palas. Wrth edrych i lawr ar y tai sylwodd ar wraig yn ymolchi. Roedd hi'n brydferth iawn ac fe benderfynodd Dafydd yn y fan a'r lle, fod yn rhaid iddo ei chael hi.

Galwodd ar un o'i weision. 'Pwy yw'r wraig yna?' gofynnodd. 'Dos i holi.'

Daeth y gwas yn ôl a dweud, 'Bathseba yw hi, fy arglwydd, gwraig Ureia.'

'Onid yw Ureia oddi cartref yn y fyddin?' atebodd Dafydd. 'Dos i nôl y wraig i mi.'

Gwnaeth y gwas yn ôl y gorchymyn a gafodd. Ym mhen munudau yr oedd yn ôl yn llusgo'r wraig gydag ef. Cymerodd Dafydd hi i'r gwely. Wedyn rhedodd Bathseba yn ôl i'w thŷ.

Aeth wythnosau heibio ac yr oedd y fyddin yn dal i frwydro. Roedd Dafydd bron ag anghofio am Bathseba. Ond yna un diwrnod anfonodd un o'i gweision ei hun i'r palas i gyflwyno neges i'r brenin. Roedd y neges yn fyr ac i'r pwynt. 'Rwy'n disgwyl!'

Roedd hyn yn beth dewr iawn i Bathseba i'w wneud. Doedd hi ddim yn gwybod sut y byddai'r brenin yn ymateb.

Roedd Dafydd yn gwybod yn iawn beth i'w wneud. Byddai'n rhaid iddo gael Ureia yn ôl i Jerwsalem yn fuan. Yna pan fyddai'r babi yn cael ei eni, byddai Ureia yn credu mai ei blentyn ef fyddai'r bychan ac fe fyddai popeth yn iawn.

Felly anfonodd negesydd i Joab, i ddweud wrth Ureia fod yn rhaid iddo ddychwelyd i Jerwsalem a mynd yn syth at y brenin. Aeth rhai dyddiau heibio ac yr oedd Dafydd yn dechrau poeni, ond roedd yn benderfynol o beidio â dangos hynny pan gyrhaeddodd Ureia o'r diwedd. 'Fy ffrind!' meddai. 'Mae'n dda dy weld di! Sut mae'r frwydr yn mynd?'

Treuliwyd ychydig amser yn trafod y rhyfel. Yna cododd Dafydd a dweud, 'mae'n mynd yn hwyr. Dos lawr i dy dŷ, ymlacia yng nghwmni dy wraig a mwynha dy hun.'

Gadawodd Ureia. Yn syth wedi iddo adael, galwodd Dafydd am un o'i weision. 'Dilyn Ureia,' gorchmynnodd, 'a rho'r anrheg yma iddo.'

Roedd Ureia wedi penderfynu peidio mynd i'w dŷ ac fe gysgodd wrth y drws gyda gweision y brenin.

Y bore canlynol daeth un o'r gweision ag adroddiad i Dafydd, ac fe alwodd yntau am Ureia unwaith eto. Gwnaeth ei orau i guddio ei ddicter. Dywedodd mewn llais addfwyn. 'Beth yw'r rheswm i ti beidio mynd adref i ymlacio neithiwr?' meddai.

'Sut allwn ni? atebodd Ureia. 'Y mae Joab fy meistr a dy fyddin dithau, O! Frenin, yn cysgu yn yr awyr agored, ac y mae arch y cyfamod yno gyda hwy. Sut allwn ni fynd adref i fwyta ac yfed a chysgu gyda'm gwraig. Ar fy llw wna i byth mo hynny!'

Bu'n rhaid i Dafydd ail feddwl. 'Aros yn Jerwsalem heddiw,' meddai wrth Ureia, 'yna fe gei di fynd yn ôl yfory.' Ond yn hytrach na'i anfon yn ôl fe anfonodd wahoddiad iddo ddod i ginio yn y palas. 'Rhowch ddigon o win iddo,' sibrydodd wrth un o'r gweision. 'Rwyf am ei feddwi.'

Ond weithiodd hynny ddim. Do, fe feddwodd Ureia, ond aeth Ureia ddim adref. Yn feddw ai peidio gallai'r dyn ddim meddwl gwneud y fath beth. Cysgodd eto yn yr un lle gyda gweision y brenin. Ac unwaith eto daeth un ohonyn nhw ag adroddiad i'r brenin.

O'r gorau, meddai Dafydd wrtho'i hun. Os yw'r dyn yn gwrthod cydweithredu, rhaid i mi gael gwared ohono.

Anfonodd lythyr at Joab, pennaeth y fyddin. Wrth i Ureia adael Jerwsalem rhoddodd Dafydd y llythyr iddo. 'Rho hwn i Joab,' meddai.

Fyddai Ureia ddim wedi meiddio agor y llythyr ac ym mhen rhai dyddiau cyflwynodd y llythyr i Joab.

Bwrdwn y llythyr oedd fod Dafydd yn gorchymyn i Joab drefnu fod Ureia yn cael ei ladd.

Gwnaeth Joab yn union fel y gorchmynnodd Dafydd. Llwyddodd y cynllwyn. Lladdwyd nifer o swyddogion, ac yr oedd Ureia yn eu plith.

Anfonodd Joab adroddiad llawn yn ôl i Dafydd. Meddai wrth y negesydd, 'Os bydd y brenin yn flin fod cymaint o filwyr wedi eu lladd, dweda wrtho fod Ureia yn eu plith.'

Aeth y negesydd adref i Jerwsalem cyn gynted ag y medrai. Aeth yn syth at y brenin. 'Daeth gwŷr Rabba allan o'r ddinas i ymosod arnom, Eich Mawrhydi,' meddai. 'Er i ni geisio taro'n ôl fe saethwyd atom o'r muriau. Mae rhai o swyddogion Eich Mawrhydi wedi marw ac yn eu plith y mae Ureia.'

Ochneidiodd Dafydd. 'Felly y mae hi mewn rhyfel,' dywedodd yn dawel. 'Mae pobl yn cael eu lladd. Dweda wrth Joab am beidio poeni. Rhaid iddo ymosod eto ar y ddinas a'i dinistrio.'

Clywodd Bathseba am farwolaeth ei gŵr. Roedd yn ei garu'n fawr ac yr oedd yntau wedi ei charu hi. Wylodd ac wylo yn ei galar.

Mor fuan ag y medrai, sicrhaodd Dafydd ei bod yn cael dod i'r palas. Y tro hwn yr oedd Ureia allan o'r ffordd, a gwyddai y gallai ei chadw. Priododd hi ac fe gafodd ei rhoi ymhlith y gweddill o'i wragedd. Gyda hyn fe anwyd y baban. Gallai Dafydd wenu unwaith eto. Wedi'r cyfan roedd hi'n iawn fod y brenin yn cael ei ffordd ei hun.

Dafydd a Nathan

CREDODD DAFYDD iddo lwyddo yn ei gynllun i ddwyn Bathseba, ond fe wyddai Duw yn iawn yr hyn yr oedd wedi ei wneud. Roedd Duw bob amser yn cymryd ochr y sawl oedd yn dioddef dan law'r bobl mewn grym. Pan gymerodd Dafydd Bathseba a chysgu gyda hi yr oedd yn gynddeiriog. Pan laddwyd ei gŵr fe wylodd Duw gyda hi. Doedd Duw ddim yn fodlon i Dafydd gredu fod popeth yn iawn.

Anfonodd gyfaill iddo o'r enw Nathan at y brenin. Proffwyd oedd Nathan. Pobl a siaradai yn enw Duw oedd y proffwydi. 'Fel hyn y dywed yr Arglwydd!' oedd eu cri, a byddai'n rhaid i bawb wrando, pwy bynnag oedden nhw, hyd yn oed brenhinoedd. Byddai proffwydi yn rhannu meddwl Duw ac yn gweld pethau drwy lygaid Duw. Doedden nhw ddim yn weision i'r brenin; gweision i Dduw oedden nhw.

Felly daeth Nathan at Dafydd. Roedd y brenin yn gweithredu fel y pen barnwr yn y wlad, a daeth Nathan ato gan gymryd arno fod ganddo achos cyfreithiol i'w ddatrys.

'Roedd dau ddyn mewn tref,' eglurodd. 'Roedd un yn gyfoethog, a chanddo nifer o breiddiau, ac yr oedd y llall yn dlawd iawn, heb ddim. Dim ond un oen bach oedd gan hwn. Roedd yn caru'r oen yn fawr iawn. Roedd wedi tyfu gyda'i blant. Byddai'r dyn yn arfer rhoi peth o'i fwyd ei hun i'r anifail ac fe fyddai hwnnw fel plentyn iddo yn cysgu yn ei ymyl. Yna un diwrnod daeth teithiwr i aros gyda'r dyn cyfoethog, a bu'n rhaid i'r dyn cyfoethog ddod o hyd i rywbeth arbennig i'r gwestai ei fwyta. Roedd ganddo fwy na digon o anifeiliaid ei hunan, ond wnaeth ef ddim cyffwrdd â un ohonyn nhw. Na, fe aeth ar ôl oen y dyn tlawd a rhoi hwnnw ar fwrdd y wledd.'

Ffrwydrodd Dafydd yn ei ddicter. 'Fel y mae byw yr Arglwydd Dduw, y mae'r dyn cyfoethog yn haeddu marw!' gwaeddodd. 'Dylai dalu'n ôl bedair gwaith yn fwy. Dyna beth ofnadwy i'w wneud! Gweithred cwbl ddidrugaredd.'

Edrychodd Nathan i fyw llygaid y brenin. 'Ti yw'r dyn!' meddai.

Cafwyd cyfnod hir o ddistawrwydd. Yna dechreuodd Nathan siarad eto, yn dawel ond yn effeithiol. 'Fel hyn y dywed yr Arglwydd,' meddai Nathan. 'Rwyf wedi rhoi popeth i ti. Roedd gennyt ti bopeth gan gynnwys digon o wragedd. Dim ond Bathseba oedd gan Ureia. Ac fe gymeraist ti ef oddi arni, oherwydd dy hunanoldeb. Rwyt ti wedi difetha'r cyfan! Gyda'm cymorth i fe godaist ti o ddim i'r uchelfannau hyn. Wel, nawr rwyf wedi gweld sut yr wyt ti'n defnyddio'r nerth. Dyma ddechrau dy gwymp. Rwyt ti wedi difetha'r cyfan ac fe ddifethir y cyfan!'

Roedd Duw yn iawn. Bu farw plentyn Bathseba. Cafodd fab arall, Solomon, ond yn fuan wedi ei eni fe ddatgymalodd teulu Dafydd, ac ym mhen ychydig flynyddoedd wedyn disgynnodd yr holl wlad i ganol rhyfel cartref.

Elias ar Fynydd Carmel

OLYNWYD DAFYDD GAN EI FAB SOLOMON. Daeth yn enwog am ei ddoethineb, cyfoeth a grym, a hefyd am adeiladu teml hardd yn Jerwsalem. Ond yr oedd ochr arall i Solomon. Treuliodd saith mlynedd yn adeiladu tŷ i Dduw, ond fe dreuliodd dair blynedd ar ddeg yn codi palas iddo'i hun, a gwnaeth yn sicr ei fod yn cwblhau'r palas yn gyntaf. Amgylchynodd ei hun â symbolau grym. I'r bobl oedd eisoes yn byw yn y wlad pan ddaeth yr Israeliaid yn ôl o'r Aifft, yr oedd Solomon

Llyfr y Llyfrau

gynddrwg ag unrhyw frenin arall. Yng nghanol ei ddigonedd dechreuodd anghofio y Duw hwnnw a arweiniodd ei bobl allan o'r Aifft.

Wedi ei farwolaeth rhannwyd y deyrnas yn ddwy, ac fe gafwyd rhyfel rhwng y ddau lwyth. O hynny ymlaen, yn y deyrnas ogleddol Israel ac yn y deyrnas ddeheuol Jwda, nid y brenhinoedd ond y proffwydi a gadwodd enw Duw o flaen y bobl. Roedd gan y brenhinoedd fwy o ddiddordeb yn eu grym eu hunain nag yng ngrym ac anrhydedd Duw.

Gan mlynedd ar ôl Dafydd, Ahab oedd brenin y deyrnas ogleddol Israel. Roedd y deyrnas o dan ei fawd – ar wahân i broffwyd o'r enw Elias.

Roedd gan Ahab brif ddinas newydd hardd o'r enw Samaria, a adeiladwyd gan ei dad. Roedd wedi priodi gwraig o'r enw Jesebel, tywysoges o dref estron a alwyd yn Tyrus. Un o'r duwiau a addolwyd yn Nhyrus oedd Baal. Roedd Jesebel am i Baal gael ei addoli yn Samaria hefyd, ac felly cododd Ahab deml iddo yn Samaria, ac addolodd yntau a'i lys yno. Yna dechreuodd Jesebel ladd proffwydi Duw Abram.

Doedd Elias ddim yn poeni amdano'i hun, ond yr oedd yn poeni y byddai addoli Duw Abram yn cael ei ddileu yn llwyr. Poenodd y byddai'r bobl yn anghofio Duw eu cyndadau, y Duw a roddodd y tir iddyn nhw, y Duw a oedd o blaid y tlawd a'r bregus. Yn hytrach fe fydden nhw yn addoli duw y brenin a'r frenhines, duw y rhai grymus, duw y rhai oedd yn byw mewn palasau crand.

Duw glaw a mellt oedd Baal, marchogwr y cymylau a meistr y storm. Roedd y rhai oedd yn credu ynddo yn credu mai ef oedd yn rhoi ffrwythlondeb. Cyhoeddodd Elias y byddai sychder mawr yn dod ar y wlad.

'Dyn Duw wyf fi nid dyn y brenin,' taranodd. 'Rwy'n ufuddhau i Dduw, nid i frenin. Ac fel mae byw yr Arglwydd Dduw, rwy'n mynd ar fy llw na ddaw glaw i ddisgyn ar y ddaear, na diferyn o wlith hyd nes y byddaf fi'n dweud yn wahanol. Fe gawn weld pwy yw Duw yn y wlad hon. Fe drechwn ni Baal. Fe ddangoswn i chi pwy sy'n darparu'r glaw a phwy sy'n peri i'r cnydau dyfu!'

Yna trodd Elias a gadael. Aeth i fyw yn ddigon pell oddi wrth Ahab a'i ddinas frenhinol.

Parodd y sychder am ddos ddwy flynedd. Yr oedd yn ddychrynllyd.

Byw yn Ngwlad yr Arglwydd

Dechreuodd Ahab boeni am ei geffylau a'i asynnod. Oni fydden nhw'n cael porfa arall yn fuan, byddai'r anifeiliaid yn sicr o farw. Roedd yn poeni mwy am ei anifeiliaid nag am ei bobl. Yn wir, yr oedd rhai o'r bobl wedi cyrraedd y pryd bwyd olaf. Gwyddai Elias hynny ac yr oedd Duw yn gwybod hynny.

Roedd gan Dduw gynllun. Byddai'n dod â'r sychder i ben ac fe fyddai ef ac Elias yn dangos yn glir pwy oedd yn Dduw.

'Dos i gyfarfod Ahab,' meddai Duw wrth Elias.

Aeth Elias ar ei ffordd. Roedd un o weision Ahab, Obadeia yn chwilio'r wlad ar y pryd, er mwyn dod o hyd i borfa ar gyfer yr anifeiliaid. Doedd Obadeia ddim yn addoli duw'r llys brenhinol, roedd ef yn dal yn ffyddlon i Dduw Israel. Pan ddechreuodd Jesebel ladd proffwydi Duw, roedd wedi achub cannoedd ohonyn nhw a'u cuddio mewn ogofau yn y bryniau.

Ar ei daith daeth Elias ac yntau wyneb yn wyneb.

'Dos i ddweud wrth dy feistr fy mod i yma,' meddai Elias wrtho.

'Alla i ddim gwneud hynny!' atebodd Obadeia. 'Byddai'n sicr o fy lladd! Mae'n dy feio di am y sychder, ac y mae wedi bod yn chwilio ym mhob man amdanat ti. Elli di ddim dweud wrtho beth i'w wneud, wedi'r cyfan ef yw'r brenin! Oedodd i gymryd ei wynt ac yna daliodd ymlaen i brotestio. 'Mae pobl fel arfer yn dod at Ahab ac nid Ahab yn dod atyn nhw. Does gen ti ddim gobaith. Dwyt ti ddim wedi clywed beth wnes i i broffwydi Duw. Fe fentrais i fy mywyd drostyn nhw. A nawr rwyt ti am i mi golli fy mywyd, dim ond oherwydd dy fod ti eisiau chwarae gemau gyda'r brenin.'

'Fel y mae byw yr Arglwydd Dduw,' atebodd Elias yn dawel. 'Rwy'n benderfynol o gyfarfod Ahab yma heddiw. Dos i'w nôl.'

Ysgydwodd Obadeia ei ben, ond fe wnaeth fel y dywedwyd wrtho.

Er gwaethaf yr hyn a ddywedodd Obadeia, daeth Ahab i gyfarfod Elias. Roed Elias yn aros amdano fel yr oedd wedi addo.

'Fe fyddi di'n achosi diwedd Israel!' gwaeddodd Ahab.

'Na, ti fydd yn gwneud hynny!' atebodd Elias. 'Ti sydd wedi dwyn y drychineb yma ar y wlad, ti a Jesebel, drwy honni mai gwlad Baal ac nid gwlad yr Arglwydd Dduw ydyw. Fe ddangoswn i ti beth yw beth. Galw ar dy bobl i'm cyfarfod ar fynydd Carmel a dweda wrth broffwydi Baal am fod yno hefyd.'

Mynydd Carmel oedd y lle cyntaf fyddai'n dal y glaw a fyddai'n chwythu o'r môr, ac fel arfer yr oedd yn dir ffrwythlon. Ond erbyn hyn roedd y sychder wedi gweddnewid y lle. Roedd mor sych â gweddill y wlad.

Daeth y bobl at ei gilydd ar y mynydd. Roedd Ahab yn bresennol yn ogystal â phroffwydi Baal, ond yr oedd Jesebel wedi aros adref.

'Am ba hyd yr ydych chi am blygu i Baal?' gwaeddodd Elias ar y bobl. 'Rhaid i chi ddewis heddiw pwy yr ydych am ei ddilyn. Rhaid i chi benderfynu pwy yw Duw Israel – Baal neu yr Arglwydd Dduw a ddaeth a chi allan o'r Aifft.' Aeth y cyfan yn ddistaw. Aeth y bobl i gyd i deimlo'n anesmwyth ac edrych i'r llawr.

'Ie,' gwaeddodd Elias. 'Edrychwch i'r llawr! Edrychwch pa mor ddiffaith ydyw. Dewch i ni gael gweld pa dduw all achosi'r fellten a gwneud iddi fwrw glaw. Fe gawn ornest.'

Roedd dwy allor ar Fynydd Carmel. Roedd un wedi ei chysegru i Baal a'r llall wedi ei chysegru i Dduw Abram. Doedd hon ddim wedi ei defnyddio er amser maith. Roedd wedi ei hesgeuluso, ei difrodi ac wedi tyfu drosodd.

'Fe laddwn ddau fustach a'u gosod ar y coed ar yr allor,' meddai Elias eto. 'Ond wnawn ni ddim tanio'r coed. Fe alwn ar ein duwiau i wneud hynny. Pa dduw bynnag fydd yn llwyddo i losgi ei aberth, gaiff fod yn Dduw Israel. Ydych chi'n cytuno?'

'Ydyn,' atebodd y bobl.

Roedd Elias wedi dewis y bustych yn fwriadol. Onid y "Tarw" oedd yr enw a roddwyd ar Baal weithiau.

'Ewch chi'n gyntaf,' meddai wrth broffwydi Baal.

Paratôdd y pedwar cant a hanner o broffwydi Baal yr allor a galw arno i gynnau'r tan. 'O! Baal ateb ni!' oedd eu gwaedd. Doedd dim ymateb. 'O! Baal ateb ni! O Baal ateb ni!' medden nhw wedyn. Doedd dim ymateb. Buon nhw wrthi'n gweiddi drwy'r bore ond doedd dim ymateb.

'Gwaeddwch yn uwch!' awgrymodd Elias. 'Hwyrach fod meddwl eich duw ar bethau eraill. Hwyrach ei fod wedi mynd am dro, neu'n cysgu yn rhywle!'

Gwaeddodd y proffwydi'n uwch ac yn uwch nes aeth pethau dros ben llestri braidd. Ond daliodd yr haul i losgi'r ddaear a doedd dim arwydd o law yn unman.

Ym mhen hir a hwyr cafodd Elias ddigon. 'Fy nhro i nawr,' meddai.

'Dewch yn nes,' galwodd ar y bobl. 'Gwyliwch a gwelwch beth fydd yn digwydd.'

Daeth y bobl yn nes a gwylio Elias yn ail godi'r hen allor. Gosododd y coed ar gyfer yr aberth a lladd yr ail fustach. Yna gorchmynnodd i'r bobl i lenwi pedwar o ffiolau mawr â dŵr a thywallt y dŵr dros yr aberth ac o gwmpas yr allor. Gorchmynnodd iddyn nhw wneud hyn deirgwaith ac felly cafwyd llond deuddeg o ffiolau yn y diwedd. 'Does gennym ni ddim mwy o ddŵr! Dyna wastraff,' meddai'r bobl.

O'r diwedd roedd popeth yn barod. Camodd Elias ymlaen a gweddïo ei weddi yn uchel:

'O Arglwydd Dduw, ateb fi!
Ateb fi,
fel y daw'r bobl i wybod mai ti,
yr Arglwydd,
Duw Abram, Isaac a Jacob
yw Duw Israel.
Gad iddyn nhw wybod mai ti yw gwir Dduw y mellt,
marchogwr y cymylau a meistr y storm,
yr un sy'n dwyn bywyd i'r tir ac i bawb sy'n byw yno.'

Yn syth disgynnodd mellten o'r awyr glir ac ysu'r cyfan, y bustach, y coed, hyd yn oed y cerrig ar yr allor. Doedd dim i'w weld, ar wahân i olau annaearol. Doedd dim arogl llosgi, dim ond arogl y nefoedd. Plygodd y bobl mewn rhyfeddod i addoli. 'Yr Arglwydd, Duw Abram, ef sydd Dduw!' oedd eu cri. 'Yr Arglwydd, ef sydd Dduw!'

Llyfr y Llyfrau

'Nawr mae'n rhaid i ni wared y tir o broffwydi Baal,' meddai Elias.

'Daliwch nhw! Peidiwch â gadel i'r un ohonyn nhw ddianc. Ac wedi iddyn nhw eu dal, aeth Elias â nhw i lawr i nant Cison a'u lladd.

Daeth distawrwydd llethol dros y lle unwaith eto. 'Gallaf glywed sŵn taranau yn y pellter,' meddai Elias. Aeth ef a'i was yn ôl at yr allor a disgwyl am y storm.

Eisteddodd Elias a'i wyneb rhwng ei liniau.

'Beth elli di weld?' gofynnodd i'w was.

'Dim byd,' meddai yntau.

'Edrych eto,' meddai Elias.

Aeth y gwas i edrych bump gwaith eto. A dychwelodd bob tro a'r awyr yn dal yn glir.

Yna wedi'r seithfed tro rhedodd yn ôl. 'Mae cwmwl bychan yn y gorllewin!' meddai. 'Dim byd mwy na chledr fy llaw.'

'Gwell i ni ddweud wrth y brenin cyn i'w gerbyd gael ei ddal yn y mwd,' dywedodd Elias.

Tyfodd y cwmwl yn fwy ac yn fwy a duodd yr awyr. Disgynnodd y mellt, ac yna'r glaw – galwyni a galwyni a galwyni ohono!

Dyna ddiwedd y sychder. Roedd yr Arglwydd, Duw Abram wedi dod â bywyd unwaith eto i'r WLAD ac i bawb oedd yn byw yno.

Elias yn Dianc

DYWEDODD AHAB WRTH JESEBEL beth oedd wedi digwydd ar Fynydd Carmel. Dywedodd wrthi fel yr oedd Elias wedi gwawdio proffwydi Baal a gorchymyn eu lladd. Doedd ef ddim wedi dweud wrthi sut y trechodd yr Arglwydd, Duw Abram, Baal mewn gornest fawr. Ddywedodd e ddim am yr allor a ailadeiladodd Elias a'r hyn a ddigwyddodd wedyn. Dim ond sôn am broffwydi Baal.

Credodd Jesebel fod Ahab wedi bod yn ffôl i fynd i Fynydd Carmel yn y lle cyntaf, heb sôn am fynd â phroffwydi Baal gydag ef.

'Y ffŵl!' gwaeddodd arno. 'Tase ti wedi cael gwared ar yr Elias yna pan gest ti gyfle fyddai hyn ddim wedi digwydd. Pedwar cant o broffwydi – dynion da a ffyddlon – yn gelain! Sut allwn ni gysylltu gyda

Byw yn Ngwlad yr Arglwydd

Baal nawr? Gad hyn i mi. Ac fe setla i Elias hefyd, fe gei di weld!'

Anfonodd negesydd yn syth at Elias. 'Neges i ti oddi wrth y Frenhines,' meddai'r negesydd. Pesychodd a siarad mewn llais difrifol. 'Cofia mai'r frenhines sy'n dweud ac nid y fi. Does gen i ddim byd i'w wneud gyda'r peth. Negesydd yn unig wyf fi.' Pesychodd eto a dechrau siarad eto yn ei lais swyddogol. 'Tyngaf lw gerbron y duw mawr Baal y byddi di'n farw erbyn yfory. Mor farw â'r proffwydi a laddwyd ar Fynydd Carmel!'

Trodd ar ei union a gadael.

Roedd arswyd ar Elias. Pan oedd Jesebl yn dweud eich bod yn mynd i farw, yr oeddech chi'n mynd i farw! Byddai'n rhaid iddo adael ar ei union.

Aeth â'i was gydag ef a theithio am rai dyddiau i gyfeiriad y de, hyd nes iddyn nhw gyrraedd tref ar gyrion yr anialwch o'r enw Beerseba. Yno ffarweliodd Elias â'i was. Byddai'n mynd ymlaen ar ei ben ei hun.

Cerddodd daith diwrnod i'r anialwch. I'r fan hon yr aeth caethferch o'r Aifft o'r enw Hagar amser maith yn ôl gyda'i mab Ismael. Roedd Elias yn gwybod y stori'n iawn. Hagar oedd caethferch Sara, gwraig Abram. Wrth grwydro yn yr anialwch roedd Hagar wedi anobeithio dod o hyd i fwyd a diod. Roedd hi wedi gadael ei phlentyn dan gysgod rhyw goeden am na allai ddioddef ei wylio'n marw. Felly, roedd yr anialwch i Elias yn le marwolaeth; caled, anfaddeuol. Teimlai unigrwydd y lle yn ei lethu. Eisteddodd o dan ryw lwyn a gweddïo am gael marw. 'Dyna ddigon! O! Dduw gad i mi farw. Dydw i ddim gwell na'n cyndadau a ddaeth allan o'r Aifft. Dydw i'n dda i ddim i ti.'

Doedd Hagar ddim wedi poeni amdani ei hun. Yr unig un oedd ar ei meddwl oedd ei phlentyn. Ond doedd Elias ddim yn medru meddwl am neb ond ef ei hun. Roedd yn llawn o hunandosturi. Roedd ganddo daith i'w chwblhau, a doedd hi ddim yn ymddangos bellach ei fod yn mynd i wneud hynny.

Llyfr y Llyfrau

Ond dangosodd Duw i Hagar sut oedd goresgyn ei hamgylchiadau. Ac yn awr Elias oedd problem Duw. Gwyddai yn iawn i ble yr oedd Elias yn mynd. Cyffyrddodd yn ysgafn ag ysgwydd y proffwyd.

'Cod a bwyta!' meddai Duw. 'Mae'n amser brecwast.'

Eisteddodd Elias i fyny wedi dychryn. Edrychodd o'i gwmpas. Dyna lle'r oedd brecwast! Teisen a stên o ddŵr, ond yr oedd digalondid yr anialwch yn dal i'w flino. Doedd ganddo ddim nerth i fynd ymlaen. Byddai'n marw o dan y llwyn.

Dihunodd Duw ef yr ail waith. 'Cod a bwyta!' meddai Duw eto. 'Neu fe fydd dy daith yn ormod i ti.'

Bwytaodd ac yfodd Elias ychydig eto, ac yn awr gadawodd yr anobaith ef. Cofiodd pam y daeth i'r anialwch.

Teithiodd ymlaen nes dod i Fynydd Sinai. Sinai oedd y fan lle daeth Duw i gyfarfod â'i bobl wedi eu harwain allan o'r Aifft. Yma y siaradodd Duw wyneb yn wyneb gyda Moses. Yma y siomwyd Duw yn fawr gan anffyddlondeb ei bobl. Pan gyrhaeddodd Elias y mynydd, dringodd ychydig i fyny'r llethrau, ac yna cuddio ei hunan mewn hollt yn y graig, yr union fan lle'r aeth Duw heibio i Moses. Disgwyliodd i Dduw ymddangos iddo, fel y gwnaeth i Moses.

Daeth llais tawel. 'Beth wyt ti'n ei wneud yma Elias?'

Llais Duw ydoedd! Roedd Elias wedi ei adnabod ar unwaith. Roedd neges y llais, er hynny, yn siomedig. Doedd Elias ddim wedi disgwyl i neb i ofyn hynny iddo. Er hynny os mai dyna oedd Duw am wybod, byddai'n dweud wrtho.

'Rwyf wedi dy gefnogi'n dda o Arglwydd,' dywedodd Elias. 'Ond fi yw'r unig un sydd ar ôl. Mae dy bobl wedi cefnu arnat. Maen nhw wedi dymchwel dy allorau a lladd dy broffwydi. Fi yw'r unig un ffyddlon sydd ar ôl, ac y maen nhw am fy ngwaed innau.'

Dylai hynny ei gwneud hi, meddyliodd Elias. Rwy'n sylweddoli fod dychymyg wedi mynd braidd yn drech na mi, ond os gwnaiff Duw yr un peth ag a wnaeth yn nyddiau Moses gall ddechrau o'r dechrau gyda mi.

'Tyrd allan o'r ogof,' galwodd y llais eto, ond yn uwch y tro hwn. 'Tyrd allan i sefyll yn yr awyr agored. Tyrd i sefyll ym mhresenoldeb Duw!'

Dyma ni o'r diwedd! meddyliodd Elias. Ond yn sydyn trawodd gwynt cryf yn erbyn y mynydd. Cysgodod Elias yn ôl yn yr ogof. Doedd Duw ddim yn y storm.

Yna daeargryn.
    Ond doedd Duw ddim yn y ddaeargryn.
    Yna daeth tân gwyllt.
    Doedd Duw ddim yn y tân.
    Yna clywodd Elias rhyw sibrwd, fel atsain o'r nefoedd.

    Roedd Elias yn adnabod y sŵn. Sŵn Duw ydoedd. Nawr fe fyddai Duw yn siarad ag ef wyneb yn wyneb. Daeth allan a safodd yng ngheg yr ogof. Ac fel Moses wrth y berth yn llosgi, cuddiodd Elias ei wyneb yn ei glogyn. Arhosodd.
    Er nad oedd Duw wedi ymddangos iddo, fe glywodd Elias lais unwaith eto. 'Beth wyt ti'n ei wneud yma, Elias?' meddai Duw.
    Nawr, yr oedd hynny'n siomedig iawn! Onid oedd Duw wedi ei glywed y tro cyntaf? Gwell fyddai dweud wrtho unwaith eto, ond yn uwch y tro hwn. 'Rwyf wedi bod yn gefnogwr da i ti erioed, O! Arglwydd. Ond fi yw'r unig un sydd ar ôl. Mae dy bobl wedi cefnu arnat. Mae nhw wedi dymchwel dy allorau a lladd dy broffwydi. Fi yw'r unig un ffyddlon sydd ar ôl, ac y maen nhw am fy ngwaed innau.'
Daeth yn amser i Dduw siarad yn blaen. Os oedd Elias yn credu ei fod am ddechrau o'r dechrau gydag ef, pobl Elias yn hytrach na phobl Abram, yna roedd yn gwneud camgymeriad mawr.
    Siaradodd Duw yn bendant. 'Mae gennyt ti waith i'w wneud o hyd, Elias,' meddai. 'Dydw i ddim wedi anobeithio yn fy mhobl dim ond oherwydd rhyw Ahab neu Jesebel. Fedri di ddim dianc o fyd eu cynllwynio hyll. Rwyf am i ti fod yn broffwyd i mi unwaith eto, nôl yn ei chanol hi, yn rhannu fy meddyliau ac yn sicrhau fod pobl yn clywed fy ngair.'
    Roedd hynny'n ddigon. Yn ddigon i ddod ag Elias at ei synhwyrau, digon i'w droi yn broffwyd unwaith eto. Yn ôl i ganol helbulon y byd.

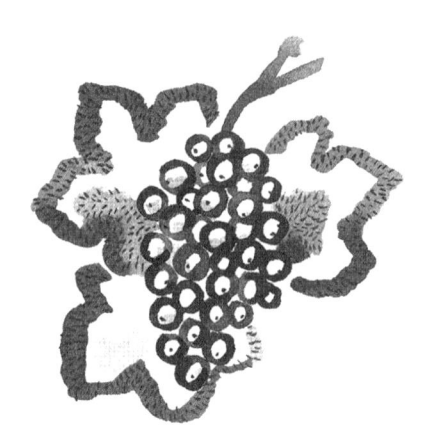

Elias, Ahab a'r Winllan

ROEDD GAN AHAB ddau balas: un yn Samaria ac un arall ychydig i'r gogledd yn Jesreel. Drws nesaf i'r palas yn Jesreel yr oedd gwinllan. Perchennog y winllan oedd dyn o'r enw Naboth. Roedd teulu Naboth wedi gweithio yma am flynyddoedd, canrifoedd hyd yn oed. Nid y nhw oedd piau'r winllan. Yn union fel gweddill y tir yr oedd yn eiddo i Dduw. Dyna oedd eu cred bendant. Duw oedd piau'r tir, a phan ymsefydlodd yr Israeliaid yno, roedd wedi ei rannu ymhlith y llwythau. Rhoddwyd y tir oddi allan i balas Ahab i deulu Naboth. Gan nad Naboth oedd piau'r tir doedd dim posibl iddo ei werthu. Roedd yn rhaid iddo aros yn rhan o etifeddiaeth y teulu, i'w estyn i lawr o genhedlaeth i genhedlaeth am byth.

Ond doedd Ahab yn poeni dim am bethau felly. Ac roedd brenhinoedd a breninesau yn ymddwyn yn wahanol yn Nhyrus, cartref ei wraig, Jesebel. Yno roedd y teulu brenhinol yn cael gwneud fel y mynnon nhw.

Roedd Ahab wedi rhoi ei fryd ar gael y winllan, ac un diwrnod aeth at Naboth. 'Rho dy winllan i mi,' meddai. 'Mae drws nesaf i'm palas, a rwyf am dyfu llysiau yno. Rhof winllan well i ti yn gyfnewid, neu fe gei di arian da amdani.'

'Chei di ddim mohoni,' atebodd Naboth. 'Duw a'm gwaredo rhag i mi roi etifeddiaeth fy nheulu i ti! Daeth fy nghyndadau o'r Aifft, a rhoddodd Duw y winllan i'w plant. Nid fi piau'r winllan i'w rhoi i ti. Beth bynnag, mae'r tir yn eiddo i Dduw nid ti.'

Aeth Ahab yn ôl i Samaria i bwdu. Gorweddodd ar ei wely, troi ei wyneb at y wal a gwrthod bwyta.

'Beth sy'n bod?' gofynnodd Jesebel.

'Roeddwn i wedi meddwl cael y winllan honno yn Jesreel, yr un sy'n eiddo i Naboth. Ond doedd y dyn ddim yn barod i'w gwerthu.

'Er mwyn popeth!' meddai Jesebel. 'Ti yw'r brenin! Fe gei di beth bynnag yr wyt ti'n ei ddymuno. Doedd gan Naboth ddim hawl i dy wrthod! Pwy mae e'n feddwl yw ef? Beth bynnag, paid â bod mor ddiflas; fe ga i'r winllan i ti.'

Aeth Jesebel ati i baratoi llythyrau yn enw'r brenin a seliwyd y cyfan â'r sêl frenhinol. Rhoddodd y llythyrau i negesydd i'w cludo i Jesreel a'u cyflwyno i henuriaid ac uchelwyr y dref. Roedd hi'n adnabod y dynion hynny yn Jesreel. Doedden nhw ddim yn debygol o herio'r brenin fel y gwnaeth Naboth.

Dyma oedd cynnwys y llythyrau: 'Cyhoeddwch ympryd. Taenwch y gair ar led fod trychineb ar ddigwydd i'r dref, oherwydd yr hyn a wnaeth rhywun. Yna galwch holl ddynion y dref at ei gilydd. Rhowch sedd anrhydedd i Naboth er mwyn i bawb fedru ei weld a chwiliwch am ddau ddyn sydd ddim yn poeni am ddweud celwydd. Dywedwch wrthyn nhw am ddod â chyhuddiadau ffals yn erbyn Naboth. Rhaid dweud hyn ar goedd, fel y bydd pawb yn clywed, "Yr wyt ti wedi melltithio Duw a'r brenin!" Yna ewch ag ef y tu allan i'r ddinas a'i labyddio.'

Gwyddai Jesebel y byddai hyn yn digwydd, ac fe wnaeth. Aeth y cyfan yn ôl y disgwyl. Anfonodd yr Henuriaid a'r uchelwyr lythyr at Jesebel yn Samaria yn cynnwys y newyddion yr oedd yn dymuno eu clywed. 'Eich Mawrhydi fe fyddwch yn falch o glywed fod Naboth wedi ei labyddio.'

Darllenodd y frenhines y llythyr ac aeth yn syth i ddweud wrth y brenin. 'Fe ddywedais i wrthyt y byddwn i'n datrys y broblem. Ti biau'r winllan bellach. Gelli roi'r gorau i'r pwdu yma nawr. Dos lawr i Jesreel, cod y gwinwydd a phlanna'r llysiau.'

Doedd Jesebel ddim am ddweud wrth y brenin sut y sicrhaodd hi'r winllan, a doedd y brenin ddim wedi trafferthu gofyn.

Ond yr oedd Duw yn gwybod yr hyn a ddigwyddodd. Felly, anfonodd ei ffrind, y proffwyd Elias, lawr i Jesreel.

Roedd Ahab yn mesur y winllan pan gyrhaeddodd Elias.

Oedodd y brenin yn y fan a'r lle. Doedd Ahab ddim yn hoff o Elias. Roedd Elias wedi achosi digon o drafferth iddo eisoes. 'O! mae'r hen elyn wedi dod o hyd i mi unwaith eto!' gwawdiodd Ahab.

'Do rwyf wedi dod o hyd i ti,' atebodd Elias, 'ac y mae Duw hefyd! "Paid â lladd neb." Dyna un o'r deg gorchymyn. "Dwyt ti ddim i fod i chwenychu eiddo dy gymydog." Dyna i ti un arall. "Rhaid i ti beidio â dweud celwydd er mwyn dod allan o drwbl," Dyna un arall eto. Gwnaiff Duw ddim caniatáu gorthrwm fel hyn yn ei wlad, Ahab, na gorthrwm y frenhines chwaith. Y mae'r ddau ohonoch yn wynebu trafferthion mawr!'

Doedd Elias ddim yn ofni dim bellach. Yr oedd yn broffwyd unwaith eto, a doedd dim a allai'r brenin na'r frenhines ei wneud ynglŷn â'r peth.

Ddaeth Ahab ddim i ben â phlannu'r llysiau yng ngwinllan Naboth.

5

POBL DDUW DAN FYGYTHIAD

Dros saith can mlynedd cyn geni Iesu o Nasareth, cafodd y ddwy deyrnas fechan Israel a Jwda, lle'r oedd pobl Dduw yn byw, eu goresgyn gan yr Asyriaid. Daeth yr Asyriaid o wlad yn y gogledd-ddwyrain, yng nghyffiniau afon Tigris. Roedden nhw'n fasnachwyr da, ac fe lwyddon nhw i greu adeiladau rhyfeddol yn ogystal â champau celfyddydol. Ond yr oedd ganddyn nhw hefyd y fyddin gryfaf a'r mwyaf didrugaredd. Dinistriwyd teyrnas Israel tra bod Jwda yn llwyddo i oroesi o drwch y blewyn.

Y mae rhannau agoriadol y bennod hon yn dyddio o'r amser y daeth yr Asyriaid yn fygythiad. Llais y proffwyd Amos a glywn yma. Y mae Amos yn ceisio edrych ar bobl teyrnas Israel drwy lygaid Duw. Y mae wedi eu gweld am yr hyn ydyn nhw mewn gwirionedd. Mae'n gweld trachwant y cyfoethog a dioddefaint y tlawd. Mae'n eu rhybuddio os na wnân nhw newid eu ffyrdd fe fydd trychineb yn sicr o ddigwydd. Roedd Amos yn fardd da, ac y mae'r bennod hon yn cynnwys rhai o'i gerddi, yn ogystal â hanes y gwrthdaro rhyngddo ag offeiriad o'r enw Amaseia.

Bardd-broffwyd arall oedd Hosea. Cyfansoddwyd ei gerddi ychydig flynyddoedd wedi cyfnod Amos, wedi i'r Asyriaid feddiannu teyrnas Israel ac achosi dioddefaint mawr i'r bobl. Hosea yw'r cynharaf yn y Beibl i sôn am gariad Duw, ac y mae'r bennod hon yn cynnwys un o'r cerddi enwocaf ar y pwnc – ac un o'r cerddi hyfrytaf yn y Beibl.

Can mlynedd ar ôl i'r Asyriaid ddinistrio teyrnas Israel, daeth tro Jwda. Y tro hwn nid yr Asyriaid a'i goresgynnodd ond y Babiloniaid. Roedden nhw wedi meddiannu ymerodraeth Asyria ac yn llawn mor ddidrugaredd. Credodd rhai o drigolion Jerwsalem fod y ddinas yn ddiogel. Hon oedd dinas Duw, medden nhw, ac ni allai neb ei goresgyn. Yn y Beibl y mae rhai cerddi a chaneuon sy'n mynegi'r gred honno, ac fe welwch ddwy o'r rheiny neu rannau ohonyn nhw yn y bennod hon. Maen nhw'n dod o Lyfr y Salmau. Dydyn ni ddim yn gwybod pwy yw'r awduron, ond fe'u cyfansoddwyd er mwyn eu canu yn y deml yn Jerwsalem.

Er hynny, doedd pawb ddim yn cytuno â'r salmau hynny. Roedd y proffwyd Jeremeia yn byw yn Jerwsalem yn ystod y cyfnod pan feddiannodd y Babiloniaid y wlad. Roedd y bobl yn gobeithio y byddai Duw yn eu hachub. Dywedodd Jeremeia ei bod hi'n rhy hwyr ac y dylen nhw ildio. Dydy hi ddim yn syndod fod hynny wedi cael Jeremeia i drafferthion mawr. Yn ogystal ag enghraifft o farddoniaeth Jeremeia, fe gewch yn y bennod hon hanes amdano yn cael ei daflu i bydew a'i adael i farw. Bydd y stori yn dweud wrthych sut y llwyddodd i ddianc.

Proffwydodd Jeremeia y byddai Jerwsalem yn cael ei goresgyn a'i dinistrio. Yr oedd yn iawn. Lladdwyd llawer iawn ac fe gafodd cannoedd ohonyn nhw eu halltudio i Fabilon. Roedd y Babiloniaid wedi dwyn eu hanifeiliaid, a dinistrio cynnyrch eu meysydd, fel nad oedd gan y bobl a adawyd ar ôl fawr ddim i'w fwyta. Y mae'r bennod hon yn cynnwys un arall o'r salmau sy'n sôn am ddinistr Jerwsalem, yn ogystal â rhai cerddi o lyfr y Galarnad sy'n sôn am ddioddefaint pobl Jwda. Fe gyfeirir at lyfr y Galarnad weithiau fel "Galarnad Jeremeia",
ond mewn gwirionedd dydyn ni ddim yn gwybod pwy gyfansoddodd y galarnadau. Fe all fod rhai ohonyn nhw, a hwyrach pob un ohonyn nhw, wedi eu cyfansoddi gan wragedd.

Ymhlith y bobl a alltudiwyd i Fabilon yr oedd dau broffwyd, a freuddwydiodd sut y byddai Duw yn arwain ei bobl yn ôl i'r Wlad. Roedd y cyntaf ohonyn nhw yn fardd mawr iawn, ond dydyn ni ddim yn gwybod ei enw neu ei henw. Fe welir y cerddi yn llyfr y proffwyd Eseia, ond y mae'n amlwg mai nid ef a'u cyfansoddodd. Roedd Eseia yn byw yn Jerwsalem nôl yng nghyfnod yr Asyriaid. Cyfansoddwyd y cerddi hyn ym Mabilon rhwng cant a hanner a dau gant o flynyddoedd yn ddiweddarach. Y mae'r bennod hon yn cynnwys dwy ohonyn nhw. Proffwyd arall o'r un cyfnod yw'r proffwyd Eseciel. Bu'n offeiriad yn Jerwsalem pan ddaeth y Babiloniaid. Flynyddoedd yn ddiweddarach, mewn caethiwed, cafodd weledigaethau arbennig o'r modd y byddai Duw yn adfer ei bobl, ac yn gwneud eu gwlad yn ardd ffrwythlon.

Eto, chafodd breuddwydion y proffwydi mawr hyn mo'u gwireddu. Er i rai o'r rhai a alltudiwyd fynd yn ôl does dim sôn am orymdaith fuddugoliaethus. Yn wir yr oedd llawer rhan o'r wlad yn para'n adfeilion. Er hynny, codwyd teml newydd yn Jerwsalem, a maes o law dan gyfarwyddyd Nehemeia, ailgodwyd y muriau hefyd. Fe glywn ran o stori Nehemeia, fel y mae ef yn ei hadrodd yn ei eiriau ei hun.

Wedi'r alltud cafodd pobl Dduw eu hadnabod fel Iddewon. Roedden nhw'n dal heb eu rhyddid. Concrwyd y Babiloniaid gan y Persiaid, ac yr oedd gwlad fechan yr Iddewon yn rhan o ymerodraeth Persia. Yn ddiweddarach daeth y Groegiaid dan Alecsander Fawr, a rhyw gan saith deg o flynyddoedd cyn i Iesu gael ei eni, ceisiodd brenin Groegaidd ddileu addoli Duw a dinistrio ffordd o fyw ei bobl. Roedd hi'n rhy beryglus i neb herio'r brenin yn gyhoeddus, ond fe ysgrifennodd Iddew dewr amdano. Yn y stori honno y mae'n cynnwys rhai hen storïau am rai o frenhinoedd dychrynllyd y Babiloniaid. Y mae'r llyfr hwnnw yn y Beibl ac fe'i gelwir yn llyfr Daniel. Y mae'r ddwy stori enwocaf i'w gweld ar ddiwedd y bennod hon.

Llifed Cyfiawnder Fel Afon Gref

Can mlynedd wedi dyddiau Elias, daeth proffwyd arall i'r Deyrnas Ogleddol, Israel, a'i enw oedd Amos. Brodor o Tecoa oedd Amos, pentref ychydig filltiroedd i'r de o Jerwsalem, yn nheyrnas Jwda.

Enw brenin Israel ar y pryd oedd Jeroboam. Roedd y wlad yn mynd drwy gyfnod anodd ac yr oedd yn gorfod dioddef ymosodiadau cyson gan fyddinoedd y gelyn. Roedd eraill hefyd, oddi fewn i'r deyrnas, oedd yn cynllwynio yn erbyn Jeroboam.

Ond y ffermwyr brodorol oedd yn cael yr amser caletaf. Bu eu teuluoedd yn gweithio'r ffermydd ers cyn cof. Ond yr oedden nhw'n cael eu gwasgu a'u tlodi erbyn hyn. Byddai dynion cyfoethog o'r dinasoedd yn prynu'r tir ac yn hawlio cyfran o gynnyrch y tir fel rhent. Pan fyddai'r cynhaeaf yn methu doedd hi ddim yn bosibl i'r ffermwyr dalu a chael digon o arian i fyw. Bydden nhw'n gorfod gwerthu eu gwragedd a'u plant a'u hunain i'r farchnad gaethweision. Roedden nhw'n cael eu trin fel baw. Doedd dim pwrpas mynd â'r achosion i'r llysoedd yn y dinasoedd oherwydd mai'r cyfoethog oedd yn rheoli yn y mannau hynny hefyd.

Cafodd rhai eu gorfodi i adael y tir yn gyfan gwbl a cheisio goroesi y gorau gallen nhw yn y dinasoedd. Ond yr oedd bywyd iddyn nhw yno yn llawer gwaeth. Roedd y farchnad yn llawn twyll. Byddai'r masnachwyr yn defnyddio pwysau twyllodrus ac yn codi prisiau afresymol am hadau nad oedden nhw'n fymryn gwell na llwch. Gwelodd Amos hyn i gyd ac fe gafodd ei gynddeiriogi.

UN HYDREF daeth Amos at hen allor Beth-El. Roedd hwn yn le cysegredig, oherwydd flynyddoedd maith cyn hyn roedd un o gyndadau pobl Israel, Jacob, wedi cyfarfod Duw yno. Roedd pobl Israel yn cyfarfod yno ar gyfer gŵyl grefyddol bwysig a oedd i barhau am wythnos. Byddai llawer o fwyta ac yfed yn digwydd yno yn ogystal â gweddïo, canu ac aberthu. Byddai Duw yn eu plith fel y bu pan ddaeth eu cyndadau allan o'r Aifft, ac yn ymuno gyda nhw i drechu eu gelynion. O leiaf, dyna oedd y dynion yn ei gredu neu yn ei obeithio.

Gwyliodd Amos y bwyta a'r yfed a meddwl ar yr un pryd am y ffermwyr tlawd yn y wlad yn methu cael digon i'w fwyta. Gwrandawodd ar y gweddïau a'r caneuon, a chofiodd am y tlodion yn y dinasoedd.

'Clyw'r rhain!' meddai yn dawel wrth Dduw. 'Dydyn nhw ddim yn poeni am y tlodion o gwbl. Rwyt ti'n poeni amdanyn nhw, Arglwydd. Rwyt ti bob amser yn cofio amdanyn nhw. Sut alla i lefaru'r gwir, Arglwydd? Sut alla i wneud iddyn nhw sylwi?'

Aeth Amos yn ddistaw. Yna fe gafodd syniad. Penderfynodd ddechrau drwy ddweud yr hyn y byddai'r bobl yn hoffi ei glywed, ac yna wedi ennyn eu sylw, fe fyddai'n dweud yr hyn oedd ar ei feddwl mewn gwirionedd. Byddai'n dweud wrthyn nhw beth oedd ar feddwl Duw.

Dechreuodd bregethu, a daeth y bobl at ei gilydd i wrando.

Pobl Dduw dan Fygythiad

'Fel hyn y dywed yr Arglwydd Dduw,' meddai,
'Y mae barn yn disgwyl pobl Damascus
Y maen nhw wedi chwalu pobl Israel i'r llawr.
Bydd eu creulondeb a'u trais
yn esgor ar eu dinistr eu hunain.'

Cymeradwyodd y bobl. Dyma'r math o beth yr oedden nhw'n ei hoffi, nid yn unig yn Israel, ond yn yr Aifft a Mesapotamia hefyd. Roedd y proffwydi yn rhoi mynegiant i ofnau a chasineb y genedl. Dynion sanctaidd oedd y proffwydi yn llefaru geiriau sanctaidd, geiriau yn llawn o nerth y duw yr oedden nhw'n llefaru ar ei ran. Dyna a gredai'r bobl. A dyma lle'r oedd Amos yn condemnio Damascus am oresgyn Gilead. Gwych!

'Fel hyn y dywed yr Arglwydd,' meddai Amos eto,
'Y mae barn yn disgwyl pobl Gasa,
am iddyn nhw gaethgludo'r boblogaeth gyfan
a'u gwerthu ym marchnadoedd Edom.
Bydd eu creulondeb a'u trais
yn esgor ar eu dinistr eu hunain.'

Cymeradwyodd y bobl yn uwch a dechrau dawnsio a chanu. A dyma Amos yn bwrw iddi eto.

Condemniodd bum gelyn arall. 'Mae'r proffwyd hwn fel llew,' medden nhw, 'yn ymosod ar ein gelynion fel pe bydden nhw'n ŵyn diymadferth. Gwych!'

Ond gofynnodd Amos unwaith eto am ddistawrwydd.

Llyfr y Llyfrau

'Fel hyn y dywed yr Arglwydd,' gwaeddodd,
'y mae barn yn eich disgwyl chi, bobl Israel!
Oherwydd yr ydych wedi gwerthu tlodion,
a dwyn eu rhyddid a'u hanrhydedd,
doedd arnyn nhw fawr ddim i chi
ond gwerth rhyw bâr o sandalau.
Rydych wedi sathru eu pennau i'r llwch!

Rydych wedi gwyrdroi cyfiawnder
a'i gyfnewid am dwyll!
Pan fydd y tlawd a'r gwan yn dod i'r llysoedd i geisio
cyfiawnder,
y maen nhw'n cael eu hanwybyddu
a'u trin yn ddidrugaredd!

Rydych yn hoffi gwerthu eich grawn:
Ond y mae eich cloriannau yn twyllo!
Dydi'r tlodion ddim yn derbyn
yr hyn a dalwyd amdano,
tra bo'r grawn a werthwch yn dda i ddim.

Tra eich bod chi yn byw yng nghanol eich moethusrwydd
fe weithiwch y dynion, y merched a'r plant yn greulon!
Rydych yn gwledda ar ŵyn ac ar loi
a fagwyd ganddyn nhw,
ond eto y maen nhw'n gorfod bod heb ddim.
Rydych yn yfed galwyni o win
a gynhyrchwyd ganddyn nhw,
ond eto y maen nhw'n sychedu!

A dyma chi
yn Beth-El,
tŷ Dduw,
yn gorwedd wrth yr allorau,
yn gynnes ym mentyll y tlodion,
a hwythau'n rhynnu yn oerni'r nos.

Pobl Dduw dan Fygythiad

Oni allwch weld y dinistr
yr ydych wedi ei achosi?
Oni allwch chi weld y dinistr
sydd yn eich disgwyl chi,
os na fyddwch yn newid eich ffyrdd?

Llifed cyfiawnder fel afon gref,
fel afon sydd fyth yn sychu,
hyd yn oed yng ngwres tanbaid yr haf.

Os byddwch yn parhau i orthrymu'r bobl hyn,
yna dyw'r ŵyl hon yn ddim ond sioe,
ac yr ydych yn poeri yn wyneb Duw.
Bydd eich trachwant yn esgor ar eich distryw,
eich diffyg trugaredd ar eich cwymp.
Caif eich tir ei oresgyn,
ac fe gewch eich cludo i gaethiwed!'

Doedd neb yn dawnsio ar ôl y bregeth hon. Doedd neb yn canu nac yn cymeradwyo. Arhosodd pawb yn fud. Roedd Amaseia, yr offeiriad, wedi clywed geiriau Amos. Rhaid gwneud rhywbeth ynglŷn â'r corddwr hwn! meddai wrtho'i hun. Anfonodd neges at y brenin, Jereboam. 'Y mae Amos yn cynllwynio yn dy erbyn,' meddai, 'yn lladd arnat ti o flaen yr holl bobl. Mae'n dweud pethau ofnadwy.'

Dylai hynny ei setlo! meddyliodd. Ond doedd yr offeiriad ddim am aros am ateb gan y brenin. Roedd am i Amos i adael ar unwaith, cyn iddo ddweud dim mwy.

'Dos yn ôl i Jwda i broffwydo!' gorchmynnodd. 'Paid â meiddio dod i Beth-El eto. Allor y brenin yw hwn, a wnawn ni ddim goddef pobl sy'n siarad yn erbyn y brenin a'i wlad.'

'Bobl bach!' atebodd Amos. 'Ac roeddwn ni wedi credu mai gwlad Duw oedd hon ac mae allor Duw oedd Beth-El!' Aeth yn nes at Amaseia. 'Gwrando,' meddai, 'Dydw i ddim yn ufuddhau i ti. Mae yna broffwydi yma sy'n cael eu talu gan Jeoboam i ddweud yr hyn y mae'n dymuno ei glywed. Ond nid un o'r proffwydi hynny wyf fi, Amaseia. Duw sydd wedi fy anfon i yma. Dangosodd Duw y gwir i mi. Duw roddodd eiriau ar fy nhafod. Rwy'n ffyddlon i Dduw ac nid i ti na'r brenin. Rwy'n dweud hyn wrthyt ti, Amaseai, pan fydd y wlad hon yn cael ei goresgyn, ti a dy deulu fydd y cyntaf i ddioddef. A phan fydd y bobl yn cael eu cludo i gaethiwed, fe fyddi di yn eu plith, ac fe fyddi di farw mewn gwlad ddiarth.

Ym mhen rhai blynyddoedd wedyn meddiannwyd y wlad. Daeth yr Asyriaid, y genedl gryfaf yn y rhan honno o'r byd, a chludo'r arweinwyr i gaethiwed. Ni chlywyd yr un gair am Amaseia wedyn.

Ond cofiodd rhai eiriau Amos, a'u cofnodi a'u cadw'n ddiogel.

Hosea a Cariad Duw

Ychydig o flynyddoedd wedi dyddiau Amos, bron i ddwy fil saith gant a hanner o flynyddoedd yn ôl yr oedd proffwyd yn Israel o'r enw Hosea. Yr oedd yn fardd arbennig, ac ysgrifennodd gerdd brydferth am gariad Duw.

Roedd Israel yn dioddef yn enbyd ar y pryd o dan law'r Asyriaid. Roedden nhw wedi goresgyn y wlad, alltudio'r arweinwyr a dwyn y trysorau. Dim ond dinas Samaria ac ychydig o drefi a phentrefi o'i chwmpas oedd yn aros. Ble allai brenin Israel gael cymorth? Credodd rhai y gallai ei gael gan yr Aifft. Ond roedd Hosea yn credu mai trychineb fyddai hynny. Byddai hyn yn cynddeiriogi'r Asyriaid ac yn peri iddyn nhw ddod yn ôl a dinistrio gweddill y wlad. Credodd eraill y byddai gweddïo ar yr hen dduwiau yn gymorth iddyn nhw. Ond yr oedd Hosea'n credu mai eu hunig obaith oedd y Duw a'u hachubodd o'r Aifft a rhoi'r wlad iddyn nhw yn y lle cyntaf.

UN DIWRNOD YR OEDD HOSEA yn gweddïo ar Dduw. Yn sydyn sylweddolodd o ddyfnderoedd ei galon cymaint yr oedd Duw yn caru ei bobl, a chymaint yr oedden nhw wedi ei glwyfo. Llifodd geiriau i'w feddwl, ac ymddangosai fod y geiriau yn dod yn syth oddi wrth Dduw.

Pobl Dduw dan Fygythiad

'Pan oedd Israel yn blentyn,
yr oeddwn yn ei garu,
a gelwais fy mab allan o'r Aifft.
Nawr y maent yn galw am gymorth
gan y bobl a'u caethiwodd.
Maent yn cloffi rhwng dau feddwl,
gan droi yn awr at yr Aifft,
yna at Asyria,
yn honni teyrngarwch
ac yn trosglwyddo eu cyfoeth.

Ac eto y maent yn aberthu i'r duwiau nad ydynt yn dduwiau, ac yn gweddïo ar dduwiau sy'n dda i ddim iddynt.

Eto fi a ofalodd amdanynt yn yr anialwch.
Fi a'u cariodd yn fy mreichiau yn oriau eu blinder.
Er hynny nid oeddent yn fy adnabod!

Yr oeddwn fel tad a mam iddynt,
eu ffarmwr hefyd a'u hanifail gorau!
Cymerais yr iau oddi ar eu gwarrau,
a thynnu'r rhaffau o'u genau;
Gwaredais hwy o lafur ac ymdrech yr aradr
a'u harwain i borfa well,
lle gallent fwyta digonedd.
Bûm yn dyner iddynt a'u caru'n fawr!

Ni ddaw cymorth gan yr Aifft;
Asyria fydd eu brenin.
Fe gwymp eu dinasoedd a'u pentrefi
dan y cleddyf.

Fi yw'r unig un a all eu cynorthwyo,
ac eto ni allant weld hynny
a gwneud yr hyn sy'n iawn.

Edrychwch arnynt,
pa mor druenus a diymadferth ydynt!

A allaf dy anghofio, O Israel?
A allaf dy roi yn nwylo dy elynion?
Ni allaf wneud hynny.
Y mae trugaredd yn drech na mi.
Rwyf yn dy garu mor fawr!

Ni weithredaf fy nicter,
oherwydd Duw wyf fi ac nid dyn.
Fi yw'r un sanctaidd yn eich plith,
Duw yr holl greadigaeth,
sy'n byw yn eich canol.'

Ni Orchfygir Jerwsalem

Dinistriodd yr Asyriaid y deyrnas ogleddol, Israel, a chafodd pobl y deyrnas ddeheuol, Jwda, fawr o lonydd chwaith. Goresgynnwyd llawer o'r pentrefi a dwyn eu trysorau. Er hynny, llwyddon nhw ddim i oresgyn Jerwsalem. Er iddyn nhw gynnal gwarchae arni, llwyddon nhw ddim i'w meddiannu hi. Fe ganwyd hen ganeuon yn y deml a godwyd gan Solomon:

'Y MAE DUW YN NODDFA ac yn nerth i ni.
Ynddo ef fe fyddwn yn ddiogel pan ddaw trafferthion.

Pobl Dduw dan Fygythiad

Y mae adenydd Duw yn ein cysgodi rhag oerni'r nos,
y glawogydd blin a'r stormydd garw.
Y mae fel mam yr aderyn
sy'n gwarchod y plant o dan ei phlu.

Felly wnawn ni ddim ofni,
er i sylfaeni'r byd grynu,
a'r mynyddoedd ddisgyn i'r môr.

Dinas Duw yw Jerwsalem,
lle mae daear a nefoedd yn cyfarfod.
Y mae Duw yn ei chanol,
ac ni symudir hi!
Y mae afon yn dwyn bywyd i'r ddinas,
ac nid yw ei dyfroedd yn pallu. Rhodd Duw ydyw,
yn tarddu o'r ddaear,
dyfroedd o afonydd anweledig Eden.

Y mae Duw gyda ni!
Y mae Duw yn brwydro trosom!
Y mae Duw Abram, Isaac a Jacob gyda ni o hyd,
yn noddfa ac yn berth i ni!

Ewch allan o Jerwsalem
a cherddwch o amgylch ei muriau.
Gwelwch pa mor gadarn ydynt!

Cyfrifwch ei thyrrau,
maent mor gryf, mor fawr ag mor ogoneddus
â Duw ei hunan!

Duw yw ein Duw ni am byth.
Ni fydd yn ein gadael.
Bydd yn gofalu amdanom bob amser.'

Jeremeia'n Llefaru'r Gwir

Canodd pobl Jerwsalem eu caneuon yn y deml. Ond gant a hanner o flynyddoedd wedi dyddiau Amos ceisiodd proffwyd o'r enw Jeremeia, ddod â'r bobl wyneb yn wyneb â rhai o wirioneddau anghyffyrddus.

Erbyn cyfnod Jeremeia yr oedd ymerodraeth Asyria wedi cwympo. Nawr, y Babiloniaid oedd y bygythiad. Buon nhw'n cynnal gwarchae ar Jerwsalem ar ddau achlysur. Y tro cyntaf fe barodd y gwarchae am dri neu bedwar mis, ac yna ddeng mlynedd yn ddiweddarach parhaodd y gwarchae am ddeunaw mis. Ar ganol y gwarchae ymadawodd byddin Babilon, i ddelio â bygythiad yr Eifftiaid o gyfeiriad y de. Roedd hyn yn ryddhad mawr i'r bobl. Ond gwyddai Jeremeia y bydden nhw'n dod yn ôl. Roedd yn gwybod y byddai Jerwsalem yn sicr o gwympo. Roedd wedi ceisio ei orau i rybuddio'r bobl a'u hargyhoeddi o anfodlonrwydd Duw. Roedden nhw'n credu fod Duw o'u plaid, ond roedd Jeremeia yn credu eu bod wedi gwrthod Duw a'i yrru i ffwrdd. Dyma'r hyn a ddywedodd wrthyn nhw:

'Fel hyn y dywed yr Arglwydd:
Pobl Jerwsalem, yr ydych fel gwraig i mi.
Cofiaf y modd yr oeddech yn fy ngharu,
pan fu i ni briodi.

Fi a'ch dygodd allan o'r Aifft
a'ch arwain drwy erchyllterau'r anialwch.
Tywysais chwi drwy anialdir
o dyllau peryglus,
lle nad oedd neb yn byw,
lle nad oedd neb yn croesi.
Deuthum â chwi i wlad dda,
gwlad arbennig,
gwlad o ddigonedd,
yn ffrwythlon, fel Eden.

Pobl Dduw dan Fygythiad

Er hynny yr ydych wedi ei difetha!
Sylwch sut yr ydych wedi fy anghofio!
Does dim croeso i mi mwyach.
Yr ydych wedi fy ngadael yn yr anialwch,
mewn anialdir o dyllau peryglus.

Yr ydych wedi cefnu ar y gwir
a dilyn ar ôl y gau.
Yr wyf wedi bod fel ffrwd gref
yn rhoi dŵr i chi yn y gwres mawr,
dŵr oer mewn sychder.

Rwyf wedi bod yn fywyd i chwi
ac eto yr ydych wedi fy ngadael
a mynd ar ôl Baal y duw gau.
Drwy chwys eich talcennau
yr ydych wedi cloddio pydewau i ddal dŵr,
ond yr ydych wedi eu gadael heb eu gorffen,
ac y mae'r dŵr wedi llifo allan,
gan adael dim ond baw.
Un felly yw eich Baal,
fel pydew drewllyd
sy'n methu dal dŵr
ac yn methu rhoi bywyd.'

Ond cymerodd y brenin na'r bobl fawr o sylw. Roedd ganddyn nhw broffwydi eraill oedd yn dweud yr hyn yr oedden nhw'n dymuno ei glywed. 'Byddai Duw yn eu hamddiffyn rhag unrhyw ddrwg,' oedd eu cri. 'Cofiwch yr hen ganeuon,' medden nhw. 'Gall Jerwsalem ddim cwympo.' Gwyddai Jeremeia y byddai'n rhaid iddo wneud rhywbeth arbennig er mwyn eu gorfodi i wrando.

UN DIWRNOD prynodd lestr i ddal dŵr. Casglodd rhai o'r offeiriaid ac arweinwyr y bobl at ei gilydd. 'Dewch gyda mi,' meddai, 'mae gen i rywbeth i'w ddangos i chi.'
Arweiniodd nhw allan drwy byrth y ddinas ac i lawr i waelod dyffryn

bychan. Yr oedd yn cario'r llestr yn ei law. Yn sydyn arhosodd, ac fe gasglodd y dynion o'i gwmpas. Dododd y llestr i lawr ac edrychodd o gwmpas arnyn nhw. Yna cododd y llestr uwch ei ben a'i ollwng i'r llawr. Torrodd yn gannoedd o ddarnau. Yna fe ddywedodd:

'Fel hyn y dywed yr Arglwydd:
Fe dorrir y ddinas hon
fel y llestr hwn,
chwelir hi yn ddarnau gan y Babiloniaid
y tu hwnt i bob nabod.'

Daeth amser pan nad oedd neb yn medru mynd allan drwy byrth y ddinas, a doedd neb yn medru dod i mewn i gynorthwyo. Roedd y Babiloniaid yn cynnal gwarchae ar y ddinas am yr ail waith, ac yr oedd eu byddin yn gwersylla y tu allan i'r muriau. Roedd y brenin a'i bobl yn anobeithio ac yn dyheu am i Dduw eu hachub. Ond roedd Jeremeia yn gwybod ei bod hi'n rhy hwyr. Credodd fod Duw wedi ochri gyda'r gelyn. Yr unig beth a allai'r brenin ei wneud oedd ildio.

'Fel hyn y dywed yr Arglwydd,' cyhoeddodd.
'Gwelwch, yr wyf yn gosod ffordd bywyd a marwolaeth o'ch blaen.
Bydd y rhai sy'n aros o fewn y muriau yn marw,
drwy gleddyf, drwy newyn a phla.
Bydd y rhai a aiff allan,
ac yn ildio i'r Babiloniaid,
yn goroesi o leiaf.
Nid ydwyf fi, eich Duw yn byw yn y ddinas mwyach.
Nid oes croeso i mi yma.
Yr ydych wedi fy ngwrthod
a'm gyrru i wersyll y gelyn.

Pe bai ti,
O! frenin Jwda,
a chwithau, bobl y llys,
wedi gofalu am y gwan a'r clwyfedig,
y mewnfudwyr a'r rhai sydd heb rym,
y plant a'r gwragedd heb neb i ofalu amdanynt.
Pe byddech wedi rhoi lle i gyfiawnder yn y ddinas,
lle gallai pawb fyw mewn rhyddid ac urddas,
fe fyddech wedi bod yn ddiogel.

Ond mae'n rhy hwyr erbyn hyn.
Y mae'r ddinas hyfryd hon
ar fin ei dinistrio â thân.
Yr ydych eisoes wedi ei difetha;
ond yn fuan ni fydd yn ddim ond adfeilion.'

Doedd hi ddim yn syndod fod rhai o drigolion Jerwsalem yn meddwl fod geiriau Jeremeia yn rhy lym. Clywodd dri o swyddogion uchaf y palas ef ac aethon nhw at Sedeceia y brenin.

'Mae'r dyn yn fradwr!' medden nhw. ' Mae'n dweud wrth y bobl am ildio i'r Babiloniaid. Allwn ni ddim goddef hyn. Rhaid i ni annog y bobl i ymladd, ac y mae Jeremeia yn dweud wrthyn nhw am ildio. Mae ysbryd y milwyr a'r bobl yn ddigon isel fel y mae. Ond mae hwn yn gwneud pethau'n waeth. Rhaid i ni gael gwared ohono.'

Roedd y brenin wedi ymlâdd yn llwyr. 'Gwnewch fel y mynnwch ag ef,' atebodd.

Felly, aeth y swyddogion ati i ddal Jeremeia a'i daflu i bydew dŵr. Roedd y pydew'n wag; roedd y dŵr wedi ei yfed i gyd. Suddodd Jeremeia i'r mwd. Roedd hi'n amhosibl iddo ddringo allan. Roedd hi'n dywyll ac yn oer a'r arogl yn annioddefol. Doedd ganddo ddim bwyd na diod. Gadawodd y swyddogion ef yno i farw.

Ond roedd gan Jeremeia rai cyfeillion yn y palas. Brodor o Ethiopia o'r enw Ebed-melech oedd un. 'Y mae Jeremeia yma i rannu meddwl Duw, i weld drwy lygaid Duw, ac i gyflwyno gair Duw i'r bobl. Mae'n rhaid i ni wrando arno! Mae'r swyddogion wedi gwneud peth ofnadwy. Bydd y dyn yn sicr o farw yn y pydew yna.'

Edrychodd Sedeceia arno. 'O'r gorau,' meddai'n wanllyd. 'Dos â thri o ddynion gyda thi a chodwch ef o'r pydew.'

Rhedodd Ebed-melech i nôl tri o'i gyfeillion, ac aethon nhw am y pydew gyda hen gadachau a hen fratiau yn ogystal â rhaff i godi Jeremeia.

'Rho'r cadachau a'r bratiau dan dy geseiliau, i rwystro'r rhaff rhag achosi briwiau i ti!' medden nhw. 'Yna clyma'r rhaff amdanat, o dan dy freichiau, a dal dy afael!

Achubwyd Jeremeia o'r pydew, ond cadwodd y brenin ef yn gaeth. Fe barhaodd y gwarchae.

Cwymp Jerwsalem

Roedd y Babiloniaid wedi cynnal gwarchae ar Jerwsalem ddwywaith.

Y tro cyntaf ildiodd brenin o'r enw Jehoiachim a'i deulu i'r Babiloniaid ac fe gawson nhw eu halltudio i Fabilon gyda llawer iawn o bobl eraill.

Roedd hi'n waeth yr ail dro. Parodd y gwarchae am fwy o amser. Roedd y bobl wedi cadw digon o fwyd naill ochr cyn i'r gwarchae ddechrau, ond defnyddiwyd y cyfan gyda hyn a doedd ganddyn nhw ddim ar ôl. Anfonodd y brenin newydd Sedeceia am Jeremeia. Daeth y ddau i gyfarfod a'i gilydd yn gyfrinachol wrth un o byrth y ddinas.

'MAE ANGEN DY HELP di arna i,' meddai Sedeceia wrth Jeremeia. 'Mae pethau'n ddrwg fel y gweli di. Dydw i ddim yn gwybod beth yw'r peth gorau i'w wneud. Mae angen dy gyngor di arna i.'

 'Wnei di ddim gwrando beth bynnag a ddyweda i. Fyddi di ddim

Pobl Dduw dan Fygythiad

yn hoffi yr hyn sydd gen i i'w ddweud, ac fe gaf fy lladd fel bradwr.'

'Rwy'n addo peidio dy ladd.' atebodd Sedeceia. 'Rwy'n gwybod fod rhai pobl am gael gwared ohonot ti, ond wna i ddim dy roi di iddyn nhw. Rwy'n addo.'

Oedodd Jeremeia. Yna fe siaradodd. 'Fel hyn y dywed yr Arglwydd Dduw,' meddai. 'Os wnei di ildio i'r Babiloniaid, yna fe gei dy achub, a chaiff y ddinas ddim mo'i dinistrio chwaith, a bydd dy blant yn ddiogel. Ond os na wnei di ildio, fe fydd y Babiloniaid yn sicr o goncro'r ddinas, ac fe gaiff ei llosgi i'r llawr, a chei dithau ddim dianc chwaith.'

'Ond os ildia i, bydd fy mhobl yn credu fy mod wedi eu bradychu. Byddan nhw am fy ngwaed!'

'Mae Duw yn dymuno i ti ildio,' meddai Jeremeia. 'Neu fe fydd trychineb yn dy aros di a'r ddinas.'

'Paid â dweud wrth neb am y sgwrs yma,' meddai Sedeceia. 'Os gwnei di, fe fyddi farw.'

Cadwodd Jeremeia yn dawel, ond wnaeth Sedeceia ddim gwrando arno. 'Fel hyn y dywed yr Arglwydd Dduw,' dywedodd Jeremeia. Ond cymerodd Sedeceia fawr o sylw o hynny.

Un noson dywyll a gwyntog daeth rhai o filwyr Sedeceia ato gyda chynllun.

'O! Frenin,' medden nhw. ' Does dim bwyd ar ôl yn y ddinas, ac mae'r sisternau i gyd yn sych. Os arhoswn ni yma fe fyddwn farw. Fe fyddi dithau farw. Ond mae gennym ni gynllun. Gallwn dorri twll bach yn y muriau, lle na all milwyr Babilon ein gweld ni. Bydd y gwynt yn rhy gryf hefyd iddyn nhw allu ein clywed. Gallwn ddianc am yr anialwch a thu hwnt. Byddwn wedi cyrraedd cyn iddyn nhw sylwi ein bod wedi mynd.'

Mae'r cynllun hwn yn well na chynllun Jeremeia meddai Sedeceia wrtho'i hun. Cododd ei gleddyf. 'Dewch i ni fynd!' meddai.

Torrodd ei filwyr y tyllau yn y muriau ac allan yr aethon nhw. Roedd perllan fawr y tu allan i'r muriau, ac fe lithron nhw'n gyflym i blith y coed. Aethon nhw heibio i wersyll y Babiloniaid a'i hanelu hi am yr anialwch.

Roedden nhw'n adnabod yr anialwch yn dda. Roedden nhw o dan yr argraff fod neb wedi eu gweld yn dianc, ond camgymeriad oedd hynny. Wrth iddyn nhw agosáu at Jerico a'r haul yn codi yr ochr draw i'r

Môr Marw, fe glywon nhw sŵn milwyr Babilon yn dod yn y pellter. Doedden nhw ddim wedi bwyta nag yfed ers wythnosau ac felly roedd hi'n anodd iawn iddyn nhw ddianc yn gyflym.

Gwaeddodd cadfridog y Babiloniaid ar ei ddynion, 'Daliwch y brenin a'i feibion yn fyw!'

Clywodd milwyr Sedeceia y floedd a dyma nhw'n gwasgaru i bob cyfeiriad gan adael Sedeceia a'i feibion i'w tynged eu hunain.

Daliodd y Babiloniaid nhw yn fuan. 'Rydym yn mynd â chi at frenin Babilon,' meddai'r cadfridog wrthyn nhw.

Roedd brenin Babilon yn byw mewn lle o'r enw Ribla, rhyw dri chan milltir i'r gogledd. Wedi cyrraedd taflwyd Sedeceia a'i feibion wrth ei draed.

'Edrych arna i!' gwaeddodd y brenin ar Sedeceia. 'Dangosaf i ti beth sy'n digwydd i bobl sy'n gwrthod ildio.' Trodd at ei filwyr. 'Lladdwch feibion y dyn hwn, a dallwch ef,' gorchmynnodd. 'Rhowch ef mewn cadwynau ac ewch ag ef i Fabilon.'

Doedd dim brenin yn Jerwsalem bellach, nag unrhyw filwr i'w hamddiffyn. Torrodd byddin Babilon ei ffordd i'r ddinas. Wedi dwyn yr hyn a allen nhw fe losgwyd y cyfan i'r llawr, y deml, y palas ac yna dymchwelwyd muriau'r ddinas a gadael y cyfan yn adfeilion.

Poenydiwyd a lladdwyd rhai o'r offeiriaid a swyddogion y llys. Cafodd nifer fawr o'r gweddill eu halltudio.

Arhosodd dyrnaid o bobl ar ôl yn y wlad, ond fe gawson nhw amser caled iawn. Roedd y cefn gwlad wedi ei ddifetha ac yn hollol wag.

Dihangodd eraill i'r Aifft. Bu'n rhaid i Jeremeia fynd gyda nhw er nad oedd yn dymuno mynd. Yn yr Aifft y ganwyd pobl Israel. Nawr yr oedd rhai ohonyn nhw yn ôl yn y fan lle dechreuon nhw. Ai hyn oedd diwedd y cyfan?

Caneuon Galar

Roedd y deml a gweddill dinas Jerwsalem yn adfeilion, ond doedd y bobl oedd yn dal i fyw yno ddim wedi peidio gweddïo ar Dduw. Roedden nhw'n dal i ddod at ei gilydd i addoli yn y fan lle safai'r deml unwaith. Er bod milwyr Babilon wedi dinistrio'r adeilad roedd y fangre yn dal yn gysegredig. I bobl Jerwsalem dyma'r lle roedden nhw'n gobeithio darganfod Duw. Hwn oedd y lle i agor eu calonnau iddo yn eu poen ac i fynegi eu dicter a'u dryswch.

Cyfansoddodd rhai beirdd (ni wyddom eu henwau) ganeuon newydd i'w canu i'r Arglwydd. Caneuon prydferth er yn drallodus.

'Siaradwn am Dduw fel y gwnaeth Moses ar Fynydd Sinai,' medden nhw. 'Roedd Moses yn ffrind i Dduw. Agorodd ei galon iddo a chadw dim yn ôl rhagddo. Rydym ninnau'n ffrindiau iddo hefyd. Wnawn ninnau ddim cadw dim yn ôl. Wnawn ni ddim honni fod y sefyllfa'n well nag y mae mewn gwirionedd. Fe ddangoswn i Dduw sut yr ydym yn teimlo mewn gwirionedd. Os byddwn yn agored gydag ef bydd yntau yn agored gyda ninnau.'

A dyma'r caneuon a ganwyd:

PAM, O! DDUW, yr wyt ti'n ymddangos mor flin?
Ni yw dy braidd,
tithau yn fugail arnom.
Felly y bu o'r dechreuad.

Pam, felly, pam
wyt ti wedi ein gadael,
ein gadael ar drugaredd yr anifeiliaid gwylltion.
Pam, Dduw, pam?

Cofia ni, dy bobl.
Cofia dy deml hefyd, dy gartref.
Gwna dy ffordd drwy'r adfeilion.
Edrych ar yr hyn a wnaeth milwyr y gelyn!
Y maent wedi ei sathru dan draed,
gan ruo a gwawdio.
Y maent wedi ei dorri'n ddarnau
a chwalu'r addurniadau.
a'i losgi'n y tân.

Y maent wedi codi baneri eu duwiau
ar yr union le
a ddynododd dy bresenoldeb mor hir.
Y maent wedi dy herio.
Y maent wedi dy sarhau.

Am ba hyd, O! Dduw, am ba hyd
y bydd y gwawd hyn yn parhau?
Pam wyt ti'n dal yn ôl?
Pam wyt ti'n eistedd yn ôl a gwneud dim?

Ti yw Creawdwr y byd!
Ystyria sut y creaist bethau o'r dyfnder mawr!
Ystyria sut y trechaist Alluoedd Tywyll Anrhefn.

Pobl Dduw dan Fygythiad

Ti greodd yr haul a'r lleuad.
Ti piau'r dydd a'r nos.
Gaeaf a Haf,
dy eiddo di ydynt.

Er hynny, y mae dy elynion
wedi llusgo dy enw drwy'r llaid,
ac wedi dy sarhau, fel pe tai ti'n ddim.
Cofia hynny.
Cofia ninnau hefyd.
Yr ydym fel colomen
wedi ei dal ar y ddaear,
wedi ei hamgylchynu gan lewod.
Paid â'n anghofio.
Paid â'n anghofio.

Roedd milwyr Babilon wedi dinistrio'r ddinas. Roedden nhw hefyd wedi dinistrio'r wlad o gwmpas.

Bu'n rhaid i'r bobl a adawyd ar ôl fynd allan i chwilio am fwyd. Ond roedd yr olygfa a welon nhw yn torri eu calonnau. Roedd yr anifeiliaid wedi diflannu a'r bwyd wedi gorffen. Ac er iddyn nhw gerdded am filltiroedd maith, yr un oedd yr olygfa. Er bod byddin Babilon wedi troi am adref yr oedd gelyn newydd yn y tir: newyn.

Roedd y ddinas yn wag ac yn llawn galar. Roedd cymaint o bobl wedi mynd, wedi eu lladd a'u dwyn i Fabilon. Doedd dim plant yn chwarae ar y strydoedd bellach. Roedd y deml wedi ei dymchwel a doedd gan yr offeiriaid a'r hen broffwydi ddim gair o gysur iddyn nhw.

Felly, cyfansoddodd y beirdd fwy o ganeuon galar. Arllwyswyd eu galar i'r caneuon, ond fe ganwyd am gariad a thrugaredd Duw hefyd. Roedden nhw'n gwybod mai dim ond Duw allai eu hachub nawr.

MOR UNIG yw'r ddinas!
Unwaith yr oedd yn llawn pobl.
Unwaith yr oedd yn enwog.
Unwaith yr oedd fel tywysoges.
Nawr y mae fel gweddw,
heb neb i ofalu amdani.
Nawr y mae fel caethferch,
yn llafurio ddydd a nos.

Mae'n wylo'n chwerw yn y nos,
a'i dagrau yn llifo ar ei gruddiau.
Does neb i'w chysuro.
Y mae ei chyfeillion wedi ei bradychu.

Mae'r ffyrdd at y ddinas,
fu unwaith yn llawn pererinion,
bellach yn wag,
ni ddaw yr un pererin mwyach.
Y mae unigrwydd yn sgubo'r ffyrdd.
Mae'r pyrth lle safodd y bobl i sgwrsio
yn gorwedd yn adfeilion.

'Edrych O! Arglwydd Dduw,' yw cri'r ddinas,
'edrych pa mor ddiwerth ydwyf bellach!'

Edrychwch chi sy'n mynd heibio,
gwelwch fy mhoen!
Duw a wnaeth hyn!
Rhoes fy esgyrn ar dân.
Y mae wedi fy maglu
a rhoi i mi'r gofid hwn.
Gosodod iau ar fy ngwar
ac y mae wedi torri fy nghefn.
Am hyn yr wylaf,
heb neb i'm cysuro.
Mae fy mhlant wedi anobeithio'n llwyr.
Y mae'r gelyn wedi ein trechu.

Pobl Dduw dan Fygythiad

Gwn mai Duw sy'n iawn.
Anwybyddais ef a mynnu fy ffordd fy hun.
Eto chwi bobl y ddaear,
gwelwch fy mhoen!
Mae fy mhlant, y bechgyn a'r merched,
wedi eu caethgludo.
Edrych, O! Arglwydd Dduw,
edrych i bwy y gwnaethost hyn!

Eto hyn a gofiaf,
yn hyn y gwelaf obaith:
y mae cariad Duw yn parhau am byth,
mae'r cwlwm rhyngom yn rhy gryf,
nid yw ei dosturi na'i drugareddau yn pallu
ond y maent yn newydd bob bore.
Mawr, O! Dduw yw dy ffyddlondeb!

Breuddwydio am Gartref

Roedd y rhai a gafodd eu halltudio i Fabilon gannoedd o filltiroedd o'u cartref. Roedden nhw'n teimlo'n eu bod gannoedd o filltiroedd oddi wrth Dduw hefyd. Roedden nhw'n teimlo ei fod wedi eu hanghofio, eu gadael yn amddifad, ac nad oedd yn poeni amdanyn nhw mwyach.

Roedd Babilon yn ddinas wych. Pentref bach oedd Jerwsalem o'i chymharu. Roedd ffordd lydan yn rhedeg drwy ganol Babilon – ffordd ddelfrydol i orymdeithio arni. Ar ddydd gŵyl byddai'r brenin yn marchogaeth ar hyd y ffordd hon, ac fe fyddai delwau'r duwiau yn cael eu harddangos. Pan ddaeth y brenin yn ôl wedi concro Jerswalem fe aeth ar hyd y brif ffordd hon a derbyn cymeradwyaeth y dorf. Roedd y ffordd yn symbol o nerth Babilon – yn rhywbeth i'w hatgoffa am ogoniant eu brenhinoedd a'u duwiau. Fel hyn y gwelodd y Babiloniaid hi, ac roedden nhw'n dymuno i'r alltudion o Jerwsalem i weld yr un peth. YR OEDD PROFFWYD o Jerwsalem ym mhlith y rhai a gafodd eu halltudio, proffwyd mawr, a oedd yn gweld pethau'n wahanol. Un diwrnod eisteddodd o dan y coed gan edrych ar draws afon Ewffrates at furiau Babilon. Roedd pont enfawr yn ymestyn ar draws yr afon, ac ar yr ochr draw yr oedd porth prydferth yn disgleirio yn yr haul. Roedd y briffordd yn mynd drwy ganol y porth hwnnw. Cofiodd y proffwyd am yr hen hanes am bobl o Jwda a Jerwsalem yn cael eu llusgo ar hyd y ffordd honno y tu ôl i frenin Babilon a'i dduwiau, pan ddaethon nhw am y tro cyntaf i'r gaethglud. Caeodd ei lygaid a gweddïo.

Cafodd weledigaeth – gweledigaeth am ffordd arall, llawer iawn mwy na'r un ym Mabilon, ffordd yn ymestyn bob cam o'r ffordd i Jerwsalem. Ac ar y ffordd honno roedd y caethion. Roedden nhw'n mynd adref! Ac roedd Duw yn eu harwain.

Cyfansoddodd gerdd i'w hadrodd wrth ei gyd garcharorion:
Llefara Duw yn y nefoedd ymhlith y duwiau,
ymhlith aelodau'r cyngor dwyfol.
Mae'n annerch awdurdodau'r nefoedd:
'Cysurwch, cysurwch fy mhobl.
Dywed wrthynt am fy nghariad,
dywed wrthynt fy mod wedi dioddef digon,
ac wedi derbyn mwy na'm haeddiant.'

Daw llais o'r cyngor:
'Paratowch ffordd i'r Arglwydd Dduw.
Codwch y dyffrynnoedd, a gwastadhewch y bryniau!
Gwnewch y tir ysgythrog yn llyfn
a'r tir anwastad yn wastadedd.
Gwnewch lwybr union ar draws y diffeithwch
bob cam i Jwda a Jerwsalem!

Pobl Dduw dan Fygythiad

Yna fe welir gogoniant Duw,
a bydd y byd i gyd yn ei weld!
Yr Arglwydd Dduw a lefarodd.'

Daeth llais arall:

'Galw allan, broffwyd!' meddai.
'Ond beth a alwaf? atebaf.
Y mae pobl fel blodau gwyllt,
yn cael eu chwythu yn y gwynt,
a'u dail yn syrthio
ac yn gwywo.
Y mae'r bobl wedi eu gwywo'n ddim gan ddicter Duw.'
'Gall blodau gwylltion bylu a gwywo,' ateba'r llais,
'ond bydd gair a chariad ac addewidion Duw yn sefyll am byth.'

Daeth trydydd llais, yn gryfach fyth;
mae'n siarad o'r nefoedd â Jerwsalem:
'Dihuna, dihuna O! Jerwsalem!
Dring i fynydd uchel.
Edrych i gyfeiriad yr anialwch a gwêl!
Dring i fynydd uchel.
Edrych i gyfeiriad yr anialwch a gwêl.
Cod dy lais a gwaedda â'th holl nerth,
Dywed wrth ddinasoedd Jwda,
"Wele eich Duw!"
Gwelwch, y mae yn gorymdeithio ar hyd ei briffordd.
Y mae wedi adennill ei bobl. Gwelwch y modd y maent yn ei ddilyn.
Y mae ein Duw ni fel bugail,
yn dwyn ei braidd adref,
yn cario'r ŵyn yn ei freichiau.
Dihuna, O! Jerwsalem!
Edrych i gyfeiriad yr anialwch a gwêl.'
Cyfansoddodd y bardd-broffwyd lawer o gerddi i annog ei bobl a'u codi o'u hanobaith. Dro arall, pan fyddai'n

gweddïo, cafodd ei hunan yn meddwl am y bobl oedd wedi eu gadael ar ôl yn Jerwsalem. Roedd yn gwybod sut oedden nhw'n teimlo. Roedd yn gwybod cymaint fyddai eu syndod pan fyddai Duw yn arwain ei bobl adref. Mae'n rhaid eu bod nhw'n credu fod Duw wedi eu hanghofio yn awr eu hangen mwyaf. Ond fe fyddai'n dod yn fuan a'u codi yn ei freichiau unwaith eto.

Cyfansoddodd y proffwyd gerdd arall a'i hadrodd i'r alltudion. Dychmygodd mai gwraig oedd Jerwsalem a'i fod yn siarad ar ei rhan.

Cân di y wraig ddi- blant,
rho gân!
Does gennyt ddim plant,
ti yr un sydd wedi dyheu amdanynt.
Bloeddia mewn llawenydd!
Oherwydd fel Hanna ers talwm,
a ddisgwyliodd am flynyddoedd,
ac a fu'n gyff gwawd i Penina,
fe esgori ar fwy o blant na elli di eu dychmygu.
Oherwydd y mae dy blant sy'n gaeth
ar fin dod adref atat,
a bydd yn rhaid i ti estyn dy babell,
estyn dy lenni,
a gollwng y rhaffau allan i'r pen
i wneud lle iddynt i gyd.

Paid ag ofni.
Er dy fod yn teimlo dy fod wedi dy adael,
fe fyddi'n anghofio dy drallod,
oherwydd dy Greawdwr,
y Duw a'th wnaeth
yw dy ŵr.
Ef yw dy waredwr.
Fe fydd yn troi dy warth yn ras.

Yr wyt fel gwraig wedi ei gadael,
a'i chalon wedi ei thorri.

Ond daw Duw atat;
ac fe glywi ei lais:
'Am ennyd fe'th adewais,
ond yn awr mewn tosturi
fe gofleidiaf di.
Am ennyd daeth fy nicter rhyngom,
ond yn awr mewn cariad tragwyddol
fe drugarhaf wrthyt.
Mae'r cwlwm rhyngom yn rhy gryf!

'Cofia Noa, Jerwsalem.
Cofia fel yr addewais wedi'r Llifeiriant Mawr,
beidio â'th ddinistrio eto.
Felly addawaf yn awr,
i beidio digio wrthyt mwyach.
Gall y mynyddoedd ddiflannu
ond bydd fy nghariad yn aros,
bydd fy addewid i ofalu amdanat a rhoi heddwch i ti
yn aros am byth.
Fi yw'r Arglwydd, dy Dduw, sy'n dy garu di;
Ni allaf gadw fy nhosturi rhagot.'

Dyffryn yn Llawn Esgyrn a Gardd Eden Newydd

Ymhlith y rhai a alltudiwyd i Fabilon yr oedd proffwyd o'r enw Eseciel. Pan yn byw yn Jerwsalem gwasanaethodd fel offeiriad yn y deml. Roedd y Babiloniaid wedi ymosod ar Jerwsalem ddwy waith, ac anfonwyd Eseciel i Fabilon ar ôl y cyntaf. Dros ddeng mlynedd yn ddiweddarach daeth y newydd am yr ail warchae a darostyngiad y ddinas a'i theml. Roedden nhw wedi anobeithio'n llwyr erbyn hyn.

Torrodd calon Eseciel o glywed y newyddion, er nad oedd yn synnu chwaith. Roedd eisoes wedi cael gweledigaeth o Dduw yn gadael y deml ac yn cyrraedd Babilon. Roedd Duw ei hun wedi ei gaethgludo, nid gan filwyr Babilon ond gan ei bobl ei hun. Doedden nhw ddim wedi bod yn ffyddlon iddo. Doedden nhw ddim wedi ei garu fel y dylen nhw. Roedden nhw wedi bod yn addoli duwiau eraill yn nheml Duw. Doedd dim dewis ond chwalu'r deml er mwyn adeiladu un newydd yn ei lle. Rhaid oedd chwalu Jerwsalem er mwyn codi Jerwsalem newydd, gyda Duw yn ei chanol. Dyna gredodd Eseciel.

Felly pan ddaeth y newyddion am yr ail warchae doedd Eseciel ddim yn anobeithio. Gallai hyn fod yn ddechreuad newydd. Gallai Duw ddod â bywyd eto i'w bobl.
UN DIWRNOD daeth rhai o'r alltudion at Eseciel i chwilio am air ganddo. Fe eisteddon nhw o'i gwmpas yn edrych yn wan galon.

'Pa obaith sydd i ni nawr?' gofynnodd un ohonynt.
'Gadewch i mi rannu fy ngweledigaeth gyda chi,' meddai Eseciel.
'Teimlais law yr Arglwydd arna i,' meddai. 'Cododd Duw fi, a'm harwain i ddyffryn llydan. Roedd yn llawn esgyrn. Roedden nhw wedi eu gwasgaru ar hyd y lle. Roedd hi'n ymddangos fel pe bai byddin fawr wedi marw yma a heb eu claddu. Yr unig beth allwn weld oedd esgyrn, esgyrn sychion yn llosgi yn yr haul. Doedd dim bywyd ynddyn nhw, dim ond marwolaeth o'u cwmpas nhw. Gofynnodd Duw i mi a allai'r esgyrn hyn fyw eto?

Pobl Dduw dan Fygythiad

Atebais innau "Dim ond ti sy'n gwybod hynny, Arglwydd."

'Yna dywedodd wrthyf, "Proffwyda wrth yr esgyrn, Eseciel. Dywed wrthyn nhw: Esgyrn sychion, clywch air yr Arglwydd. Fel hyn y dywed yr Arglwydd: Fe roddaf fi fywyd ynoch, ac fe gewch chi fyw. Fe roddaf gnawd arnoch a rhoi anadl oddi mewn i chi ac fe gewch chi fyw. Yna fe fyddwch chi'n gwybod mai fi sydd Dduw".'

'Felly, proffwydais fel y dywedodd wrtha i. Ac yn sydyn fe glywais sŵn yn dod o'r dyffryn. Roedd yr esgyrn yn dod at ei gilydd unwaith eto! Yna daeth cnawd arnyn nhw. Ond doedden nhw ddim yn anadlu eto. Roedden nhw'n gorwedd yn rhesi ar y llawr yn gwbl ddifywyd.

'Siaradodd Duw â mi unwaith eto. "Proffwyda wrth yr anadl. Dywed wrtho, Fel hyn y dywed yr Arglwydd, Tyrd anadl o'r pedwar gwynt, anadla ar y rhai marw hyn fel y gallan nhw fyw".'

'Proffwydais fel y dywedwyd wrthyf, a daeth yr anadl o bedwar ban y byd. Aeth yr anadl i'r cyrff, ac fe ddechreuon nhw anadlu. Yna'n araf bach, fe godon nhw ar eu traed fel byddin fawr!'

'Dywedodd Duw, "Pobl Israel yw'r esgyrn hyn." Mae'r bobl yn dweud, "Mae ein gobaith wedi diflannu. Dydyn ni'n ddim byd mwy na phentwr o esgyrn".'

'"Felly proffwyda wrth y bobl, Eseciel, a dywed wrthyn nhw, Fel hyn y dywed yr Arglwydd: Rwyf fi fy hunan yn mynd i agor eich beddau a'ch codi chi allan o'r tywyllwch. Fe'ch gosodaf ar eich traed unwaith eto a dod â chi'n ôl i wlad Israel. Fe roddaf fy ysbryd ynoch chi, ac fe fyddwch chi fyw unwaith eto! Yna fe fyddwch yn gwybod fod Duw yn cadw ei addewidion. Daw'r hyn a ddywedais yn wir"!'

Ar ddiwrnod arall siaradodd Eseciel unwaith eto gyda'r alltudion.

'Rwyf wedi cael gweledigaeth o Jerwsalem newydd a theml newydd,' cyhoeddodd. 'Fe awn yn ôl yno cyn bo hir i'w hailadeiladu, ac fe osodwn ni deml yn ei chanol. Bydd dim yn debyg i'r hen ddinas a'r hen deml – roedd y rheiny'n llygredig. Bydd Duw yn rhoi ysbryd newydd i ni, a byddwn yn bobl iddo ef unwaith eto ac fe fydd yntau yn Dduw i ni. Caiff y tir fywyd newydd. Ydych chi'n cofio'r Môr Marw? Doedd dim yn medru byw yn ei ddyfroedd ac yr oedd glannau'r môr yn anialdir. Ond pan ddaw Duw yn ôl i Jerwsalem daw'r anialwch fel Gardd Eden unwaith eto! Dyma welais i yn fy ngweledigaeth.

'Gwelais ogoniant Duw yn dod i Jerwsalem o gyfeiriad y

dwyrain. Roedd sŵn fel sŵn llawer o ddyfroedd, ac yr oedd y ddaear i gyd yn disgleirio gan oleuni Duw. Daeth y gloeuni i'r ddinas, a chyrraedd y deml. Llanwodd y deml gan ogoniant Duw! Caiff Jerwsalem enw newydd. Caiff ei galw'n "Y mae yr Arglwydd yno".

'Cefais fy arwain at fynedfa'r deml. Roedd afon yn rhedeg ohoni, yn llifo o galon presenoldeb Duw. Dim ond diferion o ddŵr oedd yno ar y pryd, ond cefais fy arwain i gyfeiriad y dwyrain, drwy fryniau'r anialwch ac fe gododd y dŵr at fy fferau. Yna cefais fy arwain ymlaen eto, ac fe gyrhaeddodd y dŵr at fy mhen-gliniau. Yna cyrhaeddodd fy nghanol, ac yna roedd yn ddigon dwfn i nofio ynddo. Roedd yn afon fawr erbyn hyn, yn rhy lydan i'w chroesi.

'Wrth i ni droi yn ôl, gwelais goed yn tyfu ar lannau'r afon. Roedd yr anialwch bellach yn ardd!

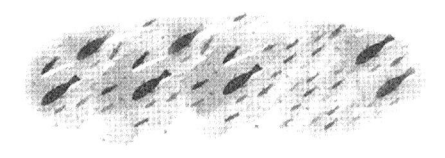

'Dywedodd fy arweinydd wrthyf, "A weli di hyn? Lle bynnag yr aiff yr afon hon fe fydd bywyd. Mae'n llifo i gyfeiriad y Môr Marw, a phan ddaw i ben ei thaith fe fydd hwnnw'n Fôr y Bywyd! Caiff y dyfroedd ei hiacháu ac fe fydd pysgod yn nofio yn llond y lle. Fydd pob math o goed yn tyfu yn yr ardal. Bydd y coed yn dwyn ffrwyth bob mis. Bydd y dail ddim yn gwywo fyth. Bydd y ffrwyth yn bwydo'n ddiddiwedd ac fe fydd y dail yn iacháu. Bydd y cyfan fel Gardd Eden'!"

Edrychodd y bobl mewn syndod ar Eseciel. Roedd eu gobaith wedi dod i ben. Ond yn awr gallen nhw freuddwydio am ddyfodol disglair. Roedden nhw wedi credu fod Duw wedi eu gadael. Nawr yr oedden nhw yn ei deimlo'n agos.

Pobl Dduw dan Fygythiad

Ail Godi Jerwsalem

Gadawodd y Babiloniaid Jerwsalem a'i theml yn adfeilion a dwyn llawer iawn o'i phobl i gaethiwed Babilon. Ond tra fo'r bobl hyn yn byw ym Mabilon, gannoedd o filltiroedd o'u cartref, yr oedd ymerodraeth newydd yn codi yn y rhan honno o'r byd. Enw ei brenin oedd Cyrus. Yn fuan daeth yr ymerodraeth i ymestyn o Fôr y Canoldir yn Nhwrci mor bell â gogledd-orllewin India. Daeth y dydd pan orymdeithiodd Cyrus i mewn i Babilon i sŵn dawnsio a chymeradwyaeth ei phobl. Roedd hyd yn oed y Babiloniaid wedi cael digon ar eu brenin. Daeth diwedd ar ymerodraeth Babilon. Daeth Ymerodraeth Persia i gymryd ei lle. Cyhoeddodd Cyrus mai ef oedd brenin pedwar ban y byd.

Y flwyddyn ganlynol; cyhoeddodd Cyrus fod yr alltudion yn rhydd i ddychwelyd adref os mai dyna oedd eu dymuniad. Gorchmynnodd iddyn nhw ailgodi'r deml a gwneud y ddinas yn sanctaidd unwaith eto. Roedd y Babiloniaid wedi dwyn creiriau gwerthfawr y deml a'u gosod yn nhemlau eu duwiau nhw. Ond gorchmynnodd Cyrus fod y creiriau i'w dychwelyd i Jerwsalem. Ond roedd arch y cyfamod, oedd yn cynnwys y Gorchymynion wedi diflannu. Ni chlywyd yr un gair amdano byth mwy.

Blwyddyn wedi iddyn nhw ddychwelyd gosodwyd sylfeini'r deml newydd. Roedd yn ddiwrnod mawr! Roedd yr offeiriaid yno yn eu gwisgoedd pwrpasol. Clywyd sŵn yr utgyrn a'r symbalau, a chanu salmau wrth groesawu Duw adref unwaith yn rhagor. Roedd y rhan fwyaf ohonyn nhw yn llawen ond i'r rhai hynaf roedd y seremonïau yn dwyn atgofion chwerw. Roedden nhw wedi byw drwy gyfnod yr alltud. Roedden nhw'n medru cofio'r amser pan oedden nhw'n blant yn Jerwsalem. Aeth eu meddyliau'n ôl at yr hen deml ac at yr amseroedd diflas dan warchae'r Babiloniaid. Fe gofion nhw am yr holl gyfeillion ac aelodau o'u teuluoedd a gollodd eu bywydau. Roedd hi'n anodd iawn iddyn nhw lawenhau, roedd hi'n haws wylo ac roedd yr wylo'n llawn poen.

Er nad oedd ailgodi'r deml yn waith hawdd fe ddaeth y gwaith i ben. Ond doedd gan Jerwsalem ddim mur o'i chwmpas o hyd i'w chadw'n ddiogel. Roedd llawer o'r adeiladau yn dal yn adfeilion ac yn wag. Doedd hi ddim yn brif ddinas y rhan honno o ymerodraeth Persia hyd yn oed. A doedd llawer iawn o bobl ddylanwadol yn y parthau hynny ddim yn dymuno i Jerwsalem fod yn gryf chwaith. Roedden nhw'n poeni am eu hawdurdod eu hunain. Doedd yr offeiriaid ac arweinwyr eraill yn Jerwsalem ddim yn sicr iawn beth i'w wneud. Ond un diwrnod cafodd dyn o'r enw Hanani syniad.

Roedd gan Hanani frawd o'r enw Nehemeia, a oedd yn ddyn pwysig yn llys brenin Persia. Doedd llawer iawn o bobl ddim yn cael mynd yn agos at y brenin. Ond yr oedd Nehemeia yn cael. Roedd yn ei gwmni bob dydd. Credodd Hanani hwyrach y gallai Nehemeia gael perswâd ar y brenin i'w cynorthwyo.

Felly teithiodd Hanani a rhai o'i gyfeillion o Jerwalem bob cam o'r ffordd i Susan, lle'r oedd palas gaeaf y brenin, i weld Nehemeia.

Yn Llyfr Nehemeia yn y Beibl, y mae Nehemeia ei hunan yn adrodd y stori am yr hyn a ddigwyddodd wedyn.

UN DIWRNOD A MINNAU'N GWEITHIO ym mhalas y brenin, wedi teithio'n hir cyrhaeddodd dynion i'm gweld. Yn eu plith yr oedd fy mrawd Hanani!

'Mae'n dda dy weld di!' meddwn. 'Ond pam wyt ti wedi dod yr holl ffordd yma i'm gweld i? A pham wyt ti'n edrych mor drist? Sut mae pethau yn Jwda? A beth am Jerwsalem? Sut le sydd yno bellach?'

Felly, dyma nhw'n adrodd y stori i gyd; y muriau'n adfeilion, y pyrth wedi eu dinistrio. Rhwygwyd fy nghalon a gweddïais ar Dduw:

O! Dduw,
ti yw Duw y nefoedd,
ti yw Duw cariad,
cariad sy'n parhau am byth.
Clyw fy ngweddi, O! Dduw.

Gwêl fy ngalar.
Gwêl alar a chywilydd dy bobl
a darostyngiad dy ddinas sanctaidd.
Rho lwyddiant i mi heddiw
wrth i mi fynd at y brenin.
Llanw'r brenin â haelioni,
fel y bydd yn barod i drugarhau
a gwrando ar fy nghais.

Felly, y diwrnod hwnnw, pan eisteddodd y brenin i fwyta tywalltais y gwin iddo yn ôl fy arfer. Edrychodd arnaf a dweud, 'Nehemeia pam wyt ti'n edrych mor drist? Rwyt ti'n edrych mor hapus fel arfer.'

'O frenin,' atebais. 'Bydd byw fyth! Y mae dinas fy nghyndadau yn gorwedd yn adfeilion. Dyna pam rwyf mor drist.'

'Beth wyt ti am i mi ei wneud?' gofynnodd y brenin.

'Os gweli di'n dda, O! Frenin, anfon fi i Jwda, i ddinas fy nghyndadau, fel y gallaf ei hailgodi.'

Roedd y frenhines yn eistedd wrth ochr ei gŵr, ac yr oedd hi a minnau wedi deall ein gilydd erioed. Edrychais arni drwy gil fy llygad. Trodd hithau at y brenin a sibrydodd rhywbeth yn ei glust. Trodd ei ben ataf a gofyn. 'Am faint o amser y byddi di i ffwrdd?' gofynnodd.

Llamodd fy nghalon. Roedd wedi cytuno i'm cynllun! Gofynnais iddo am lythyrau cymeradwyaeth i'w rhoi i lywodraethwyr yr ardaloedd y byddwn yn teithio trwyddyn nhw, er mwyn iddyn nhw weld fod gennyf sêl bendith y brenin ar y gwaith. Gofynnais hefyd am lythyr i'w gyflwyno i ofalwr y goedwig frenhinol, fel y gallwn dderbyn digon o goed ar gyfer y pyrth newydd.

'Fe gei di faint fynni di o lythyrau,' atebodd y brenin 'ac fe orchmynnaf i rai o'm swyddogion a'u milwyr i ddod gyda thi, er mwyn sicrhau dy fod ti'n cyrraedd yn ddiogel.'

Roeddwn yn teimlo fel curo dwylo a dawnsio ond gwyddwn mai nid felly oedd ymddwyn ym mhresenoldeb y brenin. Diolchais iddo am ei gymorth a diolchais i Dduw hefyd am roi ei fendith arnaf ac am ei gariad tuag ataf hyd y diwrnod hwnnw.

Felly cychwynnodd Hanani a'i gyfeillion a minnau am Jerwsalem, yn ddiogel yng nghwmni'r milwyr. Roedd llythyrau'r brenin hefyd yn ddiogel yn fy mag. Wedi dod yn agos at Jerwsalem roedd hi'n amlwg nad oedd y llywodraethwyr yn dymuno gweld Jerwsalem yn codi eto a doedden nhw ddim yn hapus o gwbl gyda'n cynllun. Ond pan welon nhw lythyrau'r brenin a milwyr y brenin, roedden nhw'n sylweddoli nad oedd dim y gallen nhw ei wneud. Felly cawsom fynd ar ein taith nes cyrraedd Jerwsalem.

Roeddwn am archwilio'r muriau i weld pa mor ddrwg yr oedd pethau mewn gwirionedd, ond doeddwn ni ddim yn dymuno i bawb i wybod. Felly, un noson codais yn dawel a chymryd ychydig ddynion gyda mi a marchogaeth o gwmpas y ddinas.

Wedi cyrraedd ochr ddwyreiniol y ddinas ni allwn fynd ymhellach. Roedd yr hen derasau lle tyfodd y coed olewydd unwaith wedi dymchwel, a cherrig y muriau wedi disgyn i'r dyffryn. Felly gadewais fy anifail a dringo y gorau gallwn i fyny'r llethr a chyrraedd y fan lle safodd muriau'r ddinas unwaith. Doedd bron dim ar ôl. Yr unig beth y gallwn ei weld oedd pentwr o gerrig a drain ac ysgall yn tyfu trwyddyn nhw. Penderfynais droi yn ôl er mwyn cyrraedd cyn iddi oleuo.

Roedd cymaint i'w wneud a dim amser i'w wastraffu. Gelwais am gyfarfod o benaethiaid teuluoedd Jwda, ynghyd â'r offeiriaid a swyddogion y ddinas.

'Edrychwch o'ch cwmpas,' dywedais wrthyn nhw, 'Roedd y ddinas hon yn ddinas hardd unwaith ond mae hi'n gorwedd yn adfeilion bellach. Mae'n gywilydd o beth. Dyma ein cartref ysbrydol. Edrychwch arni nawr!'

'Ond rwy'n dod â newyddion da i chi! Mae llaw yr Arglwydd arnaf. Mae gen i lythyrau gan y brenin yn Susan, yn ymbil arnaf i ail godi'r ddinas ac yn rhoi digonedd o goed i mi i adeiladu'r pyrth newydd.'

Synnodd pawb. 'Dewch i ni ddechrau adeiladu ar unwaith!' oedd y floedd.

Doedd ein gelynion yn yr ardal ddim yn hoff o'r syniad. Ei

pobl Dduw dan Fygythiad

harweinydd oedd llywodraethwr Samaria, ardal yng ngogledd Jwda. Ei enw oedd Sanbalat. 'Beth yw eich bwriad chi?' gofynnodd ef a'i gyfeillion. 'Ydych chi'n paratoi i wrthryfela yn erbyn y brenin?'

'Bydd Duw yn rhoi llwyddiant i ni,' atebais, 'ac ef yw Duw y nefoedd a'r ddaear. Ni yw ei weision, ei gyfeillion, ac rydym am gychwyn adeiladu, beth bynnag yw eich barn chi. Does dim byd y gallwch ei wneud i'n rhwystro ni.'

Ac felly, dyma ddechrau ar y gwaith. Gweithiodd criw o ddynion ar y pyrth tra bod eraill yn gweithio ar y muriau. Daeth rhai gwragedd i helpu hefyd.

Mewn rhai mannau dim ond codi'r mur i'w uchder iawn oedd angen. Ond ar yr ochr ogleddol a'r ochr ddeheuol roedd yn rhaid dechrau o'r newydd.

Adroddodd dynion Sanbalat yr hanes wrtho ac yr oedd yn gynddeiriog. Ond doedd ef ddim yn credu y byddem ni yn llwyddo. 'Beth all yr Iddewon eiddil yna ei wneud?' dywedodd wrth ei filwyr a'i gyfeillion. 'Sut allan nhw godi muriau cadarn o ganol adfeilion? Roedd y cerrig wedi llosgi hefyd yn y tân a gyneuwyd gan y Babiloniaid. Wnaiff y cerrig hynny ddim dal y pwysau mwyach.'

'Yn wir,' meddai un o'i ffrindiau. 'Bydd y muriau yn rhy wan i lwynogod gerdded arnyn nhw.' Chwarddodd pawb wrth feddwl am yr olygfa.

Ond pan welon nhw fod pethau'n datblygu fe beidiodd y chwerthin. Roedd y muriau wedi codi i'r hanner eisoes! Roedd y bylchau'n cael eu llenwi, ac fe fyddai'r gwaith ar ben cyn hir. Felly, galwodd Sanbalat arweinwyr y rhanbarthau at ei gilydd a dweud, 'Rhaid i ni uno'n byddinoedd ac ymosod ar Jerwsalem a rhwystro'r adeiladu. Os bydd Jerwsalem yn gryf, yna fe fyddwn ninnau yn wan. Os bydd Jerwsalem yn adfeilion fe fyddwn ninnau yn dal y grym.'

Doedd pethau ddim yn argoeli'n dda. Roedd gennym elynion o bob cyfeiriad. Ond roeddwn wedi galw ar bawb yn Jwda oedd mewn ffordd i gynorthwyo i ddod ar fyrder. Gallai ysbïwyr Sanbalat weld i mewn i'r ddinas o ambell gyfeiriad, felly gosodais fwy o ddynion yn y mannau hynny. Roeddwn am i'r gelyn gael yr argraff fod gennym fyddin gref yn amddiffyn y ddinas i gyd. 'Peidiwch ag ofni!' dywedais wrthyn nhw. ' Cofiwch fod Duw gyda ni, a bod Duw yn gryfach na Sanbalat!

Brwydrwch dros eich teuluoedd, dros eich meibion, eich merched, eich gwragedd a'ch cartrefi.'

Roedd hi'n ymddangos bod fy nghynllun yn gweithio. Daeth dim sôn am ymosodiad Sanbalat. Ond roedd yn rhaid i ni fod yn ofalus. Roeddem yn dal yn fregus tra bod y muriau a'r pyrth heb eu gorffen. Felly, o hynny ymlaen gweithiodd hanner y bobl ar y muriau a'r hanner arall yn gwarchod. Gosodais drympedwyr ar hyd y mur yn barod i seinio'r rhybudd.

Gweithiodd pawb o fore gwyn tan nos. Aeth neb adref. Arhosodd pawb yn y ddinas rhag ofn i'r gelyn ymosod wedi iddi dywyllu. Tra bo rhai yn gwylio fe gysgai'r lleill.

Wedi pum deg dau o ddyddiau cwblhawyd y muriau a'r pyrth. Roedd y gelynion yn synnu ein bod wedi cwblhau'r gwaith mor sydyn. Yn wir, roedden nhw'n rhyfeddu fod y gwaith wedi ei gwblhau o gwbl. 'Mae'n rhaid fod Duw wedi eu cynorthwyo,' medden nhw.

Roedden nhw'n hollol gywir.

Roedd dinas Duw yn gadarn unwaith eto. Gallai pobl Dduw fyw yn ddiogel yng nghysgod y deml.

Daniel: Duw yn y Fflamau

Diolch i Nehemeia ailadeiladwyd dinas Jerwsalem, a daeth hi'n ddinas gref eto. Ond wnaeth hi ddim parhau'n ddiogel am byth. Concrwyd ymerodraeth Persia gan Alecsander fawr, ac o hynny ymlaen daeth ardal ddwyreiniol Môr y Canoldir dan ddylanwad diwylliant Groegaidd.

Yn hen ddinas Jerwsalem daliodd yr Iddewon eu gafael ar yr hen ffyrdd, ond cyrhaeddodd un o frenhinoedd Groeg, Antiochus a dymuniad hwnnw oedd gwneud Jerwsalem yr un fath â dinasoedd Groegaidd eraill. Pan wrthryfelodd y bobl cosbodd hwy yn greulon. Llosgwyd rhannau o'r ddinas a dymchwel y muriau. Ond roedd gwaeth na hynny i ddod. Cyhoeddodd Antiochus ei bod hi'n anghyfreithlon i'r Iddewon ymarfer eu crefydd eu hunain na chynnal yr hen wyliau. Ceisiodd droi y deml yn

Deml Roegaidd lle y gallen nhw addoli y duw Zeus.

Cytunod rhai Iddewon. Penderfynodd eraill wrthryfela. Dywedodd eraill na ddylen nhw ymladd, dim ond dal at eu hegwyddorion Iddewig.

Rhywun, neu nifer o bobl o blith y trydydd dosbarth hwn fu'n gyfrifol am ysgrifennu llyfr Daniel. Dyma'r llyfr diweddaraf yn yr Hen Destament i gael ei ysgrifennu. Roedd hi'n anodd i'r Iddewon yn y dyddiau hynny i ymddiried yn Nuw. Roedd Antiochus yn ymddangos mor gryf tra bod Duw yn ymddangos mor eiddil. Felly ysgrifennodd awdur neu awduron llyfr Daniel er mwyn annog eu cyd-Iddewon i ddal yn ffyddlon i'w ffydd. Roedden nhw'n gwybod am nifer o hanesion am arwyr mawr y gorffennol. Credodd awduron Llyfr Daniel fod yr hanesion yn berthnasol i'w sefyllfa nhw. Felly aethon nhw ati i ailadrodd nifer ohonyn nhw yn rhan gyntaf y llyfr, ac y mae dau o'r hanesion hynny yn cael eu cynnwys yma.

Mae'r storïau'n sôn am arwr o'r enw Daniel a'i dri chyfaill: Sadrach, Mesach ac Abednego. Yn ôl yr hanes, aethpwyd â'r pedwar hyn o Jerwsalem i Babilon yng nghyfnod y Gaethglud, bedwar can mlynedd cyn dyddiau Antiochus. Roedden nhw wedi eu geni i deuluoedd cyfoethog a grymus, ac roedd Brenin Babilon, Nebuchadnesar, am iddyn nhw gael eu hyfforddi yn ei lys er mwyn ei gynorthwyo i reoli ei ymerodraeth. Gwnaethon nhw gymaint o argraff arno, fe gafon nhw eu gosod mewn swyddi o ddylanwad mawr. Aeth popeth yn iawn am gyfnod, ond . . . !

ROEDD BRENIN NEBUCHADNESAR, brenin mawr Babilon, brenin y brenhinoedd, arglwydd yr arglwyddi a llywodraethwr y byd a phopeth oedd ynddo yn nerfus. Estroniaid oedd llawer o'r bobl oedd yn llywio ei ymerodraeth, pobl a gafodd eu halltudio i Fabilon, fel Daniel, Sadrach, Mesach ac Abednego. A fydden nhw'n parhau'n deyrngar iddo? A fydden nhw'n ufuddhau iddo, neu a fydden nhw'n ceisio cael y trechaf arno? Roedd am eu profi nhw, i wneud yn sicr.

Felly gorchmynnodd adeiladu delw anferth. Wedi ei gwblhau, roedd yn ddeg medr ar hugain. Roedd ei ben yn edrych yn rhyfeddol o debyg i Nebuchadnesar ei hun.

Gorchmynnodd ei holl swyddogion – ei holl lywodraethwyr, ei gynghorwyr, trysoryddion, barnwyr i ymgasglu o flaen y ddelw. Doedd Daniel ddim yno, ond roedd Sadrach, Mesach ac Abednego yno. Ar un ochr yr oedd cerddorfa yn cynnwys cyrn, pibau, telynau, drymiau a nifer o offerynnau eraill.

Gwaeddodd un o gyhoeddwyr y brenin. 'Chi sydd wedi ymgasglu yma, gwrandewch ar hyn! Pan glywch chi sain yr offerynnau y mae'r brenin yn gorchymyn i chi ymgrymu o flaen y ddelw a'i addoli. Os na fyddwch yn ufuddhau ac yn addoli'r ddelw fe gewch eich llosgi yn y ffwrn dân!'

Trodd y cyhoeddwr at y gerddorfa a rhoi'r arwydd i gychwyn. Roedd y gerddoriaeth yn ddifrifol iawn, wedi ei gyfansoddi'n arbennig i annog pobl i blygu glin. Ar unwaith gorweddodd y bobl ar ei hwynebau ar lawr o flaen y ddelw – pawb, hynny yw, ond Sadrach, Mesach ac Abednego. Arhosodd y tri ar eu traed. Sut allen nhw ymgrymu o flaen delw'r brenin a pharhau i fod yn Iddewon? Sut allen nhw wneud hyn a bod yn ffyddlon i Dduw? Roedd eu Duw nhw yn fwy nag unrhyw ddelw. Roedd eu Duw nhw yn fwy na Nebuchadnesar. Pwy oedd hwn yn meddwl ei fod? Fe ddalion nhw i sefyll a'u pennau'n uchel.

Roedden nhw'n amlycach na'r lleill wrth gwrs yng nghanol y dorf. Sylwodd y Babiloniaid yn syth. Roedden nhw'n casáu'r Iddewon. Pwy oedden nhw'n feddwl oedden nhw. Onid estroniaid oedden nhw wedi'r cyfan, pobl fach o wlad fach Jwda. Doedden nhw ddim yn haeddu'r grym yr oedd y brenin wedi roi iddyn nhw. Dyma gyfle wedi dod i gael gwared ohonyn nhw! Dyma nhw'n mynd draw i'r fan lle'r oedd Nebuchadnesar yn eistedd ac ymgrymu o'i flaen.

'O Frenin, bydd byw am byth!' medden nhw gyda'i gilydd. 'Rwyt ti wedi gorchymyn i bawb, pan fydd y gerddoriaeth yn cychwyn, i ymgrymu o flaen y ddelw aur. Ac fe ddywedaist ti hefyd, y byddai unrhyw un a fyddai'n gwrthod gwneud hynny, yn cael ei daflu i'r ffwrnais danllyd. Wel syr, wyddost ti'r tri Iddew yna Sadrach, Mesach ac Abednego, a osodaist ti dros Babilon? Wel, syr, dydyn nhw ddim wedi ymgrymu o flaen y ddelw. Maen nhw'n dal i sefyll ar eu traed. Dydyn nhw ddim yn cymryd dim sylw ohonot. Roeddem ni'n credu y dylet ti gael gwybod.'

Roedd y brenin yn ddig iawn. Gorchmynnodd i Sadrach, Mesach ac Abednego ddod ger ei fron ar unwaith. 'Ydi hyn yn wir?' gofynnodd. 'Fe gewch chi un cyfle arall. Os ymgrymwch chi o flaen y ddelw bydd popeth yn iawn. Rwy'n barod i anghofio hyn. Ond os na wnewch chi yn ôl y gorchymyn cewch eich taflu'n syth i'r ffwrnais. Pa Dduw all eich achub wedyn?'

Edrychodd y tri i fyw llygaid y brenin. 'O Frenin, dydyn ni ddim am amddiffyn ein hunain. Fe wyddom ni'n iawn beth yw'r canlyniadau, ac rydym yn fwy na pharod i wynebu'r canlyniadau hynny. Os bydd y Duw yr ydym ni'n ei addoli yn ein hachub bydd popeth yn iawn, ond hyd yn oed os na fydd yn ein hachub fe fyddwn ni'n dal i wrthod plygu o flaen y ddelw.'

Trodd wyneb y brenin yn las. Gorchmynnodd boethi'r ffwrnais seithwaith poethach na'r arfer.

Pan oedd y ffwrnais yn barod, gorchmynnodd i'r tri gael eu clymu a'u taflu i'r ffwrnais!

Roedd y ffwrnais mor boeth lladdwyd y milwyr a gododd y tri i'w taflu i mewn gan y fflamau. Ac aeth Sadrach, Mesach ac Abednego i ganol y ffwrn.

Aeth pawb yn dawel. Doedd dim i'w glywed ond chwyrnu'r ffwrnais. Yna edrychodd Nebuchadnesar i mewn i'r fflamau. Newidiodd ei wedd. Cafodd ei syfrdanu gan yr hyn a welodd. Neidiodd o'i orsedd.

'Onid tri o ddynion a daflon ni i'r ffwrnais?' gofynnodd.

'Yn wir, O! Frenin,' atebodd ei gynghorwyr.

'Ond rwy'n gweld pedwar person yno,' meddai yntau eto, maen nhw'n cerdded o gwmpas yn rhydd a heb eu niweidio! Mae'r pedwerydd yn edrych fel duw!'

Roedd yn iawn. Roedd Duw wedi ymuno gyda'i gyfeillion yn y tân.

Agoshaodd y brenin yn ofalus at ddrws y ffwrnais. Galwodd, 'Sadrach, Mesach ac Abednego, gweision y Duw Goruchaf, dewch allan!'

Gwnaeth y dynion yn ôl y gorchymyn. Daethon nhw allan o'r tân. Roedd pawb a welodd hyn wedi eu synnu. Doedd y fflamau ddim wedi eu cyffwrdd a doedd dim arogl tân arnyn nhw hyd yn oed.

'Bendigedig yw Duw Sadrach, Mesach ac Abednego!' cyhoeddodd y brenin. 'Maen nhw wedi mentro eu bywyd er mwyn eu Duw, ac y mae yntau wedi eu hachub. Felly, rwy'n gorchymyn y bydd pawb fydd yn meiddio dweud unrhyw beth yn erbyn Duw Sadrach, Mesach ac Abednego yn cael eu cosbi'n llym. Does dim Duw arall yn debyg i'w Duw nhw.'

Roedd yn orchymyn dychrynllyd. Teyrn creulon oedd Nebuchadnesar o hyd. Roedd yn dal i gredu y gallai ddweud wrth y bobl sut i feddwl, sut i gredu a pha dduw i'w addoli. Roedd yn benderfynol o hyd i gosbi pawb a fyddai'n anufudd iddo.

Er hynny, roedd Sadrach, Mesach ac Abednego yn dal i fod yn Iddewon ffyddlon ac yn ffrindiau i Dduw. Roedd Duw wedi eu harwain drwy'r fflamau. Roedden nhw wedi dysgu llawer am Dduw.

Daniel yn Ffau'r Llewod

DAETH BRENIN NEWYDD i'r orsedd, dyn o'r enw Dareius. Roedd Daniel, yr Iddew, yn aelod o'i lys. Doedd Dareius ddim yr un fath â Nebuchadnesar. Roedd yn ymddangos i fod yn ddyn cyfiawn, ac roedd Daniel ac yntau yn ffrindiau mawr. Roedd teyrnas Dareius yn llawer iawn mwy nag oedd teyrnas Nebuchadnesar. Yn wir, roedd y deyrnas mor fawr, yr oedd y brenin yn teimlo ei fod yn llywodraethu'r byd.

Rhannodd y cyfan yn gant ag ugain o ranbarthau, a phenodi llywodraethwyr ar bob un. Un o'r rhain oedd Daniel. Roedd Daniel hefyd yn un da iawn wrth ei waith, mor dda yn wir fel bod Dareius yn ystyried ei ddyrchafu yn llywodraethwr dros y cyfan. Doedd y syniad ddim yn plesio'r llywodraethwyr eraill. Roedden nhw'n dymuno llonydd i fynd ymlaen â'u gwaith heb ymyrraeth gan neb. Beth bynnag, Iddew oedd Daniel, ac roedd hynny'n gwneud pethau'n waeth. Sut allen nhw gael gwared ohono tybed? Roedd mor boblogaidd gyda Dareius, byddai'n rhaid twyllo'r ddau rhywsut. Daeth y rhaglawiaid a'r llywodraethwyr at ei gilydd i gynllwynio. Yr anhawster mwyaf oedd fod Daniel yn ddyn da ac yn ufudd bob amser i'r brenin. Roedd pawb yn ei ystyried yn ddyn doeth a charedig. Cyn belled â bod ei ffyddlondeb i'r brenin yn bod yr oedd heb ei fai. Cafodd un ohonyn nhw syniad. Beth am ganolbwyntio ar ei grefydd. Iddew oedd Daniel wedi'r cyfan ac yr oedd yn gweddïo ar ei Dduw bob dydd. Pe bai modd cael y brenin i gyhoeddi deddf yn gwahardd addoli neb na dim ond ef ei hun, efallai y gallen nhw lwyddo i gael gwared ar Daniel. Fyddai Daniel byth yn ufuddhau i ddeddf felly.

Felly dyma fynd at y brenin yn syth.

'O Frenin Dareius,' meddent. 'Bydd byw am byth! Rydym fel rhaglawiaid a llywodraethwyr wedi cyfarfod ac am awgrymu dy fod ti'n cyhoeddi deddf newydd. Os bydd rhywun yn addoli unrhyw dduw arall ar wahân i ti, yn ystod y mis nesaf, fe fyddan nhw'n cael eu taflu i'r llewod. Cytunodd Dareius. Credodd y byddai'n beth braf iawn gweld pawb yn gweddïo arno ef. Doedd dim drwg i'w weld yn hynny.

Clywodd Daniel am orchymyn y brenin. Ond wnaeth Daniel ddim unrhyw sylw ohono. Byddai'n gweddïo deirgwaith bob dydd ar ei Dduw yn ôl ei arfer. Teirgwaith y byddai'n agor ffenestri ei lofft a gweddïo.

Roedd y rhaglawiaid a'r llywodraethwyr wedi bod yn ei wylio yn ofalus. Y bore wedi'r gorchymyn aethon nhw'n ddistaw bach at gartref Daniel. O dan y ffenest, a oedd yn wynebu'r gorllewin roedden nhw'n gallu clywed Daniel yn gweddïo. Roedden nhw wedi ei ddal ac felly fe ruthron nhw at y brenin i ddweud wrtho am yr hyn yr oedden nhw wedi ei glywed

'O Frenin! wyddost ti'r gorchymyn yna rwyt ti wedi ei gyhoeddi?'
'Ie?' atebodd yntau.
'Wyt ti'n berffaith sicr na all *neb* ei dorri?'
'Berffaith sicr!'
'Wel, mae'n ddrwg gennym ni orfod dweud wrthyt ti fod Daniel, yr Iddew o Jerwsalem, yn dy anwybyddu'n llwyr. Mae'n dal i weddïo deirgwaith y dydd ar ei Dduw. Rydym ni wedi ei weld â'n llygaid ein hunain ac wedi ei glywed hefyd.'

Roedd calon Dareius ar dorri. 'Ewch allan!' gwaeddodd.

Doedd y rhaglawiaid a'r llywodraethwyr ddim wedi disgwyl hynny. Roedden nhw wedi disgwyl i'r brenin orchymyn taflu Daniel at y llewod.

Treuliodd Dareius y diwrnod yn ceisio ffordd i achub Daniel. Roedd ei orchymyn ei hun wedi ei faglu. Roedd wedi ei ddal gan ei rym ei hun!

Wedi iddi nosi daeth y rhaglawiaid a'r llywodraethwyr yn ôl.

'Fedri di ddim newid y gorchymyn, O! Frenin,' medden nhw. 'Fedri di ddim torri dy air dy hun.'

Rhoddodd Dareius ei ben yn ei ddwylo. 'Daliwch Daniel,' meddai'n ddistaw, 'a thaflwch ef i'r llewod.'

Yn hwyrach, aeth at y ffau i weld Daniel yn cael ei daflu i'r llewod. 'Bydded i Dduw dy gadw yn ddiogel,' meddai yn dawel fach.

Pydew dwfn oedd y ffau. Rhoddodd swyddogion Dareius faen mawr ar ei draws a rhoddodd y brenin ei hun ei sêl arni.

Aeth y brenin adref yn drist. Er i'w weision ddod â bwyd iddo ni allodd fwyta dim. Yn wir, chysgodd y brenin ddim winc y noson honno.

Ar doriad gwawr rhuthrodd i lawr at y ffau. 'Daniel, Daniel,' gwaeddodd, 'Ydi dy Dduw wedi llwyddo i dy achub?'

Doedd Dareius ddim yn disgwyl ateb. Ond yn sydyn daeth llais o ganol y ffau. 'O! Frenin bydd byw am byth!' Doedd y brenin ddim yn medru credu. Roedd Daniel yn fyw!

'Anfonodd Duw ei angel i fod yn gwmni i mi a'm cadw rhag

safnau'r llewod,' gwaeddodd Daniel.

Roedd y brenin yn gorfoleddu.

'Brysiwch!' meddai wrth ei swyddogion. 'Symudwch y maen. Tynnwch ef allan.' Tynnwyd Daniel allan yn fyw ac yn gwbl iach. Cofleidiodd y ddau ei gilydd.

Er bod y brenin yn falch yr oedd hefyd yn flin fod ei raglawiaid a'i lywodraethwyr wedi ei dwyllo. Ac felly fe gyhoeddodd orchymyn arall.

'Ewch i ddal y gweilch, y rhai a gyhuddodd Daniel, taflwch y cwbl hyd yn oed eu gwragedd a'u plant i'r llewod!'

Ufuddhaodd y swyddogion. A chyn i'r rhaglawiaid a'r llywodraethwyr a'u teuluoedd gyrraedd gwaelod y pydew roedd y llewod wedi eu llarpio.

Cyhoeddodd Dareius orchymyn arall i'r holl bobl:

'Rhaid i bawb ofni
o flaen Duw Daniel,' meddai.
'Oherwydd ef yw y Duw Byw,
sy'n achub,
sy'n gwaredu,
sy'n gwneud arwyddion a rhyfeddodau
yn y nefoedd ac ar y ddaear.'

Yr hyn yr oedd yn ei feddwl mewn gwirionedd oedd y dylai pawb ofni'r brenin a Daniel. Roedden nhw yn gallu achub ond roedden nhw hefyd yn gallu difetha. Os nad oedd y bobl am ufuddhau fe fyddai ar ben arnyn nhw!

Yn union fel Nebuchadnesar o'i flaen, doedd Dareius ddim wedi dysgu dim am Dduw na'i ffyrdd.

6

HANESION HYFRYD, CERDDI HYFRYD

Y mae'r bennod hon yn wahanol i'r penodau blaenorol. Hyd yn hyn y mae'r hanesion a'r cerddi wedi bod yn rhan o stori fwy, neu wedi eu selio ar un thema arbennig. Nawr yr hyn sydd gennym yw casgliad o weithiau digyswllt. Maen nhw'n cael eu cynnwys yma oherwydd eu bod mor dda.
    Gyda stori Ruth y mae'r bennod hon yn dechrau, a dyma un o'r storïau hyfrytaf yn y Beibl. Y mae stori Jona, sy'n dilyn yn un o'r doniolaf, ac eto yn un o'r mwyaf difrifol.
    Wedi Jona down at lyfr Job, a gafodd ei ysgrifennu gan fardd anhysbys. Mae gan Job rywbeth sy'n arwyddocaol iawn i'w ddweud wrth ein byd ni. Mae'n trafod y poen a'r gofid y mae pobl yn eu dioddef yn ogystal â'r Duw caredig sydd y tu ôl i'r cyfan.
    Yna, yn olaf, mae gennym ni ddwy salm neu ganeuon cysegredig. I lawer iawn o Iddewon a Christnogion llyfr y Salmau yw un o'r llyfrau mwyaf gwerthfawr yn y Beibl i gyd. Roedd pennod pump yn cynnwys ychydig o salmau ond doedd hi ddim yn cynnwys y salm enwocaf ohonyn nhw i gyd, Salm 23. Y Salm honno ynghyd ag un Salm hyfryd arall fydd yn cloi ein taith yn y rhan yma o'r Beibl, (Yr Hen Destament fel y mae'r Cristnogion yn ei alw, neu'r Tanakh fel y mae'r Iddewon yn cyfeirio ato).

Ruth, Naomi a Boas: Cariad yn Ennill y Dydd.

Stori fer yw Llyfr Ruth (cyfeirir at weithiau yn y Beibl fel llyfrau er mai dim ond ychydig dudalennau sydd ynddyn nhw). Y mae'n stori gyflawn a heb fod yn rhan o stori arall.

Y cefndir yw tref Bethlehem. Y mae Bethlehem yn enwog nawr am fod y Brenin Dafydd wedi ei eni yno, ac yn ddiweddarach yno y cafodd Iesu ei eni. Ond yn y dyddiau hynny, doedd Bethlehem ddim yn enwog o gwbl.

Stori garu ydi hon sy'n diweddu'n hapus. Mae'n sôn am Ruth, gwraig estron o wlad Moab, yn cwrdd â dyn o'r enw Boas ym Methlehem ac yna yn ei briodi. Ond mae gan y stori lawer mwy i'w ddweud am berthynas Ruth a merch o'r enw Naomi. Y nhw yw'r prif gymeriadau, ac y mae y rhan fwyaf o'r cymeriadau llai yn y stori yn ferched hefyd. Y mae hynny'n beth anghyffredin i stori o'r Beibl, sy'n peri i ni feddwl tybed ai merch oedd yr awdur? Yn anffodus ni wyddom enw'r awdur.

Dydyn ni ddim yn gwybod pryd yr adroddwyd y stori chwaith. Ar y diwedd y mae'n cyfeirio at y Brenin Dafydd, felly dydyn ni ddim yn sôn am gyfnod cyn ei deyrnasiad ef. Mae'r rhan fwyaf o'r arbenigwyr yn credu fod modd dyddio'r stori mor bell yn ôl â'r wythfed, nawfed neu hyd yn oed y ddegfed ganrif. Ond does fawr o bwys am hynny. Yr hyn sy'n bwysig yw ei bod yn stori brydferth.

YN Y DYDDIAU CYNNAR cyn bod brenhinoedd yn Israel, roedd teulu yn byw mewn tref o'r enw Bethlehem. Enw'r tad oedd Elimelech, enw'r fam oedd Naomi, ac roedd ganddyn nhw ddau fab, Mahlon a Chilion.

Roedd cyndadau Elimelech wedi byw ym Methlehem ers cyn cof. Ond daeth yn amser pan na allen nhw fyw yno mwyach. Doedd y glawogydd ddim wedi disgyn ers hydoedd. Roedd y cynhaeaf wedi methu. Roedd newyn yn y dref a thrwy'r wlad i gyd.

Er bod gan y rhan fwyaf o drigolion y dref ychydig i fyw arno nid felly yr oedd hi yn hanes Elimelech a Naomi. Ystyr "Bethleem" yw "Tŷ Bara", ond iddyn nhw a'u meibion "Tŷ Marwolaeth" oedd ystyr y lle. Doedd ganddyn nhw ddim dewis, ond gadael fel ffoaduriaid. Byddai'n rhaid iddyn nhw fynd i wlad estron a byddai'n rhaid iddyn nhw gerdded bob cam. Y gobaith oedd y byddai rhywun yno o leiaf yn rhoi gwaith iddyn nhw er na fyddai'n bosibl iddyn nhw brynu eu tir eu hunain. Byddai mwy o obaith i'r teulu fedru byw yno ac nid marw.

Felly, yn drwm galon dyma adael Bethlehem a theithio i Moab, gwlad yr ochr arall i'r Môr Marw. Roedd y Moabiaid yn siarad iaith wahanol. Roedd ganddyn nhw arferion gwahanol a duwiau gwahanol. Ond o leiaf yr oedd bwyd yno. Felly fe geisiodd y teulu ymgartrefu gorau gallen nhw.

Doedd pethau ddim yn hawdd, ac yn fuan iawn gwaethygodd y sefyllfa. Bu farw Elimelech.

O leiaf yr oedd y ddau fab gan Naomi. Priododd y ddau ferched o Moab. Priododd Chilion rhywun o'r enw Orpa, tra fod Mahlon wedi priodi merch o'r enw Ruth. Fe fuon nhw fyw gyda'i gilydd yn Moab am bron i ddeng mlynedd. Doedd gan Ruth na Orpa ddim plant.

Yna fe fu farw Mahlon a Chilion.

Roedd Naomi wedi ei gadael ei hun mewn gwlad estron heb neb i ofalu amdani a heb unrhyw ffordd i oroesi hyd y gallai weld. Byddai'n rhaid iddi fynd yn ôl i Fethlehem. Daeth diwedd ar y newyn yno ac roedd Duw wedi eu bendithio â chynhaeaf toreithiog. Roedd hynny beth bynnag yn newydd da i Naomi.

Felly, cychwynnodd ar ei thaith. Aeth Orpa a Ruth gyda hi. Roedden nhw wedi cerdded heb ddweud gair wrth ei gilydd am filltiroedd. Yn sydyn oedodd Naomi.

'Allwch chi ddim dod yn bellach gyda mi,' meddai. 'Ewch yn ôl adref at eich mamau. Roeddech chi'n wragedd da i'r bechgyn, ac rydych wedi bod yn garedig iawn i mi. Rwy'n gobeithio y bydd Duw yn dda i chithau hefyd. Gobeithio y cewch chi ei gymorth i ddod o hyd i wŷr newydd.'

Rhoddodd gusan ffarwel i Orpa a Ruth, a thorrodd y ddwy i wylo.

'Rydym ni am ddod gyda thi,' medden nhw.

'Gallwch chi ddim,' mynnodd Naomi. Roedd ei llais, ei hwyneb, ei chorff a'i hysbryd yn llawn chwerwder. 'Pam ddylech chi ddod gyda

Pobl Dduw dan Fygythiad

mi, does gen i ddim i'w gynnig i chi. Ewch yn ôl at eich pobl eich hun. Priodwch unwaith eto. Rydych chi'n ddigon ifanc. Rwyf fi'n rhy hen a does dim gobaith i mi bellach. Mae Duw wedi troi yn fy erbyn. Mae'r cyfan wedi troi'n chwerw i mi.'

Roedd Orpa a Ruth wedi colli eu gwŷr hefyd ond doedd Naomi ddim yn gallu meddwl am neb ond hi ei hunan. Roedd hi wedi suddo i ddigalondid mawr. 'Mae'n llawer iawn gwaeth arna i nag y mae arnoch chi,' meddai eto. 'Ewch yn ôl a gadewch i mi fynd ymlaen fy hun.'

Torrodd Orpa a Ruth i wylo unwaith eto. Ond o dan y cwbl yr oedd Orpa yn sylweddoli fod Naomi yn iawn. Doedd dim gobaith am briodi ym Methlehem a dim gobaith i Ruth chwaith. Er eu bod yn dal yn eu hugeiniau, roedd dynion yn priodi merched iau na hynny, a beth bynnag fe fydden nhw'n estroniaid ym Methlehem. Sut allen nhw oroesi heb ddynion i'w gwarchod? Roedd Naomi yn iawn. Byddai'n well iddyn nhw fynd yn ôl i weld a allai eu mamau ddod o hyd i wŷr iddynt.

Felly, rhoddodd Orpa gusan ffarwel i'w mam-yng-nghyfraith a throi am Moab. Credodd y byddai Ruth yn gwneud yr un peth.

Ond na, daliodd Ruth ei gafael ar Naomi a gwrthod gollwng.

'Edrycha!' meddai Naomi wrthi. 'Mae dy chwaer-yng-nghyfraith yn mynd yn ôl at ei phobl ei hun a'i duwiau ei hun. Dos dithau gyda hi.'

'Paid â'm gorfodi i dy adael ar ben dy hun!' oedd ei chri.
'Lle bynnag yr ei di fe af innau.
Ble bynnag y byddi di fyw fe fyddaf innau fyw.
Dy bobl di yw fy mhobl i,
dy Dduw di, fy Nuw innau.
Lle bynnag y byddi di farw y byddaf innau farw.
Yno y caf fy nghladdu.
Af ar fy llw gerbron Duw ei hunan,
Duw Israel,
gwnaiff angau ei hun ddim ein gwahanu!'

Roedd Naomi yn fud. Roedd yn un o'r areithiau gorau iddi glywed. Ond er mor wych, doedd hi ddim yn ddigon i godi Naomi o'i digalondid. Roedd hi'n gwybod na allai wneud dim i berswadio Ruth i fynd adref. Byddai'n rhaid i Ruth fynd gyda hi i Fethlehem.

Daliodd y ddwy i gerdded mewn distawrwydd. Cymerodd ddau ddiwrnod iddyn nhw gyrraedd Bethlehem. Bu Naomi'n dawel ar hyd y daith.

Wedi cyrraedd tyrrodd merched Bethlehem o'u cwmpas. Roedd eu llygaid ar Naomi. Ai hon *oedd* Naomi tybed? Ystyr ei henw oedd "Hyfrydwch", ac roedd hi'n arfer bod yn hyfryd pan adawodd ei theulu am Moab flynyddoedd maith yn ôl. Ond bellach yr oedd wedi troi'n galed ac yn chwerw. Doedd hi ddim yn ymddangos ei bod yn falch i fod adref.

'Ai ti *yw* Naomi?', oedd y cwestiwn mawr ar wefusau pawb.

'Peidiwch â'm galw i'n Naomi,' gwaeddodd. 'Dydw i ddim yn "Hyfryd" mwyach. Galwch fi'n Mara. Ystyr hynny yw "Chwerw" a dyna'r enw sy'n gweddu i minnau bellach. Pan adewais Bethlehem roedd gen i bopeth ond rwy'n dod yn ôl heb ddim. Edrychwch beth wnaeth Duw i mi!'

Doedd Naomi ddim yn cofio fod ganddi rywun. Roedd ganddi Ruth.

***

Nôl ym Methlehem doedd gan Naomi ddim nerth i wneud dim. Roedd Ruth er hynny, yn gwrthod eistedd a disgwyl iddyn nhw farw. Os nad oedd ganddyn nhw ddim i'w fwyta, wel, doedd dim dewis ond mynd i chwilio am rywbeth.

'Maen nhw'n cynaeafu,' meddai wrth Naomi. 'Af i lawr i'r caeau i loffi. Fe godaf yr hyn y mae'r cynaeafwyr wedi ei adael ar ôl. Neu, fe ofynnaf am ganiatâd beth bynnag.'

Dilynodd Ruth y llwybr lawr am y caeau. Roedd hi'n gynnar iawn yn y bore, ond roedd y dynion eisoes wrth eu gwaith. Sylwodd Ruth ar ddyn ifanc oedd yn amlwg yn gyfrifol am yr hyn oedd yn digwydd yn y gornel honno. Aeth ato.

'Ga i loffa ymysg yr ysgubau,' meddai yn acen amlwg y Moabiaid.

Edrychodd y dyn ifanc arni a'i nabod yn syth. Hi oedd y ferch oedd wedi dod yn ôl gyda Naomi.

'Gelli di ddim gwneud hynny, ferch, heb ganiatâd. Bydd yn rhaid i mi ofyn i'r perchennog pan ddaw yn ôl. Bydd yn rhaid i ti aros tan hynny.'

Dyn o'r enw Boas oedd yn berchen y cae. Fel roedd hi'n digwydd bod, yr oedd yn perthyn o bell i Naomi. Doedd Ruth ddim yn gwybod hynny.

Pobl Dduw dan Fygythiad

Bu'n rhaid iddi aros am oriau. Erbyn i Boas gyrraedd, roedd yr haul wedi codi a'r dydd yn poethi.

Cyfarchodd Boas ei weithwyr. 'Bydded Duw gyda chi!' meddai. 'Bendith Duw arnat tithau,' meddent hwythau. Yna sylwodd Boas ar Ruth. Roedd hi'n amlwg yn estron. Beth oedd hi'n ei wneud yma tybed? meddyliodd.

Trodd at ei ben gweithiwr. 'Gwraig pwy yw honna?' gofynnodd.

'Hi yw'r ferch o Moab ddaeth yn ôl gyda Naomi,' atebodd. 'Mae'n gofyn am ganiatâd i loffa ymhlith yr ysgubau. Rwyf wedi dweud wrthi y byddai'n rhaid i mi ofyn i ti yn gyntaf. Mae hi wedi bod yn sefyll yna am oriau.'

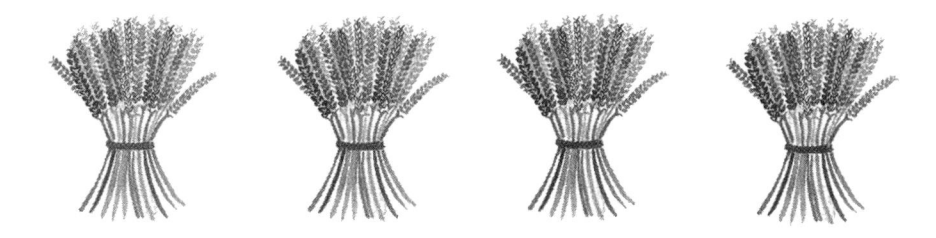

Edrychodd Boas yn ôl i gyfeiriad Ruth. Dyma'r wraig a ddaeth bob cam o Moab. Roedd Boas yn llawn edmygedd ohoni am yr hyn yr oedd wedi ei wneud. Aeth ati a gwenodd. 'Wrth gwrs,' meddai wrthi. 'Casgla faint fynni di. Ond bydd yn ofalus o'r dynion. Cadw'n agos at fy merched i, y rhai sy'n gwneud yr ysgubau. Dilyn y rheiny, a chod yr hyn fydd yn weddill. Fe ddywedaf wrth y dynion am adael llonydd i ti. Os bydd syched arnat ti dos i nôl dŵr o'r llestri mae'r dynion wedi eu llenwi.'

Roedd Ruth wedi synnu. 'Pam wyt ti mor garedig wrtha i, syr?' meddai. 'Dydw i ddim yn neb arbennig. Does gen i ddim hawliau yma. Rwy'n ddieithryn ac yn estron.'

'O! Na,' meddai Boas. 'Rwyt ti'n arbennig iawn. Mae pawb yn siarad amdanat yn arbennig am yr hyn a wnest ti dros Naomi wedi i ti golli dy ŵr. Sut y gadewaist wlad dy eni, a'th fam a'th dad. Rwyt ti'n wraig arbennig iawn! Rwy'n gobeithio y bydd Arglwydd Dduw Israel yn dy warchod ac yn rhoi i ti yr hyn yr wyt yn ei haeddu.'

'Rwy'n gobeithio y byddaf yn parhau i'th blesio, syr,' atebodd Ruth. 'Doedd gen i ddim syniad beth fyddet ti'n ddweud. Ond does dim ofn

Llyfr y Llyfrau

arna i mwyach oherwydd rwyt ti wedi bod yn garedig iawn wrthyf.'

Gweithiodd drwy'r bore gan gadw'n agos at wragedd Boas. Yna daeth yn amser cinio. Credodd Ruth y byddai'n rhaid iddi fod heb ddim, ond galwodd Boas arni. 'Tyrd i eistedd gyda ni,' meddai. 'Cymer ychydig fara a'i wlychu yn y gwin.'

Wedi iddi eistedd wrth ochr y medelwyr estynnodd Boas ŷd wedi ei grasu iddi.

Wedi ei grasu! Dyma beth oedd gwledd. Cafodd fwy na allai ei fwyta, a bara hefyd. Byddai ganddi ddigon i fynd yn ôl i Naomi. Casglodd y cyfan ynghyd a'i roi yn ei sach.

Cododd i loffa unwaith eto. Galwodd Boas ar ei ddynion. 'Gadewch iddi loffa hyd yn oed yng nghanol yr ysgubau,' meddai. 'A rwyf am i chi dynnu peth allan o'r dyrneidiau hyd yn oed a'i adael iddi ei loffa. Gofalwch beidio â'i dwrdio.'

Roedd y dynion yn synnu oherwydd doedd neb wedi cael y driniaeth hon o'r blaen. Beth oedd Boas yn ei wneud tybed? Doedd bosib ei fod wedi syrthio mewn cariad â hi?

Ond gwell fyddai iddyn nhw wrando, ac felly y bu.

Daliodd Ruth i loffa hyd yr hwyr. Roedd yn waith caled ond oherwydd gorchymyn Boas cododd lwythi o haidd.

Roedd Naomi yn rhyfeddu pan welodd yr hyn oedd gan Ruth. A phan welodd y bara a'r ŷd wedi ei grasu rhyfeddodd yn fwy fyth.

'Lle ar wyneb y ddaear rwyt ti wedi bod yn gweithio heddiw?' gofynnodd. 'Mae rhywun wedi bod yn garedig iawn wrthyt ti. Bendith arno pwy bynnag ydoedd!'

'Boas oedd y dyn caredig,' meddai Ruth.

'Boas!' atebodd Naomi. 'Bendith Duw arno! Fe yw'r ateb i'n holl ofidiau. Bendith arno!' Oedodd am eiliad. 'Gwrando Ruth,' meddai'n dawel. 'Mae Boas yn perthyn i ni, yn hanu o lwyth Elimelech a Mahlon. Mae'n un o'r rheiny all ein gwaredu,'

'Beth wyt ti'n feddwl, "gwaredu"?' gofynnodd Ruth.

'Pan fo rhywun yn dy lwyth mewn trafferthion, mae'n rhaid i ti eu helpu a sicrhau eu diogelwch. Wel, dyma ni yng nghanol ein trafferthion. Neb i ofalu amdanom, minnau yn rhy hen i briodi eto, a thithau yn estron. Ond efallai y gwnaiff Boas . . . '

"Fe gei di loffa faint fynni di yn fy nghaeau" 'Dyna ddywedodd Boas wrtha i' meddai Ruth. ' "Cadw'n agos at fy llanciau" Dywedodd hyn hefyd.' ychwanegodd Ruth.

'Llanciau!' meddai Naomi. 'Dal yn agos at ei lancesau, Ruth! Dydy'r dynion ddim yn saff. Wyddost ti ddim beth wnân nhw.'

Gwenodd Ruth. Doedd Naomi ddim wedi sylweddoli mai bod yn ddireidus oedd Ruth. Ond roedd rheswm arall am y wên ar wyneb Ruth. Roedd Naomi wedi codi o'i hanobaith. Ond beth oedd hi yn ei feddwl tybed wrth ddweud mai Boas oedd yr ateb i'w holl drafferthion? Doedd Ruth ddim yn deall y darn yna. A beth oedd Naomi ar fin dweud ychydig eiliadau yn gynt cyn iddi dorri ar ei thraws? Gallai synhwyro fod Naomi yn meddwl ac yn cynllwynio. Beth oedd yn mynd ymlaen?

Daeth Ruth i wybod yn ddigon buan.

Daeth diwedd ar y cynhaeaf haidd a'r cynhaeaf gwenith. Casglwyd yr ysgubau a'u cludo i'r llawr dyrnu. Ar wahân i'r dyrnu roedd llawer iawn o fwyta ac yfed yn digwydd yn y llawr dyrnu, yn enwedig pan oedd y cynhaeaf yn doreithiog. Y flwyddyn honno bu'n gynhaeaf ardderchog. Byddai'n arfer gan y gweision warchod y cynhaeaf hyd amser dyrnu. Byddai Boas bob amser yn cysgu yn y llawr dyrnu i warchod cynhaeaf ei feysydd ef.

Roedd Naomi yn gwybod hynny. Meddyliodd am gynllun. Roedd Ruth wedi dod â llwyth o fwyd adref bob dydd. Ond doedd hwnnw ddim yn mynd i barhau am byth. Roedd angen dyn o gwmpas y tŷ. Neu yn hytrach, roedd angen dyn i briodi Ruth er mwyn gwarchod y ddwy. Gallai Ruth gael mab a fyddai'n etifeddu'r tir a fu yn eiddo i'r teulu am genedlaethau. Byddai hynny'n sicrhau na fyddai enwau Elimelech, Mahlon a Chilion yn mynd yn angof.

Roedd y cynllun yn eithaf mentrus, ond roedd hi'n gyfnod tyngedfennol yn hanes Ruth a Naomi.

Yn gynnar un noson, cyn iddi dywyllu, trodd Naomi at Ruth.

'Ruth, mae gen i syniad,' meddai. 'Rwyt ti'n gwybod mod i'n dymuno'r gorau i ti. Wel, rwy'n credu mod i'n gwybod sut mae cael y gorau hwnnw. Fel wyt ti'n gwybod erbyn hyn, mae Boas yn perthyn i ni, ac yn aelod o lwyth Elimelech. Fe fydd yn y llawr dyrnu heno yn gwarchod yr haidd. Dyma sydd yn rhaid i ti ei wneud. Taclusa dy hun, ymbincia a gwisga dy ddillad gorau a dos ato. Tyn dy ddillad a gorwedd wrth ei draed. Fe gei wybod ganddo beth i'w wneud wedi iddo ddihuno.' Deallodd Ruth beth oedd ym meddwl Naomi. Yr unig ffordd y gallai'r ddwy oroesi ym Methlehem oedd drwy fod Ruth yn priodi Boas. Y

Llyfr y Llyfrau

broblem oedd mai gwraig estron oedd hi. Roedd hi'n amau fod Boas mewn cariad â hi, ond roedd yn ddyn parchus ac yn un o ddynion pwysicaf y dref. Doedd dim posibl iddo briodi merch o Moab . . . oni bai wrth gwrs ei fod yn cael ei dwyllo. Mae'n bosibl y gallai cynllun Naomi weithio.

Gwelodd neb hi wrth iddi gerdded am y llawr dyrnu. Gwyliodd Boas wrth iddo orffen ei swper ac yna mynd i orwedd wrth yr haidd. Aeth i gysgu'n sydyn. Gallai Ruth ei glywed yn chwyrnu. Aeth ato yn ddistaw bach, a thynnu ei dillad a gorwedd wrth ei draed.

Yna ar ganol nos wrth droi yn ei gwsg teimlodd Boas rhywbeth wrth ei draed. Gwelodd fod gwraig yno ond gan ei bod mor dywyll doedd hi ddim yn bosibl iddo ei hadnabod.

'Pwy wyt ti?' gofynnodd.

'Fi yw Ruth, Syr,' atebodd hithau. 'Rwy'n oer. Taena dy fantell drosof.'

Syfrdanwyd Boas. Roedd hi yn gofyn iddo ei phriodi! Yn y dyddiau hynny pan oedd dyn yn taenu ei fantell dros ryw ferch yn y ffordd yr oedd Ruth wedi gofyn, roedd yn ei gwneud yn wraig iddo. Roedd hi'n arwydd ei fod yn ei hamddiffyn. Deallodd Boas yn iawn beth oedd ystyr hyn, ac yr oedd yn llawen iawn.

'Bendith Duw arnat ti!' meddai. 'Dyma'r peth gorau yr wyt ti wedi ei wneud. Hyd yn oed yn well na'r caredigrwydd yr wyt ti wedi dangos tuag at Naomi. Rwyt ti wedi fy newis i yn ŵr i ti. Rydym wedi ein creu ar gyfer ein gilydd ac mae gennym gymaint yn gyffredin rhyngom. Mae pawb yn y dref yn dy edmygu di ac yn fy edmygu innau hefyd.'

'Beth bynnag,' ychwanegodd. 'Rwy'n ofni nad yw pethau mor hawdd â hynny. Y mae dyn arall yn y dref, aelod arall o lwyth Elimelech, sy'n perthyn yn nes i ti na mi. Dylai ef gael y flaenoriaeth arna i. Ond paid â phoeni, rwy'n credu y gallaf ddatrys y broblem. Yn y cyfamser gwisga dy ddillad, ac aros yma tan y bore. Os na wnaiff y dyn arall yma dy briodi fe fyddaf fi yn sicr o wneud. Rwy'n addo.'

Felly gwisgodd Ruth amdani a gorwedd i gysgu. Cyn iddi wawrio, a hithau'n dal yn dywyll, dihunwyd hi gan Boas.

'Brysia!' meddai. 'Bydd yn gwawrio gyda hyn. Rhaid i ti fynd adref cyn bod neb yn dy weld. Estyn allan dy fantell.'

Llanwodd ei mantell â haidd a chlymodd Boas y fantell a'i gosod ar ben Ruth.

Roedd Naomi ar ddihun pan gyrhaeddodd Ruth adref. Doedd hi ddim wedi cysgu drwy'r nos.

'Wyt ti'n iawn!' meddai'n ddisgwylgar. 'Weithiodd y cynllun? Wyt ti'n wraig i Boas eto?'

Adroddodd Ruth yr hanes, a'r hyn a ddywedodd Boas am y perthynas arall. 'Ac fe roddodd yr anrheg yma i ti,' meddai gan daflu'r sach i'r llawr. 'Dywedodd na chawn i fynd adref yn waglaw.'

Roedd Naomi wedi gwirioni. Edrychodd ar gynnwys y sach.'

'Aros di,' meddai. 'Bydd Boas yn sicr o drefnu pethau'n iawn. Gafaelodd yn nwylo Ruth a dawnsio o gwmpas yr ystafell wrth i'r haul godi a throi'r meysydd yn erwau o aur.

Gadawodd Boas y llawr dyrnu a dringo i gyfeiriad porth y dref. Doedd ef ddim yn gallu credu o hyd fod Ruth am ei briodi. Tu fewn i'r porth yr oedd sgwâr y dref lle byddai pobl yn cyfarfod â'i gilydd i sgwrsio ac adrodd yr hanesion diweddaraf. Dyma'r fan lle byddai henuriaid y dref yn cyfarfod i drafod materion pwysig.

Aeth Boas drwy'r porth ac i'r sgwâr ac aros yno. Roedd hi'n dal yn gynnar iawn, ond gyda hyn dechreuodd y dynion ddod heibio. Un o'r cyntaf i gyrraedd oedd y perthynas i Ruth yr oedd wedi sôn amdano yn gynt y noson honno.

Galwodd Boas arno. 'Tyrd yma i eistedd am ychydig, mae gen i fater pwysig i'w drafod gyda thi.'

Derbyniodd y gŵr y gwahoddiad. Ac wrth i'r dynion eraill basio heibio galwodd Boas arnyn nhw hefyd i ddod ynghyd. Yn y diwedd roedd deg o henuriaid wedi casglu at ei gilydd, digon i ddod i benderfyniad ar broblem Boas. Daeth nifer o bobl eraill i eistedd y tu ôl i'r henuriaid i wrando ar yr hyn oedd yn cael ei ddweud.

Dywedodd Boas wrth berthynas Ruth. 'Y mae darn o dir yr oedd Elimelech yn arfer ei drin cyn iddo adael Moab. Mae wedi bod yn ei deulu ers cyn cof, ond does neb wedi ei gyffwrdd ers blynyddoedd. Gall Naomi ddim ei drin ei hunan, felly mae'n bwriadu ei werthu. Nawr, fedrwn ni ddim gadael i'r tir fynd i rywun o'r tu allan i'r llwyth, na fedrwn? Rhaid i ni ei gadw oddi fewn i'r llwyth er cof am Elimelech a'i feibion. Rwyt ti'n perthyn i'r llwyth fel finnau. Ond rwyt ti'n dod o'm blaen i. Felly os wyt ti'n barod i brynu'r tir gan Naomi, dweda hynny'n nawr o flaen yr henuriaid a'r tystion hyn. Os nad wyt ti am ei brynu, fe wna i ei brynu fy hunan.'

Cymerodd perthynas Ruth ychydig amser i ystyried y mater. Roedd yn gwybod beth oedd y ddeddf. Pe byddai'n prynu'r tir fe fyddai'n rhaid iddo hefyd briodi Naomi. Pe byddai Naomi yn cael mab, byddai hwnnw yn etifeddu'r tir pan fyddai'n ddigon hen. Beth bynnag, roedd Naomi yn rhy hen i gael plant felly gallai ei phriodi heb boeni am y pethau hynny. Byddai ganddo fwy o dir a gallai ei feibion ei hunan etifeddu'r tir wedi iddo farw.

'O'r gorau,' dywedodd. 'Fe wna i gytuno. Fe wna i brynu'r tir er mwyn ei gadw o fewn y teulu.'

Ond doedd Boas ddim wedi gorffen eto. 'Rwyt ti'n sylweddoli gobeithio,' meddai, 'ar y diwrnod y byddi di yn derbyn y tir, rwyt ti hefyd yn cael Ruth, gweddw Mahlon. Mab hynaf Elimelech oedd Mahlon, ac yn ôl y drefn, ef fyddai wedi etifeddu'r tir ar farwolaeth ei dad. Ond mae Mahlon wedi marw hefyd, wrth gwrs. Felly, os wnei di brynu'r tir, bydd yn rhaid i ti briodi gweddw Mahlon.'

O na! meddai'r perthynas wrtho'i hun. Y weddw anghywir! Roeddwn ni'n meddwl mai priodi Naomi fydden i. Mae priodi Ruth yn gwestiwn arall. Mae hi'n dal yn ifanc. Gallai gael mab o hyd, a byddai hwnnw wedyn yn etifeddu'r tir, a bydd fy mhlant i yn cael dim. Byddai'n rhaid i mi wario'r holl arian i ddim diben. Yn ychwanegol at hynny byddai'n rhaid i mi gynnal Naomi a Ruth. Na, mae'n amhosibl. Dydy hynny ddim yn deg ar fy mhlant chwaith. A pheth arall, merch o Moab yw Ruth. Estron. Mae'n wahanol. Dydy hi ddim yn un ohonom ni.

Pesychodd. 'Rwyf wedi newid fy meddwl,' meddai yn uchel. 'Mae'n flin gen i ond fedra i ddim prynu'r tir a phriodi Ruth. Byddai hynny yn peryglu etifeddiaeth fy mhlant.' Trodd at Boas. 'Pryna di'r tir,' meddai. Tynnodd ei sandal a'i rhoi i Boas, yn arwydd ei fod yn selio'r cytundeb.

Cymerodd Boas y sandal a throi at yr henuriaid a gweddill y bobl oedd yn eistedd o amgylch. 'Rydych chi'n dystion heddiw,' meddai yn ddifrifol. 'Rwy'n prynu'r tir oddi wrth Naomi, a rwy'n priodi Ruth. Trwy hynny rwy'n diogelu fod enw Elimelech yn fyw o hyd, yn ogystal ag enwau ei feibion, Mahlon a Chilion.'

'Rydym ni'n dystion,' meddai'r dynion. 'Bydded i Dduw dy fendithio di a Ruth! Bydded i chi gael llawer o blant.'

Yn syth wedi'r cyfarfod aeth Boas ar ei union i chwilio am Ruth a Naomi. Wedi cyrraedd y tŷ, gwaeddodd. 'Galla i achub eich sefyllfa! Galla i gadw'ch tir o fewn y teulu, Naomi, a Ruth fe allwn ni'n dau briodi.'

Gorfoleddodd y tri a dawnsio o gwmpas yr ystafell yn eu llawenydd. Daeth diwedd ar eu trafferthion. Fyddai Naomi ddim yn dlawd a heb ofal mwyach. Byddai gan Ruth ŵr unwaith eto ac ni fyddai bellach yn cael ei hystyried yn estron ym Methlehem. Ac wrth gwrs fe fyddai gan Boas wraig – gwraig yr oedd yn ei charu, a gwraig oedd yn ei garu ef.

Felly priodwyd Boas a Ruth, a rhoddodd Duw fab iddyn nhw. Dawnsiodd a chanodd merched Bethlehem pan anwyd y plentyn. Roedden nhw'n cofio Naomi pan ddaeth yn ôl o Moab, a pha mor chwerw yr oedd hi y pryd hwnnw. Nawr, yn ei henaint roedd ei bywyd yn llawn i'r ymylon. Roedd ganddi blentyn i helpu gofalu amdano. Byddai'r baban yn tyfu'n fachgen, a'r bachgen yn ddyn, a byddai'r dyn yno i ofalu amdani yn ei dyddiau olaf. Roedd y plentyn wedi datrys holl drafferthion Naomi. Roedd Boas hefyd, wrth gwrs, yn llawn mor bwysig iddi heb sôn am Ruth a ddangosodd barodrwydd i roi'r cyfan er ei mwyn.

'Mae Ruth,' meddai'r gwragedd wrth Naomi, ' yn fwy o fendith i ti na saith o feibion!' Doedd dim posibl talu mwy o ganmoliaeth i neb yn y cyfnod hwnnw nag wrth ddweud hynny.

Enwodd Ruth ei mab yn Obed. Pan dyfodd, cafodd Obed fab a'i alw'n Jesse. Cafodd Jesse wyth o feibion ac enw'r ieuengaf oedd Dafydd, y gŵr a ddaeth yn frenin Israel. Felly, Ruth y ferch o Moab, oedd hen nain Dafydd.

Llyfr y Llyfrau
Jona, Pysgodyn Mawr, Dinas Fawr a Maddeuant Mawr Duw

Does dim stori debyg i stori Jona yn y Beibl. Mae storïau eraill am broffwydi, fel y rhai am Eseia sydd i'w cael ym mhennod pedwar, ac Amos a Jeremeia ym mhennod pump, yn storïau sy'n eu portreadu fel arwyr mawr. Maen nhw'n wŷr a gwragedd dewr iawn – pobl sy'n gweld pethau fel y mae Duw yn eu gweld, pobl sy'n benderfynol o ddweud y gwir a hyd yn oed mentro eu bywydau. Eu gwaith yw herio pobl Dduw i fyw fel pobl Dduw, i fod yn ffyddlon iddo a bod yn deg yn eu hymwneud â'i gilydd.

Y mae Jona, er hynny, yn gwneud pethau yn anodd i Dduw. Y mae Duw yn dweud wrth Jona am siarad nid gyda phobl Israel neu Jwda, ond gyda thrigolion dinas estron Ninefe. Mae Jona yn gwneud popeth o fewn ei allu i osgoi mynd i Ninefe. Ac wedi iddo gyrraedd yno ymhen hir a hwyr 'dyw e'n dweud fawr ddim, ac yn sicr nid yr hyn y mae Duw am iddo ddweud. Yn storïau'r proffwydi mawr, fel Elias, Amos a Jeremeia, y mae'r bobl gan amlaf yn gwrthod talu fawr o sylw iddyn nhw. Ond yn stori Jona, er hynny, y mae pobl yn gwrando'n syth ar ei eiriau ac yn gweithredu arnyn nhw. A phan yw Duw yn maddau iddyn nhw y mae Jona'n gwylltio!

Dydyn ni'n gwybod dim am awdur y stori na'i dyddiad. Ar un olwg y mae'n stori ddifyr ac weithiau'n ddoniol, yn llawn o ddigwyddiadau amhosibl. Eto, yn y pendraw, mae'n stori am faddeuant Duw. Ydi mae'n stori fer, ond y mae hi hefyd yn un o storïau mwyaf difrifol a heriol y Beibl.

UN DIWRNOD YR OEDD PROFFWYD o'r enw Jona yn gweddïo. Wrth iddo weddïo clywodd Duw yn siarad ag ef. 'Cod,' meddai Duw. 'Rwyf am i ti fynd i Ninefe, y ddinas fawr, a phregetha yn y strydoedd i'w rhybuddio fy mod i wedi cael digon ar eu drygioni.'

Beth fyddai ymateb Jona i hynny tybed? Hyn efallai: 'Ninefe? Fedra i ddim mynd yno. Dyma'r lle mwyaf drygionus ar y ddaear! Dyma

Pobl Dduw dan Fygythiad

brif ddinas yr Asyriaid ofnadwy – y bobl fwyaf ofnadwy ar y ddaear! Cofia beth wnaethon nhw i Israel! Fe ddinistriwyd y cyfan ac erlid y bobl. Ac wyt ti'n cofio yr hyn wnaethon nhw i deyrnas fechan Jwda? Gad i mi dy atgoffa Dduw. Fe ymosodwyd ar a goresgyn pedwar deg chwech o'i threfi a'i phentrefi a gwarchae dros ddinas Jerwsalem. Bu'n rhaid i'r brenin ildio iddyn nhw, ac aethon nhw'n ôl i Ninefe gyda llwythi o drysorau. Os af i i Ninefe, wna i ddim para pum munud. Anfon fi i rywle arall. Bethlehem, efallai? Rwyf wedi clywed fod pobl garedig ym Methlehem. Anfon fi i rywle, Dduw, ond nid i Ninefe, dim Ninefe!'

Wel, pe byddai Jona wedi dweud hynny fe fyddai wedi bod yn haws i Dduw siarad gydag ef a thawelu ei ofnau. Ond nid dyna ddywedodd Jona – yn wir ni ddywedodd Jona yr un gair. Aeth lawr i gyfeiriad Môr y Canoldir, i borthladd Joppa a neidio ar long oedd yn mynd i Tarsus. Roedd Duw wedi dweud wrtho am fynd i Ninefe. Roedd Ninefe mor bell i'r dwyrain ag y gallai Jona ei ddychmygu. Meddyliodd Jona am fynd i'r gorllewin, i Darsus, mor bell ag y gwyddai i'r gorllewin.

Roedd Jona yn dianc o Ninefe, ond yn fwy na dim oddi wrth Dduw. Y drafferth yw, fod rhedeg oddi wrth Dduw yn waith anodd. Pan adawodd y llong y porthladd, credodd Jona ei fod yn gadael Duw ar ôl, ond wrth gwrs, doedd hynny ddim yn wir. Daeth ar draws Duw ar ffurf storm fawr.

Roedd y morwyr ar y llong yn arswydo. Roedden nhw'n benderfynol fod y llong yn suddo. Fe alwon nhw ar eu duwiau a thaflu'r cargo i'r môr i ysgafnhau'r pwysau, ond i ddim pwrpas.

Edrychodd Jona ar y tonnau yn sgubo dros y llong, ac fe drodd ei gefn ar y cyfan a mynd lawr i waelod y llong i gysgu.

'Beth wyt ti'n feddwl wyt ti'n ei wneud? Cod y ffŵl!' Clywodd lais y capten. Roedd yn ysgwyd Jona er mwyn ei ddihuno. 'Cod a gweddïa ar dy Dduw! Efallai y gwnaiff dalu sylw i ni a'n hachub.'

Trodd Jona ei gefn arno i wynebu ochr y cwch.

Roedd y morwyr bron â chyrraedd pen eu tennyn. Nid storm gyffredin mo hon. Roedden nhw'n sicr fod y duwiau wedi ei hanfon. Gallai eu duwiau gosbi pobl drwy eu dal mewn stormydd fel hyn. Felly, roedd yn rhaid fod rhywun ar y llong oedd wedi gwneud rhywbeth ofnadwy i wylltio'r duwiau. Dyma nhw'n bwrw coelbren er mwyn gweld pwy oedd y person yma. Disgynnodd y coelbren ar Jona y gŵr oedd yn cysgu yng ngwaelod y llong! Felly dyma nhw'n mynd lawr ar ei ôl.

'Dweda wrthym ni beth sy'n mynd ymlaen! Ti sydd wedi achosi'r gofid hwn i ni! Pwy wyt ti, o lle wyt ti'n dod? I bwy wyt ti'n perthyn?'

Cododd Jona ac edrych ar y morwyr. 'Hebrëwr ydw i,' meddai gyda balchder. 'Rwy'n gweithio dros Dduw, os mynnwch chi, yr unig wir Dduw, sy'n Arglwydd y ddaear a'r môr.'

'Rwyt ti'n dianc rhagddo ond wyt ti?' meddai'r morwyr wrtho. 'Y ffŵl gwirion, fedri di ddim dianc oddi wrth Dduw. Felly beth sy'n digwydd nesaf, clyfar?'

'Taflwch fi i'r môr,' meddai Jona, 'o leiaf fe ga i lonydd yn y fan honno, a bydd dim rhaid i mi fynd i Ninefe.' Wnaeth Jona ddim dweud hynny ond dyna yr oedd yn ei feddwl.

Roedd y morwyr yn ddynion da. Doedden nhw ddim eisiau i Jona foddi, ac felly fe godon nhw eu rhwyfau a dechrau rhwyfo am y lan. Ond roedd y storm yn gwaethygu. Roedd ar fin troi'r llong drosodd, ac yna fe fyddai pawb yn boddi. Doedd dim i'w wneud ond taflu Jona dros yr ochr i'r môr.

Pobl Dduw dan Fygythiad

Dyma nhw'n dechrau gweddïo. 'O Dduw, paid â dal hyn yn ein herbyn. Dydyn ni ddim eisiau ei ladd. Ond dy storm di yw hon, a does gennym ni ddim dewis.' Felly taflwyd Jona dros ei ben i'r môr. Gostegodd y gwynt a'r tonnau yn syth.

Roedd y morwyr yn rhyfeddu. Trodd pob un ohonyn nhw at Dduw a chynnig eu haberthau mewn diolchgarwch am eu hachub. 'A phan ddown ni'n ôl o'r fordaith, fe awn ni i dy deml yn Jerwsalem ac offrymu mwy o aberthau i ti. Diolch Dduw, diolch yn fawr!'

Suddodd Jona yn ddyfnach ac yn ddyfnach yn y dŵr. 'Ffarwel Duw, ffarwel Ninefe,' meddai yng nghanol y cynnwrf.

Ond doedd Duw ddim wedi gorffen gyda Jona eto. Anfonodd bysgodyn mawr i'w lyncu. Bu Jona ym mol y pysgodyn am dri diwrnod a thair nos.

Er mwyn pasio'r amser cyfansoddodd Jona gân, cân arbennig ar gyfer Duw, cân a elwir yn salm. Sôn am Dduw y mae salmau fel arfer; Roedd salm Jona yn sôn am Jona. Dyma hi:

Ti sy'n gyfrifol am hyn, Dduw!
Ti yw'r un a'm taflodd
i'r dyfnder mawr,
a'r tonnau yn curo o'm cwmpas.
Suddais yn ddyfnach ac yn ddyfnach,
ac yna'n ddyfnach fyth,
ac fe glymodd y gwymon amdanaf
fel amwisg angladdol.
Suddais mor ddwfn
fel y gallwn weld gwreiddiau'r mynyddoedd uwch fy mhen.
Yna, pan oedd pyrth marwolaeth ar fin cau y tu ôl i mi,
anfonaist y pysgodyn hwn i'm dwyn i ffwrdd.
Wrth i'm bywyd dynnu tua'r terfyn,
cofiais amdanat ti, fy Nuw.
Gweddïais,
a chyrhaeddodd fy ngweddi atat
yn dy deml gyffyrddus.
Mae'r sawl sy'n addoli duwiau eraill
wedi troi oddi wrthyt ti,
ond ni throaf fi oddi wrthyt.

Dôf i'th deml
i offrymu fy aberthau.
Mi dalaf fy holl ddyled i ti.
Ti yw'r unig Dduw all achub.

Doedd y salm ddim yn plesio Duw o gwbl, yr oedd mor fewnblyg. Gwnaeth i'r pysgodyn deimlo'n sâl hefyd ac fe chwydodd Jona allan i'r lan.

Felly, meddyliodd Duw wrtho'i hun. Mae Jona am fynd i Jerwsalem i offrymu aberthau yn fy nheml. O nac ydi wir! Mae Jona'n mynd i Ninefe. Siaradodd ag ef unwaith eto.

'Cod,' meddai Duw. 'Rwyf am i ti fynd i Ninefe, y ddinas fawr, a phregethu yn ei strydoedd. Cyhoeddi'r geiriau y byddaf fi yn ei roi i ti.'

Felly, cododd Jona, a'r tro hwn fe aeth i Ninefe, doedd dim rhagor o redeg i ffwrdd i fod.

Roedd hi'n siwrne hir i'w cherdded, cannoedd o filltiroedd, ond ymhen hir a hwyr fe gyrhaeddodd y ddinas. Roedd hi'n ddinas anferth. Byddai wedi cymryd tri diwrnod i gerdded o'i chwmpas. Cerddodd Jona am un diwrnod.

'Pedwar deg o ddyddiau eto,' meddai, 'a bydd Ninefe yn cael ei dinistrio!' Dyna'i gyd. Doedd dim "Fel hyn y dywed yr Arglwydd", fel y dywedai'r hen broffwydi. Dim, "Gwrnadewch bawb, Fi yw Jona , proffwyd Duw sy'n Arglwydd y ddaear a'r môr." Dim galw ar y bobl i

Pobl Dduw dan Fygythiad

newid ei ffordd o fyw. Dim awgrym am drugaredd Duw, na'i faddeuant na'i dosturi, dim ond 'Pedwar deg o ddyddiau a bydd Ninefe yn cael ei dinistrio.' Ai dyna oedd Duw wedi bwriadu iddo ddweud?

Beth bynnag, fe gafodd ymateb pendant. Trodd pobl ddrwg Ninefe yn syth at Dduw. Gadawodd y brenin ei orsedd, diosg ei fentyll brenhinol a gwisgo sachliain a mynd i eistedd ar domen sbwriel y ddinas. Anfonodd ei negeswyr i wneud cyhoeddiad arbennig ym mhob rhan o'r ddinas.

'Hyn yw gorchymyn y brenin a'i gynghorwyr. Chwi wŷr a gwragedd a phlant; chwi holl wartheg, asynnod, defaid a geifr, clywch hyn! Fe gynhelir ympryd. Does dim un ohonoch i fwyta neu yfed. Rhaid i chwi oll wisgo sachliain a galw ar Dduw â'ch holl nerth. Rhaid i chwi adael eich ffyrdd drygionus. Wyddoch chi ddim, hwyrach y bydd Duw yn newid ei feddwl ac yn gadael i ni fyw.'

Gwnaeth y bobl a'r anifeiliaid yn ôl y gorchymyn. Ac fe newidiodd Duw ei feddwl. Doedd ef ddim yn flin wrthyn nhw mwyach. Roedd wedi maddau i bob un ohonyn nhw.

Mae Jona, er hynny, yn gwylltio ac yn pwdu.

'Roeddwn ni'n gwybod y byddet ti'n gwneud hynny, Dduw,' meddai Jona. 'Pan ddywedaist ti wrtha i am fynd i Ninefe yn y lle cyntaf, roeddwn ni'n amau y byddet ti'n maddau iddyn nhw. Dyna pam i mi geisio dianc i Darsus. Rwyt ti'n wirion, Duw! Yn rhy drugarog o lawer. Mor barod i faddau i bobl. Wyt ti wedi anghofio yr hyn a wnaeth pobl Ninefe? Maen nhw'n haeddu cael eu difetha. Os nad wyt ti am eu difetha nhw, yna fe gei di fy lladd i! Byddai'n well gen i farw na byw yn yr hen fyd yma sy'n rhy barod i faddau, byd lle nad yw pobl yn derbyn eu haeddiant.'

'Bobl bach,' atebodd Duw. 'Rwyt ti wedi cynhyrfu'n lan! Wyt ti'n meddwl dy fod ti'n iawn i fod mor flin, Jona?'

Roedd Jona'n ddistaw. Trodd ei gefn ar Dduw, ac aeth i eistedd yn nwyrain y ddinas, y tu allan i'r muriau. Cododd gaban iddo'i hun yno a disgwyl i'r pedwar deg o ddyddiau ddod i ben. 'Pedwar deg o ddyddiau!' Dyna a ddywedodd. Wel, meddyliodd Jona, tybed a wnaiff Duw gadw at ei air!

Doedd y caban a adeiladodd Jona ddim yn un da iawn, ac roedd yn rhyfeddol o boeth ynddo. Doedd Jona ddim yn sicr y gallai bara am bedwar deg o ddyddiau ynddo. Yna gwnaeth Duw i blanhigyn dyfu dros

187

nos. Pan ddihunodd Jona, cafodd ei hun yn cysgodi o dan ddail gwyrdd llydan. Roedd y cysgod yn hyfryd! Er i'r haul godi'n uchel yr oedd Jona'n teimlo'n braf. Ond pan wawriodd yr ail ddiwrnod anfonodd Duw bryfyn i ladd y planhigyn. Yna anfonodd Duw awel boeth o'r anialwch. Chwythwyd y dail i ffwrdd ac fe gollodd y cysgod i gyd.

'Byddai'n well gen i farw na byw,' cwynodd.

'Bobl annwyl,' meddai Duw. 'Rwyt ti'n wirioneddol flin, Jona. Wyt ti'n meddwl dy fod ti'n iawn i fod yn flin oherwydd y planhigyn?'

'Ydw,' meddai Jona'n druenus. 'Rwy'n ddigon blin i farw!'

'Jona, fy hen ffrind,' meddai Duw. 'Rwyt ti'n teimlo dros y planhigyn er mai nid ti a'i osododd yn y ddaear, na rhoi dŵr iddo i'w helpu i dyfu! A fi, a greodd y byd a phopeth sydd ynddo, a ddylwn ni dosturio wrth Ninefe? Oni ddylwn i wylo am ei phobl, can pum deg o filoedd ohonyn nhw? Edrycha arnyn nhw! Fy mhobl i yw'r rhain, ond eto y mae'n nhw fel plant diymadferth, yn methu gwybod y gwahaniaeth rhwng y llaw dde a'r llaw chwith. Mae'r un peth yn wir am yr anifeiliaid. Fy anifeiliaid i yw'r rhain i gyd. Oni ddylwn i dosturio wrthyn nhw?

'Rwyt ti'n ceisio gosod ffiniau i'm cariad i Jona. Ond elli di ddim gwneud hynny. Gelli di ddim fy rhwystro i, Jona. Gelli di ddim rhwystro'r cariad sy'n llosgi yn fy nghalon. Gelli di ddim atal fy nhrugaredd, a'm maddeuant. Fe aiff y rheiny i fannau tywyllaf y byd.'

Llyfr Job: Codi Dwrn ar y Nefoedd

Rydym yn disgwyl i fywyd fod yn deg. Rydym yn disgwyl i fywyd wneud synnwyr. Ond weithiau, fe fydd pethau nad ydym yn eu deall yn digwydd. Weithiau fe fydd pethau da yn digwydd, pethau na fyddwn yn eu haeddu. Weithiau fe fydd pethau drwg na fyddwn yn eu haeddu yn digwydd, a gall hynny ein gwneud yn ddig yn ogystal â thrist.

Y mae llyfr Job yn sôn am y pethau ofnadwy a ddigwyddodd i ddyn o'r enw Job. Dydy ef ddim yn haeddu hyn, ac mae'n gwybod hynny'n iawn. Mae'n credu fod popeth yn dod o Dduw, felly mae'n credu mai Duw sy'n gyfrifol am ei ddioddefaint. Mae'n methu'n lan â deall hyn. Mae'n ddyn da ac yn ôl ei dystiolaeth ef ei hun y mae

Pobl Dduw dan Fygythiad

wedi bod yn llygaid i'r deillion, yn draed i'r cloffion, yn dad i'r sawl oedd mewn angen. Y mae wedi bod yn deg wrth ei weision. Mae wedi sicrhau fod estroniaid a dieithriaid yn cael eu trin yn iawn. Y mae wedi achub y tlodion a gwarchod plant amddifad. Y mae wedi bod fel brenin, y brenin doethaf a'r mwyaf caredig erioed.

Pam fod Duw felly mor greulon wrtho? Dydy hyn ddim yn deg. Dydy hyn ddim yn iawn. Dydy hyn ddim yn gwneud synnwyr. Y mae'r byd i Job wedi ei droi wyneb i waered. Os mai dyma'r hyn y mae Duw yn ei wneud yna mae'n rhaid fod Duw yn hen labwst dideimlad. Dyma'r meddyliau sy'n dod iddo yn ei ddioddefaint.

Daw tri chyfaill heibio i dreulio peth amser gydag ef. Ar y dechrau dydyn nhw'n dweud dim, ond pan yw Job yn dechrau bytheirio Duw, maen nhw'n mynd yn ddig iawn ac yn amddiffyn Duw. Maen nhw'n credu fod Duw bob amser yn deg ac felly mae'n rhaid fod Job wedi gwneud rhywbeth ofnadwy i haeddu hyn. Mae nhw'n ceisio pob ffordd i'w argyhoeddi ond y mae Job yn gwybod eu bod nhw'n anghywir ac mae'n gwylltio'n fwy o lawer.

Yn y diwedd, wedi disgwyl am amser maith y mae Duw yn ymddangos i Job ac yn dangos iddo pa fath o Dduw ydyw mewn gwirionedd. Mae'r weledigaeth hon yn newid Job ac yn rhoi ei urddas yn ôl iddo. A chyn belled â bod ei gyfeillion yn bod, y mae Duw yn dweud wrthyn nhw eu bod wedi dangos eu hanwybodaeth ac mae'n ddig iawn wrthyn nhw.

Llyfr Job yw un o'r llyfrau anoddaf yn y Beibl i'w ddyddio, a gallai fod wedi ei ysgrifennu rhywbryd rhwng y seithfed a'r ail ganrif cyn Crist. Gallwn fod yn weddol sicr mai dyn yw'r awdur, a hwnnw mwy na thebyg yn ddyn cyfoethog a dylanwadol iawn. Ond dydyn ni ddim yn gwybod ei enw, er mai ef oedd un o'r beirdd mwyaf a gafodd yr Iddewon cyn dyfodiad Iesu.

Mae'r gwaith yn cychwyn gyda chwedl werin sy'n paratoi'r llwyfan ar gyfer y farddoniaeth sy'n dilyn. Y farddoniaeth sy'n cyfleu neges y bardd hwn.

UNWAITH AMSER MAITH YN ÔL yr oedd dyn da o'r enw Job yn byw. Doedd ef ddim yn Iddew. Roedd yn dod o wlad Us. Hwn oedd y dyn cyfoethocaf yn y byd: roedd ganddo bopeth. Ond yn sydyn, heb unrhyw rybudd bu'n rhaid iddo wynebu trychineb ar ôl trychineb ar ôl trychineb. Yn gyntaf daeth ymosodwyr a dwyn yr ychen a'r asynnod, a lladd y gweision fu'n gofalu amdanyn nhw. Yr un diwrnod fe drawyd ei ddefaid a'i fugeiliaid gan fellt a'u lladd. Yna dioddefodd ymosodiad arall a cholli ei gamelod a'r gweision fu'n gofalu amdanyn nhw. Yna yn olaf, ac yn waeth na dim, trawyd ei dŷ gan gorwynt lle'r oedd deg o'i blant yn bwyta ac yn yfed gyda'i gilydd. Chwalwyd y tŷ yn deilchion a lladdwyd y plant i gyd.

Roedd Job wedi cael popeth: nawr doedd ganddo ddim. Ar ben y cyfan i gyd trawyd Job yn wael gan glefyd difrifol. Gorchuddiwyd ei gorff gan gornwydydd. Allai neb gynnig unrhyw gymorth iddo.

Collodd y cyfan ond ei wraig, ond doedd hi ddim yn medru ei gysuro. Doedd bywyd ddim yn werth byw mwyach. Roedd ei anifeiliaid wedi mynd. Ei weision wedi mynd. Ei blant wedi mynd. Roedd wedi colli ei urddas yn llwyr. Ac yntau'n teimlo fod y cyfan yn cau amdano aeth allan ac eistedd ar domen sbwriel y pentref. Eisteddodd yno'n crafu ei gornwydydd gyda gweddillion hen lestr pridd.

Daeth tri o'i gyfeillion cyfoethog ato. Fe deithion nhw bellter mawr i gydymdeimlo gydag ef ac i dreulio amser gydag ef cyn iddo farw. Doedden nhw ddim yn ei adnabod pan welon nhw ef y tro cyntaf. Yna wedi edrych yr ail waith fe sylweddolon nhw pwy oedd. Dechreuon nhw wylo a rhwygo eu dillad a thaflu llwch dros eu pennau i'r awyr. Eisteddodd y tri gydag ef am saith diwrnod a saith nos heb ddweud yr un gair.

Yna dechreuodd Job siarad a melltithio dydd ei eni:

Pobl Dduw dan Fygythiad

'Melltith fo ar ddydd fy ngeni!
Melltith ar y noson y'm cenhedlwyd!
Bydded i'r dydd hwnnw fod yn dywyllwch.
Na fydded i'r dydd hwnnw gael ei gyfrif
ymhlith dyddiau'r flwyddyn.
Melltithier hi gan y rhai sy'n melltithio'r ddaear.

Pam na fu i mi farw yn y groth?
Fe fyddwn erbyn hyn yn cysgu'n dawel
yng ngwlad marwolaeth;
byddwn yn gorffwys gyda brenhinoedd a thywysogion;
byddwn yn gorffwys yn braf,
mewn man lle mae carcharorion yn cael llonydd,
lle mae pawb ar yr un gwastad
heb fod yno'r mawr na'r bach,
lle mae pawb yn rhydd.'

Roedd y tri chyfaill wedi dychryn o glywed y fath ddicter gan Job. Roedden nhw'n teimlo'n waeth o lawer pan ddechreuodd Job feio Duw.

Beth wnaeth Job i haeddu hyn? Roedd Job wedi anobeithio am unrhyw iachâd. Byddai'n marw ar domen sbwriel y pentref. Beth oedd Duw yn ei wneud?

Cododd Job ei ddyrnau a gweiddi:

'Y mae Duw wedi fy rhwygo'n ddarnau
Y mae pawb yn fy ngwawdio
ac yn fy nirmygu.
Yr oeddwn yn byw yn esmwyth unwaith,
ond yna daeth Duw i'm dryllio,
cydiodd yn fy ngwar a'm llarpio.
Ymosododd arnaf gyda'i fyddin
a gosododd fi yn erbyn y mur
a gorchymyn i'w saethwyr anelu ataf.'

'Am ba hyd yr wyt ti am siarad fel hyn!' meddai'r cyfeillion.

'Ni elli feio Duw.
Ni sydd i'n beio.
Y mae Duw yn gwobrwyo'r da
ac yn cosbi'r rhai drygionus.
Rydym yn dwyn trychinebau arnom ein hunain.
Mae mor syml â hynny Job.'

'Mae Duw yn ceisio dysgu rhywbeth i ti,'
meddai'r cyntaf.
'Mae hyn i gyd yn ddisgyblaeth dda.
Mae fel tad i ti,
a thithau yn blentyn iddo.
Y mae yn dy ddisgyblu
fel bydd dy ddaioni yn tyfu fel y dur.'

'Rhaid fod dy blant wedi pechu,'
meddai'r ail. 'Dyna pam y bu iddynt farw.
Does dim rheswm arall.'

'Rhag dy gywilydd di yn siarad gyda'r fath sicrwydd am ddirgelwch Duw!'
meddai'r trydydd.
'Rwyt ti'n credu dy fod yn gwybod dirgelion y nefoedd, wyt ti?
Rwyt ti'n ffôl ac yn ddrwg.
Tro at Dduw,
cyfaddef dy bechod,
yna fydd dim i'w ofni,
bydd dy ddioddefaint fel dŵr a lifodd ymaith a diflannu.'

Gwnaeth hyn i Job wylltio mwy.

'Am ba hyd y blinwch fi?'
atebodd.
'Am ba hyd y drylliwch fi â'ch geiriau?'

Pobl Dduw dan Fygythiad

Doedd gan y cyfeillion fawr o amynedd gydag ef bellach. Yr unig beth a oedd yn eu poeni nhw oedd yr hyn yr oedden nhw yn ei gredu. Doedden nhw ddim yn sylwi ar Job na'i boen mwyach. Yr unig beth a wnaethon nhw oedd dal eu llyfrau sanctaidd o'u blaenau a gweld y geiriau. Roedd eu llyfrau yn dweud fod popeth yn dod oddi wrth Dduw. Roedd Duw yn gwobrwyo pobl dda ac yn cosbi pobl ddrwg. Roedd Job yn cael ei gosbi, felly mae'n rhaid fod Job yn ddrwg. Ond roedd Job yn anghytuno. Gwyddai nad oedd yn haeddu yr hyn oedd yn digwydd iddo.

Daliodd y cyfeillion at eu llyfrau, a daliodd Job at ei ddicter a'i gasineb a'i gyhuddiadau yn erbyn Duw. Yn y diwedd aeth ei gyfeillion yn ddigon blin. Dyma'r cyntaf yn dechrau eto:

'Ai am i ti fod yn ddyn da yr wyt ti'n cael dy gosbi?' gwaeddodd.
'Onid am dy ddrygioni yr wyt ti'n wynebu hyn.
Roeddet ti'n credu mai'r cryf oedd i feddiannu pob dim.
Ni roddaist ti fara i'r newynog
na dŵr i'r blinedig.
Gyrraist y weddw i ffwrdd yn waglaw
a thorraist freichiau yr amddifad.
Am hyn yr wyt ti'n cael dy gosbi!'

Doedd dim a ddywedodd yn wir, ond credodd y cyfaill mai dyma'r unig ffordd i amddiffyn Duw, a hynny drwy ymosod ar Job a dweud celwydd amdano. Roedd hyd yn oed yn credu'r celwydd a greodd ei hun. Ond doedd Job ddim yn eu credu am un eiliad.

'Peidiwch ag edrych arnaf fi!' gwaeddodd Job.
'Edrychwch o'ch cwmpas!
Edrychwch ar y dioddefaint,
a'r holl anghyfiawnder sydd yn y byd.
Y mae Duw fel gormeswr didrugaredd.
Mae'n achosi sychder a llifogydd,
ac yn ysgwyd y dinasoedd yn ddarnau,
ac yn ein gosod i gyd yng ngharchar anobaith.

Os daw pla a lladd miloedd,
bydd Duw yn chwerthin yn braf!
Os bydd dyn drwg yn ennill grym yn y tir,
bydd Duw yn tywyllu llygaid y barnwyr
fel na allant weld cyflwr y tlodion
a'r cyrff sy'n gorwedd ar y strydoedd!'

'Os nad ydych yn fy nghredu,
gofynnwch i'r anifeiliaid a'r adar,
holwch bysgod y môr,
trowch at y ddaear ei hun.
Gwyddant ddigon am greulondeb Duw.
Gwyddant ei fod yn llechu ym mhob cae,
ym mhob ton,
ym mhob modfedd o'r tir,
ac ym mhob awel.'

Pam na fyddai Duw yn ateb? meddyliodd Job. Roedd hi'n ymddangos ei fod yn drwm ei glyw neu ddim yn gwrando o gwbl. Pam na fyddai Duw yn ymddangos i ateb y cyhuddiadau. Yr oedd llys barn Job yn wag ar wahân iddo ef ei hun a'i dri chyfaill oedd bellach wedi troi yn gyhuddwyr. Os felly, bydd rhaid i ni gario ymlaen hebddo.

Pobl Dduw dan Fygythiad

Tyngodd lw hir o ddiniweidrwydd a chyflwynodd dystiolaeth ysgrifenedig. Gosododd hwn gyda gweddill y cyhuddiadau yn erbyn Duw. Tybed a fyddai Duw yn ymddangos? Na fyddai, mwy na thebyg, tybiodd Job. A hyd yn oed os y daw pa obaith sydd gennyf o gyfiawnder, pan yw'r un sy'n cael ei gyhuddo yn farnwr hefyd?

Yn sydyn, pan oedd Job wedi anobeithio, clywodd sŵn mawr. Daeth yn nes ac yn nes. Roedd fel corwynt yn chwythu ar draws yr anialwch.

'Bydd yn barod, Job!'
cyhoeddodd y llais.
'Bydd yn arwr unwaith eto.
Rwy'n dymuno dangos i ti y byd wyt ti'n byw ynddo,
y byd lle'r wyf fi'n gweithio.
Tyrd, fy nghyfaill, rho dy law i mi.'

Roedd Job wedi adnabod y llais yn syth. Llais Duw ydoedd, y llais y bu'n disgwyl ei glywed mor hir. Ond nid llais gormeswr didrugaredd mo hwn. Llais caredig oedd hwn.

Cludwyd Job dros y byd i gyd, hyd at sylfeini'r ddaear, at ffynhonnau'r môr, i gartref y goleuni a'r tywyllwch, i storfa'r eira, hyd at byrth marwolaeth. Aeth Duw ag ef yn ôl i gyfnod creu'r byd. 'Edrych!' meddai Duw, 'Edrych!'

Gwelodd Job Dduw yn gosod sylfaeni'r byd,
ac yn estyn llinyn mesur drosto.
Clywodd sêr y bore yn gorfoleddu,
a meibion Duw yn cyhoeddi buddugoliaeth.

Gwelodd ddyfroedd yr hen fôr
yn tarddu o groth Duw.
Gwyliodd wrth i Dduw wisgo cymylau amdano
a'i roi yn ei wely,
gwelodd y môr yn tyfu'n blentyn,
a gwrandawodd wrth i Dduw ddweud wrth y tonnau
lle y gallent chwarae,
a lle na allent chwarae.

Gwelodd Dduw yn rhoi gorchmynion i'r bore.
'Cymer afael yng nghonglau'r ddaear,' meddai Duw,
'ac ysgwyd y bobl ddrwg ohoni.
Fe rown ddiwedd ar nos eu drygioni,
ti a minnau gyda'n gilydd.'

Gwyliodd Job yng nghyfnod rhyfel,
pan oedd dynion yn ymladd a'i gilydd
ac yn gorchuddio'r ddaear gyda'u meirw.
Gwyliodd wrth i Dduw fynd i ystordai'r eira
i'w daflu'n llwythi dros y byddinoedd.
'Dylai hynny roi taw ar eu rhyfela am ysbaid', meddai Duw.

O uchelfannau'r corwynt
gwyliodd Job Duw yn agor sianelau
o afonydd y nefoedd
i ddyfrhau'r anialwch
a dod â blodau i dir sych.

Gwelodd Dduw yn datglymu rhaffau'r sêr
a'u gollwng allan i feysydd y nos.
Gwelodd Dduw yn cyfri'r cymylau,
ac yn peri i law lifo drostynt.

Gwelodd y llewod ifainc yn eu ffeuau
yn disgwyl am fwyd.
Ac yno yr oedd Duw yng nghanol yr helfa
yn barod i ddiwallu eu hangen.

Yno yr oedd Duw yn trefnu bwyd i'r frân,
pan oedd y cywion yn swnian ac yn hedfan o amgylch heb fwyd.

Yno yr oedd Duw yn gwarchod y geifr gwylltion a'r ewigod oedd ar fin esgor.
Gwelodd Duw yn eu cynorthwyo i eni

yn yr anialwch,
yn bell oddi wrth bawb a phopeth.

Gwelodd Dduw yn rhoi ei ryddid i'r asyn gwyllt
a rhoi'r anialdir yn gynefin iddo!
Chwarddodd Duw yn iach
wrth weld yr estrys yn trechu'r march a'i farchogwr!

Gwyliodd Job yr eryr yn codi i'r entrychion
ac yn hedfan i gyfeiriad y de ar ei adenydd llydan.
Gwelodd ofal Duw am y fwltur
gan roi cysgod iddo dan y graig,
lle na allai dynion ddringo ato.

'Wyt ti'n gweld?' meddai Duw, 'Wyt ti'n gweld?
Sut allech chi feidrolion
ofalu am y rhain?
Sut allech chi ofalu am y ddaear?

Nd gormeswr ydwyf, fel y credaist ti, Job.
Dydw i ddim yn achosi anrhefn ar y ddaear.
Hola'r anifeiliaid a'r adar,
myn sgwrs gyda physgod y môr,
tro at y ddaear ei hun.
Y maent yn gwybod digon am fy nhosturi
sy'n chwarae ym mhob cae,
ym mhob ton,
ar bob modfedd o dir,
ac ym mhob awel!'

Syfrdanwyd Job. Wrth gwrs roedd Duw yn iawn. Gallai pobl ddim gwrachod y byd fel yr oedd Duw yn ei wneud. Roedden nhw'n rhy fach o lawer i wneud hynny. Doedd ganddyn nhw ddim digon o ddychymyg. Ac nid anghenfil creulon oedd Duw chwaith – i'r gwrthwyneb yn hollol.

Ac eto roedd Duw wedi dangos iddo fyd cwbl wahanol i'w fyd ef. Ble'r oedd Duw yn ei fyd ef? Dyna oedd Job am ofyn iddo mewn gwirionedd. Ond yn hytrach na hynny dywedodd:

'Mor fach wyf fi!
Sut allaf dy ateb di?
Rhof fy llaw ar fy ngheg.
Yr wyf wedi siarad unwaith,
ond nawr ni allaf ateb.
Yn wir, dwy waith y siaredais
ond nawr does gennyf ddim i'w ychwanegu'

Edrychodd Duw ar Job. Gwelodd yr edrychiad yn ei lygaid ac roedd yn gwybod beth oedd Job am ei ofyn. Unwaith eto cydiodd yn ei law a'i gario i ffwrdd yn y corwynt. 'Mae gen i rywbeth arall rwyf am ei ddangos i ti, Job,' meddai. 'Mae'n olygfa ddychrynllyd, ond fe fyddi'n ddiogel gyda fi. Dal dy afael!'

Cludodd y corwynt hwy dros yr anialwch a'u gosod i lawr ar lan afon fawr. Roedd Duw yn gafael yn dynn yn llaw Job. 'Draw acw!' meddai Duw. 'Edrych!'

Edrychodd Job. Roedd creaduriaid rhyfedd ac anghyffredin yn gorffwys ar lan yr afon. Yr oedd tisian y rhain yn medru gwasgaru'r mellt a'u llygaid yn pefrio fel y wawr. 'Rhain yw Galluoedd y Tywyllwch,' meddai Duw, 'rhain sy'n bygwth anrhefn ar y ddaear. Pan yw'r rhain yn ymosod, mae'n gamp i mi eu rheoli. Y Rhain sy'n achosi'r holl ddioddef, yr anrhefn a'r anghyfiawnder yn y byd. Rwyt ti wedi byw yn eu cysgod yn rhy hir o lawer, fy nghyfaill.'

'Rwyf wedi gweld digon,' meddai Job. 'Dos â mi o'r fan yma.' Cododd y corwynt ef am y tro olaf a'i gario yn ôl i'w bentref.

Roedd Job wedi gweld y gwir. Clywodd sêr y bore yn canu mewn llawenydd. Aroglodd anadl y Ddraig. Ond yn fwy na dim yr oedd wedi gweld Duw – a'i glywed hefyd!

'Cyn i'r corwynt ddod
yr oeddwn yn siarad lol,'
meddai wrth Dduw.
'Yn wir, roeddwn yn dweud pethau

Pobl Dduw dan Fygythiad

nad oeddwn yn eu deall.
Yr holl gyhuddiadau,
yr holl eiriau cas!
Rwy'n eu tynnu yn ôl i gyd.
Rwy'n gollwng fy achos.
Trwy glywed yn unig y gwyddwn amdanat.
Nawr y mae fy llygaid wedi dy weld,
a rwy'n edifarhau mewn llwch a lludw.'

Felly cododd Job. Doedd ei groen ddim yn cosi mwyach. Roedd wedi cael gafael ar bwrpas newydd a chyfeiriad newydd ar gyfer ei fywyd. Roedd Duw wedi ei greu o'r newydd. Roedd hi'n amser iddo ddechrau o'r dechrau.

'Rwy'n ddig iawn wrthych chi,' meddai Duw wrth y tri chyfaill. 'Beth oeddech chi'n feddwl yr oeddech yn ei wneud, yn dweud y fath bethau ffôl wrth Job. Daeth Job ataf fel yr oedd. Siarad o'ch llyfrau wnaethoch chi. Fe geisioch chi blygu Job i'ch ffordd chi o feddwl. Dydych chi ddim wedi llwyddo. Mae mwy o ddaioni a doethineb yn Job nag a freuddwydiech chi. Ewch i offrymu aberthau a gofynnwch i Job i weddïo drosoch.'

Gwnaeth y dynion fel y dywedwyd wrthyn nhw. Ac fe weddïodd Job drostyn nhw, er gwaethaf y pethau creulon yr oedden nhw wedi eu dweud.

Yna fe aeth adref.

Caneuon Goleuni

Y mae'r Hen Destament, yn cynnwys casgliad o gerddi a elwir yn Salmau. Caneuon neu weddïau cysegredig yw'r rhain a gyfansoddwyd dros gyfnod o ganrifoedd, o ddyddiau'r brenhinoedd yn Jerwsalem, drwy gyfnod y Gaethglud ym Mabilon ac wedi hynny.

Mae rhai ohonyn nhw wedi eu cyfansoddi ar gyfer achlysuron cenedlaethol, fel seremonïau coroni neu briodas brenin, ar gyfer pererindodau blynyddol ac ar gyfer argyfyngau cenedlaethol. Y mae eraill ohonyn nhw wedi eu cyfansoddi'n wreiddiol ar gyfer defosiwn personol unigolion a theuluoedd.

Mae'r salmau'n onest iawn yn y ffordd y maen nhw'n siarad gyda Duw, fel gweddill gweddïau'r Hen Destament.

Mae rhai ohonyn nhw'n ganeuon hapus, sy'n canmol Duw i'r entrychion. Y mae eraill yn llawn poen a dryswch, ac yn dangos dicter tuag at Dduw.

Mae gan rai o'r Salmau gyfarwyddiadau yn glwm iddyn nhw, fel, "i'r cyfarwyddwr ar Liliau," "i'r cyfarwyddwr ar Alamoth". Mae'n debyg mai'r cyfarwyddwr oedd yn arwain y canu a Liliau ac Alamoth oedd y tonau neu'r alawon. Yn anffodus nid yw'r alawon wedi goroesi, a ddown ni fyth i wybod sut rai oedden nhw.

Pobl Dduw dan Fygythiad

Y mae teitlau rhai o'r salmau hefyd yn nodi enwau pobl arbennig. Dafydd, Meibion Cora, Moses. Cred rhai yn wir mai Dafydd yw awdur rhai o'r salmau. Er hynny, ychwanegiad mwy diweddar yw'r enwau ac ni ellir dibynnu arnyn nhw.

Yn y pen draw dydy'r awduron na'r achlysuron ddim o bwys mawr. Yr hyn sy'n bwysig yw eu bod wedi helpu llu o bobl dros y canrifoedd ym mhob math o sefyllfaoedd.

Yr enwocaf ohonyn nhw i gyd yw Salm 23. Y mae wedi ei chyfansoddi gan bobl oedd wedi eu gorthrymu, neu ar eu cyfer. Mae sôn am "elynion" tua'r diwedd. Y mae'r gerdd yn pwysleisio fod y gelynion wedi methu eu trechu oherwydd fod Duw yn eu hamddiffyn. Y mae Duw fel bugail yn gwarchod ei braidd. Y mae Duw yn eu croesawu fel gwesteion arbennig yn ei Deml. Y mae yn eu trin fel brenhinoedd a breninesau. Tua'r canol y maen nhw'n siarad yn uniongyrchol gyda Duw. Dyma hi:

'YR ARGLWYDD yw fy mugail;
does eisiau dim arnaf,
y mae'n rhoi popeth i mi.
Y mae'n gwneud i mi orwedd
yng nghanol porfa fras
ac yn fy arwain at ddyfroedd tawel.
Pan yw'r haul yn boeth, a minnau'n flinedig
y mae'n rhoi gorffwys i mi.
Y mae'n rhoi nerth i mi
ac yn fy arwain ar hyd y llwybrau cywir.
Fel hyn y mae Duw yn dangos ei ofal.
Dyma'r math o Dduw ydyw!

Hyd yn oed pe cawn fy hun mewn dyffryn tywyll du,
lle na allai'r haul fy nghyrraedd,
fyddai dim angen i mi ofni.
Oherwydd yr wyt ti, Dduw, gyda mi,

dy ffon fugail yn gysur i mi
ac yn fy nghadw rhag perygl.

Rwyt ti'n paratoi bwrdd i mi.
Rwyt ti, Dduw yr holl ddaear
yn gweini arnaf,
fel gwas i mi.
Rwyt yn eneinio fy mhen ag olew.
Caf fy nhrin fel y teulu brenhinol.
Rwyt ti'n llenwi fy nghwpan â gwin,
nes bod y cyfan yn gorlifo.
A hyn i gyd o flaen fy ngelynion!

Yn sicr, bydd daioni a thrugaredd yn fy nilyn
holl ddyddiau fy mywyd.
A dof yn ôl drosodd a thro i'r lle hwn
am weddill fy nyddiau.'

Salm pererindod yw Salm 121, a ganwyd gan bererinion ac ar eu cyfer wrth iddyn nhw gerdded i Jerwsalem i gymryd rhan yn un o wyliau'r deml. Hwyrach iddi gael ei chanu wrth iddyn nhw gychwyn ar eu ffordd adref. Fe fydden nhw, mwy na thebyg, yn edrych o gwmpas ac yn gweld y mynyddoedd ac yn meddwl am y mannau y byddai'n rhaid iddyn nhw deithio drwyddynt ar y ffordd. Byddai'r daith yn un hir a pheryglus "Wnawn ni gyrraedd yn ddiogel?" yw eu cwestiwn ar ddechrau'r salm. Yna maen nhw'n cofio y bydd Duw yn eu hamddiffyn ar hyd y daith. Yna y mae un o offeiriaid y deml yn siarad ac yn ychwanegu at yr hyn y maen nhw newydd ei ddweud. Ei eiriau ef yw gweddill y salm. Y mae yn eu bendithio mewn modd arbennig wrth iddyn nhw adael. Fe fyddan nhw'n cofio'n hir am eu hymweliad â Jerwsalem.

' Rwy'n codi fy llygaid i gyfeiriad y mynyddoedd
ac yn meddwl am y peryglon sy'n llechu yno.
O ble y daw cymorth i mi?

Pobl Dduw dan Fygythiad

Daw fy nghymorth oddi wrth yr Arglwydd Dduw,
y Duw a wnaeth y nefoedd a'r ddaear.

Y mae'r mynyddoedd a'r llwybrau yn ei ddwylo ef.
Does dim posib i mi lithro
oherwydd ei fod ef yn fy amddiffyn;
nid yw'n cysgu fyth.
Nid yw'r Duw sy'n amddiffyn Israel
fyth yn cysgu nac yn huno.
Mae'n cysgodi drosot ddydd a nos
er mwyn dy gadw yn ddiogel.

Yr Arglwydd sy'n dy amddiffyn;
ef yw dy gysgod rhag yr haul.
Fydd yr haul ddim yn dy daro
na galluoedd y tywyllwch yn dy flino.
Bydd yr Arglwydd yn dy gadw rhag pob trychineb,
bydd yn amddiffyn dy fywyd.
Bydd yr Arglwydd yn dy amddiffyn
wrth i ti fynd a dod,
i ba le bynnag yr ei di,
nawr a hyd byth.'

ARWEINIAD I'R TESTAMENT NEWYDD

Hyd yn hyn y mae Llyfr y Llyfrau wedi nodi hanesion a cherddi o'r Hen Destament. I'r Iddewon, y llyfrau hyn yw eu Hysgrythurau Sanctaidd. Dyma eu Beibl nhw. I Gristnogion mae'r Hen Destament yn ffurfio'r rhan helaethaf o'u Beibl hwythau, ond mae iddo hefyd ran arall. Gelwir y rhan yma yn Destament Newydd. Bydd gweddill y llyfr hwn yn delio gyda hwnnw.

Mae'r Testament Newydd yn sôn am Iesu, yr un y mae Cristnogion yn ei alw hefyd yn Grist. Iddew oedd Iesu ac Iddewon oedd dilynwyr cyntaf Iesu. Ni wnaeth Iesu ddim i awgrymu ei fod yn dymuno sefydlu crefydd newydd; cafodd ei eni'n Iddew ac fe fu farw'n Iddew. Ar y cychwyn arhosodd ei ddilynwyr o fewn ffiniau'r ffydd Iddewig, er bod pobl nad oedden nhw'n Iddewon yn dod i ymuno gyda nhw.

Roedd dilynwyr Iesu'n credu ei fod yn dangos iddyn nhw beth oedd ystyr bod yn Iddew. Roedden nhw'n credu ei fod yn dangos beth oedd ystyr bod yn ddynol. Ond yn fwy na dim arall roedden nhw'n credu fod Iesu yn dangos Duw iddyn nhw.

Roedd Iesu mor bwysig iddyn nhw fel y dechreuon nhw ysgrifennu ei stori. Roedden nhw'n gweld stori Iesu yn dilyn ymlaen yn naturiol o'r Hen Destament. Fe ddaethon nhw i allu darllen yr Hen Destament drwy lygaid newydd. Wrth feddwl am Iesu roedd y cyfan yn gwneud synnwyr iddyn nhw. Iesu oedd wedi gwireddu popeth yr oedd yr Hen Destament wedi ei addo.

Nid bwriad eu stori am Iesu oedd dweud y cyfan amdano. Nid bywgraffiad neu gofiant mohono. Does neb yn dweud sut oedd Iesu'n edrych, does dim sôn pa mor dal neu ba mor denau ydoedd. Mae'r rhan fwyaf o'u stori yn sôn am flynyddoedd olaf ei fywyd, yn arbennig ei farwolaeth a'r hyn a ddigwyddodd ar ôl hynny. Roedden nhw eisiau *dangos beth oedd ei fywyd yn ei olygu, ac am annog ei ddilynwyr i ddal yn ffyddlon iddo. Mae'r stori hon yn y Testament Newydd.*

Ond nid un fersiwn yn unig sydd yma. Mae'r stori'n cael ei hadrodd dair gwaith, yn yr hyn a alwn ni'n Efengylau: Mathew, Marc, Luc ac Ioan. Y mae Cristnogion yn credu mai'r Efengylau yw llyfrau pwysicaf y Beibl i gyd, ac fe fydd y pedair pennod nesaf yn canolbwyntio arnyn nhw. Weithiau yn Mathew, Marc a Luc y mae'n rhaid i ni ein hunain weithio allan yr hyn y maen nhw'n ceisio ei ddweud am Iesu. Y mae'r llyfr hwn yn rhoi ei ddehongliad ei hunan er mwyn ein helpu i ddeall. Y mae Ioan, yn ei efengyl ef, er hynny, yn dweud wrthym yn syth yr hyn y mae am i ni ei ddeall.

Mae Luc wedi ychwanegu ail gyfrol i'w efengyl, ac enw'r gyfrol honno yw'r Actau. Mae'n parhau gyda'r stori wedi marwolaeth Iesu, ac yn dweud wrthym fel yr oedd dilynwyr Iesu wedi cynyddu'n fawr, ac fel yr oedd cymunedau Cristnogol wedi eu sefydlu yn ninasoedd dwyrain Môr y Canoldir.

Y mae Llyfr yr Actau yn sôn yn bennaf am ddau o ddilynwyr Iesu: Pedr, a oedd wedi bod gyda Iesu yn ystod ei fywyd ar y ddaear, a Paul, a gafodd weledigaeth o Iesu ychydig o flynyddoedd ar ôl iddo farw. Bydd pennod un ar ddeg Llyfr y Llyfrau yn sôn am Lyfr yr Actau.

Y mae bron pob dim yn y Beibl hyd at ddiwedd Llyfr yr Actau yn hanesion ac yn gerddi. Ond y mae'r rhan fwyaf o'r hyn sy'n dod wedi'r Actau yn gasgliad o lythyrau. Paul ysgrifennodd y cynharaf o'r rhain – nid at aelodau ei deulu ei hun ond at eglwysi. Roedd y cymunedau Cristnogol hyn yn ceisio deall beth oedd y Ffydd Gristnogol yn ei feddwl a beth oedd disgwyl iddyn nhw ei wneud. Bydd y bennod olaf yn cynnig casgliad bychan o lythyrau gorau Paul, yn ogystal â dwy adran o lyfr ola'r Beibl, Datguddiad, sy'n cynnwys darluniau neu weledigaethau o'r amser pan fydd Teyrnas Dduw wedi dod mewn gwirionedd.

7

DECHREUAD NEWYDD: GENI IESU

Mae pob un o'r Efengylau yn wahanol i'w gilydd. Marc yw'r cynharaf, mwy na thebyg yn rhan olaf 60OC. Mae Mathew a Luc yn defnyddio Marc fel eu prif ffynhonnell, ac felly mae tebygrwydd rhwng llawer o'r hanesion yn y tair Efengyl yma. Ond mae Mathew a Luc yn aml yn newid tipyn ar yr hyn sydd gan Marc i'w ddweud, ac mae ganddyn nhw hanesion nad ydyn nhw'n cael eu cynnwys gan Marc.

Yr Efengyl olaf i'w hysgrifennu oedd Efengyl Ioan, a hynny tua diwedd y ganrif gyntaf Oed Crist neu yn fuan wedi dechrau'r ail ganrif. Mae rhai agweddau ar Efengyl Ioan yn wahanol iawn i'r gweddill. Er enghraifft, credai fod rhan bwysicaf bywyd Iesu yn ymestyn dros dair blynedd ac nid un, a dydy arddull Iesu yn Efengyl Ioan ddim yr un fath â'r lleill. Ond y mae Ioan hefyd yn canolbwyntio ar ddiwedd bywyd Iesu ac yn treulio tipyn o amser yn adrodd stori ei farwolaeth a'r hyn a ddilynodd hynny. Ac fel y lleill, yr oedd yn ceisio ateb y cwestiynau: Pwy oedd Iesu? Pwy yw Iesu? Beth yw ystyr bywyd Iesu? Beth yw ei arwyddocâd?

Pe bai digon o le, y peth gorau fyddai adrodd stori Marc, yna Mathew, yna Luc ac yna Ioan, ond byddai hynny'n gwneud y llyfr hwn yn hir iawn. Felly fe fydd y llyfr hwn yn dweud y stori unwaith, gan godi rhannau o bob un o'r Efengylau.

Gall ddechrau o leiaf drwy adrodd cofnod Mathew am eni Iesu, ac yna stori Luc. Fe welwch eu bod yn wahanol i'w gilydd. (Does gan Marc ac Ioan ddim hanesion o gwbl am ei eni. Mae eu storïau hwy yn sôn amdano wedi iddo dyfu ac yn agos at ddiwedd ei fywyd.)

Dechreuad Newydd: Geni Iesu

Y mae hanesion y geni ym Mathew a Luc ymhlith y mwyaf enwog yn y Beibl, ac y mae Cristnogion yn eu hailadrodd bob blwyddyn ar adeg y Nadolig.

Gras Nid Gwarth
Mathew

YN NHREF BETHLEHEM, ychydig filltiroedd o Jerwsalem, yr oedd pâr ifanc o'r enw Mair a Joseff yn byw. Er mai lle bychan oedd Bethlehem yr oedd yn enwog iawn ymhlith yr Iddewon. Yma, unwaith yr oedd Ruth a Naomi a Boas yn byw, ac yma hefyd y cafodd y Brenin Dafydd ei eni. Yn wir, yr oedd Joseff yn un o ddisgynyddion Dafydd.

Roedd Mair a Joseff wedi dyweddïo. Pan fyddai pobl yn priodi yn y dyddiau hynny byddai'n rhaid iddyn nhw fynd drwy ddau gam a dwy seremoni. Dyweddïo oedd y cyntaf ohonyn nhw. Roedd Mair wedi ei dyweddïo pan oedd yn ddeuddeg oed. Yr oedd hynny'n golygu ei bod yn wraig i Joseff er ei bod yn byw gyda'i rhieni. Yna fe fyddai'r ail seremoni briodasol yn cael ei chynnal, ac fe fyddai wedyn yn mynd i fyw gyda Joseff.

Ond cyn i hynny ddigwydd, roedd Mair yn feichiog. Nid plentyn Joseff mohono, ac yr oedd Joseff yn gwybod hynny'n iawn. Yr oedd hithau'n gwybod hefyd.

Torrodd hyn galon Joseff. Roedd yn drychineb ac yn warth ar Mair, ei rhieni a gweddill y teulu yn ogystal â Joseff a'i deulu. Gallai ef a Mair ddim cwblhau'r briodas bellach. Gallai ei chyhuddo'n gyhoeddus o odineb. Drwy wneud hynny gallai achub ei wyneb ei hun. Roedd Mair wedi gwneud ffŵl ohono. Cafodd ei frifo'n enbyd gan y cyfan. O wneud y mater yn gyhoeddus gallai o leiaf ddiogelu ei urddas ei hun oherwydd byddai pawb yn gwybod mai ar Mair oedd y bai.

Dyna'r peth cyntaf a aeth drwy feddwl Joseff. Ond roedd yn ddyn da ac yn caru Mair yn fawr. Ni allai wneud y fath beth i Mair. Penderfynodd yn hytrach ei hysgaru hi. Fydden nhw ddim yn mynd ymlaen i gwblhau'r briodas ac fe fyddai Mair yn gorfod aros gyda'i rhieni. Ei phroblem hi fyddai egluro'r baban wedi iddo gyrraedd. Doedd dim y gallai ef ei wneud ynglŷn â hynny.

Aeth Joseff i'w wely a llefain ei hun i gysgu.

Noson dywyll oedd y noson honno mewn mwy nag un ystyr. Roedd y cymylau'n drwchus iawn uwchben Bethlehem. Roedd y lleuad a'r sêr o'r golwg. Er hynny, ar yr awr dywyllaf llanwodd ystafell Joseff gyda goleuni llachar o'r nefoedd. Roedd angel yn ei ystafell; daeth y nefoedd i'r ddaear! Ac fe siaradodd y nefoedd hefyd!

'Joseff, fab Dafydd,' meddai'r angel, 'paid ag ofni! Mae Ysbryd Glân Duw wedi dod â gras i ti yn lle gwarth. Mae'n wyrth! Bydd y baban sydd yng nghroth Mair yn achub dy bobl rhag popeth sy'n gwneud drwg iddyn nhw, a rhag pob dim sy'n eu cadw oddi wrth Dduw. Pan fydd y baban hwn yn tyfu'n ddyn, bydd yr hen obeithion i gyd yn cael eu gwireddu. "Y mae Duw gyda ni!" fydd cri'r bobl. "Y mae Duw gyda ni!" Y mae'r plentyn hwn y tu hwnt i dy holl freuddwydion, Joseff. Fe gaiff Mair fachgen, ac mae'n rhaid i chi roi'r enw Iesu arno. Ystyr Iesu yw Gwaredwr, Un sy'n Achub. Cymer Mair i fyw gyda thi a bydd yn dad i'w phlentyn. Paid ag ofni! Does dim achos i ofni.'

Dihunodd Joseff a'i ben o hyd yn llawn o oleuni'r angel. Gwnaeth fel y dywedodd yr angel wrtho. Priododd â Mair a buont yn byw gyda'i gilydd yn ei dŷ ym Methlehem.

Cyrhaeddodd y plentyn yn ddiogel. Bachgen ydoedd yn union fel y dywedodd yr angel. Enwodd Joseff y plentyn yn Iesu.

Anrhegion i Frenin
Mathew

Yng nghyfnod Iesu yr oedd gwlad yr Iddewon yn rhan o Ymerodraeth Rhufain. Enw'r dyn oedd yn llywodraethu oedd Herod. Doedd hwn ddim yn Iddew llawn, ac yr oedd yn gyfaill i'r Rhufeiniaid. Roedd y Rhufeiniaid wedi cyhoeddi mai ef oedd 'Brenin yr Iddewon'. Roedd llawer iawn o'r Iddewon yn dyheu am rywun i ddod ac adfer eu balchder unwaith eto, rhywun nad oedd yn gyfaill i'r Rhufeiniaid ond yn gyfaill i Dduw. Gobeithiai rhai y byddai'n frenin fel Dafydd. 'Meseia' oedd yr enw a roddon nhw ar yr un yr oedden nhw'n ei ddisgwyl. Ystyr 'Meseia' yw 'Un wedi ei Eneinio' neu 'Frenin'.

Dechreuad Newydd: Geni Iesu

Pan dyfodd Iesu, honnai ei ddilynwyr mai ef oedd y Meseia. Ond yn stori Mathew, ychydig o bobl ar wahân i Mair a Joseff, sy'n sylweddoli pwy yw pan yw'n cael ei eni. Dydy'r bobl hynny ddim yn Iddewon, nac yn addoli Duw'r Iddewon, a dydyn nhw ddim yn dilyn dysgeidiaeth nac arferion Iddewig. Maen nhw'n byw gannoedd o filltiroedd o Fethlehem, mewn gwlad yn y dwyrain pell o'r enw Persia. Mae'r rhain yn teithio bob cam i dref Mair a Joseff i weld Iesu a'i addoli a rhoi anrhegion iddo.

Mae Mathew yn eu galw'n 'Seryddion'. Roedd y rheini yn ddynion galluog iawn, ac yn medru darllen arwyddion y sêr. Dynion doeth oedden nhw yn medru dehongli breuddwydion a gweld y dyfodol. Credai llawer o bobl fod ganddyn nhw alluoedd dewinol.

UN DIWRNOD YR OEDD HEROD yn ei balas yn Jerwsalem, wedi diflasu'n llwyr. Daeth un o'i weision i mewn i'w ystafell gyda neges iddo. Ymgrymodd y gwas yn isel, 'Fy Mrenin,' meddai, 'y mae dau . . .' pesychodd yn dawel, ' ti'n gwybod syr, dy bethma . . . arbennig . . . Maen nhw'n sefyll y tu allan. Mae ganddyn nhw rywbeth pwysig iawn i ddweud wrthyt ti, syr.'

Roedd gweddill Jerwsalem yn gwybod beth oedd hynny. Roedd y seryddion yn mynd o gwmpas y strydoedd ac yn gofyn yr un cwestiwn i bawb, 'Ble mae'r plentyn sydd wedi ei eni yn frenin yr Iddewon?' Roedd y bobl yn edrych arnyn nhw'n syn. 'Rydym wedi gweld ei seren yn codi ym Mhersia,' meddai'r dynion diarth. 'Mae wedi cymryd tipyn o amser i ni weithio'r cwbl allan, ond rydym wedi dilyn y seren, a dyma ni.'

'Rydym wedi bod yn teithio yn y nos er mwyn i ni fedru dilyn y seren,' meddai un ohonyn nhw.

'Doedd gennym ni ddim syniad i ble y byddai'n arwain nesaf,' ychwanegodd un arall.

'Mae wedi dod â ni i Jerwsalem, ond does gennym ni ddim syniad i ble i fynd o'r fan hyn,' eglurodd y trydydd.

Roedd eu geiriau wedi codi ofn ar bobl Jerwsalem. 'Brenin yr Iddewon?' medden nhw wrth ei gilydd. 'Plentyn wedi ei eni yn frenin yr Iddewon? Dydy Herod ddim yn mynd i fod yn hapus iawn. Herod yw Brenin yr Iddewon a does dim sôn ei fod yn bwriadu ymddeol eto. Mae dau frenin yr Iddewon yn un yn ormod. Os yw'r sêr ddewiniaid yn iawn, ac y maen nhw'n iawn gan amlaf, mae yna dipyn o drwbl ar y ffordd.'

Roedd gan Herod ei heddlu cudd yn gweithio allan ar strydoedd y ddinas. Clywodd un ohonyn nhw beth oedd y bobl yn ei ddweud. Daeth un o'r lleill wyneb yn wyneb ag un o'r ymwelwyr o'r dwyrain, ac fe ofynnwyd yr un cwestiwn iddo ef, heb eu bod yn sylweddoli pwy oedd.

Rhedodd yr heddlu cudd yn syth i'r Palas. Ar yr eiliad honno roedden nhw'n disgwyl yn ddiamynedd y tu allan i ddrws Herod.

'Dweda wrthyn nhw am ddod i mewn,' meddai Herod wrth y gwas.

Daethon nhw i mewn a dweud y cyfan wrth Herod. Nawr roedd hi'n amser i Herod ofni. Rhaid oedd cymryd y seryddion o ddifrif. Mae'n rhaid bod yr hyn yr oedden nhw'n ei ddweud yn wir. Felly, mae na frenin yr Iddewon arall o gwmpas, oes yna? meddai Herod wrtho'i hun. Mae'n rhaid bod y Meseia wedi ei eni!

Wedi i'r heddlu orffen eu hadroddiad dywedodd Herod wrthyn nhw am fynd i sefyll y tu allan i'r drws hyd nes y byddai'n eu galw i mewn eto. Yna fe anfonodd ragor o weision i'r strydoedd i alw ar y prif offeiriaid a'r arbenigwyr crefyddol i ddod ato ar unwaith. Roedd pawb wedi casglu ynghyd mewn ugain munud.

Dechreuad Newydd: Geni Iesu

Daeth Herod yn syth at y mater. 'Pan fydd y Meseia yn cyrraedd,' gofynnodd, 'ble mae disgwyl iddo gael ei eni?'

Roedd y prif offeiriaid a'r ysgrifenyddion allan o wynt. Roedden nhw wedi gorfod rhedeg bob cam o'r ffordd i'r palas. Ond doedd y cwestiwn ddim yn un anodd. Roedd proffwyd o'r enw Micha eisoes wedi ateb y cwestiwn hwnnw ganrifoedd yn ôl.

'Bethlehem,' medden nhw. A dyma ddechrau dyfynnu'r adran berthnasol o lyfr Micha.

'Ie, diolch yn fawr,' meddai Herod yn gyflym. 'Fe gewch chi fynd nawr. Rwy'n gwybod beth sydd angen i mi wybod. Ar eich ffordd allan gofynnwch i'r ddau ddyn sy'n sefyll wrth y drws am ddod i mewn.'

Daeth yr heddlu cudd i mewn. 'Ewch i nôl y seryddion,' gorchmynnodd Herod, 'a dewch â nhw yma ar unwaith! Brysiwch!'

Doedd dim angen iddo aros yn hir.

'Aha, chwarae teg i chi am ddod bob cam o'r ffordd i gyfarfod â mi,' meddai Herod, wedi iddyn nhw gyrraedd.

'Dydyn ni ddim wedi dod i'th weld di,' atebodd un o'r seryddion. Rydyn ni wedi dod i weld y plentyn sydd wedi ei eni yn frenin yr Iddewon. Rydym wedi bod yn dilyn ei seren.'

Gwenodd Herod. 'Wrth gwrs, wrth gwrs,' meddai yn slei. 'Fi sy'n bod yn wirion, maddeuwch i mi. Nawr dwedwch wrtha i am eich seren, neu ei seren *ef* yn hytrach.'

Adroddodd y seryddion y cyfan yr oedden nhw yn ei wybod. Yna fe ddywedodd Herod y cyfan a wyddai yntau. 'Fe ddowch o hyd i'r plentyn ym Methlehem,' meddai. 'Rhyw chwe milltir o'r fan yma, fyddwch chi ddim yn hir. Fe gaiff un o'm gweision ddangos y ffordd i chi. Pan fyddwch wedi dod o hyd iddo, dewch yn ôl i ddweud yr hanes. Yna fe allaf innau fynd i ymgrymu o'i flaen.' Gwenodd yn slei eto.

Cychwynnodd y seryddion ar ran olaf eu taith. Roedd yr haul eisoes wedi machlud, a phan edrychon nhw o'u blaenau, roedd y seren ryfedd yna uwch eu pennau.

Pan gyrhaeddon nhw i Fethlehem doedd dim angen iddyn nhw ofyn i neb lle'r oedd y plentyn. Roedd y seren wedi oedi uwch ben un tŷ arbennig yn y dref. Tŷ Joseff oedd hwn. Roedden nhw'n teimlo rhyw gynhesrwydd mawr yn mynd drwyddyn nhw.

Aeth y seryddion ati'n syth i ddadbacio'u hanrhegion o'r bagiau ar gefn y camelod. Wedi iddyn nhw wneud hynny aethon nhw i mewn yn ddistaw i'r tŷ.

Llyfr y Llyfrau

Yr eiliad y gwelon nhw Mair a'i baban, ymgrymodd y dynion o'u blaen. Doedd hwn ddim yn balas mawreddog, ond doedd dim ots am hynny. Doedd Mair ddim yn dywysoges chwaith, dim ond un o'r werin bobl, ond doedd hynny ddim yn gwneud gwahaniaeth. Roedd y baban yn edrych fel pob baban arall, ond roedd y seryddion yn gwybod yn wahanol. Roedd y rhain yn ddynion doeth ac yn gwybod rhyw bethau nad oedd neb arall yn eu gwybod. Roedd awyrgylch arbennig ynglyn â'r baban hwn. Dim ond baban bychan oedd yng nghôl ei fam. Nid oedd yn medru siarad na cherdded eto, na gwenu'n iawn hyd yn oed. Ond roedd bod yn ei bresenoldeb fel bod ym mhresenoldeb Duw. Ymgrymodd y dynion o'i flaen a chyflwyno anrhegion iddo: aur, thus a myrr. Anrhegion prin a drud oedd y rhain, anrhegion wedi eu bwriadu ar gyfer brenin, rhoddion cariad i Dduw.

Yn hwyr y noson honno fe gawson nhw freuddwyd. Daeth fel rhybudd iddyn nhw: rhybudd i beidio â mynd yn ôl at Herod. Dangosodd iddyn nhw sut ddyn oedd Herod. Felly aethon nhw yn ôl i Bersia ar hyd ffordd arall, ac osgoi Jerwsalem yn gyfan gwbl.

Wedi iddyn nhw fynd daeth tro Joseff i gael breuddwyd. Daeth yr angel a ymddangosodd iddo pan oedd Mair yn feichiog yn ôl ato.

'Brysia!' meddai'r angel. 'Does dim amser i'w wastraffu. Cymer Mair a Iesu ac ewch ar eich union i'r Aifft. Brysiwch! Mae Herod am ladd y plentyn bach. Arhoswch yn yr Aifft nes y cewch chi neges ei bod yn ddiogel i chi ddod yn ôl.'

Felly, cafodd Mair a Joseff a Iesu eu gwneud yn ffoaduriaid. Fe deithion nhw bob cam o'r ffordd i dde'r Aifft. Roedd hi'n daith hir a blinedig. Byddai llawer o fabanod yn marw yn y dyddiau hynny. Roedd hi'n ddigon anodd eu magu ar y gorau, ond doedd y cyfnod hwn yn sicr ddim gyda'r gorau. Pryder Mair a Joseff oedd sut y bydden nhw'n llwyddo i oroesi yn yr Aifft.

Ond roedd hi'n waeth o lawer ar rieni Bethlehem a'u babanod.

Pan wrthododd y seryddwyr fynd yn ôl at Herod, fe aeth yn orffwyll. 'Roeddwn i am anfon fy milwyr i Fethlehem i ladd y tipyn brenin yr Iddewon yna,' gwaeddodd. 'Nawr dydw i ddim yn gwybod pwy yw pwy. Bydd yn rhaid i mi ladd pob baban yn y lle! Bydd yn rhaid lladd pob baban dan ddyflwydd oed.'

Felly, anfonodd ei filwyr i Fethlehem i chwilio pob cartref. Digwyddodd lladdfa fawr. Roedd wylofain y mamau a'r tadau'n boddi'r dref. Safodd Herod yn ffenest un o'i ystafelloedd a chlywed y sŵn. Gwenodd yn slei eto. Rwy'n ddiogel nawr, meddai wrtho'i hun.

Ond yn fuan iawn yr oedd wedi marw.

Am y trydydd tro daeth yr angel at Joseff ac yntau yn yr Aifft y tro hwn. Dywedodd wrtho fod y sefyllfa'n ddiogel bellach ac y gallai'r teulu fynd adref. Teimlodd y teulu rhyw ryddhad mawr wrth gychwyn ar eu siwrne adref. Ond pan gyrhaeddon nhw'r ffin fe glywon nhw mai mab Herod, Archelaus, oedd yn llywodraethu bellach. Dywedodd pobl fod y mab cynddrwg â'i dad. Felly penderfynodd y teulu bach y byddai'n well iddyn nhw fynd am y gogledd, tu draw i Fôr Galilea, i bentref o'r enw Nasareth. Pentref bychan oedd Nasareth ac ychydig o gannoedd o bobl yn byw yno. Ychydig iawn o drigolion y wlad a wyddai am fodolaeth y lle. Gallai'r teulu bach fod yn anhysbys yma, ac yn ddiogel rhag perygl.

Felly, mewn pentref bychan yn ardal Galilea y treuliodd Iesu ei lencyndod. Doedd gan Joseff ddim tir i'w amaethu, felly fe enillai ei fywoliaeth fel saer coed. Doedd neb tlotach na seiri yn y dyddiau hynny.

Mair yn Cwrdd ag Angel
Luc

Mae Luc hefyd yn dweud fod Iesu wedi ei eni ym Methlehem, ond yn ôl ei fersiwn ef mae Mair a Joseff yn dod o Nasareth ac yn mynd yn ôl yno wedi geni Iesu. Yn ei Efengyl ef nid i Joseff y mae'r angel yn ymddangos ond i Mair, a'r bobl gyntaf i ymweld â nhw wedi geni Iesu oedd bugeiliaid Iddewig o'r bryniau o gwmpas Bethlehem, ac nid seryddion o wlad estron. Does dim sôn am Herod yn stori Luc. Does dim milwyr na sôn am fabanod yn cael eu lladd. Dydy Mair a Joseff ddim yn gorfod ffoi i'r Aifft. Storïau digon tywyll yw storïau Mathew. Mae'n wir fod geni Iesu yn dod â goleuni Duw i'r byd, ond y mae ei enedigaeth wedi ei britho gan ddychryn ac ofn, ofn gwarth, dychryn lladdfa a gorfod ffoi. Dydy Luc ddim yn canolbwyntio cymaint ar dywyllwch y byd. Er bod amgylchiadau'r geni yn fwy anodd yn ei stori ef na stori

Mathew. Yn gyffredinol, mae'n well ganddo bwysleisio'r llawenydd mae genedigaeth Iesu yn ei achosi.

Mae Efengyl Luc yn ychwanegu stori arall am rywbeth a wnaeth Iesu pan oedd yn ddeuddeg oed. Dyma'r unig stori yn yr holl Efengylau sy'n sôn am Iesu yn fachgen, ac yr ydym wedi cynnwys y stori yn y bennod hon.

UN DIWRNOD ANFONODD DUW angel i Nasareth. Enw'r angel oedd Gabriel, ac yr oedd Gabriel yn gwybod yn union ble i fynd.

Roedd Mair ei hunan yn nhŷ ei rhieni. Roedd wedi ei dyweddïo i Joseff, ond doedd y briodas ddim wedi ei chwblhau eto, ac yr oedd hi'n dal i fyw gyda'i mam a'i thad. Roedd hi'n edrych ymlaen am y dydd pan fyddai hi a Joseff yn cael byw gyda'i gilydd. Gan fod Joseff yn llinach y brenin Dafydd yr oedd ei theulu yn hapus iawn bod y ddau wedi eu dyweddïo.

Yn sydyn daeth y nefoedd i'r ddaear pan lanwodd angel y tŷ.

'Cyfarchion!' meddai Gabriel wrth Mair. 'Rwyt ti'n arbennig iawn yng ngolwg Duw. Y mae Duw gyda thi.'

Doedd Mair ddim yn disgwyl angel. A doedd hi ddim yn disgwyl yr hyn a ddywedodd yr angel.

Cafodd ei dychryn a'i drysu'n llwyr. Beth oedd ystyr hyn i gyd?

Gwelodd yr angel yr ofn yn llygaid Mair. 'Paid ag ofni, Mair, mae gan Dduw neges arbennig i ti. Yn fuan iawn fe fyddi di'n beichiogi. Bydd mab yn cael ei eni i ti, ac fe fydd yn ei enwi'n Iesu. Bydd hwn yn ddyn rhyfeddol. Bydd yn cael ei alw'n Fab y Goruchaf Dduw, a bydd Duw yn rhoi gorsedd Dafydd iddo. Bydd yn frenin yr Iddewon am byth ac ni fydd ei deyrnas yn dod i ben.'

Chlywodd Mair fawr ddim wedi'r geiriau "byddi di'n beichiogi" oherwydd aeth ei meddwl ar chwâl.

'Sut mae hyn yn mynd i ddigwydd?' meddai. 'Dydw i ddim wedi cael cyfathrach gyda dyn erioed a dydy Joseff a fi ddim yn byw gyda'n gilydd!'

'Bydd yr Ysbryd Glân yn dy amddiffyn a bydd nerth Duw gyda thi,' atebodd yr angel. 'Mab Duw fydd dy blentyn di. Wyddost ti dy gyfnither Elisabeth, yr un sydd heb blant? Mae hi a'i gŵr wedi gobeithio am blant ers blynyddoedd. Wel, mae Duw wedi symud y siom a'r anobaith y mae hi wedi teimlo am flynyddoedd. Y mae Elisabeth yn disgwyl mab hefyd. Nawr gelli di weld beth mae Duw yn medru ei wneud!'

Elisabeth yn disgwyl plentyn! Doedd Mair ddim yn medru credu'r peth! 'Os felly, fe fydda i'n fodlon bod yn llawforwyn i Dduw,' meddai. Bydded i bethau fod fel yr wyt ti wedi dweud.'

Llawforwyn Duw, dyna ddywedodd Gabriel! Galwyd Abram yn was Duw. Ac felly Moses, y Brenin Dafydd a'r proffwydi. Felly roedd Hanna, mam Samuel, Abram, Moses, Hanna, Dafydd, y proffwydi – a nawr Mair o Nasareth! Doedd neb balchach na hi ar y ddaear. Roedd hi'n aelod o deulu Duw.

Gwelodd Gabriel ei balchder a gwenodd. Yna fe adawodd, ac unwaith eto gadawyd Mair ei hunan yn y tŷ.

Cân Mair
Luc

YN FUAN WEDI YMWELIAD GABRIEL teithiodd Mair i'r de, i'r dref ym mryniau Jwdea lle'r oedd Elisabeth yn byw. Erbyn hyn yr oedd hithau'n feichiog.

Cofleidiodd y ddwy ei gilydd, a neidiodd y plentyn yng nghroth Elisabeth mewn llawenydd.

'Rwyt tithau'n disgwyl hefyd!' ebychodd Elisabeth. 'Ac rydw i'n gwybod pwy fydd dy blentyn di hefyd. Mae Ysbryd Duw wedi dangos hynny i mi. Bydd pawb yn ei alw'n Arglwydd.' Roedd y ddwy wraig yn llawen iawn a thorrodd Mair allan i ganu.

'Mawr yw Duw!'
canodd o waelod ei chalon.
'Duw yw fy ngwaredwr.
Y mae wedi dod i'm hachub,
fy nghodi o ddim
i uchelfannau'r nefoedd.

Dyma ffordd Duw.
Mae'n troi'r byd wyneb i waered.
Mae'n gwasgaru'r mawrion a'r cryfion
ac yn codi'r gwan a'r tlawd i'r uchelfannau.
Caiff y cyfoethog fynd yn waglaw
ond fe gaiff y newynog eu llenwi â phethau da.

Fel hyn y bu Duw erioed,
er dyddiau Abram
a'r addewidion a dderbyniodd yntau.
Dyma'r trugaredd yr ydym ni wedi ei adnabod erioed.
Dyma allu Duw i droi'r byrddau
a gollwng y rhai sy'n cael eu gorthrymu yn rhydd.

O hyn allan
bydd pawb yn fy nghofio i
ac yn fy ystyried yn wyn fy myd.
Mawr yw Duw, mawr yw Duw!'

Arhosodd Mair gydag Elisabeth am ryw dri mis ac yna aeth adref i Nasareth. Yn fuan wedi hynny cafodd Elisabeth ei baban, mab. Enwodd ef yn Ioan. Cytunodd ei dad ar yr enw, oherwydd bod angel Duw wedi dweud wrtho beth ddylai'r enw fod cyn iddo gael ei feichiogi hyd yn oed.

Un diwrnod cafodd Iesu ac Ioan gyfarfod â'i gilydd, ar lan afon yr Iorddonen.

Geni Iesu
Luc

YMHELL O NASARETH, ar draws Môr y Canoldir, yn ninas fawr Rhufain, penderfynodd yr Ymerawdwr Awgwstws gynnal cyfrifiad o'i holl ymerodraeth. Golygai hyn fod yn rhaid i bawb fynd at yr awdurdodau er mwyn rhoi eu henwau ar y rhestr swyddogol.

'I ble fydd yn rhaid i ni fynd?' gofynnodd Mair i Joseff. Er mai dim ond wedi dyweddïo oedd y ddau, roedden nhw'n cael eu hystyried fel gŵr a gwraig. Felly fe fyddai'n rhaid iddyn nhw fynd gyda'i gilydd.

'Bethlehem,' atebodd Joseff.

'Bethlehem!' ebychodd Mair. 'Pam Bethlehem?'

'O'r fan honno y daeth y teulu yn wreiddiol, cyn iddyn nhw symud i fyny yma i Nasareth. Mae'r Rhufeiniaid yn dweud fod yn rhaid i bawb fynd yn ôl i'r cartref teuluol.'

'Dim ond er mwyn cael eu henwau ar y rhestr?'

'Ie.'

'Ond mae hynny'n afresymol!' meddai Mair. 'Mae Bethlehem filltiroedd o'r fan yma! Bydd yn rhaid i ni gerdded bob cam o'r ffordd ac mae hi bron yn amser i'r babi gyrraedd. Beth os caiff ei eni a ninnau ar y ffordd?' Torrodd i wylo.

Doedd dim y gallai Joseff ei ddweud, dim ond ei dal yn ei freichiau a'i chysuro.

Felly dyma nhw'n cychwyn ar eu taith. Fe gerddon nhw gant a hanner o filltiroedd, bob cam i Fethlehem. Erbyn cyrraedd doedd dim lle iddyn nhw aros. Roedd pob man wedi llenwi. Ac i wneud y sefyllfa'n waeth roedd y babi ar ei ffordd.

Doedd dim dewis ond gwneud y gorau o sefyllfa ddrwg. Cyrhaeddodd y plentyn yn ddiogel, ac fe glymodd Mair gadachau amdano er mwyn ei gadw rhag oerni'r nos. Rhoddodd ef i orwedd mewn preseb anifail; doedd dim lle arall i'w roi i orwedd.

Yn y caeau gerllaw'r dre roedd bugeiliaid wedi dod at ei gilydd o gwmpas y tân, ac i warchod eu preiddiau rhag lladron ac anifeiliaid gwylltion. Roedden nhw'n siarad ac yn chwerthin gyda'i gilydd pan ddaeth goleuni mawr ar eu traws. Goleuni oedd yn cyrraedd o'r ddaear i'r nefoedd, goleuni oedd yn llawn o ogoniant Duw. Yng nghanol y goleuni roedd angel yn sefyll. Cafodd y bugeiliaid eu dychryn yn fawr.

'Peidiwch ag ofni,' meddai'r angel. 'Mae gen i newyddion da, newyddion o lawenydd mawr i'ch pobl i gyd. Mae Ceidwad wedi ei eni heno, y Meseia, yr Arglwydd ei hunan! Os ewch chi i Fethlehem fe gewch chi ei weld. Fe fydd wedi ei glymu'n gynnes mewn cadachau ac yn cysgu mewn preseb anifail.'

Yn syth wedi i'r angel orffen siarad, roedd hi'n ymddangos fod yr awyr a'r bryniau o gwmpas yn llawn o angylion yn moli Duw ac yn canu,

'Gogoniant i Dduw yn y nefoedd, ac ar y ddaear bydded heddwch i bawb!'

Yna aeth y cyfan yn ddistaw ar wahân i glecian y tân a brefiadau'r defaid.

'Dewch i ni fynd i Fethlehem!' gwaeddodd y bugeiliaid.

Rhedodd y bugeiliaid bob cam o'r ffordd. Er bod tipyn o waith dringo i fyny i'r dref doedden nhw ddim yn poeni. Chymerodd hi ddim yn hir iddyn nhw ddod o hyd i'r hyn yr oedden nhw'n chwilio amdano. Dim ond un plentyn newydd ei eni ac yn gorwedd mewn preseb oedd ym Methlehem y noson honno!

Felly fe ddaethon nhw o hyd i Fair a Joseff a'r plentyn. Ac wrth iddyn nhw blygu o'i flaen, yr oedd edrych ar ei wyneb fel edrych i wyneb Duw.

Cafodd pawb wybod am yr hyn oedd wedi digwydd: y golau rhyfedd yn yr awyr a neges yr angel; ac fel yr oedd yr angylion wedi dawnsio a chanu. Do popeth, fe adroddodd y bugeiliaid y stori i gyd.

Cadwodd Mair yr atgof am y bugeiliaid iddi hi ei hunan yn ddiogel yn ei chalon. Roedd hyn yn rhywbeth na fyddai hi fyth yn ei anghofio.

Iesu'n Teimlo'n Gartrefol
Luc

ROEDD MAIR A JOSEFF yn Iddewon selog. Pan oedd Iesu'n dal yn faban, a chyn iddyn nhw fynd adref i Nasareth, aeth ei rieni ag ef i Jerwsalem, ychydig filltiroedd o Fethlehem.

Dechreuad Newydd: Geni Iesu

Deuddeg mlynedd yn ddiweddarach aeth Iesu i Jerwsalem unwaith eto. Bob blwyddyn fe fyddai Mair a Joseff yn teithio fel pererinion o Nasareth i Jerwsalem ar gyfer gŵyl fawr y Pasg. Pan oedd Iesu'n ddeuddeg oed fe gafodd yntau fynd hefyd.

    Roedd y ddinas yn llawn pererinion. Roedd llawer ohonyn nhw wedi teithio milltiroedd lawer er mwyn bod yno. Yn ystod yr ŵyl byddai'n arfer ganddyn nhw edrych yn ôl i'r gorffennol a chofio fel yr oedd Duw wedi eu hachub o afael Pharo yn yr Aifft a'u harwain ar draws y Môr Coch. Dyna'r pryd y cawson nhw eu rhyddhau o'u caethiwed a symud ymlaen i feddiannu eu tir a'u gwlad eu hunain.

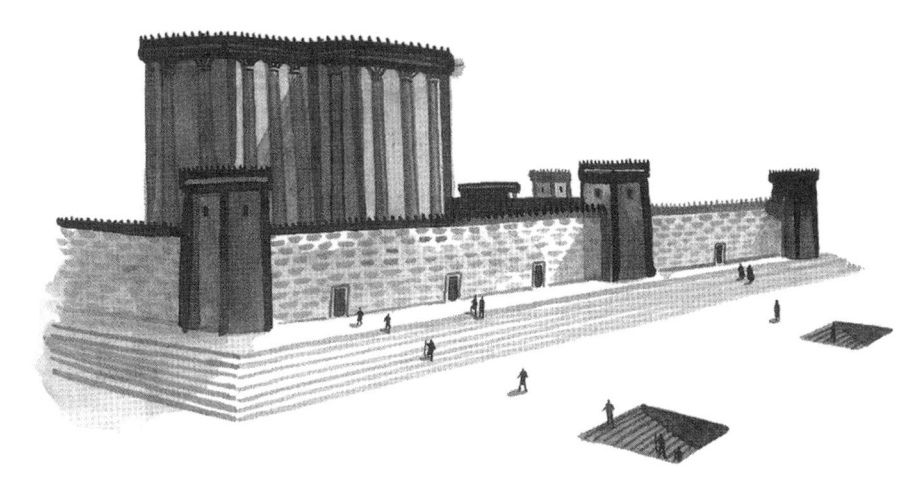

Roedd Iesu wedi dysgu'r hanes gan ei fam. Nawr fe gafodd ei hunan yng nghanol miloedd ar filoedd o bobl yn cofio'r stori honno. Cafodd Iesu ei gyfareddu gan y cyfan ac roedd yn dymuno gwybod mwy. Roedd ganddo lawer o gwestiynau i'w gofyn ac yr oedd llawer o ddynion galluog yn y deml yr oedd yn dymuno eu clywed. Fe fydden nhw'n sicr yn medru ateb ei gwestiynau.

    Felly, ar ddiwedd yr ŵyl pan gychwynnodd Mair a Joseff ar eu siwrnai adref, arhosodd Iesu yn Jerwsalem.

    Yr unig drafferth oedd bod Iesu ddim wedi dweud wrth ei rieni. Roedden nhw'n credu ei fod yn cerdded gyda pherthnasau neu gyfeillion. Wedi teithio taith diwrnod fe sylweddolon nhw fod Iesu ar goll. Doedd dim cwsg yn agos iddyn nhw'r noson honno. Ar doriad gwawr y diwrnod wedyn fe gychwynnon nhw ar eu taith yn ôl i Jerwsalem. Erbyn iddyn nhw gyrraedd roedd hi wedi tywyllu, a doedd dim gobaith dod o hyd iddo yn y tywyllwch. Dyna noson ddi-gwsg arall. O'r diwedd, y bore wedyn, cawson nhw hyd iddo yn y deml. Roedd yn eistedd yn hapus braf yn gwrando ar yr athrawon Iddewig. Siarad am Dduw a sut y dylai pobl fyw oedd yr athrawon. Cawson nhw i gyd eu synnu gan gwestiynau Iesu a chan ei atebion pan ofynnwyd ambell i gwestiwn iddo ef.

Pan welodd Mair a Joseff ef, fe ruthron nhw ato.

'Beth ar wyneb daear wyt ti wedi bod yn ei wneud?' gofynnodd Mair. 'Mae dy dad a minnau wedi poeni'n hunain yn sâl amdanat ti! Sut fedret ti wneud hyn i ni?'

Trodd Iesu atyn nhw ac ateb. 'Ond pam poeni amdana'i ? Fan hyn dwi i fod? Dyma dŷ Dduw a finnau yw ei Fab. Yn y fan hyn y mae'n rhaid i mi fod.'

Doedd Mair a Joseff ddim yn deall beth oedd Iesu yn ei ddweud. Yn Nasareth gyda nhw oedd Iesu i fod. Dyna'r cyfan yr oedden nhw'n ei ddeall.

Gwnaeth Iesu fel y dywedodd ei rieni wrtho a gadel Jerwsalem gyda nhw y tro hwn. Roedd eu perthnasau a'u ffrindiau wedi aros amdanyn nhw, ac felly fe deithiodd pawb yn ôl gyda'i gilydd i Galilea.

Roedd gan Mair atgof arall i'w gadw yn ddiogel yn ei chalon erbyn hyn. Rhyw ddiwrnod fe fyddai'n deall.

8

PWY OEDD IESU

Os am ddeall y ffordd y mae stori Iesu yn cael ei hadrodd yn yr Efengylau, mae'n rhaid i ni gamu ymlaen i'r cyfnod ar ôl iddo farw. Yn fuan wedi iddo farw cafodd rhai o'i ffrindiau brofiadau anghyffredin iawn. Ar nifer o achlysuron roedden nhw'n teimlo fod Iesu mor agos atyn nhw ag y buodd erioed yn ystod ei fywyd. Yr oedd fel petai yn yr un ystafell â nhw. Pan oedden nhw'n teimlo fod Iesu yn agos atyn nhw yr oedd yn union fel teimlo fod Duw gyda nhw, yn eistedd wrth eu hochr.

Newidiodd y profiadau hyn eu bywydau yn llwyr. Roedden nhw bellach yn meddwl am Dduw mewn ffordd newydd ac roedden nhw hefyd yn gweld ac yn deall Iesu mewn goleuni newydd. Yn sydyn roedd y darnau i gyd yn disgyn i'w lle ac roedden nhw wedi dod i ddeall. Daethon nhw i sylweddoli nad gwerinwr cyffredin o Nasareth oedd Iesu yn unig. Roedd Iesu wedi dod â Duw i'r ddaear i ganol pobl. Roedd Iesu ei hun wedi siarad llawer am Deyrnas Dduw. Nawr, roedden nhw'n gweld ei fod wedi sefydlu'r deyrnas honno ar y ddaear. Lle bynnag yr oedd Iesu wedi bod, roedd y pwerau drwg wedi eu trechu, ac roedd goleuni a chariad Duw wedi cael cyfle i ennill y dydd.

Mae bron yn sicr nad oedd awduron y pedair Efengyl wedi nabod Iesu yn ystod ei fywyd. Ond yr oedden nhw hefyd wedi ei gyfarfod wedi iddo atgyfodi. Roedden nhw i gyd yn aelodau o gymunedau Cristnogol, lle'r oedd hanesion am Iesu yn cael eu hadrodd o wythnos i wythnos. Maen nhw'n ailadrodd rhai o'r hanesion hynny yn eu Hefengylau ac weithiau'n cyfansoddi ambell stori eu hunain er mwyn dangos rhai o'r gwirioneddau mawr yr oedden nhw wedi eu deall. Er bod y pedair Efengyl yn wahanol i'w gilydd, maen nhw i gyd yn rhannu'r un pwrpas pwysig.

Llyfr y Llyfrau

Sôn am eni Iesu a'i lencyndod a wnaethon ni yn y bennod ddiwethaf a sylwi ar Efengylau Mathew a Luc, gan mai nhw yn unig sy'n sôn am ei flynyddoedd cynnar. Mae'r bennod hon yn symud ymlaen i'r rhan olaf o'i fywyd, yr amser pan ddaeth o ganol bywyd anhysbys yn Nasareth i ganol bywyd pob dydd pobl ym mhentrefi Galilea. Mae pob un o'r Efengylau yn sôn am hynny ac felly fe fyddwn yn cynnwys rhannau ohonyn nhw i gyd. Fe wnawn ni ddangos yn glir ar ddechrau pob adran ym mha Efengyl y dewch chi o hyd i'r hanes. Y cyfeiriadau ar ddiwedd y llyfr hwn sy'n dangos prif ffynhonnell y storïau.

Ioan yn Bedyddio Iesu
Mathew, Marc a Luc

YN YR ANIALWCH, lawr yn nyffryn yr Iorddonen, yn bell o Jerwsalem a'r deml, ymddangosodd Ioan, mab Elisabeth. Roedd wedi tyfu'n ddyn erbyn hyn, ac roedd pobl yn ei alw'n Ioan Fedyddiwr, neu Ioan y Bedyddiwr. Aeth llawer iawn o bobl i wrando arno ac i gael eu bedyddio ganddo yn afon yr Iorddonen.

'Mae'n amser i bobl ddechrau o'r dechrau,' meddai Ioan wrthyn nhw. 'Mae'n bryd i chi sydd wedi troi eich cefn ar Dduw i'w wynebu unwaith eto. Yna fe gewch chi weld ei faddeuant. Mae'n amser am Israel newydd – pobl fydd ddim yn dewis mynd eu ffordd eu hunain ond yn hytrach yn dilyn Duw.'

Daeth pobl o Jerwsalem a phentrefi Jwdea i glywed Ioan. Roedd wedi ei wisgo mewn blew camel, a gwregys lledr am ei ganol. Felly yr oedd proffwydi yn arfer gwisgo. Roedd y bobl yn gwybod hynny o'r hen storïau, yn arbennig y rhai am Elias. Locustiaid a mêl gwyllt yr oedd Ioan yn eu bwyta, bwyd yr anialwch, i atgoffa pobl am yr amser y dihangodd eu cyndadau o'r Aifft a chwrdd â Duw ar ganol anialwch Sinai. Roedd Ioan am iddyn nhw gofio sut yr aeth eu cyndadau drwy'r Môr Coch a dianc rhag milwyr Pharo. Felly fe fedyddiodd bobl yn yr Iorddonen gan drochi eu pennau o dan y dŵr. Cododd eu pennau wedyn i oleuni'r haul, yn barod i hawlio rhyddid newydd pobl Dduw.

Ond pwy allai eu harwain?

'Wnei di fod yn arweinydd i ni?' gofynnodd y bobl.

'Na, nid fi,' meddai Ioan. 'Mae un yn dod ar fy ôl i sy'n fwy na mi. Dydw i ddim yn deilwng hyd yn oed i benlinio a datod carrai ei sandalau. Rwyf fi wedi tywallt dŵr yr Iorddonen drosoch chi; bydd ef yn tywallt Ysbryd Duw drosoch chi. Fe fyddwch chi i gyd yn frenhinoedd ac yn freninesau yng ngwlad Duw.'

Un diwrnod daeth Iesu at y fan lle'r oedd Ioan yn bedyddio. Daeth bob cam o'r ffordd o Nasareth yng Ngalilea, ac ymunodd gyda'r rhes o bobl oedd yn disgwyl cael eu bedyddio. Daeth tro Iesu. Wrth i Ioan roi pen Iesu o'r golwg dan y dŵr digwyddodd rhywbeth rhyfedd. Roedd fel petai'r greadigaeth i gyd yn dal ei hanadl.

Pan gododd Iesu i'r lan roedd hi'n ymddangos fod y nefoedd wedi rhwygo ar agor. Roedd Duw wedi dod allan o'i guddfan! Roedd Duw yn cerdded y ddaear unwaith eto, fel y cerddodd y llwybrau yn Eden! Hedfanodd Ysbryd Duw at Iesu fel aderyn a daeth llais o'r nefoedd. 'Ti yw fy Mab, yr un yr wyf fi yn ei garu. Ti yw'r un sydd wrth fodd fy nghalon.' Duw oedd yn siarad.

Darlleniad yn y Synagog
Mathew, Marc a Luc

Y SABATH OEDD diwrnod sanctaidd yr Iddewon, a phryd bynnag yr oedd Iesu yn Nasareth byddai'n mynd i'r synagog gyda'r pentrefwyr eraill.

Un Sabath gofynnodd arweinydd y synagog iddo ddarllen o un o lyfrau'r hen broffwydi a dweud gair ar y bennod wedyn.

Dechreuodd y gwasanaeth. Fe ganodd pawb salm a darllen hen, hen eiriau a ddysgwyd iddyn nhw pan oedden nhw'n blant: 'Câr Dduw â'th holl galon, â'th holl enaid ac â'th holl nerth.' Yna cafwyd gweddïau a darlleniadau o'r llyfrau oedd yn sôn am Abram a Moses. Yna dyna ddod at y darlleniad o'r proffwydi. Cododd Iesu o'i sedd a safodd yn y canol. Roedd y sgrôl yn barod iddo – sgrôl Eseia. Agorodd Iesu'r sgrôl yn yr adran yr oedd yn chwilio amdano.

'Y mae Ysbryd yr Arglwydd arnaf,' darllenodd.
'Y mae wedi fy eneinio i ddod â newyddion da i'r tlodion.
Y mae wedi fy anfon i gyhoeddi rhyddid i'r sawl sydd yng ngharchar,
rhyddid i'r rhai sydd wedi eu caethiwo mewn dyled,
i ddweud wrth y deillion y cânt weld eto,
i roi rhyddid ac anrhydedd
i'r rhai sy'n cael eu gorthrymu,
i gyhoeddi fod blwyddyn haelioni Duw ar ddod.'

Caeodd y sgrôl, a'i rhoi yn ôl i'r arweinydd ac eisteddodd i lawr. Aeth y synagog i gyd yn dawel.

Roedd rhywbeth ynglŷn â'r ffordd yr oedd wedi darllen y geiriau. Roedden nhw wedi eu clywed o'r blaen, ond nid fel y darllenodd Iesu'r geiriau. Roedd llygaid pawb wedi eu hoelio arno.

'Heddiw,' meddai, 'yn y lle hwn, yn y synagog tlawd yma, mae'r geiriau hyn o lyfr Eseia wedi dod yn wir. Fi yw'r un y mae Eseia yn sôn amdano.'

'Dydy hynny ddim yn bosib!' gwaeddodd y bobl. 'Mab Joseff wyt ti. Rydym ni yn dy nabod di. Does dim byd pwysig yn digwydd yn Nasareth. Paid â bod yn wirion.'

Ysgydwodd Iesu ei ben yn drist. 'Does dim un proffwyd yn cael ei dderbyn yn ei bentref ei hun. Fydd dim posib i mi wneud dim yma. Mae eich meddyliau wedi eu cau; bydd yn rhaid i mi ddod o hyd i'r tlodion yn rhywle arall. Mae llawer o dlodion yma a llawer wedi eu gormesu. Rwy'n byw yma ac yn gwybod am yr hyn y mae'n rhaid i chi ddioddef. Ond wnewch chi ddim gadael i mi eich helpu. Bydd yn rhaid i mi fynd i rywle arall.'

Aeth y lle'n wenfflam. Roedd pobl yn gweiddi ac yn sgrechian, 'Dydyn ni ddim yn ddigon da i ti, felly, Iesu? A tithau'n dy alw dy hun yn broffwyd! Meddylia eto, fab Joseff! Cofia o ble rwyt ti wedi dod!'

Roedden nhw wedi mynd yn dyrfa gas iawn erbyn hyn ac fe gafodd Iesu ei erlid allan o'r pentref. Fe fu bron iddyn nhw ei wthio dros y dibyn. Dylai'r gwasanaeth fod wedi gorffen gyda'r hen eiriau hyn o fendith:

pwy oedd Iesu

'Bydded i'r Arglwydd eich bendithio a'ch cadw.
Bydded i'r Arglwydd beri i'w wyneb ddisgleirio arnoch
a bod yn rasol wrthych.
Coded yr Arglwydd ei wyneb atoch
a rhoi tangnefedd i chi.'

Dylai'r bobl fod wedi mynd adref gyda sŵn y geiriau hyn yn eu clustiau. Ond yr oedd hi'n rhy hwyr. Roedd y gwasanaeth wedi gorffen. Roedd dryswch, trais ac ofn wedi tarfu ar y cyfan. Cafodd y fendith mo'i chyhoeddi.

Pedr, Iago ac Ioan
y pedair Efengyl

Mae Pedr yn chware rhan bwysig iawn fel un o gyfeillion agos Iesu yn y pedair Efengyl. Ac ym Marc, Mathew a Luc y mae dau frawd, Iago ac Ioan, yn ymuno gyda Pedr i ffurfio cylch mewnol disgyblion Iesu. Maen nhw'n rhannu profiadau gyda'r Iesu, profiadau nad yw gweddill y disgyblion yn ei wneud. Mae gan bob un o'r Efengylau stori am y ffordd y daeth Pedr, Iago ac Ioan i ddilyn Iesu am y tro cyntaf. Mae Luc yn wahanol ac yn fwy lliwgar ei ddisgrifiadau na'r lleill. Felly dyma'r stori a gaiff ei hailadrodd yma.

TAFLWYD IESU ALLAN O'R PENTREF GAN DRIGOLION NASARETH, ond nid felly yr oedd hi ym mhob man. Mewn lleoedd eraill yr oedd pobl yn heidio ato.
    Un diwrnod roedd yn sefyll ar lan Llyn Galilea, yn adrodd rhai o'i storïau. Roedd pysgotwyr yn gweithio yn ei ymyl. Roedd eu cychod wedi eu hangori ac roedden nhw'n sefyll yn y dŵr bas yn golchi eu rhwydau. Roedd Iesu wedi cyfarfod un ohonyn nhw o'r blaen. Ei enw oedd Pedr, ac roedd ganddo dŷ yng Nghapernaum, pentref pysgota ar lan ogleddol y llyn. Roedd mam-yng-nghyfraith Pedr wedi bod yn wael gyda'r dwymyn, ac roedd Pedr wedi gofyn i Iesu ei gwella. Aeth Iesu i'w

thŷ a gwella'r dwymyn. Nawr roedd Pedr yn golchi ei rwydau ac yn gwrando ar Iesu'r un pryd. Yno hefyd yn golchi eu rhwydau ac yn gwrando oedd dau o gyfeillion Pedr. Eu henwau oedd Iago ac Ioan.

Tra oedd Iesu yn siarad daeth mwy a mwy o bobl at y lan i wrando arno. Doedd gan y rhai oedd yn sefyll yn y cefn fawr o obaith clywed, ac yr oedden nhw'n gwthio ymlaen ac yn peryglu'r bobl yn y tu blaen. Gwelodd Iesu'r perygl ac edrychodd o gwmpas a nabod Pedr.

Galwodd arno. 'Pedr, ga i ddefnyddio dy gwch? Mae pawb yn gwthio yn erbyn ei gilydd yma.'

'Wrth gwrs,' meddai Pedr.

'Fedri di ei wthio allan ychydig i'r dŵr?'

'Popeth yn iawn.'

Dringodd Iesu i'r cwch, taflodd Pedr, Iago ac Ioan eu rhwydau i mewn a gwthio'r cwch allan ychydig i'r dŵr. Nawr, yr oedd y bobl yn y cefn yn medru clywed a gweld yn glir.

Wedi iddo orffen trodd y bobl am adref.

Eisteddodd Iesu yn y cwch. 'Ewch â'r cwch allan i'r dŵr dwfn,' meddai wrth Pedr, 'a bwriwch eich rhwydau am ddalfa.'

'Mae'n rhaid bod y pysgod wedi mynd i ran arall o'r llyn,' atebodd Pedr. 'Buom ni'n pysgota allan fan hyn drwy'r nos a dal dim.' Oedodd. Daliodd Iesu lygaid Pedr. 'O'r gorau,' meddai Pedr, 'fe rown gynnig arall arni.'

pwy oedd Iesu

Dyma droi trwyn y cwch am y dŵr dwfn. Taflwyd y rhwydau dros yr ochr a chlywyd eu sŵn yn chwipio wyneb y dŵr. Edrychodd y dynion dros yr ochr a gweld haig o bysgod wedi ei dal ynddyn nhw. Dechreuon nhw dynnu'r rhwydau i mewn, ond roedd cymaint ohonyn nhw fel bod perygl i'r rhwyd dorri.

Galwodd Pedr ar y pysgotwyr eraill ar y lan i ddod i helpu. Daethon nhw allan mewn cwch arall, a rhwng y ddau gwch fe lwyddon nhw i dynnu'r pysgod i mewn. Roedd hi'n ddalfa anferth, a doedd dim lle i'r cyfan yng nghwch Pedr. Rhaid oedd rhoi'r hanner arall yn y cwch arall.

Safodd Pedr wedi ei ryfeddu. Cafodd sawl dalfa fawr yn y gorffennol, ond dim byd tebyg i hyn. Edrychodd ar Iesu. Roedd wedi ei weld yn gwella ei fam-yng-nghyfraith. Roedd wedi gwrando arno yn siarad gyda'r tyrfaoedd. Ond roedd y dyn yma yn fwy nag athro ac iachäwr. Aeth Pedr ar ei liniau o'i flaen. Teimlodd nad oedd yn ddigon da i fod yng nghwmni Iesu ac fe ddywedodd hynny wrtho. Roedd Iago ac Ioan yn teimlo yn union yr un fath.

'Does dim byd i'w ofni,' meddai Iesu. 'Dewch gyda fi i helpu gyda'r gwaith. Rwyf am i chi ddal pobl o hyn allan, nid pysgod. Mae'n ormod o waith i mi ei wneud fy hunan.'

Cododd Pedr oddi ar ei liniau. Trowyd y cychod i gyfeiriad y lan, ac wedi cyrraedd dadlwythwyd y rhwydau.

Roedd Pedr, Iago ac Ioan wedi pysgota ar y llyn trwy'u hoes. Roedd eu tadau wedi gwneud yr un peth o'u blaenau, a'u teidiau a'u cyndeidiau. Pysgota oedd eu galwedigaeth, dyna oedd eu crefft. Dyma Iesu'n awr yn gofyn iddyn nhw gefnu ar y cyfan, gadael y rhwydau, eu cyfeillion, eu pentref, eu teuluoedd – eu ffordd o fyw. Roedd yn gofyn iddyn nhw adael eu byd nhw am fyd arall. Beth fyddai'n digwydd iddyn nhw tybed? Doedd ganddyn nhw ddim syniad.

Er hynny, penderfynu mynd wnaethon nhw. Gallen nhw ddim anghofio'r hyn a deimlon nhw ar y llyn. Gallai'r dyn yma ddangos Duw iddyn nhw. Roedd hynny wedi digwydd eisoes.

'Gwnawn, Iesu,' medden nhw, 'fe wnawn ni dy ddilyn di.'

Llyfr y Llyfrau
Y Wraig wrth y Ffynnon
Ioan

Yn y stori hon y mae Iesu a'i gyfeillion agosaf yn teithio i'r gogledd o Jwdea i Galilea drwy ardal o'r enw Samaria. (Jwda oedd yr enw ar Jwdea unwaith, a dyma'r ardal lle'r oedd Jerwsalem a Bethlehem.)

    Yn aml iawn fe fyddai Iddewon yn osgoi teithio drwy Samaria, oherwydd doedd dim perthynas dda yn bodoli rhwng Iddewon a Samariaid. Roedd yr elyniaeth rhyngddyn nhw yn mynd yn ôl dros ganrifoedd, i'r cyfnod pan gafodd Samaria ei wneud yn rhan o ymerodraeth Asyria. Cafodd llawer iawn o bobl leol eu halltudio a daeth llawer o estroniaid i reoli'r wlad ac i weithio ar y ffermydd. Daeth yr estroniaid hyn gyda'u harferion a'u cred eu hunain yn ogystal â'u duwiau eu hunain. Wedi hynny doedd Iddewon y de ddim yn credu fod pobl Samaria yn Iddewon iawn o gwbl. Ar ben hyn i gyd, rhyw ddau gant a hanner o flynyddoedd yn ddiweddarach pan ddinistriwyd Jerwsalem gan y Babiloniaid, fe geisiodd y Samariaid rwystro Nehemeia rhag ailadeiladu'r ddinas. Erbyn cyfnod Iesu roedd casineb mawr rhwng yr Iddewon a'r Samariaid. Roedd y Samariaid wedi codi Teml eu hunain ar Fynydd Gerisim er mwyn cystadlu â'r deml yn Jerwsalem, ac ychydig dros gan mlynedd cyn geni Iesu roedd milwyr Iddewig wedi ei dinistrio. Ers hynny digon bregus oedd y berthynas, ac yr oedd pobl o'r ddwy ochr wedi eu lladd.

    Felly mae'n dipyn o syndod darllen yn yr adran yma fod Iesu a'i ddisgyblion yn cerdded drwy Samaria er mwyn cyrraedd Galilea. Roedden nhw wedi cyrraedd tref fechan yn ymyl Mynydd Gerisim. Yno y mae Ffynnon Jacob - dyna o leiaf y mae pobl yn ei galw. Yn ôl traddodiad, yr oedd y bobl leol yn credu mai Jacob agorodd y ffynnon yn y lle cyntaf. Mae gwragedd y pentref yn mynd yno bob dydd i godi dŵr. Mae stori Ioan yn adrodd am Iesu'n cyfarfod un o'r gwragedd wrth y ffynnon.

Pwy oedd Iesu

CANOL DYDD OEDD HI ac roedd hi'n boeth iawn, heb gwmwl yn yr awyr. Roedd cyfeillion Iesu wedi mynd i'r dref i brynu bwyd. Eisteddodd Iesu wrth ffynnon Jacob, yn wynebu porth y dref. Ar yr awr honno yr oedd llawer o bobl o gwmpas. Ond sylwodd ar wraig yn dod drwy'r porth. Roedd hi'n cario jar ddŵr ar ei phen a phwced yn ei llaw. Roedd hi'n amlwg ei bod yn dod at y ffynnon i godi dŵr.

Gwelodd y wraig fod dyn yn eistedd wrth y ffynnon. Beth oedd hwn eisiau tybed? Gwell peidio dweud dim, meddyliodd. Doedd hi ddim yn iawn i wraig siarad gyda dyn diarth.

'Rho ddiferyn o ddŵr i mi os gweli di'n dda,' meddai Iesu.

Iddew yw'r dyn yma! meddai'r wraig wrthi ei hun. Gallaf ddweud wrth y ffordd y mae'n siarad. Rwy'n gwybod beth mae Iddewon yn ei feddwl o Samariaid, yn arbennig gwragedd o Samaria. Beth mae'n feddwl y mae yn ei wneud yn gofyn y fath beth i mi? Pam na fyddai'n gadael llonydd i mi?

Edrychodd Iesu arni. Roedd yn disgwyl ateb ganddi. 'Iddew wyt ti,' meddai'n uchel. 'Pam wyt ti'n gofyn i mi am ddŵr a minnau'n Samariad?'

'Pe byddet ti'n sylweddoli pa mor hael yw Duw a phwy ydw i,' atebodd Iesu, ' yna ti fyddai wedi gofyn i mi am ddiferyn o ddŵr, ac fe fyddwn i wedi rhoi dŵr bywiol i ti, sy'n rhedeg fel afon, a fyddai dim angen i ti ddod yma ddwywaith y dydd i'w nôl.'

'Paid â bod yn wirion!' meddai'r wraig wrth godi'r bwced. 'Sut allet ti roi diod i mi? Does gennyt ti ddim bwced ac mae'r ffynnon yn ddwfn. Ac o ble daw'r dŵr bywiol yma rwyt ti'n sôn amdano? A wyt ti'n fwy o ddyn na'n tad Jacob, yr un a agorodd y ffynnon yma?'

Roedd ei phwced hi ar ben y ffynnon erbyn hyn yn llawn o ddŵr.

'Bydd gan y sawl sy'n yfed o'r dŵr hwn syched eto,' meddai Iesu. 'Ond fydd y sawl a fydd yn yfed o'r dŵr y byddaf fi yn ei roi iddyn nhw byth yn sychedu eto. Bydd fel ffynnon yn tarddu y tu fewn iddyn nhw, fel dŵr o Ardd Eden. Bydd yn dod â bywyd go iawn, Bywyd Duw. Bydd y sawl fydd yn yfed y dŵr hwn y cael eu bywiogi gan Dduw!'

Am y tro cyntaf edrychodd y wraig yn iawn ar Iesu. Roedd y dyn yma o ddifrif. Doedd hi ddim yn deall y cyfan a ddywedodd, ond roedd yn swnio'n fendigedig.

'Rho beth o'r dŵr yma i mi, syr,' meddai. 'Fydd dim angen i mi flino fy hunan wedyn yn cario dŵr yn ôl ac ymlaen o'r lle yma.'

Edrychodd Iesu i fyw ei llygaid. Roedd hi'n dechrau deall.

'Dos i nôl dy ŵr,' meddai'n dawel.

'Does gen i ddim gŵr,' atebodd y wraig.

'Gwir bob gair,' meddai Iesu. 'Rwyt ti wedi cael pump o wŷr, a dwyt ti ddim yn briod gyda'r dyn rwyt ti'n byw gydag ef nawr. Digon gwir.'

Roedd y wraig wedi synnu oherwydd roedd hi'n cael yr argraff fod Iesu'n gwybod y cyfan amdani!

'Fy Arglwydd,' meddai, 'Gallaf weld dy fod yn ddyn Duw, ac yn broffwyd. Dweda rywbeth wrtha i. Mae'n bwysig i mi gael gwybod. Rydyn ni Samariaid yn addoli Duw ar y mynydd hwn, Mynydd Gerisim, ond rydych chi'r Iddewon yn dweud fod yn rhaid addoli Duw yn Jerwsalem. Beth wyt ti'n feddwl?'

'Mae amser yn dod,' atebodd Iesu, 'pan fyddwch yn addoli Duw ein tad, nid ar y mynydd hwn nac yn Jerwsalem. Yn hytrach fe fyddwch yn ei addoli mewn Ysbryd a Gwirionedd.'

'Rwyt ti'n siarad am bethau dwfn iawn nawr,' meddai'r wraig wrtho. 'Rwy'n gwybod fod yna Feseia yn dod. Pan ddaw fe fydd yn egluro popeth felly i ni.'

'Fi yw'r Meseia,' meddai Iesu. 'Y Meseia sy'n siarad â thi nawr.'

Gyda hyn daeth cyfeillion Iesu drwy'r porth o'r dref. Roedden nhw'n gallu gweld Iesu yn eistedd wrth y ffynnon a gwraig yn ei ymyl! Roedden nhw wedi ymgolli yn y sgwrs i bob golwg! Beth oedd Iesu'n ei wneud tybed? Roedd pawb yn gwybod na ddylai fod yn siarad gyda gwragedd yn gyhoeddus – yn enwedig gwragedd diarth.

Wrth iddyn nhw ddod yn agos at y ffynnon, cododd y wraig a rhedeg heibio iddyn nhw, gan adael y jar ddŵr ar ôl. Beth oedd yn digwydd? Edrychodd y disgyblion ar ei gilydd ac ysgwyd eu pennau. Doedden nhw ddim am fentro dweud dim wrth Iesu.

Rhedodd y wraig yn ôl i'r dref. 'Dewch i weld!' gwaeddodd. 'Dewch i weld! Mae dyn wrth y ffynnon sy'n gwybod y cyfan amdana i. Rwy'n credu mai ef yw'r Meseia!'

Y Meseia? Beth *nawr*? Y tu allan i'r dref? Wrth y ffynnon? Rhedodd y bobl allan gyda'r wraig. Credodd llawer mai Iesu oedd y Meseia, yn unig ar sail yr hyn yr oedd y wraig wedi ei ddweud wrthyn nhw. Yna fe gawson nhw weld drostyn nhw eu hunain. Roedd y wraig yn iawn. Fe wnaethon nhw ymbil ar Iesu i aros gyda nhw, ac fe wnaeth

hynny am ddau ddiwrnod. Daeth llawer iawn i gredu ynddo'r pryd hwnnw.
    Wedi i Iesu a'i gyfeillion adael, dywedodd y bobl wrth y wraig. 'Roeddet ti'n iawn. Iachawdwr y byd oedd y dyn yna. Meddyliwch ei fod wedi aros yn ein tref fach ni!'
    Felly gwraig o Samaria oedd y person cyntaf i ddod â llawer iawn o bobl gyda'i gilydd i gredu yn Iesu.

Pwy yw Hwn?
Mathew, Marc a Luc

Rhaid i ni fynd yn ôl i'r Hen Destament neu yn hytrach at storïau a cherddi sy'n hŷn na hynny er mwyn deall y stori hon yn iawn. Mae'r storïau a'r cerddi hynny yn sôn am frwydr rhwng y duwiau a'r môr. Roedd y môr yn chwyrn ac yn beryglus. Gallai daflu cychod bychain a boddi'r bobl oedd ynddyn nhw. Roedd y môr fel bwystfil anferth, yn debyg i Alluoedd y Tywyllwch oedd yn bygwth anhrefn ar ddechrau'r byd. Mae'r hen storïau yn sôn fel y trechodd y duwiau'r galluoedd hynny. Mae'r Iddewon yn yr Hen Destament yn cyfeirio at y modd yr oedd Duw yn medru rheoli tonnau'r môr.

Roedd hyn i gyd ym meddwl Marc, Mathew a Luc wrth ysgrifennu'r stori am Iesu a'i gyfeillion yn croesi Llyn Galilea. Dydy Llyn Galilea ddim yn fawr iawn. Gan amlaf mae'n dawel ac yn brydferth. Ond weithiau bydd stormydd yn codi ac yn gwneud y llyn yn hyll ac yn beryglus. Stori am un o'r achlysuron hynny yw hon – ond nid storm gyffredin mohoni.

ROEDD IESU'N SEFYLL ar lan Llyn Galilea gyda'i gyfeillion ar noson dawel. Byddai'r haul yn machlud y tu ôl i'r bryniau gyda hyn ac yn troi'r llyn yn fôr o aur. Pysgotwyr oedd rhai o'u gyfeillion ac yr oedd eu cychod gerllaw.
    'Dewch i ni groesi i'r ochr arall yn un o'r cychod,' meddai Iesu.

Aeth pawb i'r cwch, a chododd Pedr, Iago ac Ioan yr hwyliau. Doedd hi ddim yn bell i'r ochr arall, dim ond ychydig filltiroedd, ond roedd y cwch yn edrych yn rhyfeddol o fach ar y dŵr.

Yn sydyn sylwodd Galluoedd y Tywyllwch ar y cwch a gweld Iesu yn cysgu ar obennydd yn y cefn. 'Nawr dyma'n cyfle ni!' medden nhw.

Daethon nhw lawr dros y bryniau a tharo'r llyn o bob cyfeiriad gyda storm anferth. Cododd y tonnau'n uchel a tharo'r cwch. Roedd cyfeillion Iesu wedi bod mewn sawl storm ar y llyn ond fuon nhw erioed mewn storm debyg i hon. Daeth hi'n amlwg fod y cwch yn mynd i suddo – ac roedd Iesu'n dal i gysgu! Sut allai gysgu drwy hyn i gyd? Roedd y gwyntoedd yn udo fel bleiddiaid gwyllt, a'r tonnau'n chwalu'r cyfan yn chwilfriw. Credodd y dynion fod eu byd ar ddod i ben, a dyna ble'r oedd Iesu yn cysgu fel babi!

'Dihuna, Iesu!' medden nhw. 'Dihuna! Mae'r cwch yn suddo! Rydyn ni'n mynd i foddi! Os wyt ti'n poeni amdanom ni, mae'n rhaid i ti ddihuno!'

Agorodd Iesu ei lygaid. Roedd ton mor fawr â chraig yn dod i gyfeiriad y cwch. Plygodd y don drosodd, yn barod i ddisgyn arnyn nhw a thorri'r cwch yn ddau. Cododd Iesu. 'Paid!' gwaeddodd. 'Tawela! Bydd ddistaw!' Plygodd y don yn ôl ar unwaith a diflannu ac aeth y llyn yn dawel unwaith eto.

Roedd Galluoedd y Tywyllwch wedi eu trechu unwaith eto! Aethon nhw'n ôl i'w gwâl i guddio ac i ddisgwyl am gyfle arall rhyw ddiwrnod.

Trodd Iesu at ei gyfeillion. 'Pam oeddech chi mor ofnus?' gofynnodd. 'Ydych chi ddim yn sylweddoli pwy ydw i?'
Daeth rhyw barchedig ofn dros ei gyfeillion. Edrychon nhw ar ei gilydd. Pwy oedd Iesu? Pwy oedd hwn, y mae'r gwynt a'r môr yn gwrando arno?

Dyn Gwyllt Ymhlith y Beddau
Mathew, Marc a Luc

Mae'r stori hon yn dilyn stori tawelu'r storm ar y môr yn y tair Efengyl.

PAN GYRHAEDDODD IESU a'i gyfeillion i ochr bellaf Llyn Galilea, yr oedd hi bron yn dywyll. Roedden nhw ar dir y Cenhedloedd nawr, ac wedi gadael yr Iddewon ar ôl am ychydig. Ond roedd gafael y Rhufeiniaid llawn mor dynn ar y rhan yma o Balestina. O bryd i'w gilydd byddai ambell bentref yn ceisio torri'n rhydd, ond roedd y Rhufeiniaid bob amser yn rhy gryf iddyn nhw. Eu cosb am fentro oedd marwolaeth, dinistrio eu cartrefi a'u cnydau. Roedd hi'n ymddangos fod dim dianc i fod.

Collodd rhai eu pwyll yn llwyr.

Yn ymyl y lle glaniodd Iesu a'i gyfeillion yr oedd mynwent. Yr eiliad y disgynnodd Iesu o'r cwch daeth wyneb yn wyneb â dyn gwyllt. Roedd y truan yn byw ymhlith y beddau ac yn crwydro yn y bryniau uwchben y llyn. Nos a dydd byddai'n udo fel cnud o fleiddiaid ac yn ei guro ei hunan gyda cherrig. Roedd y bobl leol yn ei ofni'n fawr. Fe geision nhw fwy nag unwaith i'w glymu mewn cadwynau ond roedd ei wallgofrwydd yn ormod iddyn nhw. Torrodd y cadwynau mor rhwydd â thorri gwellt.

Gwelodd Iesu'n dod. Dawnsiodd a gweiddi yn ystod y storm fawr, ac yna gwyliodd mewn arswyd wrth i Iesu dawelu'r cyfan. Rhedodd i lawr at y lan i'w gyfarfod.

Safodd Iesu a galw arno.

Gorweddodd y dyn ar ei hyd ar lawr, yn union fel petai yn ei addoli. 'Dos oddi wrtha i!' gwaeddodd. 'Beth wyt ti eisiau gyda mi? Rwy'n gwybod pwy wyt ti. Ti yw Mab y Duw Goruchaf! Rwy'n dy nabod di. Gad lonydd i mi. Gad lonydd i mi!'

'Beth yw dy enw?' gofynnodd Iesu.

'Lleng!' atebodd y dyn. 'Rwy'n llawer o ddynion. Rwy'n lleng o ddynion. Rwy'n lleng o filwyr Rhufeinig yn gweiddi ac yn sgrechian ac yn marw. Dyna pwy ydw i!'

'Yna rwyf am dy yrru allan a gwared y tir oddi wrthyt ti a'th ormes!' gwaeddodd Iesu.

'Na, paid â gwneud hynny,' atebodd Lleng. 'paid â gwneud hynny! Rydym ni Rufeiniaid yn gwneud pethau ofnadwy pan fyddwch chi'n ceisio ein gyrru allan. Pethau ofnadwy. Rwyf wedi eu gweld nhw! Fy mhentref fy hun . . . fy nheulu . . . fy ngwraig . . . fy mhlant . . .' Tawelodd ei lais yn araf.

Ond rhoddodd Iesu ei orchymyn. 'Dewch allan ohono, chi leng o filwyr! Dewch ar unwaith!'

Llyncodd dyfroedd dyfnion Llyn Galilea'r lleng milwyr oedd wedi meddiannu'r dyn. Suddodd y cyfan i'r dyfnderoedd yn union fel milwyr Pharo yn y Môr Coch ganrifoedd yn gynt.

Doedd y dyn ddim yn wyllt mwyach.

Roedd pobl yr ardal, er hynny, wedi dychryn yn fawr. Roedden nhw'n sylweddoli ystyr y cwbl, neu roedden nhw'n tybio eu bod yn deall. Roedden nhw'n ofni fod Iesu yn mynd i achosi trwbl mawr iddyn nhw. Doedden nhw ddim yn hoffi dynion oedd yn achosi trwbl. 'Dos yn ôl i dy gwch,' medden nhw. 'Hwylia nôl ar draws y llyn a rho lonydd i ni.'

Trodd Iesu a dechrau dringo i'r cwch. Rhedodd y dyn a gafodd ei iacháu ato. 'Gad i mi ddod hefyd,' meddai.

'Na, fy nghyfaill,' meddai Iesu. 'Rhaid i ti fynd adref nawr a byw yng nghanol dy bobl unwaith eto. Dyna ble wyt ti i fod. Rhaid i ti ddweud wrth dy gyfeillion beth sydd wedi digwydd heddiw, dweud wrthyn nhw dy fod ti wedi dod o hyd i ryddid a thrugaredd Duw.'

Dechreuodd y cwch symud o'r lan. 'Ffarwél, fy nghyfaill,' galwodd Iesu.

Trodd y dyn a mynd adref.

pwy oedd Iesu
Bwydo'r Newynog
y pedair Efengyl

Dim ond yn stori Ioan y mae'r bachgen bach yn ymddangos. Dydy Ioan ddim yn rhoi enw iddo. Fe rown ni'r enw Nathan arno.

GYRRODD POBL NASARETH Iesu i ffwrdd oddi wrthynt. Gofynnodd y rhai oedd yn byw yn yr un ardal â'r dyn gwyllt, a achubwyd gan Iesu, hefyd iddo adael. Ond roedd llawer iawn o bobl yn ei ddilyn. Byddai rhai o'i gyfeillion agosaf yn mynd gydag ef i bob man, ond byddai llawer o bobl eraill yn teithio pellteroedd mawr i'w glywed yn dysgu ac i gael eu hiacháu ganddo.

Un diwrnod, pan roedden nhw wrth Lyn Galilea, roedd cymaint o bobl yn dod ato nes ei fod wedi blino'n lân. Doedd dim amser i fwyta hyd yn oed.

'Dewch i ni gael dianc am ychydig yn un o'r cychod,' meddai Iesu wrth ei gyfeillion. 'Gallwn hwylio ar draws y llyn i le tawel lle nad oes neb yn byw. Hwyrach y cawn gyfle i orffwys a chael rhywbeth i'w fwyta yno.'

Fe gawson nhw bryd bwyd, ond nid fel roedden nhw wedi disgwyl. Ac fe fu'n rhaid iddyn nhw ddisgwyl ychydig yn fwy am orffwys hefyd.

Roedd hi'n dawel pan oedden nhw ar y cwch. Roedd y llyn yn dawel, a gadawon nhw i'r cwch ddrifftio i'r canol cyn codi'r hwyl unwaith eto a throi am y lan bellaf. Ond pan gyrhaeddon nhw'r lan roedd torf o bobl yn eu disgwyl – oddeutu pum mil ohonyn nhw! Roedden nhw wedi gweld i ba gyfeiriad roedd y cwch yn mynd ac fe redon nhw o gwmpas y lan a chyrraedd yno'n gyntaf.

Edrychodd Iesu arnyn nhw i gyd. Sylwodd ar eu hwynebau main, blinedig, a gwelodd yr ofn a'r dyhead yn eu llygaid. Roedden nhw fel defaid heb fugail, wedi eu gadael i grwydro ac ymdopi eu hunain. Doedd neb i weld yn gofalu amdanyn nhw. Doedd y llywodraethwyr yn y trefi a'r dinasoedd ddim yn poeni amdanyn nhw. Tymor y gwanwyn oedd hi, ac yn gyfnod anodd yn y flwyddyn iddyn nhw. Doedd y cynaeafau newydd ddim wedi eu casglu eto, ac roedd sefyllfa'r bwyd yn fregus.

Dechreuodd Iesu eu dysgu. Storïau a greodd Iesu ei hunan oedd rhai ohonyn nhw. Ond yr oedd eraill yn hen storïau yr oedd Iddewon

Llyfr y Llyfrau

wedi bod yn eu hadrodd ers cyn cof: stori Gardd Eden a'r stori am Dduw yn bwydo ei bobl yn yr anialwch, pan ddaethon nhw allan o'r Aifft.

Anghofiodd Iesu amdano'i hun a'i gyfeillion. Daliodd ati i ddysgu am oriau. Roedd y storïau'n wych ond roedd ei ffrindiau eisiau bwyd erbyn hyn. Roedd yr haul yn machlud ac yr oedd amser swper wedi hen fynd heibio. Byddai'n rhaid i'r bobl fynd i chwilio am fwyd neu fe fydden nhw'n rhy wan i sefyll. Fe benderfynon nhw y byddai'n rhaid iddyn nhw dorri ar draws Iesu.

Fe ddisgwylion nhw iddo orffen un o'i storïau, yna fe alwon nhw arno cyn iddo ddechrau ar y nesaf.

'Esgusoda ni,' medden nhw, 'ond mae'n mynd yn hwyr iawn, a does gan y bobl yma ddim byd i'w fwyta. Anfon nhw i'r ffermydd a'r pentrefi i chwilio am fwyd.'

'Rhowch chi rywbeth i'w fwyta iddyn nhw,' atebodd Iesu.

'Paid â bod yn wirion!' atebodd y disgyblion. 'Ble wyt ti'n meddwl y cawn ni arian i brynu bwyd i'r bobl hyn i gyd? Mae miloedd ohonyn nhw. Byddai angen ffortiwn arnom!'

'Faint sydd gennych chi? gofynnodd Iesu. 'Ewch i weld.'

Aethon nhw i holi drwy'r dorf a oedd ganddyn nhw fwyd. Doedd ganddyn nhw ddim. A hwythau ar fin rhoi'r gorau iddi, daethon nhw ar draws bachgen bach. Roedd gan hwnnw ychydig o fwyd yr oedd ei fam wedi ei baratoi iddo.

'Beth yw dy enw di?' gofynnon nhw.

'Nathan,' atebodd y bachgen.

'Dere gyda ni, Nathan a dangos i Iesu beth sydd gen ti yn dy fag.'

Cododd a dilynodd y disgyblion drwy'r dorf.

'Dyma Nathan,' medden nhw wrth Iesu. 'Mae ei fam wedi rhoi pum torth a dau bysgodyn yn ei fag. Mae'n ddigon iddo fe, ond does dim digon i ti a ninnau heb sôn am y gweddill.'

Gwenodd Iesu ar Nathan. 'Diolch i ti,' meddai. 'Rwyt ti'n hael iawn.' Dywedodd wrth y bobl am eistedd ar y gwair. Pan oedd pawb wedi tawelu, cymerodd fwyd Nathan, a gweddïodd am fendith arnyn nhw. Torrodd y bara yn ddarnau a'u rhoi i'w gyfeillion, ynghyd â'r pysgod, i'w rhoi i'r bobl.

Cerddodd ei gyfeillion unwaith eto i ganol y dorf a'u bwydo i gyd, pob un ohonyn nhw! Doedd neb heb fwyd a chafodd pawb fwy na digon, ac yn wir yr oedd bwyd dros ben. Llanwodd ei gyfeillion

ddeuddeg basged gyda'r hyn oedd yn weddill.
 Fel hyn oedd hi gyda Iesu bob amser. Roedd hi fel bod gyda Moses yn yr anialwch, pan fwydodd Duw ei bobl a'u cadw'n fyw. Roedd hi fel bod yng Ngardd Eden. Roedd breuddwydion pobl yn cael eu gwireddu.

 Roedd trigolion pentrefi Galilea wedi arfer rhoi rhan orau eu cynhaeaf i'r tirfeddianwyr cyfoethog yn y trefi a'r dinasoedd. Doedden nhw ddim wedi arfer derbyn bwyd fel hyn. Doedden nhw ddim fel defaid heb fugail mwyach. Roedd ganddyn nhw arweinydd nawr. Arweinydd a fyddai'n gofalu amdanyn nhw.

Ond i ble fyddai Iesu yn eu harwain?

Dyn yn Gweld am y Tro Cyntaf
Ioan

Yn y stori hon mae Iesu'n rhoi golwg i ddyn dall.
Dydy Ioan ddim yn rhoi enw iddo.
Fe rown ni'r enw Jonathan arno.

ROEDD IESU GYDA'I GYFEILLION yn Jerwsalem. Roedden nhw wedi mynd yno ar gyfer un o wyliau'r deml. Y Sabath oedd hi ac yr oedden nhw yn agos i bwll Siloam.
 Wrth iddyn nhw gerdded ar eu ffordd, fe welon nhw ddyn yn cardota. Dyn dall ydoedd. Roedd hwn wedi bod yn ddall erioed a dyna pam yr oedd yn cardota. Er ei fod yn ddyn galluog doedd neb yn barod i roi gwaith iddo, oherwydd eu bod yn credu y byddai'n dda i ddim. Felly doedd dim amdani, cardota neu lwgu. I'r bobl oedd yn dod heibio bob

dydd doedd ganddo ddim enw. Weithiau fe fydden nhw'n galw llawer o enwau arno, ond roedd hynny'n wahanol. Jonathan oedd ei enw iawn.

Oedodd cyfeillion Iesu ac edrych draw arno. 'Beth wnaeth y dyn yna i haeddu ei ddallineb?' oedd eu cwestiwn. 'Ai ef a wnaeth rhywbeth o'i le neu ei rieni?'

'Doedd dim bai ar neb,' meddai Iesu'n bendant. 'Neb. Dydy ef na'i rieni yn haeddu hyn. Ond nawr fe all gwaith Duw gael ei wneud! Fi yw goleuni'r byd. Ble bynnag yr af fi, fe fydd y tywyllwch yn cael ei ddileu. Fe gewch chi weld.'

Aeth Iesu at Jonathan a phenlinio o'i flaen. Poerodd yn y llwch, a'i gymysgu a'i roi fel eli ar lygaid y dyn. 'Dos i olchi dy lygaid ym mhwll Siloam,' meddai.

Aeth Jonathan ar ei union at y pwll. Er nad oedd yn medru gweld roedd yn gwybod yn iawn sut i gyrraedd yno. Roedd ganddo gof arbennig o dda am ryw bethau felly. Roedd y gymysgfa ar ei lygaid yn dechrau sychu yn y gwres. Byddai'n falch o gael ei olchi i ffwrdd. Wedi cyrraedd y pwll, aeth lawr at y dŵr a golchi ei lygaid. Yn sydyn gallai weld adlewyrchiad! Doedd Jonathan erioed wedi gweld ei hun o'r blaen. Yn wir doeth Jonathan erioed wedi gweld unrhyw beth o'r blaen. Nawr gallai weld. Gallai weld!

Wedi iddo gyrraedd adref i'w dŷ, roedd ei gymdogion a'r bobl oedd wedi arfer ei weld yn cardota wedi rhyfeddu. Roedden nhw'n methu credu eu llygaid eu hunain!

'Jonathan yw hwn!' gwaeddodd rhywun.

'Na, dim byth,' meddai un arall. 'Gall y dyn yma weld. Mae'n rhaid mai rhywun tebyg i Jonathan sydd yma.'

'Ie, fi sydd yma!' meddai Jonathan.

'Ond fe elli di weld!' medden nhw. 'Beth ddigwyddodd?'

'Rhywun o'r enw Iesu gymysgodd ychydig o lwch a phoer a'i roi ar fy llygaid, a dweud wrtha i am fynd i ymolchi ym mhwll Siloam. Felly, dyma fi'n mynd, a dyma fi yn medru gweld.'

'Ble mae'r Iesu yma?' gofynnodd y cymdogion.

'Dydw i ddim yn gwybod.'

Doedden nhw ddim yn deall, felly fe aethon nhw â Jonathan at y Phariseaid. Arbenigwyr crefyddol oedd y Phariseaid. Fe fydden nhw yn medru egluro popeth.

Cafodd y Phariseaid wybod y cyfan, ond roedden nhw eisiau

clywed y stori gan Jonathan ei hun.
'Sut cefaist ti dy olwg?' medden nhw wrtho.
'Rhoddodd y dyn fwd ar fy llygaid ac mi es ar fy union i'w olchi i ffwrdd, a golchais fy nallineb i ffwrdd hefyd!'
Doedd y Phariseaid ddim yn gwybod sut oedd ymateb.
'Ond mae'n Sabath,' meddai un ohonyn nhw. 'Doedd bywyd y cardotyn ddim mewn perygl. Dylai'r dyn oedd wedi ei iacháu fod wedi aros tan yfory neu drennydd. Dydy hi ddim yn iawn i weithio ar y Sabath. Ac mae gwneud yr hyn a wnaeth hwn yn cyfrif fel gwaith. Felly mae'r dyn a wnaeth hyn yn bechadur. Does ganddo ddim parch at ddysgeidiaeth Duw.'
'Gan bwyll!' meddai un arall ohonyn nhw. 'Gelli di ddim galw rhywun yn bechadur, am ei fod wedi rhoi golwg i rywun.'
'Beth wyt ti'n feddwl o'r dyn yma?' medden nhw wrth Jonathan.
'Mae'n rhaid ei fod yn broffwyd,' meddai Jonathan.
Doedd y Phariseaid ddim yn fodlon o hyd. Credodd rhai bod y cardotyn yn twyllo a'i fod yn medru gweld erioed. Felly fe ofynnon nhw am gael gweld ei rieni.
Pan gyrhaeddodd y rhieni, gofynnodd y Phariseaid,
'Ai hwn yw'ch mab chi?'
'Ie,' medden nhw.
'A gafodd ef ei eni'n ddall?'
'Yn bendant.' Rhedodd dagrau lawr eu gruddiau am eu bod mor hapus.
'Felly pam ei fod yn medru gweld nawr?'
'Does gennym ni ddim syniad,' medden nhw. 'Gofynnwch iddo ef. Mae'n ddigon hen, gall ateb drosto'i hun.'
Galwodd y Phariseaid ar Jonathan am yr ail waith.
'Mae hyn yn ddifrifol iawn. Dydyn ni ddim eisiau rhagor o'r ffwlbri yma. Dywed y gwir, a dim ond y gwir. Mae'r dyn a wnaeth hyn i ti yn bechadur. Mae angen i ti wybod hynny.'
'Dydw i ddim yn gwybod a yw'n bechadur ai peidio,' atebodd Jonathan. 'Y peth a wn i: Roeddwn ni'n ddall ond rwy'n gweld nawr.'
'Dywed wrthym beth yn union wnaeth hwn i ti,' meddai un o'r Phariseaid.
'Rwyf wedi dweud wrthych yn barod. Pam rych chi eisiau clywed y stori eto. Ydych chi am fod yn un o'i ddilynwyr?'

'Ti yw'r un sy'n dilyn y pechadur!' medden nhw'n ddig. 'Dilyn Moses wnawn ni. Siaradodd Duw wyneb yn wyneb gyda Moses. Fe wyddom hynny. Ond dydyn ni'n gwybod dim am y dyn yma rwyt ti'n sôn amdano.'

'Wel, wel,' meddai Jonathan. 'Mae hynny'n rhyfedd. Mae rhywun yn agor llygaid dyn fel fi, dyn wedi ei eni'n ddall, a dydych chi ddim yn gwybod dim amdano nac o ble mae'n dod! Mae'n dod oddi wrth *Dduw*, wrth gwrs. Mae'n rhaid ei fod yn dod oddi wrth Dduw, neu fyddwn i ddim yn gweld nawr.'

'Rhag dy gywilydd di!' medden nhw. 'Rwyt ti'n bechadur hefyd, ac wedi bod yn bechadur erioed. Rwyt ti'n meiddio sefyll yn y fan yna a'n dysgu *ni* sut mae meddwl! Rhag dy gywilydd di. Dos allan!'

Daeth un o gyfeillion Jonathan o hyd i Iesu a dweud yr hanes wrtho, ac fe aeth Iesu'n syth i chwilio am Jonathan. Wedi dod o hyd iddo, gofynnodd, 'Wyt ti'n credu ym Mab Duw?'

Roedd sŵn y llais yn gyfarwydd, ond doedd Jonathan ddim wedi gweld Iesu y tro cyntaf. Doedd ef ddim yn siŵr pwy oedd y dyn yma.

'Pwy yw'r Mab Duw yma, syr?' gofynnodd Jonathan. 'Fe fyddwn yn hoffi credu ynddo, syr.'

'Rwyt ti'n edrych arno drwy dy lygaid dy hun!' meddai Iesu wrtho. 'Fe sy'n siarad gyda thi.'

Nawr roedd Jonathan yn gwybod yn bendant pwy oedd. 'Rwy'n credu ynot ti!' meddai, ac aeth i lawr ar ei liniau i'w addoli.

'Gallaf roi golwg i ddeillion,' meddai Iesu wrth ei gyfeillion, 'tra bod eraill sy'n credu eu bod yn gallu gweld popeth, fel y Phariseaid yna, yn cael eu dallu i'r gwirionedd pan fydda i o gwmpas.'

Pwy oedd Iesu

Atgyfodi Gwraig a Merch
Mathew, Marc a Luc

Ar wahân i Iesu y mae tri phrif gymeriad yn y stori hon. Dyn o'r enw Jairus, ei ferch a gwraig yn y dyrfa. Dydy'r wraig a merch Jairus ddim yn cael eu henwi yn un o'r tair Efengyl. Fe rown ni'r enw Miriam ar y wraig a Rachel ar ferch Jairus.

UN DIWRNOD hwyliodd Iesu a'i ffrindiau dros Lyn Galilea i bentref pysgota bychan. Gwelodd trigolion y pentref y cwch yn glanio, a dyma nhw'n rhuthro i'w cyfarfod. Yn eu plith yr oedd dyn o'r enw Jairus. Roedd hwn yn ddyn pwysig yn y pentref ac yn un o arweinwyr y synagog leol. Ef fyddai'n gofalu am y lle ac yn trefnu'r gwasanaethau.
 Ond ar y pryd hwnnw, doedd Jairus ddim yn teimlo'n bwysig o gwbl. Roedd rywbeth yn ei boeni'n ofnadwy. Roedd ei unig ferch Rachel yn ddifrifol wael. Yn ystod yr wythnosau diwethaf yr oedd Jairus a'i wraig wedi bod yn trafod pwy allai Rachel ei briodi, oherwydd roedd hi'n ddeuddeg oed, yr oed pan allai ddyweddïo. Ond nawr roedd hi'n ymddangos na fyddai yn medru priodi byth, a byddai pob gobaith am wyrion wedi mynd. Roedd ei hiechyd wedi gwaethygu'n fawr mewn ychydig amser. Roedd hi'n marw a doedd dim allai neb ei wneud. Pan ddywedodd rhywun wrth Jairus fod Iesu yn hwylio i'w pentref, daeth lawr i'r lan yn syth i'w gyfarfod. Doedd dim amser i'w golli. Dim ond ychydig oriau oedd gan Rachel ar ôl.
 Gwthiodd Jairus ei ffordd drwy'r dyrfa nes cyrraedd at Iesu. Cwympodd wrth ei draed ac ymbil arno i ddod i'w gartref i weld Rachel. 'Os gweli di'n dda,' meddai. 'Dim ond deuddeg mlwydd oed yw hi, ac mae hi'n marw. Os gweli di'n dda rho dy law arni hi a gwna hi'n iach unwaith eto!'
 Trodd Iesu ar ei union a mynd gyda Jairus. Doedd hi ddim yn hawdd symud drwy'r dorf. Roedd Jairus am iddyn nhw redeg ond roedd hynny'n amhosibl. Roedd pobl yn gwasgu at Iesu o bob cyfeiriad.
 Roedd person arall yn y dorf oedd llawn mor bryderus â Jairus. Enw'r wraig hon oedd Miriam.
 Roedd Miriam wedi bod yn wael am ddeuddeg mlynedd. Bu'n briod unwaith ond dim ond am amser byr. Roedd hi'n dioddef o waedlif.

Roedd ei gŵr wedi ei hysgaru oherwydd ei fod yn gwybod nad oedd yn bosibl iddi gael plant. Roedd ei grefydd yn ei wahardd rhag rhannu gwely gyda hi, felly penderfynodd roi terfyn ar y briodas.

Roedd Miriam ar ei phen ei hun. Doedd ganddi ddim plant na neb i edrych ar ei hôl. Ni fyddai'r un dyn yn ei phriodi cyn iddi wella.

Gwelodd nifer o feddygon, a cherdded milltiroedd er mwyn eu cyrraedd. Roedd y cyfan wedi bod yn brofiad annifyr a drud iddi.

Pan glywodd fod Iesu'n dod i'r dref daeth hithau hefyd i'w gyfarfod. Magodd gymaint o nerth ag oedd angen a gwthio drwy'r dorf.

Doedd hi ddim i fod yn y dorf o gwbl. Roedd y ddeddf Iddewig yn gwahardd hynny. Roedd caniatâd iddi fynd allan o'r tŷ, ond roedd i fod i osgoi cysylltiad gyda phobl eraill. Yn ôl y ddeddf Iddewig pe bai'n cyffwrdd ag unrhyw un arall byddai'n eu gwneud nhw'n aflan. Ond roedd Miriam bron â dod i ben ei thennyn. Ei bwriad oedd gwthio ei hun drwy'r dorf a chyffwrdd ag ymyl gwisg Iesu. Byddai Iesu ddim yn sylwi ond fe fyddai hi. Dyna oedd ei chynllun, beth bynnag, ac fe fyddai hynny'n ddigon. Roedd Iesu'n broffwyd, yn ddyn Duw. Dim ond cyffwrdd ag ymyl ei wisg ac fe fyddai hynny'n ddigon. Gallai ddechrau byw unwaith eto.

Nid gwaith hawdd oedd cyrraedd Iesu. Credodd Miriam ar un adeg, fod pob gobaith o'i gyrraedd wedi mynd. Ond yna trodd Iesu a dod i'w chyfeiriad. Roedd Jairus gydag ef, y dyn â'i ferch yn wael iawn. Roedd pawb yn y dref yn gwybod am gyflwr Rachel.

Disgwyliodd Miriam am ei chyfle. Yn union wedi i Iesu fynd heibio iddi cyffyrddodd ymyl ei wisg. Llanwyd ei chorff i gyd â rhyw egni rhyfedd. Gwyddai yn syth ei bod wedi ei hiachâu. Teimlodd fel merch ifanc unwaith eto.

Wrth iddi geisio cilio drwy'r dorf, oedodd Iesu. Roedd yn gwybod yn iawn fod rhywun wedi ei gyffwrdd. Teimlodd fod rhyw nerth wedi ei sugno ohono.

'Pwy sydd wedi cyffwrdd fy ngwisg?' meddai. Edrychodd o'i gwmpas i weld pwy allai fod wedi gwneud hyn.

Dychrynodd Miriam cymaint fel nad oedd hi'n medru symud. Roedd Iesu wedi sylwi arni.

'Am beth wyt ti'n siarad?' meddai ei gyfeillion wrtho. 'Edych ar yr holl bobl yma o gwmpas. Does dim posib i neb osgoi dy gyffwrdd.'

Ond daliodd Iesu i edrych pwy oedd wedi sugno'r nerth allan ohono.

pwy oedd Iesu

Roedd Miriam yn gwybod na allai guddio oddi wrtho. Aeth ato a chwympo i'r llawr o'i flaen, ac adrodd yr hanes i gyd wrtho.

Gwrandawodd Iesu yn ofalus arni. Estynnodd ei law ati a'i helpu i godi ar ei thraed. 'Ferch,' meddai, 'mae dy ffydd wedi dy achub, ac wedi dy wneud di'n iach. Dos mewn heddwch i fyw dy fywyd yn llawn.'

A'r geiriau hyn yn canu yn ei chlustiau, aeth Miriam ar ei ffordd. Roedd hi wedi gwirioni. Wedi i'r dyrfa fynd yn llai dawnsiodd a chanu yn y stryd. Roedd bywyd wedi bod yn uffern iddi ers blynyddoedd. Nawr roedd hi'n medru byw ei bywyd yn llawn.

Roedd Jairus yn dawnsio hefyd, ond ei ddiffyg amynedd oedd achos ei ddawnsio ef. Beth oedd Iesu yn ei wneud yn aros i siarad â'r wraig yna? Roedd Jairus yn gwybod pwy oedd hi. Ddylai hi ddim bod yn y dorf yn y lle cyntaf. Roedd ei ferch ar fin marw ac roedd Iesu wedi gwastraffu amser i siarad gyda hon. Roedd yr oedi'n annioddefol.

Yn sydyn teimlodd Jairus law ysgafn ar ei ysgwydd. Clywodd lais yn sibrwd yn ei glustiau. 'Rwy'n ofni ei bod hi'n rhy hwyr Jairus,' meddai'n dawel. 'Mae'r newyddion yn ddrwg mae arna i ofn. Mae dy ferch wedi marw. Does dim pwynt i ti drafferthu Iesu mwyach.'

Clywodd Iesu'r hyn ddywedodd y negesydd. 'Paid ag ofni,' meddai wrth Jairus. 'Cred ti fel y credodd Miriam.'

Anfonodd Iesu'r dyrfa i ffwrdd, oherwydd doedd ef ddim am eu gweld o gwmpas cartref Jairus. Dywedodd wrth ei gyfeilion am aros hefyd. Cymerodd dri ohonyn nhw gydag ef – Pedr, Iago ac Ioan.

Wedi iddyn nhw gyrraedd y tŷ, roedd pawb yno'n galaru oherwydd bod y ferch wedi marw.

'Beth yw'r sŵn yma?' gofynnodd Iesu. 'Dydy'r ferch ddim wedi marw, cysgu mae hi.'

Chwarddodd y gwragedd oherwydd roedden nhw'n gwybod yn iawn pan oedd rhywun wedi marw ac roedd Rachel wedi marw. Gwnaeth mam Rachel ddim chwerthin. Edrych drwy ei dagrau ar Iesu wnaeth hi.

Wedi i Iesu daflu'r galarwyr allan aeth gyda Jairus a'i wraig i ystafell Rachel.

Doedd Iddewon ddim i fod i gyffwrdd corff marw os oedd modd osgoi hynny. Roedd y gyfraith yn dweud y byddai hynny yn eu gwneud yn aflan. Ond gafaelodd Iesu yn llaw Rachel yn syth. 'Cod fy ffrind bychan,' meddai yn dawel.

Roedd tawelwch llethol yn yr ystafell. Yna daeth sŵn newydd, sŵn anadlu Rachel. Cododd yn araf ac yna neidiodd i'r llawr, ymestyn ei hunan fel cath a cherdded allan.

Chwarddodd Iesu a throi at ei rhieni. 'Rwy'n credu y byddai'n well i chi roi rhywbeth i'r ferch fach ei fwyta,' meddai. 'Bydd eisiau bwyd arni erbyn hyn.'

Pedr yn Gywir; Pedr yn Anghywir
Mathew, Marc a Luc

Mae'r stori hon yn digwydd yng ngogledd Palestina, yn yr ardal lle'r oedd Iesu'n byw, yn agos i ddinas fechan o'r enw Cesarea Philippi. Roedd pobl wedi credu ers canrifoedd fod hwn yn lle sanctaidd. Roedd ogof yno ac yn ymyl yr ogof roedd ffynnon, un tarddiad ar gyfer afon Iorddonen. Daeth pobl i addoli eu duwiau yn yr ogof. Ychydig cyn geni Iesu, cododd Herod deml o flaen yr ogof, ac enwodd y deml ar ôl yr Ymerawdwr Rhufeinig Awgwstws. Roedd y deml yn hardd iawn a'r muriau y tu fewn yn farmor i gyd. Roedd hi'n amlwg fod Herod yn ystyried Awgwstws fel duw. Yn wir, roedd llawer iawn o bobl yn yr Ymerodraeth yn credu fod Awgwstws yn fab i dduw ac yn honni ei fod yn ddwyfol.

Yn ddiweddarach daeth mab Herod, Philip ac adeiladu dinas, yn llawn o demlau hardd. Enwodd y ddinas yn Cesarea, oherwydd bod Awgwstws yn cael ei adnabod fel Cesar Awgwstws. Roedd Herod eisoes wedi codi ei Gesarea ei hun, porthladd mawr ar arfordir Palestina, felly galwodd Philip ei ddinas ef yn Gesarea Philippi, neu Gesarea Philip, rhag ofn i rywrai ddrysu rhwng y ddau borthladd.

Roedd pentref bychan Nasareth, lle magwyd Iesu, yn lle gwahanol iawn i Gesarea Philippi. Doedd dim temlau mawr yn Nasareth. Tai cyffredin iawn oedd yno wedi eu gwneud o glai mwd. Doedd neb yn gyfoethog yn Nasareth, ac roedd teulu Iesu yn dlotach na'r cyffredin.

Roedd Iesu'n wahanol iawn i Awgwstws, roedd Pedr yn sylweddoli hynny, wrth gwrs, ond roedd yn breuddwydio hefyd y byddai Iesu ryw ddiwrnod yn . . .

ROEDD IESU A'i GYFEILLION yng ngogledd Palestina ar lethrau mynydd o'r enw Hermon. Roedden nhw'n cerdded ar hyd rhyw lwybr pan oedodd Iesu'n sydyn. Cyfeiriodd at fan wrth droed y mynydd. 'Edrychwch,' meddai, 'dyna Gesarea Philippi.'

Disgleiriodd y temlau a'r adeiladau mawr o dan haul y bore. Gallai Iesu a'i gyfeillion weld teml Awgwstws yn glir. Roedd y ddinas fel pe tai'n dweud 'Edrychwch arna i!'

Safodd Iesu yno yn ei ddillad gwerinol i edrych ar yr olygfa ryfeddol. Yng nghysgod y fath le gallai rhywun fod wedi camgymryd Iesu am gardotyn.

Trodd at ei gyfeillion. 'Pwy mae pobl yn ei ddweud wyf fi?' gofynnodd yn dawel.

'Mae rhai yn dweud mai Ioan y Bedyddiwr wyt ti,' medden nhw. 'Mae eraill yn dweud mai ti yw Elias, neu un o'r proffwydi eraill.'

'Ond beth amdanoch chi?' meddai Iesu. 'Pwy ydych chi'n feddwl wyf fi?'

Syllodd Pedr ar y ddinas a theml Awgwstws. Cododd ei ben ac edrych i fyw llygaid Iesu. 'Ti,' meddai'n ddifrifol, 'yw'r Meseia, Mab y Duw Byw.'

Roedd Pedr yn gywir, wrth gwrs. O leiaf felly yr oedd hi'n ymddangos.

'Rhaid i ti beidio dweud hynny wrth neb,' atebodd Iesu. 'Rhaid i ti ddeall rhywbeth pwysig iawn. Rwy'n gwybod fod llawer o Iddewon yn chwilio am Feseia a fydd yn ymddangos gyda ffanffer fawr, rhywun a ddaw gyda nerth mawr i eistedd ar orsedd fawr Jerwsalem. Ond nid felly y mae hi gyda mi. Dydw i ddim yn ceisio nerth fel yna. Nid dyna fy ffordd i. Nid dyna ffordd Duw chwaith.'

'Do, rwyf wedi dod i ymladd yn erbyn pob gormes. Ond wna i ddim ymladd gyda grym. Drwy ddioddef fy hun y byddaf fi yn ymladd yn erbyn anghyfiawnder. Wedi i ni gyrraedd Jerwsalem bydd yr arweinwyr crefyddol yn fy rhoi i ar fy mhrawf, ac yn fy nedfrydu ac yn fy lladd. Rwyf eisoes wedi eu cynddeiriogi, ac fe fyddaf wedi cynhyrfu mwy arnyn nhw cyn i mi orffen. Ond tri diwrnod ar ôl i mi farw, fe godaf eto.'

Doedd Pedr ddim yn medru dioddef clywed hyn. Nid hyn oedd ei syniad ef am Feseia o gwbl! Dechreuodd ddadlau gydag Iesu.

'Os ydyn nhw am dy ddal di, rhaid i ti beidio â mynd i Jerwsalem!' meddai. 'Cadw allan o drwbl. Chwilia am ffordd arall.'

'Dos o'm ffordd i!' meddai Iesu. 'Dwyt ti ddim ar ochr Duw. Rwyt ti ar ochr y dynion hynny sy'n chwilio am rym iddyn nhw eu hunain. Nawr, dos o'r ffordd! Rwyt ti'n rhwystr i mi!'

Goleuni Duw
Mathew, Marc a Luc

ROEDD PEDR YN DAL i fod yn un o gyfeillion agosaf Iesu. Ond roedd hi'n boenus iddo orfod gwrando arno'n sôn am ei brawf a'i farwolaeth. Un diwrnod, ynghyd ag Iago ac Ioan, gwelodd Iesu fel yr oedd mewn gwirionedd.

Cymerodd Iesu'r tri ohonyn nhw i ben mynydd uchel. Pam mynd bob cam i'r copa? Doedd gan y cyfeillion ddim syniad. Weithiau byddai Iesu'n mynd i ben mynydd i weddïo. Hwyrach mai dyna pam roedden nhw'n mynd.

Dyma nhw'n cyrraedd y copa. Ond doedden nhw ddim yn barod ar gyfer yr hyn a ddigwyddodd nesaf.

Newidiodd gwedd Iesu o'u blaenau. Disgleiriodd ei wyneb fel yr haul, ac roedd ei ddillad yn glaerwyn.

Dyma Iesu fel yr oedd mewn gwirionedd – wedi ei ddilladu yng ngogoniant Duw! Roedd yn union fel bod ar ben mynydd Sinai: y fan lle'r oedd Duw wedi cyfarfod ei bobl ar ôl eu harwain allan o'r Aifft.

Pwy oedd Iesu

Dyna'r lle yr oedd Duw wedi siarad wyneb yn wyneb gyda Moses. Dyna'r fan lle'r oedd Duw wedi siarad o ganol niwl mawr. Dyna'r fan y digwyddodd rhai o'r pethau pwysicaf yn hanes pobl Dduw.

A dyna nhw'n gweld Moses ac Elias. Roedd Elias wedi cyfarfod Duw ar Sinai hefyd. Roedd y ddau ohonyn nhw yno'n glir o'u blaenau, yn rhannu'r eiliad newydd yma o ogoniant rhyfedd. Roedden nhw rhywsut yn cael cip ar y nefoedd! Roedd wyneb Moses yn disgleirio gyda goleuni llachar Duw, yn ôl yr hen hanes. Ac felly roedd wyneb Iesu yn ymddangos nawr. Roedd y goleuni yn wyneb Iesu yn ymddangos fel pe tai yn tarddu oddi fewn iddo.

Roedd Pedr am i'r weledigaeth fynd ymlaen am byth. Ond doedd ganddo ddim syniad beth i'w ddweud. 'Fy Arglwydd,' meddai. 'Os mynni di, fe allwn godi tair pabell yma: un i ti, un i Moses ac un i Elias. Yna fe allwch chi aros yma i gyd ar y mynydd hwn.' Doedd ganddo ddim syniad beth oedd yn ei ddweud.

Pan oedd yn dal i siarad, gwasgarodd niwl trwchus yn llawn o bresenoldeb Duw, dros y copa. O ganol y niwl daeth llais, llais Duw ei hunan.

'Hwn yw fy Mab,' meddai Duw, 'yr un rwyf fi yn ei garu. Rwy'n fodlon iawn yn hwn. Gwrandewch arno bob amser!'

Pan glywon nhw lais Duw, roedd y cyfeillion wedi eu syfrdanu. Aethon nhw ar eu gliniau a chuddio eu hwynebau yn eu dwylo.

Aeth Iesu atyn nhw a chyffwrdd y tri ar eu hysgwyddau.

'Codwch,' meddai. 'Peidiwch ag ofni.'

Edrychodd Pedr, Iago ac Ioan o'u cwmpas. Doedd dim i'w weld, dim ond Iesu yn sefyll yn eu hymyl, yn edrych fel yr oedd yn arfer edrych.

Roedd goleuni newydd yn llygaid Iesu, ond hefyd roedd awgrym o dristwch yno hefyd. Roedd y cyfeillion yn dal i ofni er bod Iesu wedi dweud wrthyn nhw am beidio ofni. Yn y weledigaeth a gawson nhw, roedd dillad Iesu yn glaerwyn, ac onid felly yr oedd merthyron i fod i edrych ar ôl iddyn nhw farw?

9

IESU'R STORÏWR A'R BARDD

Treuliodd Iesu y rhan olaf o'i fywyd byr yn dysgu ei gyfeillion a'i ddilynwyr am ffyrdd Duw. Gan amlaf fyddai Iesu ddim yn dweud wrthyn nhw ar ei ben sut oedd meddwl a chredu, ond fe fyddai'n adrodd storïau wrthyn nhw, neu'n rhoi dywediadau hawdd eu cofio iddyn nhw. Damhegion yw'r enw sy'n cael ei roi ar y storïau hyn. Roedd Iesu yn storïwr ac yn fardd gwych.

Bwriad y damhegion yw rhoi cipolwg i bobl ar fyd gwahanol – byd neu deyrnas Dduw. Maen nhw hefyd yn help i bobl edrych arnyn nhw eu hunain a'r byd maen nhw'n byw ynddo a gweld pethau trwy lygaid Duw.

Byddwn yn canolbwyntio ar Efengyl Luc a Mathew yn y bennod hon, er y byddwn weithiau yn troi at Marc ac Ioan hefyd. Y mae llawer o'r storïau neu ddamhegion gorau i'w cael yn Efengyl Luc, ac fe ddechreuwn ni gyda phedair ohonyn nhw.

Dafad, Darn Arian a Mab ar Goll
Luc

Nid y bobl grefyddol a pharchus ond y bobl oedd yn cael eu hystyried yn aflan ac ar gyrion y gymdeithas oedd yn cael eu denu at Iesu. Roedd Iesu nid yn unig yn croesawu'r fath bobl, ond roedd yn mynd allan o'i ffordd i gymysgu a bwyta gyda nhw a'u hystyried yn gyfeillion iddo. Mae'n wir ei fod yn dod o deulu tlawd ei hun, ond roedd yn honni ei fod yn dysgu pobl am ffyrdd Duw. Ond roedd llawer yn credu nad fel hyn y dylai fod yn gwneud hynny. Byddai person cyfoethog yn paratoi gwledd ar gyfer y tlodion o bryd i'w gilydd ond fyddai'r dyn byth yn bwyta gyda nhw. Roedd ymddygiad Iesu yn torri'r holl reolau Iddewig. Cynhyrfodd yr arweinwyr crefyddol yn fawr. Sut allai Iesu fod yn Iddew da ac ymddwyn fel hyn ar yr un pryd?

Un diwrnod roedd yr arweinwyr yn trafod Iesu gyda'i gilydd. 'Mae hwn hyd yn oed yn gwahodd y bobl yma i fwyta gydag ef,' meddai un ohonyn nhw, 'mae'n eistedd mewn cylch gyda nhw ac yn bwyta yn eu cwmni.'

Clywodd Iesu'r bobl hyn yn siarad, a sylwodd ar yr olwg ar eu hwynebau. Felly adroddodd y tair dameg yma wrthyn nhw.

'DYCHMYGWCH,' MEDDAI IESU, 'fod bugail yn gwarchod cant o ddefaid. Mae'r praidd yn eiddo i nifer o deuluoedd yn y pentref, ac y mae bachgen a merch o'r pentref yn ei helpu. Maen nhw allan yn yr anialwch ac wedi bod yn arwain y defaid at fwyd a diod. Ar derfyn dydd mae'n amser mynd â'r defaid yn ôl i'r pentref. Felly maen nhw'n cyfrif y defaid er mwyn gwneud yn siŵr fod pob un ohonyn nhw yno: naw deg chwech, naw deg saith, naw deg wyth, naw deg naw . . . "Lle mae'r ganfed?" meddai'r bugail. "Dim ond naw deg naw sydd yma."

'Beth wnaiff y bugail? Fe ddywedith wrth y bachgen a'r ferch am fynd â'r naw deg naw yn ôl i'r pentref, wrth gwrs, tra bod yntau'n mynd i chwilio am yr un sydd ar goll. Fe aiff i ben y bryniau ac i lawr i'r dyffrynnoedd ac edrych y tu ôl i bob craig er mwyn dod o hyd iddi. Bydd yn galw arni drwy'r amser ac yn gwrando am ei sŵn. A phan ddaw o hyd iddi, bydd yn teimlo'n falch ac yn hapus iawn. Fe fydd yn codi'r ddafad ar ei ysgwyddau a'i chario bob cam o'r ffordd yn ôl at y praidd. Bydd yn waith caled iawn i gario'r ddafad, a bydd hi'n dywyll iawn cyn iddo gyrraedd adref, ond fydd ef ddim yn poeni am hynny. Bydd wedi dod o hyd iddi, a dyna sy'n bwysig.

'Wedi iddo roi'r ddafad yn ôl yn y gorlan, fe redith adref er bod ei goesau'n flinedig, i ddweud wrth ei gymdogion. "Rwyf wedi dod o hyd i ddafad a gollais. Dewch i ni gael dathlu".'

'Dychmygwch,' meddai Iesu, 'wraig a chanddi ddeg darn arian. Ychydig arian sydd yn y pentref i gyd. Maen nhw'n tyfu eu bwyd eu hunain ac yn gwneud eu dillad eu hunain. Maen nhw'n benthyca trwy ei gilydd. Felly mae'r arian yna yn werthfawr iawn iddi hi. Yn wir i chi dyma'r pethau mwyaf gwerthfawr sydd ganddi. Mae'n ei gwisgo fel cadwyn am ei gwddf. O'i holl eiddo, y gadwyn yw'r brydferthaf. Ond un diwrnod mae'n teimlo fod rhywbeth o'i le. Mae'n edrych ar y gadwyn ac yn sylwi fod un darn arian ar goll. Dydy hi ddim yn medru dod o hyd iddo yn unman.

'Beth wnaiff hi? Fe aiff i chwilio bob twll a chornel amdano. Bydd yn cynnau lamp ac edrych yn y mannau tywyll. Aiff ati i sgubo'r tŷ a gwrando am sŵn tincian yr arian. Aiff i edrych yn y gwely ac o dan y gwely a thu ôl i bob cwpwrdd. A phan ddaw o hyd iddo bydd yn falch ac yn hapus iawn. Bydd yn dawnsio o gwmpas y tŷ, ac yna fe fydd yn galw ei chyfeillion a'i chymdogion at ei gilydd.

"Fe gollais ddarn arian gwerthfawr, ond rwyf wedi dod o hyd iddo unwaith eto. Dewch, dewch i ni gael dathlu!"

'Wel,' meddai Iesu, ' mae hynny'n rhoi syniad i chi faint o bleser rwy'n cael yng nghwmni'r bobl hynny rydych chi'n eu casáu gymaint. Ac mae'n rhoi rhyw syniad pa mor werthfawr ydyn nhw yng ngolwg Duw. Y drafferth yw, os wnewch chi ddal i feddwl pa mor dda a galluog ydych chi, ac edrych lawr eich trwynau ar eraill, fe fyddwch chi'n siŵr o golli'r parti!'

'Ac mae gen i stori arall i chi,' meddai Iesu.

'Roedd dyn a chanddo ddau fab. Un diwrnod dywedodd y mab ieuengaf "Dad, wedi i ti farw, bydd dy eiddo yn cael ei rannu rhwng fy mrawd a minnau. Ydw i'n iawn? Wel, fedra i ddim disgwyl. Rwyf am gael fy siâr i nawr, os gweli di'n dda."

'Roedd hyn yn beth ofnadwy i ofyn amdano. Byddai'r rhan fwyf o dadau wedi gwylltio. Ond fe wnaeth tad y bachgen hwn fel yr oedd y bachgen yn ei ddymuno. Rhannodd ei eiddo yn y fan a'r lle. Yn union fel pe tai wedi marw. Yn ôl yr arfer, rhoddodd ddwy ran o dair o'r eiddo i'r mab hynaf a thrydedd ran i'r mab ieuengaf.

'Ond roedd gwaeth i ddod. Roedd y teulu wedi trin y tir am genedlaethau. Ers cyn cof roedden nhw wedi bod yn tyfu cnydau ac yn gwarchod yr anifeiliaid yn yr un caeau. O fewn ychydig ddyddiau roedd y mab ieuengaf wedi gwerthu ei siâr i gyd ac wedi gadael cartref. Roedd y teulu a'r holl bentref wedi eu brawychu gan yr hyn yr oedd wedi ei wneud. Roedd wedi dwyn cywilydd ar y pentref ac wedi sarhau ei deulu ei hun. "Fydd pethau fyth yr un fath eto," meddai'r bobl.

'Aeth y dyn ifanc i ffwrdd mor bell ag y gallai. Teithiodd i wlad bell, lle nad oedd pobl yn ei nabod, na gwybod am yr hyn yr oedd wedi ei wneud.

'Penderfynodd gael amser da – amser da iawn. Gwariodd y cwbl mewn dim amser. Ond wedi iddo wario'r cwbl ar amser da doedd pethau ddim mor dda wedyn. Teimlodd ei fod yn bell iawn o gartref. Doedd ei ffrindiau newydd ddim eisiau ei nabod bellach. Roedd yn unig. Ac i wneud y sefyllfa'n waeth daeth newyn mawr i'r wlad. Roedd bwyd yn brin ac yn ddrud iawn. Doedd ganddo ddim arian i brynu dim. Roedd yn llwgu.

'Aeth i chwilio am waith. Daliodd i swnian ar bobl i'w gyflogi nes yn y diwedd fe gafodd waith yn gofalu am foch rhyw ffarmwr. Roedd y ffarmwr yn gwybod mai Iddew oedd y bachgen a doedd Iddewon ddim i fod i gael unrhyw gysylltiad gyda moch. Doedd y ffarmwr ddim wedi bwriadu i'r cynnig fod yn gynnig difrifol, dim ond yn ffordd i gael gwared ohono. Ond derbyniodd y bachgen y gwaith. Doedd ganddo ddim dewis.

'Er hynny, chafodd ef ddim bwyd gan ei feistr. Roedd cymaint o chwant bwyd arno erbyn hyn fel ei fod yn fwy na pharod i rannu bwyd y moch.

'Yn y diwedd fe galliodd. Adref, meddai wrth ei hun, mae gweision fy nhad yn cael mwy na digon o fwyd a minnau yma yn llwgu. Mae'n sefyllfa hurt! Mi af am adref a phan gyrhaedda i yno, fe ddywedaf wrth fy nhad. " Dad, rwyf wedi gwneud llanast o'm bywyd. Rwyf wedi sarhau Duw ac rwyf wedi dy sarhau tithau. Dydw i ddim yn haeddu cael fy ngalw yn fab i ti. Fedra i ddim perthyn i'r teulu ar ôl yr hyn rwyf fi wedi ei wneud, ond cymer fi fel un o'th weision."

'Felly cychwynnodd ar ei daith adref. Roedd hi'n daith hir, ac yntau yn wan oherwydd diffyg bwyd. Roedd eu sandalau wedi treulio'n ddim, a'i ddillad yn garpiau.

'Cyrhaeddodd y gefnen uwchlaw'r tŷ ac edrychodd i lawr ar ei gartref a'r dagrau'n llifo i lawr ei ruddiau blinedig.

'Cychwynnodd eto ar gymal ola'r daith gan obeithio na fyddai neb yn ei adnabod. Yn fuan roedd tyrfa o'i gwmpas a doedd neb ohonyn nhw'n falch o'i weld. Roedden nhw'n cofio'n iawn am yr hyn yr oedd wedi ei wneud.

'Roedd ei dad ar y llaw arall yn dal i obeithio y gwelai ei fab eto. Clywodd y gweiddi ac edrychodd i weld beth oedd yn digwydd. Tarodd ei lygaid ar ei fab.

'Roedd gorfoledd ac arswyd wedi ei feddiannu. Sylwodd ar gyflwr ei fab. Ei ddillad yn garpiau a'i sandalau wedi treulio'n ddim. Rhedodd mor gyflym ag y gallai i'w gyfarfod. Rhuthrodd drwy'r dorf a chofleidiodd ei fab.

'Edrychodd ei fab arno a daeth ei gyfle i ddweud yr hyn yr oedd wedi paratoi i'w ddweud. "Dad, rwyf wedi gwneud llanast o'm bywyd. Rwyf wedi sarhau Duw ac rwyf wedi dy sarhau tithau. Dydw i ddim yn haeddu cael fy ngalw yn fab i ti. Fedra i ddim perthyn i'r teulu ar ôl yr hyn rwyf fi wedi ei wneud." Doedd dim sôn am fod yn un o'r gweision y tro hwn. Freuddwydiodd ef ddim y byddai ei dad mor falch o'i weld. Doedd y bachgen erioed wedi sylweddoli cymaint roedd ei dad yn ei garu.

'Clywodd ei dad yr hyn a ddywedodd, ond thrafferthodd ef ddim i ddadlau gydag ef. Gwyddai yn iawn beth roedd yn mynd i'w wneud.

Iesu'r Storïwr a'r Bardd

' "Brysiwch!" meddai wrth ei weision. "Ewch i nôl y wisg orau, yr un rwy'n ei defnyddio ar gyfer achlysuron arbennig, a gwisgwch hi am fy mab. Fedrwn ni ddim mo'i adael yn y carpiau hyn. A rhowch fodrwy am ei fys a sgidiau gweddus am ei draed. Gwisgwch ef fel brenin. Ac ewch i nôl y llo, yr un sydd wedi ei ddewhau. Dewch i ni gael ei ladd a'i rostio a pharatoi gwledd fawr ar gyfer y pentref i gyd. Oherwydd roedd fy mab i bob pwrpas wedi marw, a nawr mae'n fyw eto. Roedd ar goll, a chafwyd hyd iddo."

'Ac felly dechreuodd y dathlu.

'Roedd y mab hynaf yn dal yn y caeau. Doedd hwn ddim wedi sylwi fod ei frawd wedi cyrraedd adref. Felly pan ddaeth yn ôl i'r tŷ ar ôl diwrnod o waith sylweddolodd fod rhywbeth mawr wedi digwydd. Clywodd sŵn canu a dawnsio. Roedd band yn chwarae a phobl yn chwerthin llond y lle.

"Beth sy'n digwydd?" meddai wrth griw o fechgyn oedd yn sefyll y tu allan.

"Mae dy frawd wedi dod adref," medden nhw. "Mae dy dad wedi gwirioni ac wedi lladd llo a'i rostio er mwyn i ni gyd gael dathlu."

'Pan glywodd hyn gwrthododd y mab hynaf fynd i'r tŷ. Roedd yn ddig iawn. Stampiodd ei draed ar y llawr yn ei ddicter.

'Roedd ei dad wedi bod yn ei ddisgwyl, a phan welodd ei fod wedi cyrraedd aeth allan ato. "Mae dy frawd wedi dod adref" meddai wrtho. "Tyrd i mewn i ddathlu gyda ni."

'Ffrwydrodd y mab hynaf mewn tymer wyllt. "Edrychwch!" gwaeddodd ar ei dad. "Rwyf wedi lladd fy hun yn gweithio i chi ar hyd y blynyddoedd. Dydw i erioed wedi gwneud dim yn groes i'ch dymuniad. Ond chefais i ddim byd tebyg i hyn. Ches i ddim cymaint â gafr wedi ei rostio! Ond mae hwn, sydd wedi gwastraffu ei etifeddiaeth ar fyw'n wyllt yn cael y cyfan. Dydy hyn ddim yn deg o gwbl!"

"Ond fy mab," atebodd y tad. "Rwyt ti gyda mi bob amser. Fy eiddo i yw dy eiddo di. Roedd dy frawd i bob pwrpas wedi marw ond nawr daeth yn fyw eto. Roedd ar goll ond cafwyd hyd iddo! Sut allwn ni beidio dathlu?"

'Cofiwch y stori hon,' meddai Iesu wrth yr arweinwyr crefyddol, 'ac fe ddechreuwch chi fy neall i wedyn. Cofiwch y tad yn y stori, ac fe ddechreuwch chi ddeall Duw.'

253

Llyfr y Llyfrau
Y Samariad Trugarog
Luc

Dameg y Mab Coll, neu'r Mab Afradlon fel y mae hi'n cael ei galw yw un o'r ddwy ddameg enwocaf a adroddodd Iesu. Y ddameg arall yw dameg y Samariad Trugarog, sydd hefyd i'w gweld yn Efengyl Luc.

Stori am daith yw hi, a'r hyn sy'n digwydd i bedwar dyn gwahanol ar y ffordd. Maen nhw i gyd yn teithio drwy anialwch Jwdea, o Jerwsalem i Jericho, pellter oddeutu deunaw milltir. Mae tri ohonyn nhw'n Iddewon, a'r llall yn Samariad.

Doedd Samariaid ac Iddewon ddim yn cytuno o gwbl. Roedden nhw wedi bod yn elynion am ganrifoedd. Roedd llawer o Iddewon yn casáu'r Samariaid. Ardal rhwng Jwdea yn y de a Galilea yn y gogledd oedd Samaria. Byddai'r rhan fwyaf o Iddewon yn osgoi'r ardal os oedd hi'n bosibl, a byddai'r rhan fwyaf o Samariaid yn osgoi'r Iddewon. Doedd llawer o Iddewon ddim yn ystyried fod Samariaid yn ddynol. Baw isela'r domen oedden nhw yn eu golwg nhw.

Mae'r ddameg yn cyfeirio at offeiriad a Lefiad. Dau ar ei ffordd o'r deml oedd y rhain, wedi bod yn helpu arwain yr addoliad. Gan yr offeiriaid oedd y gwaith pwysicaf yn y deml, tra bod y Lefiaid yn gweini. Ddwywaith y flwyddyn byddai'n rhaid i bob un ohonyn nhw wasanaethu yn y deml am wythnos. Roedd llawer o'r offeiriaid a'r Lefiaid yn byw yn Jericho, ac felly mae'n debyg fod y ddau yma ar eu ffordd adref. Roedd y deml i fod yn lle sanctaidd, y lle mwyaf sanctaidd yn y byd i'r Iddewon, ac roedd disgwyl i'r offeiriaid a'r Lefiaid ufuddhau i reolau crefyddol Iddewig. Yn wir, roedd yna reolau arbennig ar gyfer y Lefiaid a'r offeiriaid, rheolau oedd yn amherthnasol i bobl gyffredin.

Unwaith eto mae Luc yn gosod y ddameg hon mewn cyd-destun arbennig: sgwrs rhwng Iesu ac arbenigwr yn y gyfraith Iddewig.

Iesu'r Storïwr a'r Bardd

ROEDD ARBENIGWR AR GYFRAITH IDDEWIG yn gwrando ar Iesu yn dysgu'r bobl am ffyrdd Duw. Cododd a gofynnodd, 'Athro, beth sy'n rhaid i mi ei wneud er mwyn cael bod gyda Duw?'

'Beth mae'r gyfraith yn ei ddweud? atebodd Iesu.

'Câr yr Arglwydd dy Dduw â'th holl galon, â'th holl enaid, â'th holl nerth ac â'th holl feddwl,' atebodd yr arbenigwr. 'A châr dy gymydog fel ti dy hun.'

'Rwyt ti'n hollol iawn,' meddai Iesu. 'Gwna di hynny ac fe gei di fod yng nghwmni Duw am byth.'

'Ond pwy yw fy nghymydog?' gofynnodd yr arbenigwr.

'Gad i mi adrodd stori i ti,' meddai Iesu.

'Un diwrnod roedd dyn yn teithio o Jerwsalem i Jericho. Roedd hi'n boeth iawn. Roedd bryniau'r anialwch yn brydferth ond yn llwm iawn. Ond yna fe ddaeth at le unig ar y ffordd. Doedd dim pebyll bugeiliaid na'r un teithiwr yn y golwg. Yn sydyn neidiodd mintai o ladron o'r tu ôl i greigiau ac ymosod ar y dyn. Gwnaeth ei orau i ddianc ond roedd gormod ohonyn nhw. Cafodd ei guro'n ddidrugaredd a gadawyd ef heb ddim. Roedden nhw wedi dwyn ei asyn hyd yn oed.

'Gyda hyn daeth offeiriad heibio a gwelodd y dyn yn gorwedd yn y ffos. Beth ddylai ei wneud? Roedd hi'n amlwg fod lladron wedi ymosod arno. A oedd y lladron yn dal o gwmpas? Edrychodd yr offeiriad yn betrusgar o'i amgylch rhag ofn i'r lladron ymosod arno ef. Doedd y dyn yn y ffos ddim yn symud o gwbl. Mae'n rhaid ei fod wedi marw, meddyliodd yr offeiriad. Mae hynny'n golygu na ddylwn ei gyffwrdd, rwy'n offeiriad, ac fe gaf fy halogi os af yn agos ato. Byddai hynny'n golygu y byddai'n rhaid i mi fynd i'r deml a sefyll gyda'r bobl aflan eraill. Fe gymerith o amser i mi ddod yn lân eto, ac fe fydd yn waith costus hefyd. Ac eto mae'r gyfraith yn dweud na ddylwn i adael dyn marw heb ei gladdu. Ond alla i ddim mynd yn ddigon agos i weld a yw hwn yn farw ai peidio. Ar y llaw arall, hwyrach nad Iddew ydyw. O! Bobl bach, beth wna i?

'Roedd y dyn yn dal i orwedd yno'n llonydd.

'Croesodd yr offeiriad i ochr bella'r ffordd, mor bell ag y gallai oddi wrth y truan. Rhoddodd gic sydyn i'w asyn ac i ffwrdd â nhw i gyfeiriad Jericho.

'Daliodd y dyn i orwedd yno, yn waed i gyd. Aeth yr amser heibio a daeth y fwlturiaid i hofran uwchben.

'Yna daeth Lefiad i'r golwg. Gwelodd hwnnw'r dyn yn gorwedd yno hefyd. Doedd hi ddim yn bosibl iddo ei fethu. Yn union fel yr offeiriad, arhosodd ac edrych. Aeth yr un pethau drwy ei feddwl. Gwelodd yr offeiriad yn mynd rai milltiroedd o'i flaen. Mae'n amlwg fod yr offeiriad wedi pasio heibio. Os nad oedd yr offeiriad wedi aros, meddai wrtho'i hun, yna ddylwn innau ddim aros chwaith. Felly croesodd i ochr bellaf y ffordd a phrysuro heibio.

'Aeth rhagor o amser heibio. Roedd y dyn yn dal yn anymwybodol. Byddai'n tywyllu gyda hyn.

Ond wrth i'r haul fachlud daeth Samariad ar hyd y ffordd gyda rhes o asynnod. Pan welodd y dyn yn gorwedd yn y ffos, arhosodd ar unwaith ac aeth ato a phenlinio wrth ei ochr. Roedd yn dal yn fyw, diolch i Dduw! Estynnodd am ychydig o olew olewydden ac ychydig o win er mwyn golchi briwiau'r dyn. Roedd ganddo ychydig o ddillad sbâr yn ei fagiau, ac fe wisgodd y dyn yn y dillad hynny a'i godi ar ei asyn. Aeth â'r dyn gydag ef i un o westai Jericho.

'Ar hyd y nos fe fu'r Samariad yn gofalu amdano. Daeth y dyn yn ôl ato'i hun, ond roedd yn bell o fod yn ddigon da i deithio. Felly gofynnodd y Samariad i'r gwesteiwr a fyddai'n barod i edrych ar ei ôl pe bai'n ei dalu. "Os nad oes digon yna fe dalaf i ti pan ddof yma'r tro nesaf". Ac felly y bu.'

Wedi gorffen ei stori, trodd Iesu at yr arbenigwr. 'Beth wyt ti'n feddwl?' gofynnodd iddo. 'Pa un o'r tri oedd yn gymydog da i'r dyn a syrthiodd i ddwylo'r lladron?'

'Yr un a ddangosodd drugaredd iddo,' meddai'r arbenigwr.

'Felly mae'n rhaid i ti fod yn debyg iddo ef.' atebodd Iesu. 'Rhaid i ti wneud yr hyn a wnaeth y Samariad. Gwnaeth hwn ddim oedi i ddarllen rhwng llinellau'r gyfraith. Roedd yn gwybod beth oedd yn rhaid iddo'i wneud ac fe'i gwnaeth. Doedd hwn ddim y poeni ai Iddew oedd y dyn ai peidio. Gwelodd ef fel un oedd mewn angen am ei gymorth. Os wyt ti'n wirioneddol eisiau bod gyda Duw a dilyn ffyrdd Duw rhaid i ti fod yn debyg i'r Samariad.'

Y Gweithwyr yn y Winllan
Mathew

Mae Iesu yn llawer o'i ddamhegion yn dangos fod Duw yn gweld pethau'n wahanol i bobl. Mewn gwirionedd yr hyn yr oedd yn ei ddweud oedd, 'Pan mae Duw o gwmpas byddwch yn barod i gael eich synnu. Byddwch yn barod i feddwl eto beth sy'n gywir, yn gyfiawn ac yn deg. Byddwch yn barod i newid eich meddwl ynglŷn ag ystyr daioni a haelioni. Byddwch yn barod i weld dynion mewn goleuni newydd. Gollyngwch Duw yn rhydd a does dim dal beth all ddigwydd.'

Y mae ein dameg olaf ni i'w chael yn Efengyl Mathew yn unig. Mae'n mynd â ni i ganol gwinllannoedd Galilea, ardal roedd Iesu yn ei hadnabod mor dda. Pan oedd y grawnwin yn barod i'w cynhaeafu, roedd hi'n bwysig eu casglu'n gyflym. Felly roedd yn rhaid i berchnogion y gwinllannoedd gyflogi cymorth ychwanegol ar gyfer y gwaith. Weithiau fe fydden nhw'n cyflogi pobl am ddiwrnod ar y tro nes bod y cynhaeaf wedi gorffen. Doedd gan lawer o bobl Galilea ddim tir eu hunain ac roedden nhw'n dlawd iawn. Felly, roedd yr arian ychwanegol y gallen nhw ei ennill adeg y cynhaeaf yn help mawr iddyn nhw. Pe bai rhywun yn methu cael gwaith byddai hynny'n golygu caledi mawr i'w deulu. Felly fe fyddai'r dynion yn crynhoi ym marchnad y pentref ar doriad gwawr, yn y gobaith y byddai rhywun yn eu cyflogi am y dydd. Yn ystod cyfnod y cynhaeaf deuddeg awr oedd hyd diwrnod gwaith, ac fe fyddai'r dynion yn dal ati drwy wres canol dydd a'r prynhawn.

Dyma'r ddameg:

'MAE TEYRNAS DDUW fel hyn,' meddai Iesu. 'Daeth hi'n amser casglu'r grawnwin. Felly am chwech o'r gloch y bore, aeth perchennog y winllan i'r farchnad i gyflogi gweithwyr ychwanegol. Roedd llawer o ddynion o gwmpas y diwrnod hwnnw, yn gobeithio cael eu cyflogi.

Doedd rhai ohonyn nhw ddim yn dda iawn. Roedd cefnau neu gymalau rhai yn boenus, ac roedd llawer ohonyn nhw'n heneiddio. Ond fe geisiodd pawb roi'r argraff eu bod nhw'n barod am waith. Yn wir, roedd eu teuluoedd yn dibynnu arnyn nhw.

'Dewisodd y perchennog ychydig ohonyn nhw a thrafod eu cyflogau. Yn y diwedd cytunodd i dalu tâl arferol am ddiwrnod o waith ar derfyn dydd.

'Doedd pethau ddim yn symud yn ddigon cyflym. Gwelodd y perchennog fod angen mwy o weithwyr arno. Felly am naw o'r gloch aeth i'r farchnad eto, dewis mwy o ddynion, ac addo talu'r hyn oedd yn iawn iddyn nhw. Gwnaeth y dynion ddim dadlau ynglŷn â'r gyflog; roedden nhw'n falch o gael y gwaith.

'Am hanner dydd ac yna am dri o'r gloch y prynhawn, aeth y perchennog yn ôl i'r farchnad i gyflogi gweithwyr eto.

'A hithau'n mynd yn hwyr a'r diwrnod gwaith yn dirwyn i ben teimlodd y perchennog y gallai ychydig mwy o weithwyr wneud byd o wahaniaeth. Felly i ffwrdd ag ef unwaith eto i'r farchnad. Roedd hi'n bump o'r gloch erbyn hyn; dim ond awr o weithio oedd ar ôl.

'Roedd yn synnu gweld cymaint o ddynion yn dal i sefyll o gwmpas. Mae'n rhaid eu bod nhw eisiau gwaith.

"Pam rych chi wedi bod yn sefyll yn segur yma drwy'r dydd?" gofynnodd.

'Cwestiwn braidd yn wirion oedd hynny, ond doedd y dynion ddim am ddweud hynny. Roedden nhw'n rhy awyddus i weithio, hyd yn

Iesu'r Storïwr a'r Bardd

oed am awr, er mwyn cael rhywbeth i fynd adref at eu teuluoedd.
"Oherwydd does neb wedi'n cyflogi ni," medden nhw'n gwrtais.
"Wel, fe gewch chi waith gen i," meddai'r perchennog. "Ewch lawr ar eich union i'r winllan."
'Awr yn ddiweddarach roedd hi'n amser i bawb roi'r gorau iddi. Aeth y perchennog i gael gair gyda'i reolwr.
"Galw'r gweithwyr a rho gyflog iddyn nhw," meddai. "Dechrau gyda'r rhai a gyflogais i ddiwethaf a gweithia dy ffordd at y rhai ddaeth yma yn gyntaf."
'Felly daeth y dynion a ddechreuodd eu gwaith am bump o'r gloch ac fe dderbyniodd bob un gyflog diwrnod llawn.
'Cafodd y rhai a ddechreuodd am naw, canol dydd a thri o'r gloch yr un fath.
'Yna'n olaf daeth tro'r rhai a gychwynnodd am chwech o'r gloch y bore. Roedden nhw wedi gweld beth gafodd y lleill ac fe gredon nhw eu bod am gael llawer iawn mwy. Ond na. Fe gawson nhw dâl diwrnod arferol.
'Roedden nhw wedi gwylltio'n lân. Dyma fynd ar eu hunion at y perchennog.
"Rwyt ti wedi talu'r un swm i'r dynion gychwynnodd awr yn ôl!" medden nhw.
"Rwyt ti wedi eu gwneud nhw'n gyfartal â ni; ni sydd wedi gweithio'n galed ers toriad gwawr yn y gwres mawr. Dydy hyn ddim yn deg!"
'Safodd un gan edrych ar y perchennog. Roedd wedi penodi ei hunan yn arweinydd ar y gweithwyr. Disgwyliodd am ateb. Gallai'r ateb fentro bod yn un da.
"Gyfaill," meddai'r perchennog, "Dydw i ddim wedi gwneud dim o'i le. Roeddech chi wedi cytuno ar gyflog diwrnod wrth gychwyn y bore yma. Wel dyna gawsoch chi. Cymerwch ef ac ewch am adref. Rwyf wedi dewis rhoi'r un swm i bawb. Fy newis i yw hynny. Felly rwyf fi'n gweithredu".'

Llyfr y Llyfrau

Y Gwynfydau
Mathew a Luc

Ymhlith y tlawd fyddai Iesu'n gweithio gan amlaf. Roedd yn dymuno rhoi gobaith iddyn nhw a dangos iddyn nhw ble'r oedd gwir obaith i'w gael. Roedden nhw'n gaeth mewn byd lle na allen nhw wneud dim am y newyn a phla. Cafodd rhai eu hunain yn gorfod gweithio i bobl nad oedd yn poeni dim amdanyn nhw. Eraill yn gorfod mynd i'r farchnad bob bore a gobeithio y byddai rhywun yn eu cyflogi. Byddai llawer yn gwybod yn iawn am y profiad o orfod mynd adref heb yr un geiniog. Roedd eraill yn gaethweision mewn gwlad oedd wedi ei meddiannu gan y Rhufeiniaid. Fel arfer y gwragedd a'r plant oedd yn dioddef waethaf.

Daeth Iesu i ganol y bobl hyn a dod â bywyd ac iachâd Duw gydag ef. Mewn ychydig o linellau o farddoniaeth sy'n cael eu galw'n Wynfydau, neu Fendithion, mae'n dangos y gobaith yr oedd yn ei gynnig i'r bobl hyn. Mae dwy fersiwn o'r Gwynfydau – un ym Mathew a'r llall yn Luc. Yn Efengyl Luc y mae'r byrraf o'r ddwy:

GWYN EICH BYD chi'r tlodion,
oherwydd fe gewch chi fynd i Deyrnas Dduw.
Gwyn eich byd chi sy'n newynu nawr,
fe gewch chi eich llenwi.
Gwyn eich byd chi sy'n wylo nawr,
oherwydd fe gewch chwerthin.

Dyma fersiwn Mathew:

GWYN EU BYD y rhai sy'n dibynnu'n llwyr ar Dduw,
chi sydd heb neb i droi ato,
oherwydd fe gân nhw fynd i Deyrnas Dduw.
Gwyn eu byd y rhai sy'n galaru,
oherwydd fe gân nhw eu cysuro.
Gwyn eu byd y rhai sy'n ostyngedig,
oherwydd fe gân nhw etifeddu'r ddaear.
Gwyn eu byd y rhai sydd yn newynu ac yn sychedu am gyfiawnder,
oherwydd fe gân nhw eu digoni.
Gwyn eu byd y rhai sy'n dangos trugaredd,
oherwydd fe gân nhw dderbyn trugaredd.
Gwyn eu byd y rhai sy'n dyheu am Dduw yn fwy na dim arall,
oherwydd fe gân nhw yn wir weld Duw.
Gwyn eu byd y rhai sy'n gweithio am heddwch,
oherwydd fe gân nhw eu galw'n blant i Dduw.
Gwyn eu byd y rhai sy'n cael eu herlid
am eu bod yn ceisio'r hyn sy'n iawn,
oherwydd y nhw piau teyrnas Dduw.

Dywediadau Eraill a Gweddi

Dysgodd Iesu drwy ddamhegion neu ddywediadau. Mae'r dywediadau fel cerddi byrion neu linellau o farddoniaeth. Dyma rai ohonyn nhw:

'BYDD YR OLAF YN GYNTAF a'r cyntaf yn olaf.'

'Carwch eich gelynion. Gwnewch ddaioni i'r sawl sy'n eich casáu.'

'Gwnewch i eraill fel y byddech yn dymuno iddyn nhw wneud i chi.'

'Byddwch yn drugarog, fel y mae Duw, eich Tad, yn drugarog.'
'Peidiwch â barnu eraill, a chewch chi ddim eich barnu.
Peidiwch â chondemnio, a chewch chi ddim eich condemnio.
Maddeuwch i eraill, ac fe gewch chi faddeuant.'

Llyfr y Llyfrau

'Pam rych chi'n sylwi ar y brycheuyn yn llygaid rhywun arall, ac ym methu gweld y trawst yn eich llygaid eich hun? Sut allwch chi ddweud, "Fy nghyfaill, gad i mi dynnu'r brycheuyn o'th lygad," pan na allwch weld y trawst yn eich llygad eich hun? Yn gyntaf tynnwch y trawst o'ch llygad eich hun, yna fe fyddwch yn medru gweld yn gliriach er mwyn tynnu'r brycheuyn o lygaid eich cyfaill!'

'Chi rieni, os bydd eich plentyn yn gofyn am fara, pa un ohonoch sy'n rhoi carreg iddo? Neu os bydd plentyn i chi yn gofyn am bysgodyn, pa un ohonoch sy'n rhoi neidr iddo? Os ydych chi, felly, yn gwybod beth i'w roi i'ch plant, mae eich Tad sydd yn y nefoedd yn gwybod sut mae rhoi'r hyn sy'n dda i'r sawl sy'n gofyn iddo.'

'Peidiwch ag edrych i lawr ar neb, dim ond oherwydd eu bod yn fach ac yn fregus, neu am iddyn nhw wneud camgymeriad. Cofiwch fod ganddyn nhw eu hangylion yn y nefoedd sy'n edrych ar wyneb Duw.'

Weithiau fe ddown o hyd i ddysgeidiaeth Iesu yng nghanol stori. Dyma ddwy stori, wedi eu cymryd yn rhannol o Farc ac yn rhannol o Mathew:

ROEDD IESU A'i GYFEILLION yng Nghapernaum, pentref pysgota bychan ar lan ogleddol Llyn Galilea. Roedden nhw wedi cerdded milltiroedd y diwrnod hwnnw. Wedi cyrraedd gofynnodd Iesu iddyn nhw, 'Am beth roeddech chi'n dadlau ar y ffordd?'

Roedd gormod o gywilydd arnyn nhw i gyfaddef.

'Rwy'n gwybod yr ateb,' meddai Iesu. 'Roeddech chi'n dadlau ynglŷn â phwy fyddai'r mwyaf. Ydw i'n dweud y gwir? Wel, mae'n amlwg na fuoch chi'n gwrando arna i. Rhaid i bwy bynnag sydd am fod yn gyntaf fod yn olaf ac yn was i bawb.'

Roedd plentyn bach yn chwarae yng nghornel yr ystafell. Galwodd Iesu arni. Gosododd y plentyn yng nghanol y cylch cyfeillion. Chafodd plentyn erioed ei gosod yn y canol o'r blaen. Roedd hi'n llawer mwy cyfarwydd gyda'r gornel neu'r mannau tawel, lle na allai neb ei gweld. Cymerodd Iesu hi yn ei freichiau. Teimlodd y plentyn fel y person pwysicaf yn yr ystafell. Doedd neb wedi ei thrin fel hyn o'r blaen. Roedd ei rhieni yn ei charu'n fawr, ond hi oedd y lleiaf yn y teulu ac yn cael ei hystyried yn llai pwysig na'r gweddill.

Ac yntau yn dal ei afael arni, dywedodd Iesu wrth ei gyfeillion, 'Os na newidiwch chi a dod fel plant, fyddwch chi ddim yn gwybod beth yw perthyn i deyrnas Dduw. Rhaid i chi geisio bod yn fwy ac yn well nag eraill. Yn lle hynny, rhaid i chi fod fel y plentyn yma, ac yna chi fydd y mwyaf yn nheyrnas Dduw!'

Ar achlysur arall dechreuodd mamau ddod â'u babanod a phlant ifanc at Iesu, er mwyn iddo roi ei law arnyn nhw a'u bendithio.

Fe geisiodd cyfeillion Iesu eu rhwystro, ond pan welodd Iesu hynny, roedd yn ddig iawn.

'Beth ych chi'n wneud? Gadewch i'r plant ddod ata i. Peidiwch â'u rwystro! Oherwydd ar gyfer pobl fel nhw mae teyrnas Dduw yn bod.'

Felly daeth y mamau, un ar y tro, a chymerodd Iesu pob un o'r plant yn ei freichiau, rhoi ei law arnyn nhw a'u bendithio.

Dyma rai o'r dywediadau a gawn ni yn Ioan:

'FI YW BARA'R BYWYD,' meddai Iesu. 'Bydd pwy bynnag sy'n dod ata i ddim yn newynu byth, a bydd pwy bynnag sy'n credu ynof i fyth yn sychedu.'

'Fi yw goleuni'r byd. Bydd pwy bynnag sy'n fy nilyn i fyth yn cerdded mewn tywyllwch, ond yn dal gafael yng ngolau bywyd.'

'Fi yw'r bugail da. Mae bugail da yn barod i roi ei fywyd dros ei ddefaid. Os daw blaidd i ymosod ar y praidd, bydd gwas, sydd ddim yn poeni am y defaid yn ffoi. Yna bydd y blaidd yn gwasgaru'r defaid ac yn dal un ohonyn nhw. Ond fi yw'r bugail da. Fi piau'r defaid. Rwy'n nabod pob un ohonyn nhw; maen nhw yn fy nabod i. Yn union fel y mae hi rhyngof i a'm Tad. Mae ef yn fy nabod i, ac rwyf finnau yn ei adnabod ef. Byddaf fi'n rhoi fy mywyd dros y defaid. Gall neb eu dwyn oddi wrthyf i.'

'Rwyf fi a'm Tad yn un.'

'Fi yw'r ffordd, y gwirionedd a'r bywyd.'

'Fi yw'r winwydden, chi yw'r canghennau. Os daliwch mewn cysylltiad â mi, fe fyddwch yn dwyn llawer o ffrwyth.'

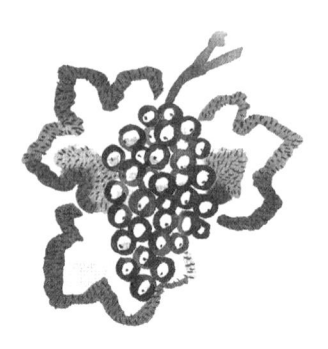

Yn olaf, gweddi. I Gristnogion dyma'r weddi bwysicaf yn y byd, a'r un maen nhw yn ei defnyddio yn fwy nag un. Mae bron pob Cristion yn ei gwybod ar ei gof. Yn yr Efengylau mae'n ymddangos ddwywaith, unwaith yn Mathew ac unwaith, mewn fersiwn fyrrach yn Luc. Y fersiwn hiraf gaiff ei ddefnyddio gan Gristnogion yn eu gweddïau ac yn eu haddoliad cyhoeddus. Yr enw arni yw Gweddi'r Arglwydd.

MEDDAI IESU, 'fel hyn y dylech chi weddïo:

'Ein Tad yn y nefoedd,
sancteiddier dy enw,
deled dy deyrnas,
gwneler dy ewyllys,
ar y ddaear fel yn y nefoedd.
Rho i ni heddiw ein bara beunyddiol.
Maddau i ni ein pechodau
fel y maddeuwn ninnau i'r sawl sydd yn ein tramgwyddo.
Paid â'n harwain i demtasiwn
ond cadw ni rhag drwg.'

10

IESU'N CAEL EI LADD: IESU'N ATGYFODI

Mae'r pedair Efengyl yn treulio'r rhan fwyaf o'u hamser ar flwyddyn olaf Iesu, ac mae pob un ohonyn nhw yn treulio mwy o amser gyda'r digwyddiadau sy'n arwain at ei farwolaeth a'r hyn sy'n digwydd wedi hynny na dim byd arall. Mae'r Efengylau i gyd yn cytuno ar hyn: Mae marwolaeth Iesu er mor erchyll oedd, yn crynhoi'r cyfan am ystyr a phwrpas ei fywyd. Dangosodd Iesu sut un oedd Duw, a gwnaeth hynny'n fwy nag erioed wrth farw a phan aeth i gyfarfod ei gyfeillion ar ôl ei farwolaeth.

Ers hynny mae Cristnogion wedi dilyn arweiniad yr Efengylau. Dyna pam fod Dydd Gwener y Groglith a'r Pasg, pan fyddan nhw'n dathlu ei farwolaeth ar y groes a'i atgyfodiad, mor bwysig iddyn nhw. Dyna pam fod y groes yn un o'r symbolau mwyaf cyffredin i Gristnogion. Mae'n amlwg yn eu heglwysi – ar eu muriau, yn eu ffenestri lliw ac ar eu hallorau. Bydd rhai Cristnogion yn gwisgo cadwyn am eu gwddf, neu ar labed eu cotiau.

Mae'r pedair Efengyl yn adrodd stori marwolaeth ac atgyfodiad Iesu yn eu ffyrdd eu hunain, er eu bod yn cytuno'n gyffredinol ar drefn sylfaenol y digwyddiadau. Fe fyddwn yn dibynnu yn Llyfr y Llyfrau ar gofnod Marc o hanes y croeshoelio, er y byddwn yn cymryd ambell i fanylyn ychwanegol oddi wrth Mathew, Luc ac Ioan. Fe fyddwn yn gadael Marc, er hynny, ar ôl ar gyfer hanes yr atgyfodiad ac yn troi at y tair stori yn Ioan.

Llyfr y Llyfrau
Marchogaeth i Jerwsalem
y pedair Efengyl

Mae'r stori sy'n arwain at farwolaeth Iesu yn dechrau gydag ef yn dod i Jerwsalem ar gyfer gŵyl Iddewig y Pasg. Daeth miloedd ar filoedd o bererinion Iddewig o bob rhan o Balestina a thu hwnt i Jerwsalem, i ddathlu'r ŵyl gyda'i gilydd yn y deml. Iddyn nhw'r deml oedd y lle mwyaf sanctaidd yn y byd. Aethon nhw yno i gyfarfod â Duw, ac mewn gwlad a byd oedd yn cael ei reoli gan Rufeiniaid, aethon nhw yno i gyfarfod â'i gilydd i ddathlu mai Iddewon oedden nhw. Yn y deml gallen nhw fod yn falch eu bod nhw'n Iddewon.

Yn ystod y Pasg bydden nhw'n atgoffa ei gilydd sut y daeth eu cyndadau allan o'r Aifft a sut y boddodd Pharo a'i fyddin yn y Môr Coch. Roedd Duw wedi achub ei bobl y pryd hynny, a bydd yn eu hachub eto, a'r tro hwn oddi wrth y Rhufeiniaid. Hwyrach y daw'r Meseia eleni, a gyrru'r Rhufeiniaid allan. Caiff ei goroni'n frenin, a rhoi ein rhyddid yn ôl i ni a gwneud Jerwsalem yn ganolbwynt y byd unwaith eto.

Roedd y Rhufeiniad ar eu gwyliadwriaeth. Roedd Pilat, oedd yn arfer byw ar lannau môr y Canoldir, wedi symud i Jerwsalem gyda mintai gref o filwyr. Doedden nhw ddim eisiau trwbl, a phe byddai pobl yn dechrau trwbl bydden nhw'n cael eu gwared nhw'n sydyn. Doedd offeiriaid y deml ddim eisiau trwbl chwaith. Dim ond llonydd i barhau fel arfer.

ROEDD IESU A'i GYFEILLION ymhlith y rhai oedd ar eu ffordd i Jerwsalem ar gyfer yr ŵyl. Roedd tyrfa o Galilea gyda nhw. Roedd llawer o'r bobl dlawd oedd wedi clywed Iesu yn pregethu yng nghanol y dorf. Roedd y bobl a gafodd eu bwydo wrth y llyn yno. Roedd Miriam, a gyffyrddodd yn ei wisg a chael ei hiacháu ganddo yno. Ac yno hefyd roedd Rachel merch Jairus, a gafodd ei chipio oddi wrth farwolaeth gan Iesu. Yn gwmni iddo'r diwrnod hwnnw roedd Mair o Fagdala, pentref ar lan Llyn Galilea. Cafodd hithau ei hiacháu gan Iesu wedi iddi fod yn wael iawn. Ers hynny roedd hi wedi dal yn agos ato.

Fe deithion nhw ar hyd y ffordd droellog o Jericho drwy fryniau anialwch Jwdea. Dim ond rhyw ddwy filltir oedden nhw o Jerwsalem bellach.

Cerdded oedd Iesu fel y gweddill o'i ddilynwyr, ond penderfynodd y byddai'n marchogaeth i mewn i Jerwsalem. Roedd am farchogaeth i Jerwsalem fel brenin a'u dysgu beth oedd ystyr bod yn frenin, a pha fath o frenin oedd Duw. Roedd angen asyn nad oedd neb wedi ei farchogaeth o'r blaen arno. Doedd dim hawl gan neb arall i farchogaeth asyn y brenin.

'Welwch chi'r pentref draw acw,' meddai wrth ddau o'i gyfeillion. 'Pan gyrhaeddwch chi yno, fe welwch asyn wedi ei glynnu, un na fuodd neb ar ei gefn erioed. Dewch ag ef i mi. Os bydd rhywun yn gofyn i chi beth sy'n digwydd, dywedwch wrthyn nhw fod y meistr ei angen, ac fe adawan nhw i chi ei gymryd.'

Doedd y cyfeillion ddim yn deall hyn yn iawn, ond fe wnaethon fel yr oedd Iesu'n ei ddymuno. Daethon nhw â'r asyn at Iesu a gosod eu mentyll ar ei gefn. Dringodd Iesu ar ei gefn. 'Fe gei di fynd i Jerwsalem fel Brenin, Iesu!' gwaeddodd pawb.

Cyn hir fe ddaethon nhw i Fynydd yr Olewydd. Roedd Jerwsalem yno o'u blaenau. Roedd Herod wedi dechrau codi teml newydd. Roedd e'n dymuno rhywbeth gwell na'r hyn a godwyd ar ôl y gaethglud. Roedd ei gynllun fel ei uchelgais yn anferth. Roedd pobl wedi bod yn adeiladu ers hanner can mlynedd eisoes, ond roedd yn dal heb ei chwblhau. Roedd rhesi o risiau yn codi at y deml a cholofnau dirifedi. Roedd yno ardal arbennig lle gallai Iddewon a chenhedloedd fynd yno. O gwmpas y muriau mewnol roedd arwyddion yn dweud pe byddai'r Cenhedloedd yn mynd gam ymhellach bydden nhw'n cael eu lladd. Yna i fyny'r grisiau eto roedd ardal wedi ei neilltuo ar gyfer y gwragedd. Yna rhes arall o risiau i ardal ar gyfer dynion Iddewig. Deuddeg gris arall yn codi at y deml ei hun, tŷ Dduw. Dim ond yr offeiriaid oedd yn cael mynd i'r fan honno. A doedden nhw, hyd yn oed, ddim yn cael mynediad i'r Cysegr Sancteiddiaf. Dyma'r lle mwyaf sanctaidd o'r cyfan i gyd. Roedd llen yn rhannu'r ardal hon oddi wrth weddill y deml. Dim ond yr Archoffeiriad oedd yn cael mynd drwy'r llen a hynny unwaith y flwyddyn.

Safodd y pererinion i edrych lawr ar yr olygfa. Roedd hi'n olygfa syfrdanol. Yna dyma un o'r pererinion o Galilea yn gweiddi, 'Duw fendithio'r Brenin!' Cymeradwyodd y lleill ac ymuno yn y floedd. Gwnaethon nhw garped ar gyfer Iesu drwy daenu eu mentyll a phalmwydd ar hyd y ffordd o'i flaen. 'Duw fendithio'r Brenin!' oedd y floedd o hyd. Aethon nhw ar hyd y ffordd droellog i lawr y bryn a heibio i Ardd o'r enw Gethsemane, i gyfeiriad Jerwsalem.

Doedden nhw ddim wedi sylwi fod Iesu yn wylo. Roedd yn edrych draw at y ddinas. O na fyddet ti Jerwsalem, meddai wrtho'i hun, yn nabod ffordd heddwch.

Felly fe aethon nhw i mewn i'r ddinas. Cafodd pererinion Galilea a Samaria eu llyncu gan y tyrfaoedd mawr. Aeth sŵn y bonllefau i golli yng nghanol sŵn arferol y ddinas. Ddigwyddodd dim byd arbennig, dim ond llawer o wthio yn y strydoedd culion. Gwyliodd y milwyr Rhufeinig yn dawel. Roedd hi'n dipyn o siom, mae'n rhaid, i bobl oedd wedi disgwyl pethau mawr. A oedd mwy i ddod tybed?

Llwyddodd Iesu a'i gyfeillion, o'r diwedd, i gyrraedd llys y deml. Edrychodd Iesu o'i gwmpas a sylwi ar bob dim oedd yn digwydd. Byddai'n dychwelyd gyda hyn. Ond roedd hi'n mynd yn hwyr, ac roedd yn rhaid iddyn nhw ddod o hyd i lety am y noson. Roedd hi'n rhy ddrud o lawer i aros yn y ddinas. Felly, aethon nhw yn ôl i Fynydd yr Olewydd ac i lawr i bentref Bethania. Dwy filltir o daith oedd hi o Jerwsalem yno, ac roedd gan Iesu ffrindiau'n byw yno. Byddai'n bosibl iddyn nhw aros yno dros yr ŵyl.

Iesu'n Cael ei Ladd: Iesu'n Atgyfodi

Anrhefn yn y Deml
y pedair Efengyl

Y DIWRNOD WEDI I IESU farchogaeth i Jerwsalem a mynd i'r deml aeth yn ôl eto, ond y tro hwn roedd yn barod i weithredu. Roedd wedi gweld digon. Gwelodd sut yr oedd pobl yn cael eu trin yn y deml. Roedd offeiriaid yn bwysicach yno i bob golwg, na phobl. Roedd y cyfoethog yn bwysicach na'r tlawd. Roedd dynion yn bwysicach na merched. Oedolion yn bwysicach na phlant. Pobl Jerwsalem yn bwysicach na gwerinwyr Galilea, gyda'u hacenion a'u tafodieithoedd gwledig. A doedd pobl sâl ac anabl ddim yn cael eu hystyried yn ddigon sanctaidd i fynd yn agos at Dduw.

 Cynddeiriogodd Iesu am hyn. Roedd Iesu wedi byw gyda'r bobl hyn. Rhain oedd y bobl a ddaeth ato i ofyn am gymorth, rhain oedd y bobl yr oedd wedi eu dysgu. Rhain oedd y bobl yr oedd yn eu caru! A rhain oedd y bobl oedd yn ei garu ef. A beth am blant? Onid oedd Iesu wedi gosod plentyn yng nghanol cylch o gyfeillion a dweud wrthyn nhw fod yn rhaid iddyn nhw fod yn debyg i blant?

 Lle i bawb allu dod yn agos at Dduw oedd y deml i fod. Dyma'r lle yr oedd pawb i fod i ddod o hyd i Dduw cariad. Ond nid felly roedd hi. Roedd y rhai oedd angen Duw fwyaf yn cael eu gwahardd.

 Lle i'r tlawd ddod o hyd i gyfiawnder a thegwch Duw oedd y deml i fod. Ond roedd Iesu wedi gwylio wrth iddyn nhw orfod talu o'u harian prin am golomennod i'w hoffrymu fel aberthau.

 Roedd wedi gweld digon. Daeth yr amser i weithredu! Felly nawr, ar ei ail ddiwrnod yn y ddinas, cerddodd i gynteddau'r deml a dechrau gyrru pawb oedd yn gwerthu ac yn prynu allan. Trodd fyrddau'r cyfnewidwyr arian drosodd, a rhwystrodd yr offeiriaid a'r Lefiaid rhag cario eu llestri cysegredig o un rhan o'r deml i'r llall.

 'Dywedodd Duw,' gwaeddodd Iesu, "Tŷ gweddi yw fy nhŷ i ar gyfer yr holl genhedloedd, i bawb yn y byd!" Rych chi wedi gwneud y lle hwn yn ogof lladron! Daw'r tlawd yma ac fe ânt oddi yma yn dlotach. Daw pobl sydd wedi eu sathru dan draed yma, i ddarganfod urddas ac anrhydedd, ac fe anfonwch chi nhw oddi yma gyda llai nag oedd ganddyn nhw gynt.'

 Cafodd Iesu gymeradwyaeth fawr gan y tlodion a'r rhai a gafodd eu defnyddio gan yr awdurdodau, pan glywon nhw hyn. Daeth y deillion a'r cloffion ato er mwyn iddo eu hiacháu, a dechreuodd y plant weiddi. "Bendith Duw ar y brenin! Bendith Duw ar y Brenin!"

Clywodd y prif offeiriaid, a rhai o arweinwyr eraill yr Iddewon oedd yn cael eu hadnabod fel ysgrifenyddion, y cynnwrf. Roedd hyn yn annioddefol! Roedd Iesu am ddifetha holl fusnes y deml. Os na fydd y bobl yn cael newid eu harian a'r offeiriaid a'r Lefiaid yn cael cario'r llestri cysegredig fydd addoli ddim yn bosibl yn y deml. Gallai person gael ei ddedfrydu i farwolaeth am geisio gweithredu yn erbyn y deml. Roedd y dyn yma o Galilea nid yn unig yn proffwydo dinistr y deml ond roedd yn ceisio ei dinistrio ei hunan.

A beth oedd y deillion a'r cloffion yn gwneud yno? Doedd pobl felly ddim i fod yn y deml. A beth oedd y plant yn meddwl eu bod yn ei wneud? Roedd plant i fod yn dawel pan oedd oedolion o gwmpas.

Doedd dim amdani ond rhoi taw ar y dyn yma. Doedd dim cwestiwn ynglŷn â hynny. Ond sut? Dyna'r broblem fawr. Roedd y bobl o'i gwmpas yn dal ar bob gair oedd yn dod o'i geg. Roedden nhw yn ei addoli. Pe byddai heddlu'r deml yn dod â'i gipio, byddai hynny'n sicr o achosi terfysg mawr.

Felly, penderfynwyd gadael Iesu i fod am y tro. Roedden nhw am aros am gyfle arall. Cyfle gwell!

Ond gallai Iesu ddim gadael llonydd i'r deml. Daeth yn ôl eto, a sefyll gyda'i gyfeillion agosaf wrth i'r gwragedd roi eu cyfraniadau yn y coffrau yn Llys y Gwragedd. Roedd gwragedd cyfoethog yno o Jerwsalem ac o ddinasoedd eraill, wedi eu gwisgo mewn dillad crand. Yna daeth gweddw dlawd iawn a mynd at un o'r coffrau a thaflu ychydig o ddarnau arian i mewn iddo.

'Welwch chi'r wraig yma,' meddai Iesu'n ddig. 'Mae hon wedi rhoi mwy na gweddill y gwragedd yma gyda'i gilydd. Mae ganddyn nhw ddigonedd ar ôl. Ond mae'r weddw yma wedi rhoi'r cyfan oedd ganddi. Does ganddi ddim i fyw arno nawr. Beth wnaiff hi? Dyweda i wrthoch chi: cardota ar y strydoedd neu lwgu i farwolaeth! Dyna beth mae'r lle yma wedi gwneud iddi hi. Daeth yma heb ddim bron. Dylai fod yn gallu mynd oddi yma a'i phocedi'n llawn. Cofiwch beth welodd Moses ar Fynydd Sinai pan ddaeth Duw heibio iddo? Gwelodd holl ddaioni Duw. Dyna ddylai'r wraig yma fod wedi ei gael yma. Ond nawr aeth i ffwrdd heb ddim. Mae'r cyfan wedi ei droi wyneb i waered yma.'

Iesu'n cael ei Ladd: Iesu'n Atgyfodi

Eneinio Iesu'n Feseia
y pedair Efengyl

Ganrifoedd cyn geni Iesu, pan ddaeth mab Dafydd, Solomon, yn frenin yn Jerwsalem, cafodd ei arwain at ffynnon o'r enw Gihon, o dan furiau Jerwsalem. Eneiniodd offeiriad ei ben ag olew. Gwaeddodd y bobl 'Bydd fyw am byth o Frenin!' Gosodon nhw goron ar ei ben a'i osod ar orsedd. Fe ganwyd cân goroni arbennig am Dduw yn dweud wrth y brenin newydd, 'Ti yw fy mab.' Felly, yn ôl y gred y disgynnodd Ysbryd Duw arno i roi nerth a doethineb iddo deyrnasu.

Nawr yr oedd Iesu eisoes wedi bod wrth afon Iorddonen, pan gafodd ei fedyddio gan Ioan. Clywodd Duw yn dweud wrtho, 'Ti yw fy Mab.' Daeth Ysbryd Duw arno yntau hefyd. Yn ddiweddarach wrth ddod lawr o Fynydd yr Olewydd gwaeddodd y bobl, 'Bendith Duw ar y Brenin!' ac fe waeddodd y plant yr un geiriau yn y deml. Ond doedd neb wedi ei eneinio. Doedd neb wedi rhoi coron ar ei ben. Doedd neb wedi ei osod i eistedd ar orsedd.

Cafodd Iesu ei eneinio, nid gan yr Archoffeiriad, ac nid yn y deml mewn seremoni rwysgfawr. Dyma'r eneinio rhyfeddaf ar frenin erioed!

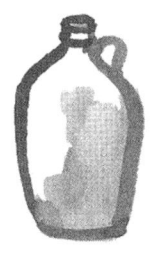

Llyfr y Llyfrau

ROEDD IESU YM METHANIA, yn nhŷ gwahanglwyf o'r enw Simon, yn bwyta pryd o fwyd gyda'i gyfeillion. Fel Iddew doedd Iesu ddim i fod i fwyta gyda gwahangleifion na mynd i mewn i'w tai. Roedden nhw'n credu fod gwahangleifion yn aflan. Roedd eu tai a phopeth y bydden nhw yn ei gyffwrdd hefyd yn aflan. Ond doedd Iesu ddim yn poeni am ryw bethau bach felly. Wnaeth Iesu ddim caniatáu i reolau a chanllawiau crefyddol ei rwystro rhag mynd yn agos at bobl. Ar bobl fel Simon yr oedd ei angen fwyaf. A chwmni pobl fel Simon yr oedd Iesu yn ei fwynhau fwyaf.

Roedden nhw ar ganol pryd bwyd, pan ddaeth gwraig i'r tŷ, yn cario ffiol alabaster yn llawn o ennaint drud. Synnwyd y rhan fwyaf o ddynion yn y tŷ. Doedd gwragedd ddim i fod i dorri ar draws cwmni o ddynion wrth bryd bwyd. Beth oedd hon yn ei wneud? Ond chawson nhw ddim cyfle i ofyn hynny iddi, oherwydd cyn iddyn nhw droi eu pennau'n iawn fe wnaeth hi beth cwbl syfrdanol. Fe dywalltodd yr ennaint dros ben Iesu. Llanwodd yr arogl prydferth yr ystafell i gyd.

Edrychodd pawb ar y wraig yn gegrwth – pawb, hynny yw, ar wahân i Iesu. Roedd Iesu'n gwybod yn iawn beth oedd wedi digwydd.

Aeth y lle'n dawel am gyfnod. Yna dywedodd rhywun 'Wel dyna wastraff!' 'Roedd gwerth cyflog blwyddyn yn y ffiol yna,' meddai un arall. 'Gallai'r olew yna fod wedi cael ei werthu a rhoi'r arian i'r tlodion,' meddai un arall eto. 'Y ffŵl digywilydd!' meddai pawb wrth y wraig.

'Gadewch lonydd iddi!' meddai Iesu. Mae'n gwybod beth mae hi'n ei wneud. Gweithred o gariad oedd ei gweithred hi. Fe wnaeth weithred hael iawn.'

'Bydd y tlodion gyda chi bob amser,' meddai 'fe ddaw digon o gyfle i chi fod yn garedig iddyn nhw. Ond fydda i ddim gyda chi bob amser.' Oedodd ac edrych ar y wraig. 'Dych chi ddim yn gweld?' meddai wrth y lleill. 'Mae hi wedi fy eneinio i. Fi nawr yw'r Meseia, Y Crist! Mae'r wraig hon wedi chware rhan yr Archoffeiriad. Simon, y mae dy dŷ di wedi dod yn dŷ Dduw.'

'Ond mae'r wraig yma'n gwybod yn iawn pa fath o frenin fydda i, a pha fath o goron a gorsedd gaf i. Fe wyddoch fel y daw gwragedd i eneinio cyrff ar gyfer eu claddu. Wel mae'r wraig yma, gwraig nad wyf yn ei hadnabod hyd yn oed, yn gwybod fy mod i gystal â bod yn farw. Ac felly mae hi wedi dod i fy mharatoi ar gyfer y nefoedd. Rwy'n credu fod arogl yr ennaint wedi cyrraedd yno'n barod.'

Trodd at y wraig. 'Fe gei di dy gofio am byth oherwydd hyn,' meddai wrthi. 'Ble bynnag bydd pobl yn adrodd fy stori, fe fyddan nhw'n sôn am dy gariad a dy haelioni di.'

Brad
Mathew, Marc a Luc

Roedd y prif offeiriaid a'r ysgrifenyddion yn benderfynol o rwystro Iesu. Ond sut? Dyna'r broblem. Doedden nhw ddim yn disgwyl unrhyw help gan ddilynwyr Iesu, wrth gwrs. Ond dyna'n union a gawson nhw, a chan un o'i gyfeillion pennaf hefyd, un o'r dynion oedd wedi bod gydag ef yng Ngalilea pan oedd yn dysgu ac yn iacháu pobl yno. Dyn o'r enw Jwdas Iscariot.

LLITHRODD JWDAS o Fethania pan dybiodd fod neb yn sylwi. Aeth i Jerwsalem a mynd at y prif offeiriaid a dweud wrthyn nhw sut y byddai yn rhoi Iesu yn eu dwylo.

'Galla i ddweud wrthych chi'n union beth y mae wedi bod yn ei ddweud am y deml,' meddai. 'Rwy'n gwybod ei drefniadau i gyd. Heno fe wna i eich arwain ato. Rwy'n gwybod ble bydd ef a'i gyfeillion. Bydd neb yno.

A dim perygl o drafferth. Fe af ato a rhoi cusan o gyfarch iddo. Yna fe fyddwch chi'n gwybod pwy fydd ef.'

'Gwych! Gwych!,' meddai'r offeiriaid. 'Dyma'r cyfle rydym ni wedi bod yn disgwyl amdano! Diolch yn fawr i ti Jwdas. Paid â phoeni rwyt ti'n gwneud y peth iawn, ac fe gei di dy dalu'n dda am dy drafferth.'

Gadawodd Jwdas ar frys a mynd yn ôl i Fethania i ymuno gyda'r gweddill.

Y Swper Olaf
y pedair Efengyl

Fel rhan o ddathliadau'r Pasg roedd Iesu a'i gyfeillion yn mynd i gael gwledd arbennig gyda'i gilydd. Roedd hwn yn gyfle iddyn nhw gofio am yr Iddewon yn dianc o'r Aifft, a chroesi'r Môr Coch a chyfarfod Duw ar Sinai. Wel dyna roedd ei gyfeillion yn meddwl oedd bwriad y wledd. Roedd gan Iesu syniadau eraill. Yn wir roedd ei gyfeillion yn mynd i gael ei synnu fwy nag unwaith yn ystod y noson honno.

'MAE ANGEN I NI DDOD O HYD I RYWLE ar gyfer gwledd y Pasg' meddai ei gyfeillion wrth Iesu. 'I ble wyt ti eisiau i ni fynd?'

Dewisodd Iesu ddau o'u plith a rhoi cyfarwyddiadau iddyn nhw. 'Ewch i Jerwsalem,' meddai, ' a daw dyn i'ch cyfarfod. Bydd yn cario stên ddŵr ar ei ben. Y wraig fydd yn gwneud hyn fel arfer fel y gwyddoch chi, ac mae'r dynion sy'n gwerthu dŵr ar y stryd yn defnyddio poteli lledr. Felly fe fydd hi'n hawdd i chi nabod y dyn yma. Fe fydd yn eich arwain i le arbennig. Pan gyrhaeddwch chi yno, dwedwch wrth y perchennog. "Mae'r athro'n gofyn ble mae'r ystafell lle gaf i fwyta Gwledd y Pasg gyda'm cyfeillion?" Fe fydd yn dangos ystafell fawr i chi, ac fe fydd popeth fydd ei angen arnom yno'n barod. Yna fe allwch chi baratoi gwledd i ni.'

Aeth y ddau gyfaill ar eu ffordd a chael pob dim fel roedd Iesu wedi ei ddweud. Wedi iddi nosi daeth Iesu gyda gweddill ei gyfeillion.

Wrth iddyn nhw fwyta roedd pawb wedi sylwi fod Iesu'n dawel

Iesu'n Cael ei Ladd: Iesu'n Atgyfodi

iawn. Roedd hi'n amlwg fod ei feddwl ar rywbeth arall.

Yn sydyn meddai, 'Bydd un ohonoch chi sy'n eistedd o gwmpas y bwrdd yma yn fy mradychu i.'

Roedd y cyfeillion wedi eu syfrdanu. 'Nid fi!' 'Nid fi !' 'Nid fi!' medden nhw i gyd.

'Ie, un ohonoch chi sy'n bwyta gyda mi nawr,' meddai Iesu.

'Athro,' meddai Jwdas. 'Does bosib dy fod ti'n fy amau i?'

Edrychodd Jwdas arno.

Yn ddiweddarach cymerodd Iesu ddarn o fara, a gweddïo a'i fendithio. Yna fe'i torrodd a rhannu bara ymhlith ei gyfeillion a dweud, 'Cymerwch, bwytewch; hwn yw fy nghorff sydd er eich mwyn chi. Gwnewch hyn er cof amdanaf.' Yna cymerodd y cwpan o win, gweddïo a rhoi diolch. Yna fe'i rhannodd rhwng y disgyblion. 'Hwn yw fy ngwaed,' meddai, 'sydd yn cael ei dywallt dros lawer er mwyn maddau pechodau.' Oedodd, ac yna ychwanegodd: 'Bydd fy nghorff a'm gwaed yn dynodi dechreuad newydd, perthynas newydd gyda Duw. Rwy'n dweud wrthych, wna i ddim yfed gwin eto nes y byddaf yn ei yfed yn y wledd fawr gyda Duw, unwaith y bydd pawb yn gadael i Dduw deyrnasu.'

Doedd gan ei gyfeillion ddim syniad am beth roedd Iesu'n sôn. Nid dyma fyddai rhywun wedi disgwyl yng Ngwledd y Pasg. Ond doedden nhw ddim yn mynd i anghofio'r geiriau hyn.

Yr un noson fe gawson nhw syndod arall. Cododd Iesu, a chlymu lliain am ei ganol a thywallt dŵr i fowlen, a dechrau golchi'r llwch o draed ei gyfeillion ac yna eu sychu gyda'r lliain.

Daeth at Pedr. 'Feistr, wyt *ti'n* mynd i olchi fy nhraed *i*?' gofynnodd Pedr.

'Fe fyddi'n deall rhyw ddiwrnod,' atebodd Iesu.

'Ond fedri di ddim!' meddai Pedr. 'Gwaith caethwas yw hyn.

Ond nid caethwas wyt ti. Ti yw ein Meistr ni, ein Harglwydd, ein Hathro! Gallwn ni olchi dy draed di er mwyn dangos faint rwyt ti yn ei olygu i ni, ond fedri di ddim golchi ein traed ni. Rwyt ti'n newid y drefn.'

'Rwy'n deall hyn i gyd,' meddai Iesu, 'ond os na wna i olchi eich traed chi, sut alla i ddangos cymaint rwy'n eich caru? A sut elli di fod yn gyfaill i mi os na chaf i ddod yn agos atat?'

'Os felly, golcha fy nwylo a'm hwyneb hefyd!' dywedodd Pedr. Chwarddodd Iesu. 'Mae dy draed yn ddigon i mi,' meddai.

Edrychodd ar y lleill a meddai, 'Ydych chi'n deall yr hyn rwyf i wedi ei wneud? Rydych chi yn fy ngalw yn Athro, Meistr, Arglwydd, ac eto rwyf wedi golchi eich traed. Rwyf wedi gweithredu fel disgybl neu was i chi. Rwyf fi bob amser yn newid y drefn, ac felly mae Duw yn ei wneud. Rhaid i chi gyd ddilyn fy esiampl i. Fe wyddoch chi fel mae Brenhinoedd yn ei lordian hi dros eu pobl. Maen nhw'n edrych i lawr arnyn nhw ac yn eu cadw o dan y bawd. Rhaid i chi beidio a bod fel yna. Rhaid i'r hynaf ohonoch fod fel yr ieuengaf; eich arweinydd fel eich gwas. Edrychwch arna i yn dal y lliain yma. Ydw i'n edrych fel brenin?

'Er hynny fe fydda i'n athro i chi unwaith eto a rhoi i chi rywbeth y mae'n rhaid i chi gofio. Mae'n syml iawn: carwch eich gilydd. Fel rwyf i wedi eich caru chi, felly y mae'n rhaid i chi garu eich gilydd.'

Dal Iesu
y pedair Efengyl

ROEDD GWLEDD Y PASG ar ben. Roedd Jwdas wedi gadel eisoes. Canodd Iesu a'i gyfeillion salm gyda'i gilydd, ac yna aethon nhw allan o'r ddinas a lawr i ddyffryn Cedron.

Wrth iddyn nhw ddechrau dringo llethrau Mynydd yr Olewydd i gyfeiriad Gardd Gethsemane, dywedodd Iesu wrth ei gyfeillion, 'Fe fydd pob un ohonoch chi yn fy ngadael i.'

'Nid fi!' protestiodd Pedr. 'Hyd yn oed os gwnaiff pawb arall, wna i ddim!'

'Pedr,' atebodd Iesu, 'heno cyn i'r ceiliog ganu ddwywaith fe fyddi di wedi fy ngwadu deirgwaith.'

Iesu'n cael ei Ladd: Iesu'n Atgyfodi

'Os oes rhaid i mi farw gyda thi, rwy'n addo, wna i ddim dy wadu di!' meddai Pedr.

Dywedodd y lleill yr un fath.

Felly fe ddaethon nhw i Gethsemane. Roedd hi'n dywyll. Doedd dim golau lleuad. Doedd dim sêr yn disgleirio chwaith.

'Eisteddwch fan hyn,' meddai Iesu, 'tra bydda i yn gweddïo. Pedr, Iago ac Ioan dewch chi gyda mi.'

Aeth y pedwar ohonyn nhw yn bellach i mewn i'r ardd, i ganol y coed olewydd. Wedi iddyn nhw fynd o olwg y lleill, cynhyrfodd Iesu drwyddo. 'Mae fy nghalon yn barod i dorri o ofn,' meddai. 'Arhoswch yma a chadwch yn effro.'

Aeth draw i ryw fan ar ei ben ei hun ac yno gweddïodd ar Dduw.

'Abba, fy Nhad,' meddai, 'fedri di wneud popeth. Dydw i ddim eisiau wynebu hyn. Gwna rywbeth i'm gwared i!' Roedd yn crynu'n afreolus. Claddodd ei dalcen yn y llwch. 'Er hynny, nid fy nymuniad i, ond dy ddymuniad di,' meddai.

Cododd ar ei draed, yn dal i grynu, ac aeth yn ôl at Pedr, Iago ac Ioan. Roedden nhw'n cysgu'n drwm. 'Pedr,' gwaeddodd, 'doedd hi ddim yn bosibl i ti gadw'n effro am un awr? Dihuna, cadw'n effro a gweddïa. Gweddïwch na chewch chi eich profi yn y ffordd yma.'

Aeth yn ôl i'r un lle â chynt. Gweddïodd yr un weddi. Arhosodd i Dduw siarad ag ef. Distawrwydd . Dim ond murmur y dail yn yr awel.

Unwaith eto daeth yn ôl at y tri chyfaill. Roedd angen eu cysur, eu nerth a'u cefnogaeth nhw arno. Ond roedden nhw wedi mynd i gysgu eto. Safodd yno i edrych arnyn nhw. Ac wedi iddyn nhw ddihuno, doedden nhw ddim yn gwybod beth i'w ddweud.

Trodd ac aeth y drydedd waith i weddïo. Ond pan wrandawodd am lais Duw, chlywodd ef ddim byd ond murmur y dail yn yr awel unwaith eto. Daeth yn ôl at y tri am y drydedd waith a'u cael nhw'n cysgu eto.

'Dal i gysgu?' meddai'n dawel. 'Dal i boeni dim?' Trodd ei ben a gwrando. Roedd sŵn newydd. Roedden nhw ar eu ffordd i'w ddal. Gallai weld fflachiadau'r torchau drwy'r coed.

'Codwch!' gwaeddodd ar ei gyfeillion. 'Maen nhw yma!'

Roedd y cyfeillion yn dal i ymdrechu i godi pan gyrhaeddodd Jwdas, yn arwain mintai o filwyr o'r deml. Roedden nhw'n cario arfau trwm. Aeth Jwdas yn syth at Iesu. 'Athro!' meddai, a'i gusanu.

Daliodd y milwyr Iesu ar unwaith.

Edrychodd Iesu ar eu harfau. 'Mae'n amlwg eich bod yn credu fy mod i'n droseddwr peryglus,' meddai. 'Pam na fyddech chi wedi fy nal pan oeddwn i yn y deml?'

Brawychwyd ei gyfeillion. Roedd hi'n bosibl iddyn nhw gael eu dal nawr, neu yn waeth na hynny hyd yn oed, roedd hi'n bosibl iddyn nhw gael eu lladd. Felly fe adawon nhw Iesu a rhedeg i ffwrdd. Pawb ar wahân i Pedr. Rhedodd allan o'r ardd, ond yna cuddiodd yn y coed i wylio beth oedd yn digwydd.

Gadawyd Iesu ar ei ben ei hun gyda Jwdas a'r milwyr. Taenodd fflamau'r torchau gysgodion rhyfedd ymhlith y coed. Cuddiwyd y lleuad a'r sêr y tu ôl i gwmwl du.

Arweiniodd y milwyr Iesu i ffwrdd.

Iesu'n Cael ei Ladd: Iesu'n Atgyfodi
Y Prawf Annheg
y pedair efengyl

ARWEINIODD Y MILWYR IESU'N ÔL i'r ddinas. Roedd hi'n hwyr iawn erbyn hyn ac roedd y strydoedd yn dawel. Roedd sŵn eu traed yn atseinio yn erbyn muriau'r adeiladau.

Cafodd Iesu ei lusgo o flaen yr Archoffeiriad. Roedd y prif offeiriaid a'r ysgrifenyddion yno hefyd. Roedden nhw'n amlwg yn ei ddisgwyl. Hwn oedd y Sanhedrin, llys uchaf yr Iddewon.

Roedd Pedr wedi bod yn dilyn o bell. Wedi iddyn nhw fynd i mewn drwy'r drysau, ymgripiodd yn dawel i fuarth y tŷ. Doedd hi ddim yn bosibl iddo fynd yn bellach. Byddai'n rhaid iddo ddisgwyl. Roedd hi'n noson oer, ond yn ffodus iawn roedd tân yn llosgi yng nghornel y buarth. Rhoddodd ei ddwylo yn agos i'r tân. Doedd neb arall o gwmpas.

Mewn ystafell fawr yn yr adeilad rhoddodd y Sanhedrin Iesu ar ei brawf. Roedden nhw'n torri eu rheolau eu hunain drwy gyfarfod yn ystod y nos, ond doedden nhw ddim yn poeni am hynny. Doedd cyfiawnder ddim yn cyfrif chwaith. Roedden nhw eisiau cael gwared ar Iesu doed a ddelo. Roedd Iesu yn ormod o fygythiad iddyn nhw.

Roedden nhw'n sylweddoli y byddai Pilat yn llawn mor falch o gael ei wared. Byddai cael cefnogaeth pobl Jerwsalem ddim yn waith anodd chwaith, oherwydd roedd ei bywoliaeth yn dibynnu ar y deml. Roedd Iesu wedi bygwth dinistrio honno.

Trefnwyd y cyfan. Llwgrwobrwyodd yr offeiriaid rai pobl i dystio yn erbyn Iesu. Y drafferth oedd cael cysondeb yn nhystiolaeth y bobl hyn. Tra bod un yn dweud un peth byddai un arall yn dweud yn wahanol.

Collodd yr Archoffeiriad ei amynedd. Roedd amser yn brin ac roedd angen achos da i'w gyflwyno i Pilat. Doedd Iesu'n fawr o help iddyn nhw oherwydd gwrthododd ddweud yr un gair. Cafodd gyfle i ateb y cyhuddiadau ond dewisodd fod yn dawel.

'Oes rhywbeth gen ti i'w ddweud?' gofynnodd yr Archoffeiriad, 'beth am yr holl bethau yma mae pobl yn ei ddweud yn dy erbyn di?'

Doedd Iesu ddim am ateb.

Collodd yr Archoffeiriad ei dymer. 'Edrych arnat ti dy hun!' gwaeddodd. 'Ti yw'r Meseia, Mab Duw?' meddai gan chwerthin.

Cododd Iesu ei ben ac edrych arno. 'Ie,' meddai Iesu'n dawel. 'A phan fydda i farw, fe welwch Mab Duw yn eistedd ar y llaw dde i Dduw ei hunan, yn dod ar gymylau'r nef i drechu nerthoedd gormes a rhoi terfyn ar y diflastod rych chi wedi ei achosi. Rych chi'n meddwl eich bod chi wedi fy nhrechu i, ond edrychwch eto. A phan fydda i farw, edrychwch i ddyfnderoedd Duw, ac fe ddewch o hyd i mi yno!'

'Cabledd yw hyn!' gwaeddodd yr Archoffeiriad. Rhwygodd ei ddillad i ddynodi diwedd y prawf ac i ddangos mai cablwr oedd y carcharor. 'Does dim angen rhagor o dystion arnom ni,' meddai wrth aelodau'r Sanhedrin. 'Rydych chi wedi clywed y dyn yma'n cablu eich hunain. Beth yw eich dedfryd?'

Dim ond un ddedfryd oedd i fod. Roedd yn rhaid dienyddio cablwr. 'Mae'r dyn yn haeddu marw.' medden nhw.

Fe gasglon nhw o gwmpas Iesu. Poerodd rhai yn ei wyneb. Clymodd un arall fwgwd am ei ben ac fe ddechreuon nhw ei daro. 'Dere, broffwyd! Proffwyda!'

Yna cymerodd gwarchodlu'r deml ef a'i guro'n ddidrugaredd.

Pedr yn Gwadu
y pedair Efengyl

TRA BOD HYN I GYD YN DIGWYDD, roedd Pedr ar y buarth, yn cynhesu wrth y tân. Roedd bron ar wawrio. Roedd rhai pobl eisoes wedi codi ac yn mynd o gwmpas eu dyletswyddau.

Daeth un o forynion yr Archoffeiriad heibio a sylwi arno. Goleuodd fflamau'r tân ei wyneb. Arhosodd am eiliad. Beth mae'r dyna yma yn ei wneud fan hyn? meddai wrthi ei hun. Syllodd arno eto. Arhoswch am funud bach! Rwy'n credu mod i'n nabod hwn! Roedd hwn gyda'r dyn Iesu yna'r dydd o'r blaen yn y deml.

'Roeddet ti gyda Iesu!' meddai'n uchel. 'Y dyn yna o Nasareth, sy'n achosi'r fath drwbl o gwmpas y lle yma.'

'Paid â bod yn wirion,' meddai Pedr.

Cododd ac aeth i gyfeiriad y cyntedd oedd yn arwain allan i'r stryd. Roedd hi'n dywyllach yno ac yn lle gwell i guddio. Canodd ceiliog yn y stryd nesaf.

Iesu'n Cael ei Ladd: Iesu'n Atgyfodi

Aeth yr amser heibio ac erbyn hyn roedd tipyn o bobl i'w gweld o gwmpas. Daeth yr un ferch yn ôl. Gwelodd Pedr eto. 'Hei!' gwaeddodd. 'Mae'r dyn yma yn un o gyfeillion Iesu. Rwy'n ei nabod ef.' Arhosodd pawb a syllu arno.

'Dydw i *ddim* yn un o gyfeillion Iesu,' meddai Pedr a'i galon yn curo'n drwm.

Casglodd pawb o'i gwmpas. 'Wyt!' medden nhw. 'Gallwn ddweud wrth dy acen di! Rwyt ti'n dod o Galilea. Mae'n rhaid dy fod ti yn un ohonyn nhw!'

Roedd ofn ar Pedr erbyn hyn. 'Ar fy llw,' meddai Pedr, 'does gen i ddim syniad am beth rych chi'n sôn!'

Ar hynny, canodd y ceiliog yr ail waith.

Cofiodd Pedr beth ddywedodd Iesu wrtho pan oedden nhw ar eu ffordd i Gethsemane. 'Heno, byddi di yn fy ngwadu deirgwaith cyn i'r ceiliog ganu ddwywaith.'

Torrodd Pedr i wylo'n chwerw.

Pilat
y pedair Efengyl

DAETH Y BORE. Roedd hi'n amser anfon Iesu at Pilat. Felly, clymodd yr offeiriaid ddwylo Iesu a'i arwain drwy'r strydoedd i balas Pilat.

Roedd Pilat wrth ei fodd eu bod nhw wedi llwyddo i ddal Iesu. Doedd Pilat yn poeni dim am dorri rheolau'r gyfraith Iddewig, roedd Pilat yn poeni mwy am yr adroddiadau a glywodd, fod Iesu yn honni bod yn frenin. Fel roedd hi'n digwydd roedd wedi clywed plant yn dweud hynny rhyw ddiwrnod y tu allan i'r palas. Roedd hi'n amlwg fod yn rhaid iddo gael gwared ohono rywsut cyn bod terfysg ar y strydoedd. Byddai'r Ymerawdwr yn Rhufain ddim yn hapus pebai'n clywed hynny. Doedd yr ymerawdwr ddim yn hoffi terfysgoedd.

Arweiniwyd Iesu i'w bresenoldeb. Syllodd Pilat arno. Roedd ei ddwylo wedi eu clymu, a'i wyneb wedi chwyddo ac yn gleisiau i gyd. Gallai weld ei fod wedi cael ei gam-drin.

'Felly,' meddai yn wawdlyd, 'ti yw'r brenin yma mae pawb yn sôn amdano?'

Llyfr y Llyfrau

'Ti sy'n dweud hynny,' meddai Iesu.

Neidiodd y prif offeiriaid yn syth i'w gyhuddo. Roedd Pilat wedi disgwyl i Iesu amddiffyn ei hun. Ond wnaeth ef ddim. Roedd Iesu'n deall y sefyllfa'n iawn ac yn gwrthod cydweithredu.

'Does gen ti ddim i'w ddweud, Iesu?' gofynnodd Pilat yn ddig.

'Edrycha ar yr holl gyhuddiadau yma sy'n dy erbyn!'

Daliodd Iesu'n dawel. Syfrdanwyd Pilat. Fel arfer roedd gan derfysgwyr Iddewig ddigon i'w ddweud. Ond roedd hi'n amlwg fod dim ofn ar y dyn yma.

'Wel bydd yn rhaid i ni aros i weld beth mae'r dorf yn ei ddweud, felly!' meddai.

Roedd cyntedd y palas yn berwi o bobl. Edrychodd Pilat arnyn nhw'n sarhaus. Ac eto roedd ef yn eu hofni. Os oedd rhai ohonyn nhw'n gefnogwyr i Iesu, gallen nhw wneud pethau'n anodd iawn i Pilat. Doedd hi ddim yn sefyllfa hawdd iddo.

Yn ffodus fe gafodd syniad. Roedd dyn o'r enw Barabbas yn y carchar. Roedd yn wrthryfelwr adnabyddus iawn ac wedi ei ddedfrydu i gael ei groeshoelio. Roedd Barabbas wedi torri o ganlyniad i'r poenydio a fu arno. Roedd hi'n arfer gan Pilat i ryddhau un carcharor ar ŵyl y Pasg, er mwyn cadw'r dorf yn hapus. Roedden nhw'n disgwyl hynny bellach bob blwyddyn.

Dyma'r syniad a gafodd Pilat. Fe fyddai'n rhoi'r dewis iddyn nhw. Barabbas neu Iesu. Byddai'r dorf yn cael dewis eu ffefryn, ond byddai ef a'r offeiriaid yn gwneud yn sicr mai Barabbas fydden nhw'n ei ddewis. Gallai hyn weithio'n dda, meddyliodd Pilat wrtho'i hun. Anfonodd ei warchodwyr i nôl Barabbas o'r carchar. Aeth yntau i egluro'r cynllun i'r offeiriaid. Gadawodd yr offeiriaid yr ystafell a mynd allan i gymysgu gyda'r dorf.

Eisteddodd Pilat ar ei orsedd uwchben y cyntedd. Cafodd Iesu a Barabbas eu harwain i sefyll o'i flaen.

'Fel y gwelwch chi,' cyhoeddodd Pilat gan bwyntio ei fys at Iesu. 'Rwyf wedi dal eich brenin gwerthfawr. Fyddech chi'n hoffi i mi ei ryddhau?'

'Na, Barabbas!' gwaeddodd y dorf.

Mae'r offeiriaid wedi gwneud eu gwaith yn dda, meddyliodd Pilat. 'Felly beth wna i gyda'r brenin yma?' meddai wrth y dyrfa.

'Croeshoelia ef!'

'Pam?' meddai Pilat, gan gymryd arno ei fod wedi synnu, ' beth wnaeth hwn o'i le?'

Gwaeddodd y dorf yn uwch ac yn uwch, 'Croeshoelia ef! Croeshoelia ef!'

Bobl bach, meddai Pilat wrtho'i hun. Mae'r offeiriaid yn gyfrwys iawn! Cosb Rufeinig yw Croeshoelio. Cael Iddewon i fynnu croeshoelio Iddew arall! Pwy glywodd am y fath beth? Mae'r offeiriaid wedi llwyddo i gynddeiriogi'r dorf.

'O'r gorau,' meddai wrth y dorf. 'Fe gewch chi eich dymuniad.' Trodd at y milwyr. 'Gollyngwch Barabbas yn rhydd. Ond am Iesu, ewch ag ef i'w fflangellu ac yna ei groeshoelio.'

Cefnodd ar y dorf ac aeth yn ôl i'r palas. Credodd fod y cyfan wedi mynd yn esmwyth iawn.

Llyfr y Llyfrau

Coroni Iesu'n Frenin
y pedair Efengyl

ROEDD Y MILWYR wedi hen arfer fflangellu pobl. Roedden nhw'n gwybod yn iawn pa mor bell y gallen nhw fynd. Byddai un llach yn ormod yn ddigon i ladd dyn. Yna fyddai dim angen croeshoelio wedyn. Ac roedd yn rhaid cael croeshoeliad.

Wedi iddyn nhw orffen, aethon nhw â Iesu i mewn i'r fan lle byddai'r milwyr yn arfer cyfarfod.

'Edrychwch beth sydd gennym ni!' medden nhw. 'Mae brenin yr Iddewon gennym ni!'

Casglodd y lleill o'u cwmpas. 'Dydy ef ddim yn edrych fel brenin beth bynnag!' meddai un ohonyn nhw.

'Bydd yn rhaid i ni ei wisgo fel brenin,' meddai un arall. 'Dewch yma, eich Mawrhydi. Gallwn ni wneud yn well na brenin yr Iddewon. Fe wnawn ni i ti edrych fel yr ymerawdwr ei hunan!'

'Mae'r ymerawdwr yn gwisgo porffor a choron! Cymer y fantell borffor yma. Mae'n flin gennym ni ond does gennym ni ddim coron aur, ond mae gennym ni ddigon o ddrain. Fe wnawn ni goron o ddrain i ti!'

Gwasgwyd y goron o ddrain ar ei ben ac ymgrymu o'i flaen. 'Henffych Frenin yr Iddewon!'

Roedden nhw yn ei daro o gwmpas ei ben gyda'u ffyn ac yn poeri yn ei wyneb. Llanwodd yr ystafell a'u chwerthin.

Gydag amser roedden nhw wedi cael digon. Tynnwyd y fantell oddi arno, a'i wisgo unwaith eto yn ei ddillad ei hun ac yna ei arwain allan i gael ei groeshoelio. Swyddog a oedd yn cael ei alw'n Ganwriad oedd yn gyfrifol am y gweithgareddau.

Croeshoeliad
y pedair Efengyl

CLYMODD Y MILWYR ddarn o bren am wddf Iesu. Wedi eu hysgrifennu arno oedd y geiriau, 'Brenin yr Iddewon.' Roedd Pilat am i bawb weld beth oedd tynged unrhyw un a fyddai'n meiddio herio'r Rhufeiniaid.

Iesu'n Cael ei Ladd: Iesu'n Atgyfodi

Roedd yn rhaid i Iesu gario ei groes ei hun – neu'r trawsbren o leiaf - i fan ei ddienyddio. Gwaith anodd iawn oedd symud ar hyd strydoedd culion y ddinas. Roedd wedi cael ei guro cymaint nes ei fod yn rhy wan i symud bron. Syrthiodd i'r llawr, a disgynnodd y trawsbren ar ei gefn.

'Cod!' gwaeddodd y canwriad, a'i gicio'n galed. Doedd dim diben, oherwydd roedd ei nerth wedi diflannu. Ar y pryd daeth Iddew o'r enw Simon heibio, brodor o ddinas Cyrene ar arfordir gogledd Affrica oedd Simon.

'Hei, ti!' gwaeddodd y gwarchodwr. 'Caria groes y dyn yma! Mae gennym ni waith i'w wneud a does dim amser i'w wastraffu. Os awn ni ymlaen fel hyn fe fyddwn ni yma tan yr wythnos nesaf!'

Felly, daliodd yr orymdaith i fynd drwy strydoedd Jerwsalem. Daethon nhw i fan y tu allan i furiau'r ddinas o'r enw Golgotha, neu Lle'r Benglog. Cynigodd rhai gwragedd win a chyffur ynddo i Iesu er mwyn tawelu'r boen, ond gwrthododd Iesu.

Yna tynnodd y milwyr ei ddillad i gyd a'i groeshoelio. Gosodwyd darn o goedyn rhyw ddau fedr o hyd yn y ddaear, a hoelio arddyrnau Iesu i'r trawst yr oedd wedi bod yn ei gario. Hoeliwyd y ddau ddarn o bren yn ei gilydd, ac wedi hoelio ei goesau hefyd codwyd y cyfan i fyny. Roedd un o'r milwyr wedi cofio am y darn pren a'r geiriau 'Brenin yr Iddewon' wedi ei ysgrifennu arno. Hoeliwyd hwnnw uwchben Iesu ac felly dyna gwblhau seremoni coroni'r brenin hwn. Y groes oedd gorsedd Iesu.

'O Dad, maddau iddyn nhw,' meddai Iesu. 'Does ganddyn nhw ddim syniad beth y maen nhw yn ei wneud.'

Rhannodd y milwyr ei ddillad rhyngddyn nhw eu hunain, a thaflu coelbren er mwyn gweld pwy oedd i gael beth.

Croeshoeliwyd dau leidr gyda Iesu, un ar y chwith iddo a'r llall ar y dde iddo.

Lle swnllyd iawn oedd hwn. Roedd pobl wedi dod i weld y croeshoelio, ac roedden nhw wedi dechrau taflu gwawd a sen at Iesu. Daeth hyd yn oed rhai o'r prif offeiriaid a'r ysgrifenyddion yno. 'Achubodd eraill,' medden nhw, ' ond mae'n methu achub ei hunan!'

'Dere'r Meseia! Dere i lawr o'r groes yna, ac fe gredwn ni ynot ti wedyn!'

Ymunodd un o'r lladron yn y gwawd. 'Achub ni ar yr un pryd!' gwaeddodd hwnnw.

'Rwyt ti'n un da i siarad!' meddai'r lleidr arall. 'Dyma dy gyfle olaf di i wneud rhywbeth yn iawn. Fe wyddon ni pam ein bod ni yma ond dydy'r dyn yma ddim wedi gwneud dim o'i le. Ac y mae ef *yn* frenin, rwy'n gwybod hynny.' Edrychodd draw at Iesu. 'Iesu,' meddai, 'cofia fi pan ddoi di i'th deyrnas.'

'Rwy'n dweud wrthyt ti fy ffrind,' atebodd Iesu, ' fe fyddi di gyda mi ym mharadwys heddiw.'

Aeth tair awr heibio. Roedd hi'n hanner dydd. Dyma awr ddisgleiria'r dydd i fod, ond yn sydyn fe ddiflannodd yr haul, a daeth tywyllwch dudew dros y tir i gyd. Roedd hi'n ymddangos fod y greadigaeth i gyd yn galaru.

Parhaodd y tywyllwch am dair awr arall. Roedd y rhan fwyaf o gyfeillion Iesu wedi ei adael. Roedd Duw hyd yn oed wedi cefnu arno. Neu felly yr oedd pethau'n ymddangos. Roedd y cyfan a ddigwyddodd o gyfnod y prawf a'r poenydio, ac yna'r tywyllwch dudew hwn fel pe bydden nhw wedi cloi Duw allan. Doedd dim golwg ohono na sôn amdano. Daeth geiriau un o'r hen salmau i feddwl Iesu. Cododd ei ben a gweiddi i ganol y tywyllwch: 'Fy Nuw, Fy Nuw! Pam rwyt ti wedi fy ngadael? Pam? Pam? Pam?' Ac yna gydag un ochenaid arall fe fu farw.

Ar yr union eiliad, yn y deml, rhwygodd y llen oedd yn rhannu'r Cysegr Sancteiddiaf oddi wrth weddill y deml. Do, fe rwygodd ar ei hyd. Roedd marwolaeth Iesu wedi dod â Duw allan i'r agored. Doedden nhw ddim yn mynd i gael ei guddio mwyach! Doedd dim rhagor o dwyllo i

Iesu'n Cael ei Ladd: Iesu'n Atgyfodi

fod. Roedd Duw yno ar gyfer pawb nid yn unig yr Archoffeiriad. Pan oedd ysbryd Iesu wedi cyrraedd ei fan iselaf, daeth Duw allan i gerdded strydoedd y ddinas, fel y cerddodd unwaith lwybrau Gardd Eden. Yn y tywyllwch o gwmpas croes Iesu, roedd hi'n hawdd credu fod Duw wedi marw. Y gwir oedd bod marw Iesu wedi gollwng Duw yn rhydd.

Synhwyrodd y canwriad wrth droed y groes beth oedd ystyr hyn i gyd. Edrychodd i fyny at Iesu. 'Mab Duw oedd y dyn yma!' meddai.

A'r cyfan ar ben daeth rhai o gyfeillion Iesu at y groes. Roedd tair gwraig yno a oedd wedi ei ddilyn yng Ngalilea ac yna i Jerwsalem. Yn eu plith roedd Mair o Fagdala.

Roedd un o aelodau'r Sanhedrin, a oedd wedi gwrthod cytuno i'w ladd, yno hefyd. Ei enw oedd Joseff, brodor o Arimathea. Roedd wedi cadw'n dawel yn ddigon hir. Aeth at Pilat a gofyn am ganiatâd i gladdu corff Iesu. Yr arfer oedd gadael y cyrff ar y groes i bydru. Gallai Joseff ddim goddef y syniad fod Iesu yn gorfod aros yno i bydru.

Roedd Pilat wedi cael digon beth bynnag. 'Gwnewch fel y mynnoch ag ef,' meddai.

Felly rhedodd Joseff ar ei union, a phrynu llieiniau newydd yn y farchnad gyda rhai o gyfeillion Iesu. Tynnwyd corff Iesu i lawr o'r groes a'i roi yn ofalus yn y llieiniau gwyn. Roedd Joseff wedi torri bedd yn y graig ar ei gyfer ef ei hun ers rhai blynyddoedd ond doedd dim ots am hynny nawr. Bedd yr oedd yn bosibl cerdded i mewn iddo oedd y bedd hwn. Gosodwyd corff Iesu yn y bedd a symud y garreg fawr yn ôl ar draws yr agoriad. Yna aethon nhw oddi yno ar frys.

Roedd ffrind Iesu, Mair o Fagdala wedi dilyn y cwmni bach gan gadw ei phellter, rhag i neb sylwi arni. Roedd wedi sylwi fod Joseff a'i gyfeillion wedi methu cael digon o amser i roi claddedigaeth iawn i Iesu. Doedden nhw ddim wedi golchi na eneinio ei gorff gyda pheraroglau. Y diwrnod wedyn yr oedd hi'n Saboth, a fyddai hi ddim yn bosibl i Mair wneud dim ar y dydd hwnnw. Ond ar doriad gwawr y diwrnod canlynol, roedd hi wedi penderfynu dod yn ôl a gwneud pethau'n iawn. Sut fyddai hi'n symud y maen tybed? Doedd ganddi ddim syniad. Roedd hi'n barod i wynebu'r anhawster hwnnw wedi dod ato. Digon i'r diwrnod ei ddrwg ei hun.

Llyfr y Llyfrau
'Mair'
Ioan

CODODD MAIR YN FORE ar y bore Sul hwnnw ac aeth i gyfeiriad y bedd. Roedd hi'n dal heb oleuo'n iawn, ond roedd digon o olau i wneud iddi sylweddoli fod rhywbeth rhyfedd wedi digwydd. Roedd y maen wedi symud, ac roedd rhywun wedi symud corff Iesu!

Roedd hi'n cofio lle'r oedd y tŷ lle bu Pedr a Iesu a'r cyfeillion eraill yn cuddio. Rhedodd yno ar ei hunion.

'Maen nhw wedi dwyn corff Iesu!' meddai. 'Dydw i ddim yn gwybod ble maen nhw wedi ei roi i orwedd! Pwy fyddai'n gwneud y fath beth?'

Roedd y bedd mewn gardd. Dywedodd Mair wrthyn nhw yn union ble'r oedd, ac aeth Pedr ac un o'r lleill yno i weld drostyn nhw eu hunain. Dilynodd Mair mor gyflym ag y medrai.

Cydymaith Pedr gyrhaeddodd yno'n gyntaf. Roedd Mair yn iawn. Roedd y maen wedi symud. Cododd yr haul dros y gorwel, a disgleiriodd ei belydrau cyntaf i mewn i'r bedd, gan droi'r cyfan yn aur. Edrychodd i mewn. Roedd y bedd yn wag, ar wahân i'r lleiniau gwyn a ddefnyddiodd Joseff. Ond doedd dim corff yno! Doedd dim arogl marwolaeth yno chwaith!

Cyrhaeddodd Pedr a rhedodd i mewn i'r bedd yn syth. Gwelodd yntau'r lleiniau. Ond doedd Iesu ddim yno. Doedd Pedr ddim yn deall yn iawn, ond roedd yn synhwyro fod rhywbeth da iawn wedi digwydd yn y lle hwnnw. Doedd y bedd ddim yn wag o gwbl. Roedd yn llawn o fywyd Duw!

Aeth y ddau ddyn oddi yno yn eu dryswch. Ond arhosodd Mair yno. Doedd hi ddim wedi cefnu arno wrth y groes a doedd hi ddim yn mynd i gefnu arno nawr. Arhosodd y tu allan i'r bedd yn wylo.

Yn sydyn fe aroglodd bersawr nefolaidd. Edrychodd i mewn i'r bedd. Roedd dau angel yn eistedd yno yn hollol gartrefol! Beth oedd y nefoedd yn ei wneud yn yr ardd yma?

'Pam wyt ti'n wylo?' gofynnodd yr angylion.

'Pam rych chi'n meddwl?' atebodd Mair. 'Maen nhw wedi dwyn fy Arglwydd i, fy Nghyfaill, fy Athro, a dydw i ddim yn gwybod beth maen nhw wedi ei wneud iddo.'

Doedd yr angylion yma yn fawr o help, meddyliodd wrth ei hun.

Trodd a gwelodd ddyn yn sefyll yno.
'Pam wyt ti'n wylo?' meddai'r dyn. 'Am bwy wyt ti'n chwilio?' Meddyliodd Mair mai'r garddwr oedd hwn. 'O syr!' meddai. 'Os mai ti sydd wedi ei symud, dweda wrtha i ble mae ef.'
'Mair,' meddai'r dyn.
Nawr roedd hi'n nabod y llais. Llais Iesu! 'Athro!' meddai.
Camodd ymlaen. 'Paid â gafael ynof, Mair,' meddai Iesu'n dawel. 'Rwy'n rhydd nawr. Ond dos at fy nghyfeillion a dweda wrthyn nhw beth wyt ti wedi ei weld a'i glywed. A dweda wrthyn nhw y bydda i gyda Duw cyn bo hir.'
Yna diflannodd, a'r angylion gydag ef. Rhedodd Mair i ddweud wrth y lleill. Torrodd ar eu traws, 'Rwyf wedi gweld yr Arglwydd!' meddai. 'Rwyf wedi ei weld!'

Thomas yn Gywir . . . yn y Diwedd
Ioan

Y NOSON HONNO pan ddaeth y cyfeillion at ei gilydd yn eu hofn wrth feddwl beth oedd yn mynd i ddigwydd nesaf, ymddangosodd Iesu iddyn nhw.

'Tangnefedd i chi!' meddai. 'Rwy'n dod â thangnefedd Duw, bywyd yn llawn, bywyd fel gardd wedi ei dyfrhau.'

Roedd Mair o Fagdala'n deall, ond doedd y lleill ddim yn medru credu eu clustiau na'u llygaid. Y tro diwethaf i rai ohonyn nhw weld Iesu oedd y noson y cafodd ei ddal yng Ngardd Gethsemane.

Ond yna dangosodd Iesu olion y croeshoelio iddyn nhw, ac roedden nhw'n gwybod i sicrwydd wedyn pwy oedd.

Roedden nhw'n llawen iawn. Roedden nhw wedi credu fod y cyfan ar ben a bod gormes wedi ennill y dydd. Credodd y cyfeillion fod Galluoedd y Tywyllwch wedi trechu Iesu o'r diwedd.

Ond gall marwolaeth ddim caethiwo bywyd Duw. Roedden nhw'n gwybod hynny nawr. O'u blaen roedd y dystiolaeth i'w gweld.

'Tangnefedd i chi!' meddai Iesu eto. 'Fel y mae Duw, ein Tad wedi fy anfon i, felly rwyf fi yn eich anfon chi. Rhaid i chi barhau'r gwaith rwyf fi wedi dechrau.'

Yna fe anadlodd arnyn nhw a dweud, 'Derbyniwch yr Ysbryd Glân, Ysbryd Duw. Ewch, a chymerwch faddeuant Duw i'r byd i gyd!'

Unwaith, yng ngardd Eden roedd Duw wedi anadlu bywyd i'r dyn cyntaf. Felly nawr, roedd Iesu, wedi ei fuddugoliaeth dros Alluoedd y Tywyllwch, yn anadlu bywyd newydd i'w gyfeillion – bywyd fyddai'n golygu eu bod yn medru byw bywyd i'r eithaf a bod yn fendith i eraill.

Ond roedd un o gyfeillion agosaf Iesu'n absennol: dyn o'r enw Thomas. Roedd wedi mynd i Golgotha, i weld y fan lle cafodd Iesu ei ladd.

Pan ddaeth yn ôl, cafodd wybod y newyddion da. 'Rydym wedi gweld yr Arglwydd!' medden nhw.

'Cafodd Iesu ei groeshoelio,' atebodd Thomas yn chwerw. 'Wna i ddim credu nes i mi weld y creithiau ar ei gorff drosof i fy hun.'

Roedd Thomas yn iawn wrth gwrs. Gallai Iesu ddim dod yn ôl fel pe tai dim byd wedi digwydd.

Aeth wythnos arall heibio a Thomas yn dal i alaru. Aeth i Golgotha bob dydd. Roedd y boen o golli Iesu yn annioddefol, bron â bod cynddrwg â phoen y croeshoelio.

Yna daeth Iesu atyn nhw unwaith eto, a'r tro hwn roedd Thomas yno.

'Tangnefedd i chi!' meddai Iesu. Edrychodd ar Thomas. 'Edrych Thomas,' meddai wrtho, 'edrych ar y creithiau, olion yr hoelion a'r drain, olion casineb. Edrych a chyfwrdd â nhw!'

Ond sut allwch chi gyffwrdd bywyd Duw ei hun? Gwnaeth Thomas ddim ceisio. Dim ond ateb yn syml, 'Fy Arglwydd a'm Duw!'

Iesu'n cael ei Ladd: Iesu'n Atgyfodi

Pedr yn Mynd i Bysgota
Ioan

GADAWODD CYFEILLION IESU JERWSALEM a mynd yn ôl i Galilea. Un diwrnod roedd saith ohonyn nhw yn eistedd ar lan Llyn Galilea, yn edrych ar draws y dŵr. Roedd Pedr yno, Thomas, Iago ac Ioan. Roedden nhw'n cofio'r amser y buon nhw allan yn y cwch mewn storm fawr. Daeth ton fel mynydd i gyfeiriad y cwch gan fygwth eu boddi. Ond roedd Iesu wedi dihuno, a gwneud i'r don ddiflannu a gwneud y llyn yn dawel. Doedden nhw ddim wedi deall y pryd hynny. Ond roedden nhw'n deall nawr.

'Dewch i ni fynd i bysgota!' meddai Pedr yn sydyn.
'Dyna syniad da,' medden nhw. 'Fel yn y dyddiau gynt!'
Mewn gwirionedd roedd yr hen ddyddiau wedi mynd am byth. Ar ôl i Iesu atgyfodi roedd hwn yn gyfnod newydd rhyfedd. Roedd y byd yn newydd sbon.

Fe dreulion nhw'r noson gyfan yn pysgota a dal dim. A hithau ar fin gwawrio dyma nhw'n penderfynu troi yn ôl am y lan. Ac wrth agosáu, roedden nhw'n gweld rhywun yn sefyll yno. Fe gawson nhw'r argraff ei fod yn aros amdanyn nhw.

'Ydych chi wedi dal rhywbeth?' meddai'r dyn.
'Dim byd,' oedd yr ateb.
'Taflwch y rhwyd i'r ochr arall i gael gweld,' meddai'r ffigwr rhyfedd yma.

Edrychodd Pedr, Iago ac Ioan ar ei gilydd. Daeth yr atgofion yn ôl.

Taflwyd y rhwyd dros ochr arall y cwch, ac yn syth roedd y rhwyd mor llawn roedd hi bron yn amhosibl ei thynnu i mewn. Chwarddodd y dyn.

'Rwy'n gwybod pwy yw hwnna!' meddai un ohonyn nhw. 'Fe fydden i'n nabod y chwerthiniad yna yng nghanol torf o bobl. Iesu sydd yna, ein cyfaill, ein Harglwydd.'

Gallai Pedr ddim aros i'w gyfarfod. Neidiodd allan i'r dŵr a nofio am y lan, tra bod y lleill yn dod â'r cwch i'r lan.

Roedd tân golosg yn llosgi ar y traeth. Roedd bara yno hefyd. Cymerodd Iesu'r bara a pheth o'r pysgod a'u rhoi iddyn nhw.

Fe gofion nhw am yr amser pan oedd Iesu wedi bwydo'r dorf wrth y llyn. Pryd o fara a physgod oedd hynny hefyd. Doedden nhw ddim wedi deall y pryd hwnnw. Ond roedden nhw'n deall nawr.

Wedi gorffen y bwyd, trodd Iesu at Pedr.

'Pedr, 'meddai wrtho, 'wyt ti'n fy ngharu i yn fwy na neb arall?'

'Ydw, Arglwydd,' atebodd Pedr, 'rwyt ti'n gwybod hynny'n iawn.'

'Felly edrych ar ôl fy mhobl i mi,' meddai Iesu.

Meddai'r ail waith, 'Pedr, wyt ti'n fy ngharu i?'

'Ydw, Arglwydd. Rwyt ti'n gwybod hynny.'

'Felly gofala am fy mhobl.'

Yna'r drydedd waith, 'Pedr, wyt ti'n fy ngharu i?'

'Arglwydd,' meddai Pedr, 'rwyt ti'n gwybod popeth sydd i'w wybod ac rwyt ti'n gwybod fy mod i yn dy garu di.'

'Bwyda fy mhobl,' meddai Iesu. 'Rho derfyn ar eu newyn.' Oedodd. Yna yn dawel iawn, dywedodd yr un peth wrth Pedr ag a ddywedodd wrtho pan wnaeth y ddau gyfarfod am y tro cyntaf: 'Dilyn fi.'

Roedd Pedr wedi gwadu Iesu deirgwaith. Roedd wedi ei siomi pan oedd ei angen ef fwyaf. Doedd ef ddim wedi bod yno pan fuodd ef farw nac i'w gysuro yn ei oriau olaf. Roedd Pedr yn credu na fyddai Iesu byth yn maddau iddo am hynny.

Ond nawr roedd Iesu wedi maddau iddo a dangos hynny'n glir iddo. Doedd Iesu ddim wedi ei gyhuddo, na'i feio, na'i farnu, na'i gondemnio. Dim ond gofyn iddo a oedd yn ei garu. Cafodd dri chyfle i ateb. Llyncwyd pob gwadiad gan gariad a maddeuant Duw.

Wedi derbyn maddeuant, gallai Pedr fynd gyda Iesu nawr. Gallai ei ddilyn i ben draw'r byd a pharhau'r gwaith yr oedd Iesu wedi ei ddechrau.

11

O JERWSALEM I RUFAIN: YR EGLWYS YN DECHRAU

Gwnaeth Luc ddim gorffen ei stori gydag atgyfodiad Iesu. Wedi iddo orffen ei Efengyl, ysgrifennodd ail gyfrol, o'r enw Actau, neu Actau'r Apostolion. Mae Actau'n cychwyn lle mae'r Efengylau'n gorffen ac yn dweud wrthym ni beth ddigwyddodd i ddilynwyr Iesu, a sut y daeth mwy a mwy o bobl i'w ddilyn, nid yn unig ym Mhalestina, ond yn rhannau eraill o fyd Môr y Canoldir. Felly, stori am ddechrau'r eglwys yw stori'r Actau.

    Mae Luc yn dweud y stori drwy adrodd am yr hyn a wnaeth dau o ddilynwyr arbennig Iesu yn bennaf. Y cyntaf yw Pedr, un o gyfeillion agosaf Iesu yng Ngalilea. Yr ail yw Paul, Iddew caeth, oedd heb gyfarfod Iesu erioed yn ystod ei fywyd, ac fe fu unwaith yn un o wrthwynebwyr mawr yr eglwys yn y dyddiau cynharaf. Mae Luc yn dweud sut y daeth Paul yn yn un o ddilynwyr Iesu a sut yr helpodd yr eglwys i ledaenu y tu hwnt i Balestina.

    Drwy ganolbwyntio cymaint ar Pedr a Paul, y mae Luc wedi gadael hanes llawer o ddilynwyr heb eu hadrodd. Mae'n sôn am Mair, mam Iesu, unwaith bron ar dechrau'r Actau, ond dydyn ni ddim yn cael gwybod dim amdani. Beth ddaeth ohoni? A fuodd hi farw yn fuan wedyn? Neu a oedd hi yn un o arweinwyr mawr yr eglwys yn Jerwsalem neu yng Ngalilea? Dydyn ni ddim yn gwybod. Mae Mair o Fagdala hefyd yn un o gymeriadau pwysicaf yr Efengylau, gan gynnwys Efengyl Luc. Gwelodd y croeshoeliad, a hi oedd y cyntaf i'w gyfarfod wedi iddo atgyfodi. A oedd hi'n bwysig yn yr eglwys gynnar? Mae'n bosibl. Ond dydyn ni ddim yn gwybod. Does dim sôn amdani o gwbl yn yr Actau.

Llyfr y Llyfrau

All neb adrodd y stori i gyd wrth reswm. Dydy hi ddim yn deg i feirniadu Luc am adrodd rhan o'r stori, ond rhaid i ni gofio fod llawer mwy na'r hyn sydd yn yr Actau wedi digwydd. Yn arbennig mae'n rhaid i ni dderbyn fod gwragedd wedi chwarae rhan llawer mwy ym mywyd cynnar yr eglwys nag y mae Luc yn barod i gyfaddef.

Y Gwirionedd Llawn

Pan fedyddiodd Ioan Iesu, daeth Ysbryd Duw arno a rhoi nerth iddo i drechu galluoedd tywyll drygioni, a sefydlu cariad a maddeunat Duw ar y ddaear. Ar ôl iddo atgyfodi roedd Iesu wedi addo y byddai Ysbryd Duw yn disgyn ar ei ddilynwyr er mwyn rhoi'r nerth iddyn nhw i barhau ei waith.

Fe ddaeth yr amser hwnnw, ond cyn hynny fe gafodd ei gyfeillion brofiad anghyffredin iawn.

ROEDD CYFEILLION IESU wedi dod at ei gilydd ar Fynydd yr Olewydd, uwchben Jerwsalem. Fe ymddangosodd Iesu iddyn nhw, a'u bendithio fel hyn:

'Bydded i'r Arglwydd eich bendithio a'ch cadw.
Bydded i'r Arglwydd wneud i'w wyneb digleirio arnoch
a bod yn rasol wrthych.
Bydded i'r Arglwydd godi ei wyneb atoch
a rhoi tangnefedd i chi.'

Wrth iddo sirad, gorchuddiodd niwl trwchus ef. Roedd yr un fath â'r niwl rhyfedd ar Fynydd Sinai pan ddaeth Duw i gyfarfod Moses a rhoi'r gorchmynion iddo. Yn ddiweddarach roedd wedi disgyn ar fynydd arall pan gafodd Iesu ei weddnewid o flaen Pedr, Iago ac Ioan. Y tro hwn roedd yr olygfa yn fwy rhyfeddol fyth. Diflannodd Iesu o'u golwg, fel pe tai wedi bod yn rhan o ddisgleirdeb a dirgelwch Duw.

O'r diwedd daeth y cyfeillion i weld y gwirionedd llawn am Dduw.

Gwynt a Thân

PUM DEG O DDYDDIAU wedi'r Pasg cynhaliwyd gŵyl Iddewig arall: Pentecost. Unwaith eto roedd Jerwsalem yn llawn o bererinion o bob rhan o Balestina a thu hwnt.

Roedd cyfeillion Iesu gyda'i gilydd mewn un ystafell. Roedd Mair, mam Iesu gyda nhw. Yn sydyn daeth sŵn fel gwynt cryf yn chwythu, a disgynnodd tafodau o dân ar bob un ohonyn nhw. Roedd y sŵn fel sŵn Ysbryd Duw yn chwythu dros y dyfroedd tywyll yn ystod creu'r byd. Ac roedd y tafodau o dân fel y fflamau a ddawnsiodd i Moses yn y berth.

Cafodd y cyfeillion eu meddiannu gan Ysbryd Duw. Nawr roedd ganddyn nhw ddewrder, doethineb ac egni i barhau gwaith Iesu.

Yn llawn brwdfrydedd fe ruthron nhw allan i ganol y pererinion ar strydoedd y ddinas. Llifodd y geiriau allan ohonyn nhw, yn union fel pe tai angylion wedi llithro i mewn i'w pennau. Cafodd yr Iddewon a'i clywodd nhw eu synnu. Roedden nhw'n dod o bob rhan o'r byd ac yn siarad cymaint o ieithoedd. Ac eto gallai pawb ddeall! Roedd hi'n ymddangos fod pawb yn clywed yn ei iaith ei hun!

Cofiodd y bobl hen stori dinas Babel, a'r ffordd y gwnaeth Duw i'r adeiladwyr siarad ieithoedd gwahanol. Aeth pethau mor ddrwg yn y stori honno fe fu'n rhaid iddyn nhw roi'r gorau i adeiladu. Fe gawson nhw eu gwasgaru ar draws y byd ac fe ddisgynnodd y ddinas yn adfeilion. Ond roedd y Babel yma'n wahanol iawn! Daethon nhw i

Jerwsalem gyda'u hieithoedd gwahanol, ond nawr roedden nhw'n gallu deall ei gilydd, ac yn lle ymladd fe gafwyd heddwch, ac fe gafwyd undod ac ewyllys da yn lle gwasgaru a dinistr.

Roedd rhai pobl, er hynny, yn credu fod cyfeillion Iesu wedi meddwi. 'Maen nhw wedi bod yn yfed gormod o win dros yr ŵyl!' medden nhw.

Siaradodd Pedr ar ran y cyfeillion. 'Dydy hynny ddim yn wir,' atebodd. 'Wedi'r cyfan dim ond naw o'r gloch y bore yw hi. Na, dyma'r hyn y soniodd rhai o'n proffwydi ni amdano. Fe ddywedon nhw fod y dydd yn dod pan fyddai Ysbryd Duw yn disgyn ar bawb, gwŷr a gwragedd, hen ac ifanc, caeth a rhydd. Yna fe fydden ni'n cael gweledigaethau a breuddwydion. Wel, bobl, mae'r dydd wedi dod! Rydym wedi gweld y gweledigaethau hynny! Ac rydym ni'n breuddwydio'r breuddwydion!

'A Iesu o Nasareth yw'r rheswm am hyn i gyd. Fe ryddhaodd Iesu bobl. Tawelodd y moroedd gwyllt. Llanwodd y newynog, a rhoi golwg i'r deillion a chodi'r meirw'n fyw. Ac eto fe gefnoch chi arno, chi a'ch arweinwyr yn y deml. Fe roesoch chi ef yn nwylo'r Rhufeiniaid, ac fe gafodd ei groeshoelio.

'Roeddech chi'n credu mai dyna'r diwedd iddo. Ond nid dyna'r diwedd, dyna oedd y dechrau. Mae Duw wedi ei ryddhau o farwolaeth! Mae'n rhan o oleuni a dirgelwch Duw! Fe gafodd ei drin fel baw gan eich arweinwyr chi, ond mae'n dal i ddisgleirio. Cafodd ei drin fel troseddwr gan y Rhufeiniaid, ond fe ddangosodd i ni gyd beth oedd ystyr bod yn frenin.'

Torrodd geiriau Pedr fel cyllell drwy galonnau'r bobl.

'Beth allwn ni wneud?' medden nhw.

'Dewch â'ch tristwch a'ch euogrwydd at Dduw,' atebodd Pedr. 'A dewch atom ni i gael eich bedyddio. Yna fe ddewch chi o hyd i faddeuant Duw, fel rydym ni wedi ei wneud.

'Bedyddiodd Ioan y Bedyddiwr bobl yn yr Iorddonen. Cafodd Iesu ei hunan ei fedyddio gan Ioan. Dyna pryd y daeth Ysbryd Duw ato fel aderyn. Does dim angen i chi fynd lawr i'r Iorddonen. Fe gewch eich bedyddio yma yn Jerwsalem, ac fe ddaw'r un Ysbryd atoch chi!'

Cafodd oddeutu tair mil o Iddewon eu bedyddio'r diwrnod hwnnw.

Lladd Steffan

Doedd dilynwyr cynharaf yr Iesu yn Jerwsalem ddim yn siarad yr un iaith i gyd. Roedd Cristnogion Palestina yn dal i siarad Aramaeg, tra bod y bobl a ddaeth i Jerwsalem o wledydd eraill yn siarad Groeg. Roedden nhw i gyd yn addoli yn y deml, ond pan ddaeth hi'n amser gweddi a bwyd, fe fydden nhw'n bwyta gyda'i gilydd, ond yn cyfarfod mewn tai gwahanol.

Ymunodd llawer o bobl gyda'r eglwys yn y dyddiau hynny. Cyfrannodd pawb i'r un gronfa er mwyn gwneud yn siŵr fod neb yn dioddef. O leiaf dyna beth oedd y syniad. Gwerthodd dyn o'r enw Barnabas gae a rhoi'r arian i ddeuddeg arweinydd yr eglwys i brynu bwyd i'r sawl oedd ei angen. Dynion oedd y deuddeg. Dynion fel Pedr, Iago, Ioan a Thomas, a fu'n gyfeillion gyda Iesu er dyddiau Galilea.

Yn anffodus, doedd y Groegiaid yn eu plith ddim yn cael chwarae teg. Fe wnaethon nhw gwyno fod eu gweddwon nhw ddim yn cael yr un faint o fwyd â gweddwon y sawl oedd yn siarad Aramaeg. Roedden nhw'n wragedd tlawd heb neb i ofalu amdanyn nhw. Roedd hyn yn fater difrifol.

'O'r gorau,' meddai'r deuddeg, ' mae'n wir ein bod ni i gyd yn siarad Aramaeg. Fe gawsom ni ein geni a'n magu ym Mhalestina. Mae'n rhaid i chi siaradwyr Groeg gael eich arweinwyr eich hunain, a fydd yn gwneud yn siŵr fod popeth yn cael ei rannu'n deg.'

Felly fe ddewison nhw saith o bobl. Bachgen ifanc oedd un ohonyn nhw o'r enw Steffan.

ROEDD STEFFAN YN SIARADWR GWYCH. Byddai bob amser yn denu tyrfa fawr pan fyddai'n siarad allan ar y strydoedd. Er hynny, fe dramgwyddodd yn erbyn llawer iawn o bobl yn y ddinas, yn arbennig wrth siarad ar bwnc y deml. Groegiaid fel ef ei hunan oedd mwyafrif y bobl a bechodd Steffan yn eu herbyn. Roedden nhw wedi dod i Jerwsalem er mwyn bod yn agos i'r deml. Felly, pan ddechreuodd

Steffan sôn am y ffordd yr oedd Iesu wedi beirniadu'r deml, ac yna cyhoeddi na ddylai fod wedi cael ei hadeiladu yn y lle cyntaf, fe aethon nhw'n ddig iawn. Fe geision nhw ddadlau gydag ef, ond doedd dim pwrpas. Felly fe gasglon nhw gymaint ag y gallen nhw i'w cefnogi, ei ddal a mynd ag ef o flaen y Sanhedrin. Y Sanhedrin oedd llys uchaf yr Iddew. Yr un llys oedd wedi dedfrydu Iesu am gabledd a'i roi yn nwylo Pilat.

Edrychodd aelodau'r Sanhedrin ar Steffan. Disgleiriodd ei wyneb fel wyneb angel. Ac eto roedd y cyhuddiadau yn ei erbyn yn rhai difrifol. 'Maen nhw'n dweud dy fod ti'n dweud pethau ofnadwy am y deml. Oes gen ti rywbeth i'w ddweud?'

'Oes,' atebodd Steffan yn frwd. 'Mae gen i lawer i'w ddweud! Rwy'n Iddew fel chithau. Ond fe gytunwch chi fod ein hanes yn llawn siomedigaethau. Mae Duw wedi gorfod ymdrechu'n galed gyda ni o'r dechrau, ond rydym wedi achosi cymaint o ofid iddo. Edrychwch fel y gwnaethon ni gefnu arno a Moses yn Sinai! Roedd Duw a Moses wedi rhyddhau ein cyndadau o gaethiwed yr Aifft, a dyna lle'r oedd Moses ar ben Mynydd Sinai yn derbyn holl ddysgeidiaeth Duw i'w roi i'n cyndadau. A beth wnaethon nhw? Troi at Aaron brawd Moses, "Rydym wedi cael llond bol ar Moses a'i Dduw. Gwna dduw iawn i ni, un wedi ei wneud â llaw." A dyma nhw'n gwneud llo aur iddyn nhw eu hunain. Rydych chi'n cofio'r stori'n iawn.

'A doedd pethau ddim yn well pan ddechreuodd ein pobl fyw ym Mhalestina! Na, fe addolodd y bobl dduwiau o waith llaw, duwiau nad oedden nhw'n dduwiau o gwbl.

'Ac i wneud pethau'n waeth, cododd Solomon deml yma yn Jerwsalem. Pabell oedd gan Dduw pan oedd ein cyndadau'n byw yn yr anialwch. Roedd pabell yn ddigon da i Dduw. Gallai fynd i ble bynnag a ddymunai. Ond roedd Solomon am gadw Duw yn Jerwsalem, ac felly fe gododd deml. Teml o waith llaw oedd hon eto, fel y llo aur a'r duwiau eraill.

'Felly fe welwch chi ein bod wedi gwneud pethau'n anodd i Dduw erioed. Pan anfonodd broffwydi i ddangos y ffordd i ni, beth wnaethon ni? Fe gawson nhw eu herlid, hyd yn oed eu lladd! A phan anfonodd Duw ei Fab ei hun, Iesu, fe drefnoch chi fod yntau yn cael ei ladd hefyd! Oes yna ben draw i'n gwrthwynebiad i Dduw?'

Cynddeiriogodd pawb.

'Edrychwch, gwaeddodd Steffan, 'Gallaf weld i'r nefoedd! Gallaf weld Duw yn ei ogoniant, a Iesu yn eistedd ar ei law dde!'

Doedd aelodau'r Sanhedrin a gweddill y dyrfa ddim yn barod i oddef mwy o hyn. Llusgwyd Steffan allan o'r ystafell a thrwy'r strydoedd nes cyrraedd tu allan i furiau'r ddinas. Yna fe ddechreuon nhw daflu cerrig ato. Roedd yn euog o gabledd, medden nhw, ac roedd yn haeddu marw.

Syrthiodd Steffan dan y gawod gerrig. Ac yntau'n gorwedd ar y llawr gwaeddodd gyda'r holl nerth oedd ar ôl ganddo, 'Arglwydd, maddau iddyn nhw!'

Wedi dweud hynny, bu farw.

Paul yn Cyfarfod y Crist Byw

Pan gafodd Steffan ei labyddio, tynnodd pobl eu cotiau er mwyn iddyn nhw allu anelu'n well a thaflu'n gryfach. Dyn o'r enw Paul oedd yn gwarchod y dillad.

Cafodd Paul ei gynddeiriogi gan yr hyn roedd Steffan wedi ei ddweud. Iddew, Groeg ei iaith oedd Paul hefyd, a chymaint o ymlyniad i'r deml â neb arall. Roedd yn falch o weld Steffan yn cael ei ladd. Doedd Paul ddim wedi sylweddoli pa mor beryglus oedd dilynwyr Iesu. Ond nawr roedd yn gwybod yn iawn. Fe ddaeth Paul yn un o'u gwrthwynebwyr ffyrnicaf. Dechreuodd fynd o dŷ i dŷ, i erlid a charcharu gwŷr a gwragedd fel ei gilydd.

Nid Paul, er hynny, oedd yr unig un. Cafodd llawer o ddilynwyr Iesu eu hunain yn gorfod dianc i rannau eraill o Jwdea, neu i Samaria, neu hyd yn oed yn bellach i leoedd fel Damascus, dinas yn Syria. Dyna sut y lledaenodd yr eglwys yn y lle cyntaf y tu hwnt i Jerwsalem. Arhosodd y deuddeg yn Jerwsalem, ond fe fu'n rhaid iddyn nhw fynd i guddio.

UN DIWRNOD CYCHWYNNODD PAUL ar ei ffordd i Ddamascus. Roedd yn bwriadu mynd o gwmpas y synagogau er mwyn chwilio am ddilynwyr Iesu, a dod â nhw yn ôl i Jerwsalem i wynebu'r Archoffeiriad. Roedd ganddo lythyrau swyddogol oddi wrth yr Archoffeiriad yn ei boced, yn rhoi awdurdod iddo i restio pobl.

Wrth nesáu at y ddinas, daeth golau llachar o'r awyr. Nid mellten oedd hwn. Nid yr haul oedd hwn chwaith. Golau Duw oedd hwn ac fe orfododd Paul i syrthio ar ei liniau. Yna fe glywodd lais yn syth o'r nefoedd.

'Paul, Paul,' meddai'r llais, 'pam wyt ti'n fy erlid i?'

'Pwy wyt ti?' gofynnodd Paul.

'Fi yw Iesu,' meddai'r llais. 'Fi yw'r un rwyt ti yn ei erlid. Wrth fynd i chwilio am fy nghyfeillion rwyt ti'n chwilio amdana i. Wrth eu restio nhw rwyt ti hefyd yn fy restio i. Pan fyddi di yn eu rhoi yn y carchar fe fyddi di'n fy rhoi innau yn y carchar, ac wrth eu bygwth nhw, rwyt ti'n fy mygwth i.

'Ond, mae gen i waith i ti, Paul, fy nghyfaill. Cod oddi ar dy liniau, a dos i Ddamascus, ac fe anfonaf rywun atat i ddweud wrthyt ti beth sy'n rhaid i ti ei wneud.'

Cododd Paul ar ei draed. Roedd goleuni Duw wedi ei ddallu, a doedd ef ddim yn medru gweld. Roedd eraill yn teithio gydag ef. Roedden nhw wedi clywed y llais ond heb weld dim eu hunain. Cymerodd un ohonyn nhw afael yn Paul a'i arwain i Ddamascus, i dŷ mewn stryd o'r enw'r Stryd Union. Aeth heb fwyd a diod am dri diwrnod a thair nos. Arhosodd i glywed yr hyn oedd gan Iesu i'w ddweud wrtho.

Paul ac Ananias

DYN O'R ENW ANANIAS oedd un o ddilynwyr Iesu yn Namascus. Dri diwrnod ar ôl i Paul gyrraedd y ddinas, daeth Iesu at Ananias mewn gweledigaeth.

'Ananias,' galwodd Iesu.

'Dyma fi,' atebodd.

'Rwyf am i ti wneud rhywbeth,' meddai Iesu. 'Rwyf am i ti i fynd i Stryd Union i weld dyn o'r enw Paul. Rwyf am i ti roi dy law arno a'i

fendithio, fel y daw i weld unwaith eto. Mae'n dy ddisgwyl di.'
'Dim o gwbl!' meddai Ananias. 'Rwyf wedi clywed am y dyn Paul yna, Arglwydd! Mae wedi bod yn erlid dy ddilynwyr di yn Jerwsalem, a nawr y mae wedi dod bob cam o'r ffordd i Ddamascus i erlid dy ddilynwyr yma. Mae ganddo lythyrau oddi wrth yr Archoffeiriad. Rwyt ti'n gofyn i mi fynd ato a dweud, "helo Paul, mae'n braf dy weld di. Rwy'n un o ddilynwyr Iesu, ac er mwyn gwneud pethau yn haws i ti rwyf wedi dod atat ti er mwyn i ti fy rhoi yn y carchar." Fedri di ddim gofyn i mi wneud hynny does bosib!'

'Wrth gwrs dydw i ddim yn gofyn i ti wneud hynny, fy nghyfaill,' atebodd Iesu. 'Fe wnes i gyfarfod Paul ar ei ffordd yma. Mae gen i waith pwysig iddo ei wneud. Rwyf am iddo deithio'r byd i adrodd fy stori wrth y Cenhedloedd, ac wrth yr Iddewon sydd ar wasgar.'

Roedd Ananias yn ddyn dewr. Ond doedd ef ddim yn siŵr am hyn o gwbl, ond fe aeth am fod Iesu wedi gofyn iddo.

Roedd Paul yn eistedd yng nghornel yr ystafell, yn edrych ar y llawr, ac yn methu gweld dim. Roedd eisoes yn teimlo'n wan oherwydd y diffyg bwyd a diod. Aeth Ananias ato'n betrusgar. O leiaf doedd Paul ddim yn edrych mewn stad i erlid neb.

Pesychodd Ananias yn ysgafn. 'Paul,' meddai 'yr Arglwydd Iesu sydd wedi fy anfon i yma. Mae wedi gofyn i mi roi fy llaw arnat ti er mwyn i ti gael dy olwg yn ôl a chael dy lenwi gan Ysbryd Duw.'

Trodd Paul ei ben i gyfeiriad y llais. Roedd yn methu gweld dim ond fe deimlodd law Ananias ar ei ben, ac yn sydyn daeth ei olwg yn ôl. Gallai weld *popeth* nawr. Gallai weld y drwg a wnaeth wrth erlid Iesu a'i ddilynwyr. Gallai weld mai Iesu oedd Mab Duw.

Cododd a thaflu ei freichiau am wddf Ananias a'i gofleidio. Credodd Ananias ei fod yn mynd i wasgu'r gwynt ohono!

'Nawr, gan dy fod ti'n un o ddilynwyr Iesu, mae'n rhaid i mi dy fedyddio,' meddai Ananias.

Felly cafodd Paul ei fedyddio, ac wedi hynny fe gymerodd fwyd a diod. Dyna'r pryd bwyd gorau a gafodd erioed.

Dianc mewn Basged

WEDI I ANANIAS EI FEDYDDIO yn Namascus, dywedodd Paul wrtho, 'Dos â mi i'r synagogau. Mae gen i rywbeth i'w ddweud wrthyn nhw.'

'Mae'n rhaid i mi dy gyflwyno i ddilynwyr Iesu'n gyntaf, 'meddai Ananias. 'Rwy'n credu y byddan nhw'n synnu braidd.'

Nid y nhw fyddai'r unig bobl i gael eu synnu. Pan gyflwynodd Ananias ef i'r Iddewon eraill yn y synagogau, doedden nhw ddim yn medru credu'r peth. Roedden nhw wedi clywed popeth am Paul a'r hyn yr oedd wedi ei wneud yn Jerwsalem ac am ei fwriadau yn Namascus. A nawr roedd yn dweud wrthyn nhw mai Iesu oedd Mab Duw. Anghredadwy!

Er hynny, fe gredodd rhai.

Roedd eraill yn ddig iawn. 'Dal dilynwyr Iesu mae hwn i fod i wneud,' medden nhw wrth ei gilydd, 'nid ymuno gyda nhw! Fe yw'r gwaetha ohonyn nhw i gyd. Gallwch chi ddim rhoi taw arno. Os na wnawn ni rywbeth, mae'n mynd i achosi llawer o drwbl.'

Felly fe aethon nhw ati i drefnu lladd Paul. Yn ffodus, clywodd Paul am y bwriad. Erbyn hynny roedd ganddo lawer o ffrindiau yn y ddinas ond roedd hi'n dal yn rhy beryglus iddo aros yno. Y drafferth oedd bod ei elynion yn gwarchod pyrth y ddinas ddydd a nos. Sut allai ef ddianc?

'Mewn basged,' meddai un o'i ffrindiau.

'Beth?' meddai Paul.

'Mewn basged,' meddai hi eto. 'Heno, wedi iddi dywyllu, fe osodwn di mewn basged a'i gollwng dros y wal.'

'Mae'n rhaid dy fod ti'n tynnu fy nghoes!' meddai Paul.

Ond doedden nhw ddim. Ac felly y llwyddodd Paul i ddianc o Ddamascus.

Pan gyrhaeddodd yn ôl i Jerwsalem, roedd am ymuno gyda'r deuddeg, ond roedd ei ofn ef arnyn nhw. Doedden nhw ddim yn credu beth oedd rhai pobl yn ei ddweud. Mae'n rhaid mai rhyw ystryw oedd hyn i gyd. Byddai'n eu dal maes o law ac yn eu rhoi yn nwylo'r awdurdodau.

Ond roedd Barnabas, y Lefiad a werthodd ei gae, wedi cyfarfod Paul a chlywed ei stori, ac fe gyflwynodd Paul i'r deuddeg. Adroddodd

Barnabas fel yr oedd Iesu wedi atal Paul ar ei ffordd i Ddamascus, ac fel y buodd yn pregethu yn y synagogau yno.

Felly ymunodd Paul gyda'r cwmni selog ac fe bregethodd yn agored am Iesu ar strydoedd y ddinas. Ond roedd y Groegwyr, a labyddiodd Steffan, yn trefnu i ladd Paul hefyd. Felly aeth ffrindiau Paul ag ef lawr i borthladd Cesarea a'i roi ar gwch i hwylio i Darsus, dinas yn rhanbarth Cilicia, ar y tir mawr i'r gogledd o Gyprus. Yn Nharsus y cafodd Paul ei fagu.

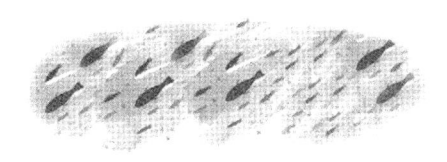

Pedr a Milwr o'r enw Cornelius

TEITHIODD PEDR HEFYD LAWR at arfordir Môr y Canoldir, a dod i dref Iddewig Jopa. Tri deg pump o filltiroedd i'r gogledd o Jopa roedd tref Cesarea. Yno roedd canwriad o'r enw Cornelius yn byw. Brodor o'r Eidal oedd Cornelius, ond wedi ymddeol o'r fyddin, fe wnaeth ei gartref yng Nghesarea. Roedd ef a'i deulu wedi dod i nabod llawer o'r Iddewon yno. Roedden nhw wedi ymserchu ynddyn nhw ac wedi cael eu deni at eu crefydd a'u haddoliad. Bydden nhw'n ymuno gyda nhw i weddïo ac i wrando ar eu hysgrythurau. Er eu bod nhw'n cadw'r Gwyliau Iddewig ac yn credu yn eu Duw, ddaethon nhw ddim yn Iddewon na chadw'r arferion Iddewig i gyd. Ond roedden nhw'n hael iawn ac yn cyfrannu llawer o arian i gronfa'r tlodion.

Un diwrnod am dri o'r gloch y prynhawn, ar awr weddi'r Iddewon, roedd Cornelius yn gweddïo yn ei dy. Cafodd weledigaeth ryfedd iawn. Gwelodd angel o'i flaen yn hollol glir.

Galwodd yr angel arno wrth ei enw, 'Cornelius.'

Syllodd ar yr angel wedi ei syfrdanu. 'Beth sy'n bod Arglwydd?' gofynnodd. 'Mae Duw yn dy nabod yn dda iawn, fy ffrind,' meddai'r angel. 'Mae'n clywed dy weddi ac yn gwybod am dy haelioni. Nawr mae am i ti wneud rhywbeth. Lawr yn Jopa mae dyn o'r enw Pedr. Mae'n aros yng nghartref dyn o'r enw Simon - barcer, sy'n byw wrth y môr. Anfon rhywun i'w nôl.'

Dyna'r cyfan. Doedd dim eglurhad. Dim gair am y Pedr yma dim ond dweud lle'r oedd yn aros. Doedd Cornelius ddim wedi clywed amdano o'r blaen. Beth oedd ystyr hyn? Wel, dim ond un peth oedd i'w wneud. Anfonodd ddau o'i weision, a milwr o gyfaill iddo, oedd hefyd yn addoli Duw'r Iddewon, lawr i Jopa.

Trannoeth ar hanner dydd, pan oedd y cwmni bron â chyrraedd Jopa, aeth Pedr i fyny'r grisiau i do'r tŷ. Trodd i gyfeiriad Jerwsalem a dechrau gweddïo. Roedd yr haul yn taro'n boeth, a dechreuodd deimlo'n gysglyd. Gyda hyn aeth i gysgu. Yna daeth chwant bwyd arno, a breuddwydiodd ei fod yn gweld lliain yn cael ei ollwng i lawr o'r nefoedd gyda phob math o anifeiliaid ac ymlusgiaid ynddo. Roedd yno foch a chamelod, cigfrain, tylluanod a fwlturiaid – popeth nad oedd yr Iddewon ddim yn cael eu bwyta.

Roedd yn olygfa droëdig i Pedr, ond ar ganol y freuddwyd ryfedd fe glywodd lais. 'Cod Pedr!' meddai'r llais. 'Lladd a bwyta!'

'Dim o gwbl!' meddai Pedr. 'Sut alla i? Rwy'n Iddew! Mae Duw wedi gwahardd i ni fwyta unrhyw un o'r creaduriaid hyn. Maen nhw'n aflan. Os wnawn ni fwyta'r rhain fyddwn ni ddim yn Iddewon mwyach. Does neb yn mynd i fy rhwystro i rhag bod yn Iddew!'

Daeth y llais eto. 'Paid â galw dim yn aflan yr hyn y mae Duw wedi ei wneud yn lân.'

Digwyddodd hyn deirgwaith. Yna diflannodd y lliain a dihunodd Pedr yn sydyn.

Beth oedd ystyr hyn? Doedd Pedr ddim yn deall. Aeth y cyfan yn groes i'r hyn a ddysgodd o ddyddiau ei blentyndod. Roedd yr Iddewon yn bobl sanctaidd. Er eu bod yn cael cymysgu a masnachu gyda'r

Cenhedloedd roedden nhw i fod i gadw eu hunain ar wahân yn ystod prydau bwyd yn arbennig. Doedden nhw ddim yn cael bwyta rhai o'r bwydydd yr oedd y Cenhedloedd yn eu bwyta. Clywodd hanesion pan oedd yn blentyn am yr erlid a fu ar Iddewon oedd yn gwrthod bwyta bwyd y Cenhedloedd. Roedden nhw yn arwyr i Pedr, y bobl hynny a wrthododd fwyd aflan.

Clywodd leisiau yn dod o'r stryd. Roedd tri dyn yn sefyll wrth giât y tŷ.

'Ai hwn yw'r tŷ lle mae Simon y barcer yn byw? Ac a oes dyn o'r enw Pedr yma?'

Roedd Pedr yn effro iawn erbyn hyn, ond clywodd lais arall y tu mewn iddo. 'Dos gyda'r bobl hyn, Pedr, fi sydd wedi eu hanfon nhw. Does dim rhaid i ti boeni.'

Roedd Pedr yn nabod y llais. Llais Ysbryd Duw.

Felly daeth i lawr o ben y to a mynd at y tri dyn. 'Fi yw Pedr,' meddai. ' beth yw eich neges?'

'Rydym wedi dod oddi wrth ddyn o'r enw Cornelius,' medden nhw. 'Mae'n ganwriad sy'n byw yng Nghesarea. Mae'n ddyn da ac yn addoli yn y synagog yno. Mae'r Iddewon yno yn ei garu'n fawr. Cafodd weledigaeth o angel yn dweud wrtho am dy nôl di i Gesarea er mwyn iddyn nhw gael clywed yr hyn sydd gen ti i'w ddweud.'

Doedd hyn ddim yn gwneud synnwyr i Pedr ond teimlai fod rhywbeth yn digwydd. Ei weledigaeth o'r lliain a nawr gweledigaeth Cornelius. Roedd Duw ar waith yn rhywle!

'Gwell i chi ddod i mewn,' meddai Pedr wrth y dynion. 'Arhoswch yma am y nos, a fory fe ddof gyda chi.'

Drannoeth cychwynnodd Pedr a rhai o ddilynwyr eraill i Iesu o Jopa ar eu taith gyda'r tri dyn i Gesarea. Ym mhen hir a hwyr fe gyrhaeddon nhw dŷ Cornelius.

Roedd Cornelius yn eu disgwyl. Galwodd rhai o'i berthnasau a'i gyfeillion at ei gilydd. Pan gyrhaeddodd Pedr at giât y tŷ, rhedodd Cornelius i'w gyfarfod a chwympodd wrth ei draed.

'Na paid,' meddai Pedr. 'Cod, fy nghyfaill. Dyn ydyw i'r un fath â thi.'

Gwahoddodd Cornelius Pedr i'w gartref, a synnodd Pedr o weld cymaint o bobl yno. Roedden nhw i gyd yn Genedl-ddynion, fel Cornelius ei hun.

Edrychodd Paul arnyn nhw i gyd a sylweddolodd beth oedd ystyr ei freuddwyd. 'Paid â galw dim yn aflan, yr hyn y mae Duw wedi ei wneud yn lân.' Dyna ddywedodd y llais. Doedd y llais ddim yn sôn am anifeiliaid ac adar ond am bobl – pobl fel y rhain o'i flaen. Daeth amser yr Iddewon i gadw ar wahân i'r Cenedl-ddynion i ben.

'Wyddoch chi,' meddai, sut fyddwn ni'r Iddewon yn cadw ein hunain ar wahân oddi wrthych chi bobl y Cenhedloedd. Rydym wedi credu hyn am ganrifoedd. Ond roedden ni'n gwneud cam â Duw. Rwy'n gwybod hynny nawr. Nawr, beth garech chi i mi ei ddweud wrthych chi?'

Adroddodd Cornelius hanes ei freuddwyd ef. 'Rwyt ti wedi bod yn ddigon caredig i ddod yr holl ffordd yma,' meddai Cornelius, ' ac rydym yma i wrando ar yr hyn sydd gan Dduw i ddweud drwot ti.'

'Dywedodd Duw wrth ein tad Abram am fod yn fendith i bawb,' dechreuodd Pedr. 'Dywedodd y byddai holl deuluoedd y ddaear yn cael eu bendithio drwyddo ef. Rwy'n deall beth mae hynny yn ei olygu nawr. Mae'n golygu . . . mae'n golygu fod yn rhaid i'r Iddewon fod yn agored i bawb sy'n caru Duw. Mae hynny'n golygu pobl fel chi, yn yr ystafell yma. Oes, mae gen i bethau mawr i ddweud wrthych chi! Os ydych chi'n mynd i berthyn i bobl Dduw, rhaid i chi glywed y cyfan am Iesu o Nasareth.'

Felly dywedodd Pedr y cyfan oedd ganddo i'w ddweud: y cyfan am Iesu'n cael ei fedyddio gan Ioan; hanesion Galilea; y dyn gwyllt ymhlith y beddau yn Gerasa; Miriam a Rachel; Jonathan a'r gweddill i gyd; yna cynllwyn yr awdurdodau i ladd Iesu a sut y cafodd ei groeshoelio. 'Ond gallai marwolaeth ddim mo'i ddal,' meddai Pedr, 'Ryddhaodd Duw ef! Fe welon ni ef. Fe gawsom ni frecwast gydag ef ar lan Llyn Galilea. Mae'n hollol wir! A dyma fi yma yn adrodd yr hanes i chi. Mae hynny'n rhyfeddol hefyd.'

Fel yr oedd Pedr yn gorffen, cafodd Cornelius a'i deulu eu meddiannu gan Ysbryd Duw. Yn union fel y digwyddodd yn ystod y Pentecost yn Jerwsalem pan ddisgynnodd yr Ysbryd ar gyfeillion Iesu.

'Wel,' meddai Pedr wrth y cyfeillion o Jopa, ' am beth rych chi'n aros? Gwell i chi eu bedyddio yn enw Iesu Grist.'

Wedi hynny arhosodd Pedr am rai dyddiau gyda Cornelius a'i deulu.

Fyddai'r eglwys fyth yr un fath eto.

O Jerwsalem i Rufain: Yr Eglwys yn Dechrau
Camgymryd Paul a Barnabas am Dduwiau

Yn y stori hon mae Luc yn sôn fel y cafodd dyn oedd ddim wedi cerdded erioed ei wella gan Paul a Barnabas. Dydy Luc ddim yn rhoi enw arno ond fe rown ni'r enw Philon iddo.

BARNABAS OEDD YR UN O DDILYNWYR Iesu a gyflwynodd Paul i'r deuddeg yn Jerwsalem. Ym mhen amser wedi i Paul gael ei anfon i Darsus, gofynnodd yr eglwys yn Jerwsalem i Farnabas fynd i Antioch, dinas fawr yn Syria. O'r fan honno teithiodd i Darsus i edrych am Paul, ac wedi dod o hyd iddo aeth ag ef yn ôl gydag ef i Antioch. Fe fu'r ddau yno gyda'i gilydd am flwyddyn, yn dysgu llawer iawn o bobl am Iesu. Yn Antioch y cafodd dilynwyr Iesu ei nabod gyntaf fel Cristnogion.

Un diwrnod roedd Cristnogion Antioch yn addoli gyda'i gilydd pan ddywedodd Ysbryd Duw wrthyn nhw, 'Mae gen i waith i Paul a Barnabas y tu hwnt i Antioch. Rhaid i chi eu hanfon ar eu taith.'

Felly teithiodd Paul a Barnabas i lawer o leoedd, i adrodd yr hanes am Iesu. Yn aml fe fydden nhw'n defnyddio'r ffyrdd a dorrodd y Rhufeiniaid, ac un diwrnod daethon nhw i le ar un o'r ffyrdd hynny o'r enw Lystra. Pentref bychan diarffordd oedd Lystra, cannoedd o filltiroedd o Antioch. Roedd pentref wedi bod ar y safle hwn am dros ddwy fil o flynyddoedd, ond doedd y pentref ddim yn enwog o gwbl. Roedd y bobl yn dal i siarad eu hiaith eu hunain, neu dafodiaith, ac fe fydden nhw'n addoli'r hen dduwiau, fel Zeus. Roedd teml i Zeus ar gyrion y dref.

Roedd Paul fel arfer yn siarad am Iesu, ac yn ceisio cael y bobl i ddeall drwy siarad mewn Groeg syml. Doedd hyn ddim yn hawdd iddo.

Yna sylwodd ar ddyn yn gwrando arno. Roedd yn eistedd ar y llawr. Ei enw oedd Philon. Roedd pawb yn Lystra yn nabod Philon. Roedd wedi bod yn anabl ers yn blentyn ac heb gerdded erioed yn ei fyw. Felly, chafodd Philon ddim gwaith erioed ac fe fu'n rhaid iddo gardota. Er nad oedd yn hen iawn roedd yn edrych yn hen.

Doedd Philon ddim wedi clywed neb tebyg i Paul o'r blaen. Roedd rhywbeth ynglŷn â Paul, a Barnabas hefyd, oedd wedi cynnau rhyw obaith ynddo. Doedd Philon erioed wedi breuddwydio y byddai'n medru cerdded rhyw ddiwrnod. Ond bellach doedd hynny ddim yn swnio mor amhosibl.

Llyfr y Llyfrau

Sylwodd Paul ar yr olwg yn llygaid Philon. Tawodd ac edrych draw arno. 'Gyfaill,' galwodd, 'cod! Cod ar dy draed!'

Chwarddodd y dyrfa. 'Doedd yr hen Philon erioed wedi sefyll,' medden nhw. 'Hei, eistedd lawr Philon rhag ofn i ti gwympo! Hei, Philon rwyt ti'n cerdded. Rwyt ti'n gallu cerdded!'

Roedd Philon *yn* cerdded.

Doedd y pentrefwyr ddim wedi gweld y fath beth erioed. Doedd dim yn digwydd yn Lystra. Pobl yn cael eu geni. Pobl yn priodi a chael plant, pobl yn gweithio nes eu bod nhw'n disgyn ac yna'n marw. Dyna'i gyd oedd yn digwydd yn Lystra. Ond roedd hyn yn rhyfeddol ac yn ddirgelwch llwyr.

'Mae'r duwiau wedi dod lawr atom ar ffurf dynion!' medden nhw.

'Mae'n rhaid,' meddai un arall ac edrych ar Barnabas, 'hwnna yw Zeus siŵr o fod!'

'A hwn,' meddai un arall, a phwyntio at Paul, 'yw Hermes mae'n rhaid, negesydd y duwiau, oherwydd fe sy'n gwneud y siarad i gyd.'

Rhedodd dau fachgen i deml Zeus. 'Gwell i chi ddod yn gyflym!' meddai un ohonyn nhw wrth yr offeiriad. 'Mae Zeus yma! Mae yma yn y dref nawr! Chi'n cofio'r hen Philon? Wel, mae'n gallu cerdded!'

'Ac mae Hermes gydag ef!' gwaeddodd y llall. 'Mae'r ddau yma!'

Cynhyrfodd yr offeiriad. 'Rhaid i ni aberthu ych. Mae hwn yn ddiwrnod mawr, y diwrnod mwyaf yn hanes y deml.'

Gyda hyn ffurfiodd gorymdaith fechan wrth byrth y dref. Ar y blaen roedd yr offeiriad yn ei holl wisgoedd crand. Roedd yr offeiriad yn cario garlantau, a'r ddau was yn arwain yr ych.

'Beth sy'n digwydd,' meddai Paul a Barnabas. 'Dynion ydan ni fel chithau. Nid Duwiau ydan ni! Rydym ni'n addoli'r Duw a greodd y nefoedd a'r ddaear, yr adar a'r anifeiliaid. Y Duw sy'n rhoi glaw i chi. Y Duw sy'n rhoi tyfiant. Y Duw sy'n rhoi bwyd. Y Duw sy'n rhoi bywyd ac yn gwneud i chi ddawnsio yn y strydoedd, hyd yn oed os nad ydych chi wedi cerdded erioed. Dyma'r Duw a addolwn ni.'

Dim ond llwyddo i'w rwystro rhag aberthu'r ych wnaethon nhw.

Ond yna cyrhaeddodd pobl eraill i'r dref. Pobl oedd yn gandryll yn eu herbyn. Roedd y rhain yn fwy milain tuag at Gristnogion nag yr oedd Paul flynyddoedd yn ôl. Roedden nhw'n barod i wneud rhywbeth i rwystro Paul a Barnabas.

Fe gyhuddon nhw'r ddau, ac yn enwedig Paul o bob math o bethau a llwyddo i argyhoeddi'r bobl. Fe ddywedon nhw fod Paul yn euog o gabledd. Felly, un funud yr oedd y bobl yn addoli Paul a Barnabas, a'r funud nesaf roedden nhw'n taflu cerrig atyn nhw.

Pan feddylion nhw fod Paul wedi marw cafodd ei lusgo allan o'r dref a'i adael ar drugaredd y fwlturiaid a'r anifeiliaid gwyllt. Roedden nhw wedi anghofio'r hen Philon rhywsut.

Ond doedd Paul ddim wedi marw, a doedd pawb yn Lystra ddim wedi anghofio Philon. Aeth Paul a Barnabas ymlaen, ond fe ddaethon nhw nôl ac fe dyfodd cymuned fechan o Gristnogion yno. Roedd Philon yn un o'r arweinwyr wrth gwrs.

Terfysg yn Effesus

Am dair blynedd defnyddiodd Paul ddinas ar arfordir Môr y Canoldir fel canolfan iddo. Enw'r ddinas oedd Effesus. Doedd Effesus ddim yn debyg i Lystra. Lle bychan, diarffordd oedd Lystra a doedd fawr neb wedi clywed yr enw. Ond roedd Effesus yn un o ddinasoedd enwocaf yr Ymerodraeth Rufeinig. Yr enwocaf i gyd oedd ei theml i'r dduwies Artemis. Roedd yn un o saith rhyfeddod y byd. Daeth pererinion yno o bob gwlad. Artemis yn ôl yr Effesiaid oedd yn gwarchod y ddinas ac yn eu cadw'n ddiogel.

Roedd hi'n fantais i fyd masnach hefyd. Byddai'r pererinion wrth ymweld â'r ddinas yn dymuno prynu rhywbeth i gofio am eu hymweliad. Felly aeth y crefftwyr lleol ati i greu delwau bach o'r dduwies er mwyn iddyn nhw fedru ei haddoli yn eu cartrefi. Roedd y delwau bach hyn yn boblogaidd iawn a chafodd nifer fawr o drigolion Effesus eu cadw mewn gwaith yn gwneud y delwau hyn. Roedd y busnes yn mynd yn dda. Nes bod Paul yn cyrraedd.

DECHREUODD PAUL DDWEUD am Iesu yn y synagog yn Effesus. Bu wrthi am dri mis. Daeth rhai o'r Iddewon yn y synagog yn Gristnogion a daeth eraill ddim. Yn y diwedd cytunodd y Cristnogion newydd i ffurfio synagog newydd, synagog Gristnogol.

Ond roedd Paul am gyrraedd y Cenedl-ddynion hefyd, y rhai oedd heb fod yn Gristnogion a heb fod yn perthyn i'r synagogau. Ymhlith ei ddilynwyr yn y ddinas yr oedd llawer o ddynion a gwragedd cyfoethog ac fe roddon nhw'r arian iddo logi darlithfa Tyranus er mwyn iddo gael pregethu yno bob dydd. Cafodd argraff fawr ar y bobl a ddaeth i wrando arno, ac fe benderfynodd llawer droi eu cefnau ar Artemis a'r duwiau eraill.

Doedd y crefftwyr ddim yn hapus iawn am hyn. Roedd yn effeithio ar y gwerthiant. Doedden nhw ddim yn gwerthu cymaint o'r delwau bach, ac oni bai eu bod yn gwneud rhywbeth yn sydyn fe fyddai llawer o bobl yn colli eu gwaith.

Un o'r busnesau mwyaf yn y ddinas oedd busnes dyn o'r enw Demetrius. Galwodd gyfarfod o holl grefftwyr y ddinas a'u gweithwyr.

'Mae'r Iddew Paul,' meddai, 'yn dweud wrth bawb fod ein duwiau ni yn dda i ddim. Mae llawer o bobl yn dechrau ei gredu.'

'Yn waeth na dechrau.' meddai un arall. 'Mae rhai yn dal ar bob gair y mae'n ei ddweud. Mae fy musnes i wedi ei haneru ers pan ddaeth y dyn yna i'r ddinas.'

'Nid cael effaith ar fusnes yn unig y mae hwn,' meddai Demetrius. 'Meddyliwch am ein teml ni. Un o ryfeddodau'r byd. Os fydd pethau'n parhau fel hyn fe fydd y deml yn adfeilion. Bydd dim rhagor o bererinion yn dod yma a dyna fydd ei diwedd hi wedyn. Beth am Artemis ei hunan? Mae'n dduwies fawr, ein duwies *ni*, ac mae Paul yn ei thrin fel baw.'

Roedd tyrfa fawr wedi dod at ei gilydd tra bod Demetrius yn siarad. Llwyddodd ei eiriau i gynhyrfu'r gwrandawyr. 'Mawr yw Artemis yr Effesiaid!' oedd eu cri. 'Mawr yw Artemis yr Effesiaid!' Daeth llawer i weld beth oedd yn digwydd a chyn hir roedd terfysg mawr drwy'r holl ddinas.

'Dewch i ni fynd i'r theatr i ddatrys y broblem hon unwaith ac am byth!' meddai Demetrius.

Felly rhuthrodd pawb yno. Theatr awyr agored oedd hon, ac yn medru eistedd dau ddeg pedwar o filoedd o bobl. Roedd y lle wedi llenwi yn fuan iawn.

Cafodd rhai afael yng nghydweithwyr Paul, Gaius ac Aristarchus a'u llusgo yno. Roedd Paul am fynd yno i geisio eu hachub ond cafodd ei rybuddio gan ei ffrindiau ei bod hi'n rhy beryglus i fentro.

Roedd hi'n anrhefn lwyr yn y theatr. Rhai yn gweiddi un peth ac eraill yn gweiddi'n groes. Doedd gan y mwyafrif ohonyn nhw ddim syniad pam yr oedden nhw yno yn y lle cyntaf.

Roedd pethau'n mynd braidd yn flêr a dweud y lleiaf ac roedd perygl i bethau droi'n dreisgar. Roedd nifer o Iddewon yn y dorf. Er nad oedden nhw yn aelodau yn yr eglwys, roedden nhw am amddiffyn Paul, Gaius ac Aristarchus hefyd. Doedden nhw ddim eisiau trais, a beth bynnag roedden nhw'n cytuno gyda llawer iawn o'r hyn roedd Paul a'r lleill wedi bod yn dweud.

Fe wthion nhw Iddew o'r enw Alecsander i'r tu blaen. Roedd yn siaradwr medrus iawn. Hwyrach y gallai ef dawelu'r dorf. Hawliodd ddistawrwydd a dechreuodd siarad. Ond pan eglurodd fod Paul yn pregethu'r un Duw â'r Iddewon, a'i fod yntau hefyd yn Iddew, fe waeddon nhw ar ei draws.

'Mawr yw Artemis yr Effesiaid!' oedd y waedd eto. 'Mawr yw Artemis yr Effesiaid!' Aeth y cyfan i swnio fel cri ryfelgar. Fe ddalion ati i weiddi am ddwy awr. Roedd y sŵn yn arswydus.

Yn y diwedd llwyddodd clerc y ddinas i dawelu'r dorf. 'Dinasyddion Effesus!' meddai. 'Pam rych chi'n poeni? Mae ein teml i Artemis yn fyd enwog. Does dim byd i boeni amdano. Dydy'r tri hyn ddim wedi dwyn dim o'r deml. Dydyn nhw ddim wedi cablu yn erbyn Artemis. Os oes gan Demetrius a'i grefftwyr gŵyn amdanyn nhw, fe ddylen nhw wneud pethau'n iawn a mynd drwy'r llysoedd. Mae'r ddinas hon yn ddinas fawr ac rydych chi'n tynnu gwarth arni. Ystyriwch eich hunain yn ffodus nad ydych yn cael eich cyhuddo o derfysg eich hunan. Ewch adref yn dawel. Mae pawb yn gwybod pa mor fawr yw Artemis yr Effesiaid. Does dim angen i chi weiddi hynny'n ddiddiwedd.'

Yn ffodus, fe weithiodd hynny. Aeth pawb i'w ffordd ei hun. Ac roedd Gaius, Aristarchus ac Alecsander hefyd yn ddiogel.

Ond roedd hi'n amser i Paul adael. Doedd dim byd arall y gallai ei wneud yn y ddinas, yn arbennig a theimladau mor gryf ymhlith y bobl. Dywedodd ffarwel wrth eglwys Effesus a hwylio am Macedonia.

Terfysg yn Jerwsalem

CODODD CYMUNEDAU CRISTNOGOL ar hyd a lled y rhan ddwyreiniol o Fôr y Canoldir. Gwnaeth Paul fwy na neb i ledaenu stori Iesu y tu allan i Balestina a dod â Chenedl-ddynion i mewn i'r eglwys.

Wedi teithio llawer o gwmpas yr eglwysi a sefydlodd, daeth Paul yn ôl i Jerwsalem. Roedd yn gwybod y byddai mewn perygl mawr yno, ond roedd yn benderfynol o fynd. 'Os oes rhaid,' meddai, 'rwy'n barod i farw. Beth bynnag sy'n digwydd mae'n rhaid i mi fod yn ffyddlon i Iesu hyd y diwedd.'

Roedd Paul yn iawn. Roedd hi'n beryglus. Am un peth roedd rhai o aelodau'r eglwys yn Jerwsalem yn dal i'w amau. Roedd rhai o'r Cristnogion Iddewig yn credu y dylai'r Cristnogion Cenhedlig i ymddwyn fel Iddewon ac ufuddhau i reolau bwyd yr Iddewon. Roedden nhw wedi clywed fod Paul wedi llacio'r rheolau hynny. Doedden nhw ddim yn deall hynny ac roedden nhw'n credu fod Paul yn gwneud niwed mawr i'r achos.

Fel y digwyddodd hi, nid y nhw ddaeth â phethau i'r pen, ond Iddewon o Effesus. Roedd y rhan fwyaf o Iddewon Effesus wedi bod yn garedig i Paul gan gynnwys y rhai oedd heb ymaelodi yn yr eglwys. Ond roedd rhai yn credu o hyd bod Paul yn mynd i achosi trwbl. Roedd wedi achosi terfysg yn eu dinas, ac os na fyddai'n ofalus roedd perygl i'r Rhufeiniaid ymyrryd, ac yna fe fyddai'r Iddewon yn ogystal â'r Cristnogion mewn trafferth.

Roedd rhai o'r Iddewon hyn ar bererindod yn Jerwsalem. Ar eu ffordd i'r deml un diwrnod sylwodd un ohonyn nhw ar Paul. Roedd dyn o'r enw Troffimus gydag ef. Cenedl-ddyn o Effesus oedd Troffimus.

'Mae'n rhaid ei fod wedi mynd â Troffimus gydag ef i mewn i'r deml,' meddai un ohonyn nhw.

'I mewn i lys yr Iddewon mae'n siŵr. Fydde fe ddim wedi ei adael ar ei ben ei hun. Mae hynny'n golygu ei fod wedi halogi ein teml ni. Mae hyn yn ddifrifol iawn.'

Y diwrnod canlynol gwelodd yr un dynion Paul eto yn y deml, yn y llys mewnol. Fe gydion nhw ynddo a gweiddi ar eu cyd Iddewon, 'Mae'r dyn yma wedi bod yn dod â Chenedl-ddynion i mewn i'n llys ni! Mae wedi gwneud y lle'n aflan.'

Roedd hynny'n ddigon i greu cynnwrf mawr. Llusgwyd Paul

allan o'r deml, ac fe fydden nhw wedi ei ladd oni bai fod y milwyr Rhufeinig wedi ymyrryd.

Aeth y capten ag ef mewn cadwynau a cheisio darganfod beth oedd wedi digwydd. Ond daliodd y dyrfa i weiddi. 'Lladdwch ef!' Fe fu'n rhaid i'r milwyr gario Paul i fyny'r grisiau allan o'u ffordd.

'Roedd Eifftiwr mewn trafferthion mawr yma yn ddiweddar,' meddai'r capten. 'Fe ddelion ni gyda'i ddilynwyr ond fe ddihangodd ef. Nid ti yw hwnnw? Oherwydd os mai ti yw hwn, fe elli di ddechrau gweddïo nawr.'

'Na,' meddai Paul. 'Iddew o Darsus ydw i. Dydw i ddim yma i achosi trwbl. Wnei di adael i mi siarad gyda'r dorf?'

'Fe gei di roi cynnig arni os wyt ti'n dymuno. Ond dydw i ddim yn meddwl y cei di fawr o hwyl arnyn nhw.'

Llwyddodd Paul i dawelu'r dorf a'u hannerch o ben grisiau'r pencadlys.

Fe wrandawodd y dorf am ychydig, ond yna fe ffrwydrodd eu dicter eto. Cymerodd y capten ef i mewn a chau'r drws.

'Iawn,' meddai wrth ei ganwriaid, 'ewch â'r terfysgwr hwn a chwipiwch y gwir allan ohono. Rwyf am fynd i waelod hyn.'

Aeth y milwyr ag ef i ystafell arall yn y pencadlys lle'r oedden nhw'n cadw offer poenydio. Fe glymon nhw Paul i'r wal ac roedden nhw ar fin ei daro pan ddywedodd wrth y canwriad, 'Ydi hi'n gyfreithlon i ti fflangellu dinesydd Rhufeinig heb ei roi ar brawf, a heb ei gael yn euog o unrhyw drosedd?'

Pan glywodd hynny, rhedodd y canwriad at y capten. Rhuthrodd drwy'r drws a gweiddi, 'Mae'n ddinesydd Rhufeinig!'

Daeth y capten ar unwaith. 'Wyt ti'n siŵr?' gofynnodd i Paul. 'Wrth gwrs mod i.'

'Rwyf innau'n ddinesydd hefyd,' meddai'r capten. 'Fe fu'n rhaid i mi dalu llawer o arian i gael fy ninasyddiaeth i.'

'Fe ges i fy ngeni'n ddinesydd,' atebodd Paul.

'Rwy'n ymddiheuro syr,' meddai'r capten. 'Bydd rhaid datrys hyn mewn ffordd arall! Tynnwch y cadwynau, os gwelwch yn dda.'

Bygwth Lladd

DOEDD Y CAPTEN DDIM YN DEALL beth oedd y cyhuddiadau oedd yn cael eu dwyn yn erbyn Paul. Felly drannoeth fe orchmynnodd i'r Sanhedrin i gyfarfod. Y Sanhedrin oedd y llys Iddewig oedd wedi dedfrydu Iesu cyn ei groeshoelio, a'r llys a gafodd ei gynddeiriogi gymaint gan Steffan. Cymerodd y capten Paul a mynd ag ef o flaen y Sanhedrin.

Roedd rhai o aelodau'r Sanhedrin yn credu fod Paul yn hollol ddieuog, ond fe aeth hi'n ddadl ffyrnig iawn. Roedd y capten yn poeni y byddai Paul yn cael ei rwygo'n ddarnau, felly aeth y milwyr ag ef yn ôl i'r pencadlys. Roedd y cwbl yn wastraff amser.

Yna, aeth pethau'n waeth lawer. Fore trannoeth aeth tua phedwar deg o Iddewon at yr Archoffeiriad gyda chynllun. Roedden nhw'n elynion ffyrnig i Paul ac yn credu ei fod yn fygythiad i ddyfodol Iddewiaeth.

'Rydym wedi tyngu llw,' medden nhw wrth yr Archoffeiriad. 'Wnawn ni ddim bwyta nac yfed nes ein bod ni wedi lladd Paul. Gofyn i'r capten i'w ddanfon i dy dŷ di. Dweda wrtho dy fod ti am ymchwilio yn iawn i'r achos hwn. Bydd y capten yn sicr o gytuno i hynny. Mae'r capten eisiau setlo'r broblem yn fuan. Bydd yn ddiolchgar am dy gynnig. Yna fe ymosodwn ni arno ar y ffordd a'i ladd.'

Nawr, roedd nai ifanc i Paul yn byw yn Jerwsalem. Clywodd am y bygythiad, a llwyddodd i fynd i mewn i'r pencadlys a dweud y cyfan wrth ei ewyrth. Galwodd Paul ar un o'r canwriaid. 'Dos â'r dyn ifanc yma at y capten,' meddai. 'Mae ganddo rywbeth i'w ddweud wrtho.'

Aeth y canwriad ag ef at y capten. 'Mae yna fachgen ifanc i dy weld, syr,' meddai. 'Y carcharor Paul ofynnodd i mi ddod ag ef atat ti. Mae ganddo rywbeth i'w ddweud wrthyt ti syr.'

'Beth sydd eto?' gofynnodd y capten.

'Mae cynllwyn i ladd fy ewyrth, syr,' eglurodd nai Paul. 'Bydd yr Archoffeiriad yn gofyn i ti ei hebrwng i'w dŷ yfory. Paid â chymryd sylw ohono, syr. Bydd dros bedwar deg o ddynion yn disgwyl amdano. Maen nhw wedi tyngu llw i beidio bwyta nag yfed nes iddyn nhw ei ladd.'

'Wel, ardderchog fachgen,' meddai'r capten wrtho. 'Nawr paid â dweud wrth neb dy fod ti wedi siarad gyda mi. Wyt ti'n deall?'

'Ydw syr,' atebodd.

Wedi i nai Paul adael, trodd y capten at ei ddau ganwriad. 'Bydd yn rhaid i ni gael Paul allan o Jerwsalem yn sydyn,' meddai. 'Casglwch fintai at ei gilydd. Rwyf am fynd â Paul lawr i Gesarea heno, at y rhaglaw. Fe wna i ysgrifennu llythyr i chi fynd gyda chi, yn egluro popeth sydd wedi digwydd.'

Paul yn Gofyn am gael Gweld yr Ymerawdwr

PAN GYRHAEDDODD PAUL GESAREA, darllenodd Felix, y rhaglaw Rhufeinig lythyr y capten. Yna fe addawodd wrando'r achos unwaith y byddai ei gyhuddwyr wedi cyrraedd. 'Ewch yn ôl i Jerwsalem,' meddai wrth y canwriaid, 'a dywedwch wrth yr Archoffeiriaid fod Paul yma gyda mi. Gofynnwch iddo ddod yma i egluro'r sefyllfa.'

Felly cyrhaeddodd yr Archoffeiriad i Gesarea, gyda rhai o henuriaid y deml. Dyn o'r enw Tertulus amlinellodd yr achos yn erbyn Paul.

'Ardderchocaf Felix,' meddai Tertulus. 'Mae'r dyn hwn wedi bod yn achosi trwbl ymhlith yr Iddewon dros y byd i gyd. Mae'n arweinydd carfan beryglus iawn. Fe ddalion ni ef yn ceisio llygru'r deml, felly fe wnaethon ni ei restio.'

'Doeddwn i ddim yn ceisio gwneud dim byd o'r fath,' meddai Paul. 'Rwy'n Iddew da, syr, yn Iddew selog. Dydw i ddim yn un i achosi trwbl. Iesu a'i atgyfodiad yw gwraidd y ddadl yma i gyd.'

Roedd Felix yn sylweddoli fod Paul ddim yn euog. Ond fe'i cadwodd yng ngharchar yr un fath, er mwyn cadw'r Archoffeiriad a'i gefnogwyr yn hapus. Roedd hefyd yn gobeithio y byddai Paul neu ei ffrindiau yn rhoi rhyw geiniog neu ddwy iddo yn dawel fach. Ond chafodd ef ddim yr un geiniog, felly cadwodd Paul yn y carchar yng

Nghesarea am ddwy flynedd, nes bod Felix yn cael ei alw'n ôl i Rufain a rhaglaw newydd yn cyrraedd. Roedd y rhaglaw newydd yn awyddus i glywed yr achos unwaith eto.

Enw'r rhaglaw newydd oedd Ffestus. Roedd Ffestus yn ei chael hi'n anodd iawn i ddilyn y dadleuon pan oedd Paul a'i gyhuddwyr o'i flaen. Credodd y byddai'n haws pe bai Paul yn cael dod o flaen ei well yn Jerwsalem. Byddai Ffestus yn cael gwell cyngor yno, ac fe fyddai'n haws setlo'r achos. Trodd at Paul a dweud. 'Fyddet ti'n barod i fynd o flaen y llys yn Jerwsalem?'

'Dydw i ddim yn ceisio dianc rhag marwolaeth,' atebodd Paul. 'Os ydw i'n euog o drosedd difrifol, rwy'n barod i wynebu'r gosb amdano. Ond cha i ddim gwrandawiad teg yn Jerwsalem. Rwyf am apelio at yr ymerawdwr.'

'Os felly, fe gei di fynd at yr ymerawdwr,' atebodd Ffestus.

Ychydig ddyddiau'n ddiweddarach cyrhaeddodd y brenin Iddewig Agripa a'i chwaer Bernice Gesarea i groesawu Ffestus i Balestina. Soniodd Ffestus wrth Agripa am Paul, a gofynnodd Agripa am gael ei weld a chlywed beth oedd ganddo i'w ddweud.

Felly, adroddodd Paul ei hanes i gyd wrth Agripa. 'Felly, fe weli di, O! Frenin,' meddai wrth gloi, 'dim ond bod yn driw i'r ffydd wyf fi wrth fynd â stori Iesu at y Cenhedloedd. Dywedodd Duw wrth Abram am fod yn fendith i bawb y byddai'n ei gyfarfod. A dywedodd un o'r proffwydi y dylem ni, Iddewon, fod "yn oleuni i'r cenhedloedd". Dyna i gyd rwy'n ei wneud. Ceisio mynd â bendith, maddeuant a goleuni Duw i gymaint o bobl ag y medraf i.'

Wedi i Paul orffen, gadawodd Agripa'r ystafell gyda Ffestus. Meddai Ffestus wrtho, 'Dydy'r dyn ddim wedi gwneud un dim o'i le, na 'di?'

'Dim o gwbl,' cytunodd Agripa. 'Oni bai iddo apelio at yr ymerawdwr gallwn ei ryddhau. Ond nawr bydd yn rhaid i ni ei anfon i Rufain.'

Llongddrylliad

CYCHWYNNODD PAUL A'R CARCHARORION eraill ei mordaith i'r Eidal. Roedd y gwynt yn eu herbyn, ac felly roedd y daith yn araf iawn. Roedd hi'n hwyr yn y flwyddyn, a braidd yn beryglus i fod allan mewn cwch ar ganol Môr y Canoldir.

Fe gyrhaeddon nhw le o'r enw Y Porthladdoedd Teg ar arfordir deheuol ynys Creta. Wedi gadael Creta fe fydden nhw allan ar y môr mawr.

Dywedodd Paul wrth y canwriad a'r milwyr, 'Gyfeillion, mae'n rhy beryglus i fynd ymlaen. Rwyf wedi teithio tipyn, ac rwy'n gwybod am stormydd mawr adeg yma o'r flwyddyn. Os gadawn ni'r porthladd hwn, fe gollwn ni'r llong a'r cargo, ac fe foddwn i gyd.'

Gwrandawodd y canwriad ar Paul ond roedd eisiau gwybod beth oedd capten a pherchennog y llong yn ei feddwl, yn ogystal â barn y gweddill.

'Y drafferth yw,' meddai'r capten, 'dydy'r Porthladdoedd Teg ddim yn lle delfrydol i dreulio'r gaeaf. Weithiau bydd y stormydd yn taro'r porthladd a gall y llong gael ei chwalu. Rwy'n credu y dylen ni hwylio ar hyd yr arfordir i Phenix. Mae'n fwy diogel yno.'

'Beth am y gweddill ohonoch chi, beth yw'ch barn chi?' gofynnodd y canwriad.

'Cytuno gyda'r capten,' meddai pawb.

Felly wedi aros am awel deg i'w chwythu i'r cyfeiriad cywir, dyma godi hwyl. Ond doedden nhw ddim wedi hwylio'n bell, pan drodd y gwynt a chwythu'n arw. Doedd dim y gallen nhw wneud. Rhaid oedd mynd gyda'r llif.

Fe lwyddon nhw i glymu rhaffau o dan y llong i'w hatal rhag torri'n ddarnau. Gollyngwyd yr angor er mwyn eu cadw oddi wrth y creigiau. Ond eto fe ruodd y storm. Fe ruodd drwy'r nos, a'r bore trannoeth fe daflon nhw ychydig o'r cargo dros fwrdd y llong er mwyn ysgafnhau'r pwysau. Roedden nhw'n gwbl ddiymadferth wrth iddyn nhw ddrifftio ddydd a nos. Doedd dim golwg o dir bellach, ac roedd pawb ar wahân i Paul wedi anobeithio'n llwyr. Ond un noson cafodd Paul weledigaeth.

Safodd ar ganol y llong a dal ei afael yn dynn. Cododd ei lais dros sŵn y gwynt. 'Gyfeillion, fe ddylech fod wedi gwrando arnaf i. Ond peidiwch â digalonni. Daeth angel Duw ataf neithiwr. "Paid ag ofni, Paul," meddai'r angel wrtha i. " Fe gei di gyrraedd Rhufain a chyflwyno dy achos o flaen yr ymerawdwr. Bydd Duw yn achub pawb yn y llong. Fe fyddwch yn colli'r llong, ond fydd neb yn boddi." Felly codwch eich calonnau, bawb ohonoch. Fe fydd Duw gyda ni. Mae wedi fy achub rhag aml i drybini yn y gorffennol, ac rwy'n gwybod y bydd yn gwneud yr un peth eto.'

Roedd hi'n bedwaredd noson ar ddeg ers gadael Y Porthladdoedd Teg, ac roedd y morwyr yn amau eu bod yn agosáu at y tir. Doedd dim cymaint o ddyfnder i'w weld na'i glywed o dan y llong. Fe ollyngon nhw'r angor rhag ofn iddyn nhw fynd ar y creigiau. Gweddïodd pawb am i'r wawr dorri.

Roedd hi'n dal yn dywyll fel y fagddu, ond roedden nhw'n gallu clywed eu hunain yn mynd yn nes am y lan. Roedd ofn arnyn nhw y byddai'r llong yn taro'r creigiau a dyma ollwng y bad achub i lawr.

Gwelodd Paul beth oedden nhw'n ei wneud ac aeth yn syth at y canwriad. 'Mae'r morwyr yn mynd i adael y llong' meddai. 'Os gwnân nhw fynd bydd dim gobaith i ni.'

Trodd y canwriad at rai o'r morwyr. 'Brysiwch!' meddai. 'Rhwystrwch y morwyr yna rhag iddyn nhw ddianc! Torrwch raffau'r bad achub a gadewch iddi fynd.'

Doedden nhw ddim wedi bwyta ers dyddiau. Doedd dim amser wedi bod i fwyta gan fod cymaint o waith i achub y llong. Roedden nhw'n wan ac wedi llwyr ymlâdd.

Cyn iddi wawrio dywedodd Paul wrthyn nhw i gyd. 'Rhaid i chi fwyta rhywbeth er mwyn i chi fagu nerth. Peidiwch â phoeni bydd neb yn colli ei fywyd. 'Wel,' meddai, 'rwyf fi'n mynd i fwyta ychydig o fara beth bynnag.'

Cymerodd dorth, rhoi diolch i Dduw, a thorri darn ohono a dechrau ei fwyta. Gwyliodd y lleill ac yna fe ddechreuon nhw fwyta hefyd.

Wedi bwyta, fe daflon nhw weddill y cargo i'r môr. Os oedden nhw'n mynd i daro'r gwaelod, roedd angen i'r llong fod mor ysgafn â phosibl.

Daeth y bore. Doedden nhw ddim yn nabod yr ynys, ond fe welon nhw draeth o dan rhyw greigiau.

'Dewch i ni fynd am y traeth,' meddai'r canwriad.

Wedi codi'r angor a chodi'r hwyl fe drowyd y llong i gyfeiriad yr ynys. Ond doedden nhw ddim wedi sylwi ar y banc tywod o dan y dŵr. Rhedodd y cwch yn syth arno. Doedd dim posibl symud y llong bellach. Curodd y tonnau yn erbyn y cwch a dechrau ei chwalu.

'Bydd yn rhaid i ni ladd y carcharorion, syr', gwaeddodd y milwyr ar y canwriad. 'Allwn ni ddim gadael iddyn nhw ddianc.'

'Peidiwch â meiddio lladd yr un ohonyn nhw,' atebodd y canwriad. 'rwyf am i'r dyn Paul yna gael ei gadw'n ddiogel.' Gwaeddodd nerth ei ben ar bawb, 'Nofiwch am y lan! Nofiwch am eich bywyd! Os na allwch chi nofio daliwch afael ar y styllod neu ddarnau o'r llong i'ch cario i'r lan.'

Felly, neidiodd pawb i'r môr a nofio neu ddal gafael ar ddarnau o bren. Foddodd neb. Roedd dau gant saith deg a chwech o bobl ar fwrdd y llong, ac fe gyrhaeddodd pawb y lan yn ddiogel, fel yr oedd Paul a'r angel wedi addo.

Paul yn Cyrraedd Rhufain

ROEDDEN NHW WEDI GLANIO ar ynys Mileta. Fe fu'n rhaid iddyn nhw aros yno dros y gaeaf, ond tri mis yn ddiweddarach, fe gymeron nhw gwch arall a hwylio'n gyntaf i Syracwsai ac yna i borthladd Puteoli. Roedd nifer o Gristnogion yno eisoes, ac fe gafodd Paul groeso mawr. Gadawodd y canwriad iddo aros gyda nhw am saith niwrnod.

Wedi saith niwrnod, cychwynnodd Paul dan warchodaeth y milwyr, ar gymal olaf ei daith. Byddai'n cymryd pum niwrnod iddyn nhw gyrraedd Rhufain.

Roedd Cristnogion y ddinas wedi clywed ei fod ar ei ffordd, a phan oedd yn dal i fod pedwar deg o filltiroedd i ffwrdd, cyrhaeddodd rhai i'w groesawu. Deng milltir yn ddiweddarach daeth rhagor eto. Felly, aeth Paul i mewn i Rufain fel carcharor, ond yng nghwmni llu o gyfeillion.

Yn y ddinas fe gafodd fyw yn ei stafell ei hun a dim ond un milwr yn ei warchod. Roedd yn rhydd i siarad gyda phwy bynnag fyddai'n galw heibio.

Roedd nifer fawr o Iddewon yn Rhufain. Doedden nhw ddim wedi clywed am un o'r cyhuddiadau yn ei erbyn, a phan ddywedodd wrthyn nhw am y terfysg yn y deml, ac am yr hyn a ddigwyddodd ar ôl hynny, roedden nhw'n barod i dderbyn ei ochr ef o'r stori. 'Ond rydym ni am glywed mwy am Iesu,' medden nhw. 'Rydyn ni'n gwybod fod ganddo ddilynwyr mewn llawer iawn o leoedd gan gynnwys y ddinas hon, ac mae llawer o Iddewon eraill yn ei wrthwynebu. Dweda fwy wrthym ni. Rydyn ni am wybod y gwir.'

Felly siaradodd Paul gyda nhw am oriau. Credodd rhai ac fe wrthododd eraill. Daeth rhai yn Gristnogion ac eraill ddim. Fe fu Paul yn Rhufain am ddwy flynedd. Croesawodd bawb i'w dŷ ac roedd yn fwy na pharod i rannu ei brofiadau am Iesu gyda nhw.

Felly daeth Cristnogaeth i Rufain. Dechreuodd y cyfan ym Methlehem a Nasareth, pentref bychan ym mryniau Galilea. Fe geisiodd y Rhufeiniaid ei ddileu. Fe roddon nhw Iesu i farwolaeth ar y groes. Eto fe ryddhaodd Duw ef, a nawr dyma ble'r oedd Paul, un o ddilynwyr mwyaf Iesu, yn pregethu amdano, ym mhrif ddinas yr ymerodraeth Rufeinig!

Teithiodd yr eglwys yn bell mewn amser byr. Yn y blynyddoedd oedd i ddod byddai'n lledaenu drwy'r byd i gyd.

12

LLYTHYRAU AT EGLWYSI A GWELEDIGAETH DERFYNOL

Fe wyddom am Paul oherwydd yr hanes a gawn gan Luc yn llyfr Actau'r Apostolion. Ond fe wyddom am Paul hefyd oherwydd Paul ei hun. Ysgrifennodd lythyrau at nifer o'r cymunedau Cristnogol, ac mae rhai o'r llythyrau hynny wedi goroesi. Pan gyrhaeddon nhw yn y lle cyntaf fe fydden nhw wedi cael eu darllen yn gyhoeddus er mwyn i bawb eu clywed. Roedden nhw'n cael eu hystyried yn drysorau ac yn cael eu hestyn i lawr o genhedlaeth i genhedlaeth.
 Y llythyrau hyn yw dogfennau cynharaf y Testament Newydd. Cawson nhw eu hysgrifennu cyn yr Efengylau, a chyn llyfr yr Actau.
 Eglwysi roedd ef ei hunan wedi eu sefydlu oedd yn derbyn llythyrau gan amlaf, ac roedd yn ysgrifennu er mwyn cadw'r cysylltiad gyda nhw, ac er mwyn eu hannog i ddelio gyda'r problemau oedd yn codi.
 Ysgrifennodd un o'r llythyrau at yr eglwys yn Rhufain, cyn iddo ymweld â Rhufain hyd yn oed, a dydy hi ddim yn glir pam ei fod wedi anfon y llythyr. Roedd yn gobeithio ymweld â Rhufain ar y pryd, ac efallai ei fod am gyflwyno ei hunan a'i neges i'r Cristnogion cyn iddo gyrraedd. Efallai iddo glywed am raniadau rhwng y Cristnogion Cenhedlig a'r Cristnogion Iddewig, a'i fod yn dymuno dod â'r ddwy ochr at ei gilydd. Hwyrach fod y ddau reswm yn wir.
 Mae'r llythyrau, ar wahân i'r llythyr at yr eglwys yn Rhufain efallai, yn debyg i wrando ar un rhan o sgwrs. Gallwn glywed yr hyn mae Paul yn ei ddweud, ond gallwn ni ddim clywed y Cristnogion yn y pen arall. Dydyn ni ddim yn gwybod yr hyn maen nhw wedi bod yn ei

ddweud wrtho, i wneud iddo siarad fel y mae. Rydym wedi gorfod dyfalu o'r hyn mae'n ei ddweud. Mae hynny'n waith anodd weithiau.

Er hynny, mae rhai adrannau rhyfeddol yn ei lythyrau sydd ddim yn anodd eu deall. Bydd pennod olaf Llyfr y Llyfrau *yn cynnwys ychydig ohonyn nhw, ac yna fe orffennwn ni gyda dau ddarn o lyfr olaf y Beibl, Datguddiad.*

Cristnogion Cecrus

Daw'r enghraifft gyntaf o lythyrau Paul o ddechrau llythyr a ysgrifennodd at yr eglwys yn Corinth, Gwlad Groeg. Mae'n cyfeirio at ddyn o'r enw Apolos. Paul sefydlodd yr eglwys yng Nghorinth, ac roedd Apolos yn gydweithiwr oedd wedi treulio amser gyda'r Cristnogion newydd yno, yn eu dysgu am Iesu a beth oedd ystyr bod yn ddilynwr iddo. Roedd hi'n amlwg iddo gael argraff fawr arnyn nhw. Roedd Pedr, hen gyfaill i Iesu, hefyd yn boblogaidd yno, er nad ydym yn gwybod a fuodd ef yno ai peidio. Hyd yn oed os na fuodd yno, roedden nhw'n gwybod y storïau amdano, a'r hyn yr oedd wedi bod yn ei bregethu ers marwolaeth ac atgyfodiad Iesu.

Ysgrifennodd Paul y llythyr yn ystod ei ymweliad ag Effesus, ac roedd Apolos gydag ef ar y pryd. Cyrhaeddodd tri aelod o eglwys Corinth i Effesus yn ystod arhosiad Paul, ac roedd perthnasau a chyfeillion i wraig o'r enw Cloe wedi dod â newyddion iddo hefyd. Felly roedd Paul yn gwybod llawer am yr hyn oedd yn digwydd. Doedd Paul ddim yn hapus chwaith gyda phopeth a glywodd.

'MAE RHAI O BOBL CLOE wedi dweud wrtha i fod

cecru yn eich plith. Mae rhai ohonoch yn dweud, "Rwy'n cefnogi Paul." Eraill ohonoch yn dweud, "Rwy'n cefnogi Apolos" neu, "Rwy'n cefnogi Pedr" neu, "Rwy'n cefnogi Iesu Grist."

Beth sydd ar eich meddyliau? Oes yna bedair eglwys? Ydy Crist wedi ei rannu'n bedwar? Ddylech chi ddim fy nilyn i neu Apolos neu Pedr. Rhaid i chi ddilyn Crist. Does dim pwynt i rai ohonoch ddweud, "O! yr ydym ni yn dilyn Crist! Pobl eraill sydd ddim yn dilyn Crist!"

Does dim rhaniadau i fod yn eich plith chi. Rwyf am i chi fod yn un, gyda'r un meddwl a'r un pwrpas, yn cydweithio ac nid gweithio yn erbyn eich gilydd. Dydw i ddim am i neb ohonoch feddwl fod rhai ohonoch yn well na'ch gilydd neu'n ddoethach na'ch gilydd.

Cofiwch, croes Crist sydd yn galon i'r cwbl. Rwy'n gwybod nad yw hynny'n gwneud synnwyr. Rwy'n gwybod fod hynny'n ymddangos yn wendid ac yn ffoliineb. Rwy'n gwybod fod llawer iawn ohonoch chi frodyr a chwiorydd Iddewig yn chwilio am wyrthiau, neu Feseia, fydd yn dod yn llawn rhwysg a seremoni. Ac rwy'n gwybod fod llawer o'r Cenedl-ddynion yn chwilio am rywun doeth a galluog, wedi cael addysg dda. Ac yna fe ddown ninnau atoch i bregethu am ddyn o bentref bach gwerinol nad oes neb wedi clywed amdano, dyn a gafodd ei ladd fel troseddwr ar y groes! Rwy'n sylweddoli fod Iesu wedi ei groeshoelio yn edrych yn wan ac yn ddiymadferth. Ond edrychwch chi arno ac fe welwch nerth Duw. Rwy'n sylweddoli fod Iesu wedi ei groeshoelio yn edrych yn ffoliineb i rai. Ond edrychwch arno ac fe welwch ddoethineb Duw. Oherwydd mae ffoliineb Duw yn ddoethach na doethineb dynol, ac mae gwendid Duw yn gryfach na nerth dynol. Mae Iesu'n troi popeth wyneb i waered.

Edrychwch arnoch eich hunain, gyfeillion. Does dim llawer ohonoch yn alluog yn ôl safonau dynion, does dim llawer ohonoch yn gyfoethog, neu'n bobl barchus. Mae llawer ohonoch yn gaethweision ac yn dlawd, y math o bobl y bydd eraill yn sathru arnyn nhw. Ond edrychwch arnoch chi'n awr. Rych chi'n rhoi'r bobl fawr a galluog yn y cysgod. Mae popeth wyneb i waered gyda Duw ac mae wedi eich dewis chi er mwyn gwneud hynny'n glir i bawb.

Felly os oes raid i chi ymffrostio, peidiwch ag ymffrostio ynoch eich hunain neu Apolos, Pedr neu finnau. Ymffrostiwch am Dduw ac am yr hyn y mae wedi ei wneud.

Wedi'r cyfan edrychwch arna i! Pan ddois i Gorinth, wnes i ddim defnyddio llawer o eiriau mawr na dadleuon cymhleth. Wnes i ddim creu argraff gyda siarad huawdl. Roeddwn i'n nerfus, yn crynu yn fy esgidiau. Ond fe ddois gydag Ysbryd a nerth Duw, a dim byd arall. Ond roedd hynny'n ddigon. Dydy'ch ffydd chi ddim yn dibynnu ar fy noethineb i. Mae'n dibynnu ac yn gorffwys ar Dduw.

Beth yw Apolos? Beth wyf fi? Dim ond gweision i Dduw, dyna'i gyd. Rydym fel garddwyr, yn gweithio yng ngardd Duw. Fe ddois i Gorinth a phlannu'r had. Daeth Apolos ar fy ôl a dyfrhau. Ond nid ni wnaeth i'r planhigyn dyfu. Duw wnaeth hynny. Gwaith Duw ydych chi. Er i ni helpu ychydig, i Dduw mae'r diolch.

Wyddoch chi demlau mawr Corinth? Wyddoch chi deml fawr Jerwsalem? Wel chi yw gwir deml Dduw! Rydych chi'n le sanctaidd. Meddyliwch am hynny am funud!'

Caledi Paul

Mae dau lythyr gan Paul at eglwys Corinth wedi goroesi. Yn y cyfnod rhwng y ddau lythyr ymwelodd â Chorinth eto. Eto mae'r ail lythyr yn dangos fod pethau wedi gwaethygu yno. Roedd Cristnogion Iddewig eraill wedi cyrraedd yno a throi'r eglwys yn ei erbyn. Penderfynodd fod yn rhaid iddo amddiffyn ei hun. Mae ei amddiffyniad yn dangos llawer. Mae'n dangos faint fu'n rhaid iddo ddioddef ers iddo ddechrau dilyn Iesu a mynd â neges ei gariad i drefi a dinasoedd dwyrain Môr y Canoldir.

'COFIWCH,' ysgrifennodd Paul at y Corinthiaid, 'rwyf innau'n Iddew hefyd. Mae'r Cristnogion Iddewig eraill wedi bod yn dweud wrthoch chi mod i ddim yn ffyddlon i'r cyndadau. Mae hynny'n ffwlbri noeth. Rwy'n Israeliad ac yn ddisgynnydd i Abram, llawn cymaint â nhw. Ac fel hwythau rwy'n falch o fod yn was i Grist. Meddyliwch am yr hyn rwyf wedi gorfod ei ddioddef oherwydd fy mod i'n dilyn Crist. Rwyf wedi fy nhaflu i garchar drosodd a thro. Rwyf wedi cael fy fflangellu gannoedd o weithiau. Yn aml fe fu bron i mi golli fy mywyd. Bum gwaith y ces i'r tri deg naw chwip gan y llach. Deirgwaith fe ges fy nghuro â ffyn yr awdurdodau Rhufeinig. Unwaith fe ges fy llabyddio. Deirgwaith suddodd fy llong. Fe fues i yn y môr am ddiwrnod a noson gyfan. Rwyf wedi teithio mwy na alla i gofio. Rwyf wedi mentro fy mywyd yn cerdded drwy afonydd. Fe fues i mewn perygl gan ladron, fy nghyd Iddewon, y Cenedl-ddynion. Mewn perygl yn y dinasoedd, yn y môr, mewn perygl yng nghanol yr anialwch, mewn perygl o Gristnogion gau. Rwyf wedi mynd heb fwyd a diod. Rwyf wedi bod yn oer ac yn noeth.

Ac i goroni'r cyfan, mae gofal am yr holl eglwysi wedi pwyso'n drwm arnaf bob dydd. Os oes un aelod yn brwydro, rwyf innau'n brwydro. Os oes un ohonyn nhw'n cael eu baglu gan rywun arall rwy'n teimlo drostyn nhw.

Mae Duw a Thad ein Harglwydd Iesu yn gwybod fod hyn i gyd yn wir.

O! ie, bron i mi anghofio. Yn Namascus yr oedd y llywodraethwr am fy nal a gosododd rai i warchod pyrth y ddinas. Ond ces fy ngollwng i lawr mewn basged o ffenest tŷ wedi ei adeiladu yn y wal, ac fe lwyddais i ddianc.'

'Chi yw Corff Crist'

Mae'r adran nesaf yn mynd â ni nôl i'r Llythyr Cyntaf at y Corinthiaid.

MAE GAN BOB UN OHONOCH CHI DDONIAU. Y drafferth yw, mae rhai ohonoch chi'n credu fod eich doniau chi yn bwysicach na doniau pobl eraill. Mae rhai ohonoch yn meddwl os nad oes gan eraill yr un doniau â chi, does dim posibl iddyn nhw fod yn ddilynwyr i Grist.

Ond gallwn ni gyd ddim cael yr un doniau. Beth bynnag, Ysbryd Duw sy'n gyfrifol amdanyn nhw i gyd. Rydym ni'n gweld Ysbryd Duw, egni creadigol a dirgel Duw, ar waith yn eich doniau chi. Yn eich doniau chi daw Duw allan o'i guddfan. A dydy'r doniau hynny ddim yn cael eu rhoi i chi er mwyn i chi ymffrostio a chredu eich bod yn well na phawb arall. Maen nhw'n bod er lles yr eglwys i gyd, y gymuned gyfan.

Gadewch i mi wneud y peth yn glir. Mae'r gymdeithas

Gristnogol fel corff. Mae gan y corff llawer o rannau. Gall y droed ddim dweud . "Dydw i ddim yn rhan o'r corff oherwydd nid llaw ydw i." Gall y glust ddim dweud, "Dydw i ddim yn llygad, felly dydw i ddim yn perthyn i'r corff." Byddai hynny'n wirion. Ond pe byddai'r corff i gyd yn llygad neu yn glust, byddai hynny'n llawn mor wirion. Sut fydden ni'n arogli? Gall y llygad ddim dweud wrth y llaw, "Dydw i ddim dy angen di." Gall y pen ddim dweud wrth y traed, "Dydw i ddim eich angen chi." Byddai hynny'n wirion, wirion iawn! Gall un rhan o'r corff ddim dweud wrth ran arall, "Rwy'n bwysicach na thi." Mae pob rhan o'r corff yn gyfartal. Rhaid iddyn nhw ofalu am ei gilydd, oherwydd os yw un rhan yn dioddef, mae pob rhan yn dioddef.

Nawr, rych chi Gristnogion Corinth yn rhan o gorff, ac nid unrhyw hen gorff. Chi yw corff *Crist.* Rych chi'n dod o deuluoedd gwahanol a chefndir gwahanol. Mae rhai ohonoch yn gaethweision, eraill yn rhydd, rhai ohonoch yn ddynion, eraill yn wragedd, rhai yn blant; rhai ohonoch yn fach, eraill yn fawr. Ond rych chi gyd yn eiddo i Grist ac yn cael eich cario gan Grist. Mae Crist yn byw ynoch chi, a chithau ynddo ef. Crist yw eich cartref. Yng Nghrist rych chi'n byw ac yn tyfu.

Chi yw corff Crist. Ynoch chi y mae Crist yn dal i gerdded y ddaear.

Cariad yw'r Mwyaf Un

Weithiau mae arddull Paul yn farddonol. Y darn yma o'i Lythyr Cyntaf at y Corinthiaid mae'n siwr yw'r enwocaf ohonyn nhw i gyd.

PE MEDRWN lefaru'n huawdl
a defnyddio iaith angylion,
a hynny i gyd heb gariad,
dydw i'n ddim byd ond sŵn.

Pe medrwn ddeall pob dirgelwch
a chael yr holl wybodaeth;
Pe feddwn ffydd

Llythyrau at Eglwysi a Gweledigaeth Derfynol

i symud mynyddoedd,
a hynny i gyd heb gariad,
does gen i ddim.

Pe bawn i'n rhoi'r cyfan sydd gennyf,
fy meddwl a'm bywyd,
a hynny i gyd heb gariad,
dydw i'n ennill dim.

Mae cariad yn amyneddgar;
mae cariad yn garedig;
dydy cariad ddim yn cenfigennu;
dydy cariad ddim yn brolio
nac yn llawn ohono'i hyn
nac yn anghwrtais.
Dydy cariad ddim yn mynnu ei ffordd ei hun,
ac yn goflau amdano'i hun yn unig.
Dydy cariad ddim yn pwdu
nac yn dal dig.
Mae'n gwrthod gwneud hwyl
ar ben camgymeriadau pobl eraill;
mae'n cael pleser yn y gwirionedd.

Mae cariad yn goddef popeth,
yn credu popeth,
yn gobeithio ym mhopeth
ac yn dal ati gyda phopeth.

Dydy cariad fyth yn cwympo,
fyth yn methu,
fyth yn dod i ben.

Bydd proffwydoliaeth yn dod i ben,
oherwydd caiff popeth ei amlygu.
Daw gwybodaeth i ben,
oherwydd cawn wybod y cyfan.
Ychydig a wyddom nawr

a phroffwydwn yn y tywyllwch.
Ond caiff yr ychydig ei lyncu gan yr hyn sy'n gyflawn,
a chaiff tywyllwch ei lyncu gan y goleuni.

Pan oeddwn i'n fach,
siaradwn fel plentyn,
meddyliais fel plentyn,
ymresymais fel plentyn.
Ond wedi i mi dyfu,
gadewais ffordd y plentyn ar ôl.

Nawr, wrth i ni chwilio am Dduw,
dim ond adlewyrchiad aneglur mewn drych welwn ni.
Yn y diwedd cawn ei weld wyneb yn wyneb.
Nawr dydw i ond yn gwybod ei hanner hi.
Yna byddaf yn ei adnabod
fel y mae ef yn f'adnabod i.

Tri pheth sy'n parhau:
ffydd, gobaith a chariad,
y tri hyn.
A chariad yw'r mwyaf un.

Llythyrau at Eglwysi a Gweledigaeth Derfynol

Bywyd Ar Ôl Marwolaeth

Daw'r darn yma hefyd o'r Llythyr Cyntaf at y Corinthiaid.

CAFODD CRIST EI GODI o farw'n fyw. Felly fe gawn ninnau ein codi hefyd. Ond bydd rhai yn gofyn, "Sut mae pobl farw'n dod yn fyw? Pa fath o gorff sydd ganddyn nhw?" Fe ddyweda i wrthych chi. Ond wedyn fedra i ddim dweud oherwydd ei fod y tu hwnt i bob dychymyg.

Wyddoch chi pan fyddwch chi'n rhoi'r hedyn yn y pridd. Mae'n beth bychan iawn ond dydi? Oni bai eich bod chi'n gwybod wrth edrych ar yr hedyn yn eich llaw, fyddech chi fyth yn dychmygu y gall planhigyn dyfu ohono, gwenith efallai, neu flodyn, neu goeden fawr. Fyddech chi fyth yn medru dychmygu derwen fawr wrth edrych ar fesen.

Pan fyddwn ni farw, rydym yn eithaf tebyg i hedyn. Mae'r hedyn bach yn hollti yn y pridd, ac mae planhigyn newydd yn tyfu ohono. Wedi i ni farw rydym yn ymddangos fel y gwnaeth Iesu ar ôl ei farwolaeth ef, yn greadur newydd. Ond eto fe fyddwn ni fel ein hunain. Chewch chi ddim derwen o hadau'r pabi wedi'r cyfan.

Pethau tlawd a gwan ydym ni, ac fe fyddwn farw i gyd. Ond dylech chi'n gweld ni pan fydd Duw wedi ein codi o farwolaeth. Bydd gennym anrhydedd, ac urddas, nerth a gogoniant na freuddwydion ni amdano erioed. A bydd gan farwolaeth ddim gafael arnom ni byth mwy.

Llyfr y Llyfrau
Emyn Prydferth

Eglwys arall a sefydlwyd gan Paul oedd Philipi, dinas bwysig ym Macedonia. Unwaith pan oedd yn y carchar ysgrifennodd lythyr at yr eglwys yno. Yn y llythyr y mae'n dyfynnu emyn prydferth. Mae'n rhaid ei fod yn un o'r emynau Cristnogol cynharaf. Yn gyntaf fe gawn glywed Paul yn annerch Cristnogion Philipi ac yna fe glywn yr emyn.

Rydych chi i gyd yn annwyl i mi, ac fe dderbyniais gymaint gennych chi. Nawr gwnewch fy llawenydd yn gyflawn drwy rannu'r un meddwl, a thrwy ddangos yr un cariad at eich gilydd. Peidiwch â cheisio codi'ch hunain yn uwch nag eraill. Byddwch yn ostyngedig ac ystyriwch eraill yn well na'ch hunain. Peidiwch â dilyn eich diddordebau eich hunain bob amser, ond rhannwch ddiddordebau pobl eraill.
    Meddyliwch am Grist. Meddyliwch fel Crist . . .

> Er iddo fod yn ffurf Duw
> ni cheisiodd fod yn gyfartal â Duw.
> Yn lle hynny fe wagiodd ei hunan
> o bob anrhydedd a gogoniant.
> Gwnaeth ei hun yn ddim,
> a chymryd ffurf caethwas,
> a dod i'r byd mewn ffurf ddynol.

> Wrth rannu gyda dynion
> fe iselhaodd ei hun fwy fyth.
> Oherwydd fel caethwas,
> a'i drin fel troseddwr,
> fe aeth mor bell â marwolaeth
> a marw marwolaeth caethwas,
> marwolaeth y troseddwyr gwaethaf,
> marwolaeth ar groes!

> A dyna pam y mae Duw wedi ei ddyrchafu!
> Dyna pam mae Duw wedi rhoi enw uwch na phob

enw arall iddo,
fel yn enw Iesu fydd pob glin y plygu,
yn y nefoedd, ar y ddaear a than y ddaear,
a bydd pob tafod yn cyhoeddi,
"Iesu Grist yw'r Arglwydd!"
er gogoniant i Dduw'r Tad.

Y Detholiad Olaf

Yn olaf fe gawn ychydig adnodau ac adrannau o lythyr a ysgrifennodd Paul at gylch o eglwysi yn Galatia, ardal sydd erbyn hyn yn Nhwrci. Ac yna ychydig o'r llythyr a ysgrifennodd at y Cristnogion yn Rhufain.

Yn gyntaf, o'r Llythyr at y Galatiaid:

'DOES DIM Iddew neu Roegwr, caethwas neu rydd, gwryw neu fenyw yn bod mwyach. Oherwydd y mae pawb yn un yng Nghrist Iesu.'

'Fy nghyfeillion, rydych wedi eich galw i fod yn rhydd. Ond peidiwch â defnyddio'ch rhyddid fel y mynnoch. Defnyddiwch ef er mwyn eich gilydd. Drwy gariad, byddwch yn weision i'ch gilydd. Oherwydd gellir crynhoi dysgeidiaeth Duw i bobl Israel fel hyn: "Car dy gymydog fel ti dy hun".'

'Dyma beth mae Ysbryd Duw yn ei gynhyrchu mewn pobl: cariad, llawenydd, heddwch, amynedd, caredigrwydd, haelioni, ffyddlondeb, addfwynder a hunanreolaeth.'

A detholiad o'r Llythyr at y Rhufeiniaid:

'A ninnau yn dal yn ddiymadferth, bu Crist farw trosom. Bu farw trosom er i ni gefnu ar Dduw. Peth prin yw parodrwydd i farw i achub person da. Ond doedden ni ddim yn dda pan fu farw Crist drosom ni. Felly fe welwch cymaint y mae Duw yn ein caru. Roeddem yn elynion i Dduw, ac eto daeth Duw i chwilio amdanom, a'n gwneud yn gyfeillion iddo drwy farwolaeth ei Fab. Felly fe welwch pa mor ddiogel ydym gyda Duw.

'Mae pawb sy'n cael eu harwain gan yr Ysbryd yn feibion a merched i Dduw. Oherwydd dydy Duw ddim wedi eich gwneud yn gaethweision, plygu o'i flaen ac ofni ei bastwn. Mae wedi eich mabwysiadu yn blant iddo'i hun. Dyna pam y byddwn wrth weddïo, yn dweud, "Abba! Dad!" Daw'r gri honno oddi wrth Ysbryd Duw yn ddwfn iawn ynom ni ac mae'n ein hatgoffa ein bod yn wir yn blant iddo. Ac os ydym yn blant, yr rydym yn etifeddion. Rydym yn etifeddion y cyfan sydd gan Dduw, cyd-etifeddion gyda Christ!

'Os yw Duw gyda ni, pwy sydd yn ein herbyn? Rhoddodd ei Fab ei hun! Felly, mae'n siŵr o roi popeth arall i ni, pob dawn sydd ganddo i'w roi. Gall neb ddwyn cyhuddiad yn ein herbyn, oherwydd y mae Duw yn ein cyhoeddi'n ddieuog. Gall neb ein condemnio, oherwydd mae Duw yn dadlau'n hachos. Beth all ein cadw rhag cariad Duw? All caledi, neu gyfyngder, neu erlid, neu newyn, neu noethni, neu berygl, neu gleddyf. Rwy'n gwybod beth yw ystyr geiriau'r hen salm. "Er eich mwyn chi rydym yn cael ein rhoi i farwolaeth ar hyd y dydd; cawn ein trin fel defaid i'r lladdfa." Felly fy mhrofiad innau. Ac eto rydym wedi ennill y frwydr. Oherwydd gyda chariad Crist rydym yn fwy na choncwerwyr! Rwy'n gwbl sicr, does dim mewn bywyd na marwolaeth, ym myd yr ysbryd na'r pwerau goruwchnaturiol, yn y byd fel y mae, na'r byd fel y bydd, dim drwy'r greadigaeth i gyd all ein cadw rhag cariad Duw yng Nghrist Iesu ein Harglwydd!'

Gweledigaethau o Nefoedd

Datguddiad yw enw llyfr olaf y Beibl. Mae'n rhoi gweledigaeth i ni o oresgyniad olaf Nerthoedd y Tywyllwch a gweledigaeth o orsedd Duw yn y nefoedd. Mae'r Beibl yn dechrau gyda llawer o ddŵr, tywyllwch ac yna gardd. Mae'n gorffen gyda'r dŵr wedi diflannu a dinas yn lle gardd. Ac eto mae atsain o'r ardd honno yn y weledigaeth o'r ddinas nefol. Ac fel y mae'r Beibl yn cychwyn gyda Duw, yma yn Datguddiad mae'n gorffen gyda Duw.

Fe ddechreuon ni gyda Duw ac fe orffennwn ni gyda Duw. Ac wrth gwrs rydym wedi bod yn cadw cwmni i Dduw bob cam o'r ffordd. Mae'r Beibl yn llyfr da. Mae'n sôn am Dduw; y mae'n olau o Dduw. Mae Duw yn llawer iawn mwy na'r Beibl. Nid y Beibl yw Duw yn sicr, er bod rhai yn ei drin felly. Ac eto am ganrifoedd mae pobl wedi dod ar draws Duw ar ei dudalennau ac wedi eu cyffroi gan ei gyfeillgarwch a'i gariad. Trwy hynny fe gawson nhw nerth a doethineb i weithio gydag ef.

Cadw cwmni i Dduw yw'r Beibl.

Nawr detholiad o Datguddiad i gloi:
YNA GWELAIS NEF newydd a daear newydd, oherwydd roedd y nefoedd a'r ddaear gyntaf wedi mynd heibio.

Doedd dim môr mwyach, dim rhagor o ddyfroedd tywyll yn bygwth llyncu creadigaeth Duw, dim Nerthoedd y Tywyllwch yn ceisio boddi Duw ei hunan.

Gwelais y Jerwsalem newydd, y ddinas sanctaidd, yn dod o'r nefoedd wedi ei gwisgo fel priodferch yn ei gogoniant, yn cyrraedd i gyfarfod â'i gŵr. Ei phriodfab oedd Duw, ac roedd y nefoedd a'r ddaear i gyd yn y briodas.

Yna clywais lais uchel, yn dweud,
"'Drychwch, mae Duw wedi codi ei babell yma,
Pabell y Cyfarfod,
lle mae popeth yn berffaith
lle mae popeth yn dda ac yn hardd,
fel roedd y byd ar y cychwyn.
'Drychwch, mae Duw wedi gwneud ei gartref gyda phlant
gyda gŵyr a gwragedd.
Bydd yn byw gyda nhw,
a byddan nhw yn bobl iddo.
Bydd Duw ei hunan gyda nhw,
a bydd yn sychu pob deigryn o'u llygaid.
Bydd dim marwolaeth mwyach,
a bydd dim galar chwaith,
dim wylo mwyach
na phoen mwyach.
Mae'r pethau cyntaf wedi mynd heibio.'"

'Yna dangosodd yr angel afon dŵr y bywyd i mi. Roedd fel grisial yn llifo o orsedd Duw lawr drwy strydoedd union y ddinas. Ar bob ochr i'r afon roedd Pren y Bywyd yn tyfu. Bob mis yn dwyn ffrwyth newydd a gallai pawb gasglu a bwyta. Ac y mae dail y pren ar gyfer iacháu'r cenhedloedd.

'Bydd dim aflan yn y ddinas honno. Bydd popeth yn sanctaidd oherwydd bydd Duw yn llanw'r cyfan. Bydd y ddinas i gyd yn ei addoli. Byddan nhw'n gweld ei wyneb, a'i weld fel y mae, a bydd ei enw wedi ei ysgrifennu ar eu talcennau.

'Bydd dim nos mwyach, na thywyllwch, nac ofn y tywyllwch, bydd dim angen cynnau golau, dim ofn, dim gweithredodd tywyll. Bydd dim angen i'r haul dywynnu yn y dydd, oherwydd bydd y ddinas yn llawn o oleuni gogoniant Duw.

'A bydd cyfeillion Duw yn teyrnasu gydag ef mewn gogoniant byth bythoedd.'

Llyfr y Llyfrau
CYFEIRIADAETH FEIBLAIDD

PENNOD 1 : YN Y DECHREUAD
Duw yn Creu'r Byd: *Genesis 1:1–2:3*
Duw yn Plannu Gardd: *Genesis 2:4b–3:24*
Pethau'n Troi'n Gas: *Genesis 4:1–16*
Y Llifogydd Mawr: *Genesis 6:5–9:17*
Baldordd Babel: *Genesis 11:1–9*

PENNOD 2 : TEULU NEWYDD DUW
Abram a'r Addewid Fawr: *Genesis 12:1–7*
Cynllun Cyfrwys Sara: *Genesis 16:1–6*
Hagar a'r Duw sy'n Gweld: *Genesis 16:7–14*
Sara yn Digwydd Clywed yr Addewid: *Genesis 18:1-15; 21:1-3*
Hagar a'r Duw sy'n Achub: *Genesis 16:7–14*
Abram ac Isaac: *Genesis 18:1–15; 21:1–3*
Gefell Cyfrwys a Bowlenaid o Gawl: *Genesis 25:19–34*
Jacob yn Dwyn y Fendith: *Genesis 27:1–40*
Porth i'r Nefoedd: *Genesis 27:41–46; 28:10–22*
Wyneb yn Wyneb â Duw: *Genesis 32:3–31*
Wyneb yn Wyneb ag Esau: *Genesis 33:1–17*
Jacob a'i Feibion: *Genesis 35:16–19; 37:1–35*
Joseff y Caethwas: *Genesis 37:36; 39:1–20*
Joseff y Carcharor: *Genesis 40*
Joseff yn y Palas: *Genesis 41*
Joseff a'r Newyn: *Genesis 42:1–25*
Dargynfyddiad Rhyfedd: *Genesis 42:26–43:13*
Benjamin: *Genesis 43:15–45:15*
Yr Aduniad: *Genesis 45:25–; 46:28–34*

PENNOD 3 : MOSES A MYNYDD DUW
Y Bydwragedd Dewr a'r Pharo: *Exodus 1*
Mam a Chwaer Ddewr Moses: *Exodus 2:1–10*
Moses yn Cyfarfod Duw yn yr Anialwch: *Exodus 2:11–4:16*
Duw a'r Pharo: *Exodus 5:1–12:32*
Duw yn agor y Môr: *Exodus 14*
Mynydd Duw: *Exodus 19:1 – 20:17: Deuteronomium 5:6–21*

Y Llo Aur: *Exodus 32:1–30; 24:9–11; 25–31; 16:1–17:7*
Dechrau Newydd: *Exodus 32:31–33:23; 34*
Marwolaeth Moses: *Deuteronomium 34:1–7*

PENNOD 4 : BYW YNG NGWLAD YR ARGLWYDD
Cwymp Jericho: *Josua 6:1–25*
Genedigaeth Samson: *Barnwyr 13*
Hanna, Gwraig Heb Blant: *1 Samuel 1:1–2:21*
'Samuel! Samuel!': *1 Samuel 3:1–18*
Y Brenin Saul: *1 Samuel 3:19–4:1; 8:4–20; 9:1–10:1a*
Dafydd y Bugail: *1 Samuel 16:1–13*
Dafydd a Goliath: *1 Samuel 17:1–51*
Dafydd ar Ffo: *1 Samuel 19:9–10; 24:1–22; 26:1–25 2 Samuel 7:8–16*
Dafydd a Bathseba: *2 Samuel 7:8–16*
Dafydd a Nathan: *2 Samuel 12:1–24*
Elias ar Fynydd Carmel: *1 Brenhinoedd 18:2–46*
Elias yn Dianc: *1 Brenhinoedd 19:1–18*
Elias, Ahab a'r Winllan: *1 Brenhinoedd 21:1–24*

PENNOD 5 : POBL DDUW DAN FYGYTHIAD
Llifed Cyfiawnder Fel Afon Gref: *Amos 1–2; 5:10–12,24; 6:1–7; 8:4–6; 5:18–23; 7:10–17*
Hosea a Cariad Duw: *Hosea 11:1–9*
Ni Orchfygir Jerwsalem: *Salmau 17:8; 46:1–5,7,11; 48:12–14*
Jeremeia'n Llefaru'r Gwir: *Jeremeia 2:1–13; 19; 21:8–11; 22:1–5; 38:1–13*
Cwymp Jerwsalem: *2 Brenhinoedd 24:8–25:21; Jeremeia 38:14–28; 43:1–7*
Caneuon Galar: *Salm 74; Galarnad 1:1–6; 1:11b–14, 16, 18;2:9, 20; 3:21–22; 5:14–15*
Breuddwydio am Gartref: *Eseia 40:1–11; 54:1–10*
Dyffryn yn Llawn Esgyrn a Gardd Eden Newydd: *Eseciel 37:1–14; 43:1–5; 47:1–12; 48:35*
Ail Godi Jerwsalem: *Nehemeia 1–2; 4:1–23; 6:15–16*
Daniel: Duw yn y Fflamau: *Daniel 3*
Daniel yn Ffau'r Llewod: *Daniel 6*

PENNOD 6 : HANESION HYFRYD, CERDDI HYFRYD

Ruth, Naomi a Boas: Cariad yn Ennill y Dydd: *Ruth 1–4*
Jona, Pysgodyn Mawr, Dinas Fawr a Maddeuant Mawr Duw: *Jona 1–4*
Llyfr Job: Codi Dwrn ar y Nefoedd: *Job 1–2; 3:1–19; 16:9–17; 5:8–18; 8:1–4; 11:1–19; 19:2; 22:1–11; 12:7–25; 9:22–24; 29–31; 9:14–20; 38–39; 40:2–42:9*
Caneuon Goleuni: *Salm 23 a 121*

ARWEINIAD I'R TESTAMENT NEWYDD

PENNOD 7 : DECHREUAD NEWYDD: GENI IESU

Gras Nid Gwarth: *Mathew 1:18–25*
Anrhegion i Frenin: *Mathew 2*
Mair yn Cwrdd ag Angel: *Luc 1:26–38*
Cân Mair: *Luc 1:39–63*
Geni Iesu: *Luc 2:1–20*
Iesu'n Teimlo'n Gartrefol: *Luc 2:21–22; 41–51*

PENNOD 8 : PWY OEDD IESU

Ioan yn Bedyddio Iesu: *Marc 1:1–11 (Mathew 3; Luc 1–22)*
Darlleniad yn y Synagog: *Luc 4:16–30*
Pedr, Iago ac Ioan: *Luc 5:1–11 (Mathew 4:18–22; Marrc 1:16–20)*
Y Wraig wrth y Ffynnon: *Ioan 4:1–41*
Pwy yw Hwn?: *Marc 4:35–41 (Mathew 8:23–27; Luc 8:22–25)*
Dyn Gwyllt Ymhlith y Beddau: *Marc 5:1–20 (Mathew 8:28–34; Luc 8:26–39)*
Bwydo'r Newynog: *Mathew 14:13–21 (Marc 6:30–44; Luc 9:11–17; Ioan 6:5–13)*
Dyn yn Gweld am y Tro Cyntaf: *Ioan 9*
Atgyfodi Gwraig a Merch: Marc 5:21–43 *(Mathew 9:18–26; Luc 8:40–56)*
Pedr yn Gywir; Pedr yn Anghywir: *Marc 8:27–33 (Mathew 16:13–23; Luc 9:18–22)*
Goleuni Duw: *Marc 9:2–8 (Mathew 17:1–8; Luc 9:28–36)*

PENNOD 9 : IESU'R STORÏWR A'R BARDD
Dafad, Darn Arian a Mab ar Goll: *Luc 15*
Y Samariad Trugarog: *Luc 10:25–37*
Y Gweithwyr yn y Winllan: *Mathew 20:1–15*
Y Gwynfydau: *Luc 6:20–21; Mathew 5:3–10*
Dywediadau Eraill a Gweddi: *Mathew 20:16 (Marc 10:31; Luc 13:30); Luc 6:27; Mathew 7:12; Luc 6:36; Mathew 7:1–11; 18:10; Marc 9:33–37 a Mathew 18:1–4; Marc 10:13–16 (Mathew 19:13-15); Ioan 6:35; 8:12; 10:11-15,30; 14:6; 15:5; Mathew 6:9-13 (Luc 11:2-4)*

PENNOD 10 : IESU'N CAEL EI LADD: IESU'N ATGYFODI
Marchogaeth i Jerwsalem: *Marc 11:1–11 (Mathew 21:1–9; Luc 19:29–42; Ioan 12:12–15)*
Anrhefn yn y Deml: *Marc 11:15–19; 12:41–44 (Mathew 21:12–16; Luc 19:45–48; 21:1–4; Ioan 2:13–16)*
Eneinio Iesu'n Feseia: *Marc 14:3–9 (Mathew 26:6–13; Luc 7:3–50; Ioan 12:1–8)*
Brad: *Marc 14:10–11 (Mathew 26:14–16; Luc 22:3–6)*
Y Swper Olaf: *Marc 14:12–25 (Mathew 26:17–29; Luc 22:7–23); Ioan 13:2–16, 34*
Dal Iesu: *Marc 14:2–50 (Mathew 26:30-56; Luc 22:31-53; Ioan 13:3–38; 18:1–11)*
Y Prawf Annheg: *Marc 14:53–65 (Mathew 26:57–68; Luc 22:54–55, 63–71; Ioan 18:12–24)*
Pedr yn Gwadu: *Marc 14:66–72 (Mathew 26:69–75; Luc 22:5–62; Ioan 18:1–18, 25–27)*
Pilat: *Marc 15:1–15 (Mathew 27:1–2, 11-26; Luc 23:1–5, 13–25; Ioan 18:28–19:1)*
Coroni Iesu'n Frenin: *Marc 15:16–20 (Mathew 27:27–31; Luc 23:11; Ioan 19:2–3)*
Croeshoeliad: *Marc 15:21–47 (Mathew 27:32–61; Luc 23:26–56; Ioan 19:17–42)*
'Mair': *Ioan 20:1–18*
Thomas yn Gywir . . . yn y Diwedd: *Ioan 20:19–28*
Pedr yn Mynd i Bysgota: *Ioan 21:1–19*

PENNOD 11 : O JERWSALEM I RUFAIN : YR EGLWYS YN DECHRAU
Y Gwirionedd Llawn: *Actau 1:6–11 and Luc 24:50–53; Numeri 6:24–26*
Gwynt a Thân: *Actau 1:12–14; 2:1–41*
Lladd Steffan: *Actau 6:1–7:60*
Paul yn Cyfarfod y Crist Byw: *Actau 8:1–4; 9:1–9*
Paul ac Ananias: *Actau :10–19a*
Dianc mewn Basged: *Actau 9: 19b–30*
Pedr a Milwr o'r enw Cornelius: *Actau 10*
Camgymryd Paul a Barnabas am Dduwiau: *Actau 14:8–21*
Terfysg yn Effesus: *Actau 19:1–10; 19:21–20:1*
Terfysg yn Jerwsalem: *Actau 21:13–14; 21:17 – 22:29*
Bygwth Lladd: *Actau 22:30–23:25*
Paul yn Gofyn am gael Gweld yr Ymerawdwr: *Actau 23:33 – 26:32*
Llongddrylliad: *Actau 27*
Paul yn Cyrraedd Rhufain: *Actau 28:11–31*

PENNOD 12 : LLYTHYRAU AT EGLWYSI A GWELEDIGAETH DERFYNOL
Cristnogion Cecrus: *1 Corinthiaid 1:10–13; 1:18–2:5; 3:5–16*
Caledi Paul: *2 Corinthiaid 11:16–33*
'Chi yw Corff Crist': *1 Corinthiaid 12*
Cariad yw'r Mwyaf Un: *1 Corinthiaid 13*
Bywyd ar ôl Marwolaeth: *1 Corinthiaid 15:20, 35–43*
Emyn Prydferth: *Philippians 2:1–11*
Y Detholiad Olaf: *Galatiaid 3:28; 5:13–14, 22–23; Rhufeiniaid 5:6–8, 10; 8:14–17, 31–39*
Gweledigaethau o Nefoedd: *Datguddiad 21:1–4; 22:1–5*